UTB 972

W0383571

Eine Arbeitsgemeinschaft der Verlage

Beltz Verlag Weinheim · Basel · Berlin
Böhlau Verlag Köln · Weimar · Wien
Wilhelm Fink Verlag München
A. Francke Verlag Tübingen und Basel
Haupt Verlag Bern · Stuttgart · Wien
Verlag Leske + Budrich Opladen
Lucius & Lucius Verlagsgesellschaft Stuttgart
Mohr Siebeck Tübingen
C. F. Müller Verlag Heidelberg
Ernst Reinhardt Verlag München und Basel
Ferdinand Schöningh Verlag Paderborn · München · Wien · Zürich
Eugen Ulmer Verlag Stuttgart
UVK Verlagsgesellschaft Konstanz
Vandenhoeck & Ruprecht Göttingen
WUV Facultas · Wien

Horst Dietrich Preuß/Klaus Berger

Bibelkunde des Alten und Neuen Testaments 2

Zweiter Teil: Neues Testament

Register der biblischen Gattungen und Themen

Arbeitsfragen und Antworten

A. Francke Verlag Tübingen und Basel

Professor Dr. Horst-Dietrich Preuß war Professor für Altes Testament an der Augustana-Hochschule Neuendettelsau. Er verstarb im Dezember 1993.
Professor Dr. Klaus Berger ist Professor für Neues Testament an der Universität Heidelberg.

Bibelkunde des Alten und Neuen Testaments
Erster Teil: Altes Testament liegt als UTB 887 vor.

Bibliografische Information der Deutschen Bibliothek

Die Deutsche Bibliothek verzeichnet diese Publikation in der Deutschen Nationalbibliografie; detaillierte bibliografische Daten sind im Internet über <http://dnb.ddb.de> abrufbar.

6., durchgesehene Auflage 2003

Dischingerweg 5 · D-72070 Tübingen
ISBN 3-7720-2999-X

Einbandgestaltung: Atelier Reichert, Stuttgart
Satz: Informationsdesign D. Fratzke, Kirchentellinsfurt
Druck und Bindung: Pustet, Regensburg
Printed in Germany

ISBN 3-8252-0972-5 (UTB Bestellnummer)

Vorwort

Bibelkunde kann leicht in die öde Wüste reinen Faktenwissens führen, und als „Fach" steht sie in dem Odium, unergötzlicher Lernstoff zu sein. Das wußten die Verfasser. Die Herstellung dieses Buches war denn auch ein fortwährender Kampf gegen den Lindwurm des Positivismus. Jedoch – es ist das Ziel einer Bibelkunde, zunächst schlicht Kenntnisse über die Bibel zu vermitteln, und dieses soll auch hier geschehen. Der Sorge um das wenige Brot bei den vielen Steinen haben wir auf vielfache Weise begegnen wollen:

- durch Einbeziehung systematischer, ethischer und praktischer Fragen,
- indem wir versuchten, die Gliederung eines Buches, soweit dieses möglich war, als Ergebnis zielgerichteter Komposition des Autors zu erfassen. Dieses bezieht sich vor allem auf neutestamentliche Schriften, wobei die Methode der Kompositionskritik eine Rolle spielt.
- durch systematisch durchgeführte Querverweise zwischen den beiden Testamenten,
- durch eine breite Berücksichtigung der Fragen nach Formen und Gattungen,
- durch zusammenfassende Behandlung der wichtigsten Themen, wiederum für Altes und Neues Testament gemeinsam.

Bibelkunde ist auch ein Prüfungsfach. Bei betroffenen Studenten, mit denen wir die Entwürfe zu diesem Buch diskutierten, entstand daher die Frage, ob man alles, was in diesem Buch steht, nun lernen müsse. Gewiß nicht. Das zu Lernende ist vielmehr besonders markiert:

- durch Einrahmungen,
- durch Hervorhebung in Kursiv- und Fettsatz (Leitworte und Kernsätze betreffend), durch Absetzen im Kleindruck,
- durch Aufnahme des Wichtigsten in die Register,
- durch gesammelte Lernfragen.

Das andere, was man nicht unbedingt „lernen" muß, steht dennoch in diesem Buch darin – nicht zuletzt deshalb, weil ein Gerippe, dem jegliches Fleisch fehlt, so nackt ist, daß sich anständige Theologen schämen müßten. Wir haben also die Hoffnung, daß auch von dem anderen immer irgendetwas „hängen bleibt" oder das Interesse des Lesers findet.
Nicht zuletzt sollte auch diese Form der Zusammenarbeit eines Alt- und eines Neutestamentlers hilfreich und anregend für die Leser sein.
Aus technischen Gründen erscheint das Buch in zwei Teilbänden. Der zweite Teil enthält aber nicht nur die das Neue Testament betreffenden Paragraphen, sondern auch die Teile II und III des Gesamtwerks. d.h. die zum Wiederholen und Vertiefen gedachten Register sowie die Arbeitsfragen für Altes und Neues Testament zusammen. Teilband 1 ist somit ohne Teilband 2 nicht voll benutzbar (und umgekehrt). Das wird auch durch die Querverweise und die beide Teilbände

umfassende durchgehende Seitenzählung unterstrichen. Für die nunmehr im Francke Verlag vorliegende 7. (Band 1) bzw. 6. (Band 2) Auflage wurde der Text vollständig durchgesehen, Fehler und Versehen wurden beseitigt. Durch das größere Buchformat ergibt sich eine übersichtlichere Seitengestaltung der beiden Bände, was hoffentlich mit dazu beiträgt, ihr Studium angenehm und den Stoff einprägsam zu machen.

Heidelberg · K. Berger

Im Juli 2003

Inhaltsverzeichnis

ZWEITER TEILBAND

§ 46 Das Neue Testament
Aufbau, Art und Abgrenzung der Schriften

I. *Anzahl und Art der Schriften:* Das NT enthält 27 Schriften. Davon sind fünf Geschichtsberichte (die Evangelien des Matthäus, des Markus und des Johannes sowie das Doppelwerk des Lukas), 21 Briefe und eine Apokalypse. Auch die Apk trägt freilich in 1,4 und 22,21 briefähnliche Züge.

II. *Anordnung der Schriften:* Die in den modernen Textausgaben und Übersetzungen gebotenen Anordnungen der ntl. Schriften unterscheiden sich (z.B. in der Abfolge von Petrusbriefen und Jakobusbrief). Darin spiegelt sich eine lange Kanongeschichte. Die jetzige Abfolge der Schriftengruppen (Evangelien, Act, Briefe, Apk) suggeriert zwar den Eindruck, hier sei an den Ablauf der christlichen Heilsgeschichte gedacht (von Jesus über die Zeit der Kirche bis zur Eschatologie), jedoch zeigt die Kanongeschichte, daß das Maß der kanonischen Anerkennung sehr viel stärker auf die jetzige Anordnung eingewirkt hat:

Zuerst waren es die Evangelien, die – analog zum Kanon des AT – wie die „Schrift" zitiert wurden (Mitte des 2. Jh. bei Justin). Daß man es überhaupt wagen konnte, dem AT eine Schrift an die Seite zu stellen, ist nur verständlich, wenn man annimmt, daß es die *Autorität des Kyrios Jesus Christus* selbst war, die auf die Schriften der Evangelien übertragen wurde.
Sehr wahrscheinlich ist es auf Markion (um 160) zurückzuführen, daß auch von der Großkirche die *paulinischen Briefe neben die Evangelien* gestellt wurden. Denn Markion versuchte, die Sondermeinungen seiner Gruppe durch einen zweiteiligen „Kanon" zu begründen. Dieser umfaßte *„den Herrn"* (ein gereinigtes LkEv) und *„den Apostel"* (Paulusbriefe ohne die Pastoralbriefe). Zwar gab es auch schon vorher Sammlungen von Paulusbriefen, aber diese besaßen keine „kanonische" Geltung. In der Reaktion auf Markion traten die Paulusbriefe neben die Evangelien. Was auf die Paulusbriefe folgt, trat später hinzu und war zum Teil lange umstritten: Hebr wurde im Westen erst gegen Ende des 4. Jh. als kanonisch angesehen, die Apk erst in der 2. Hälfte des 4. Jh. im Osten. Von den Katholischen Briefen (Jak; I–II Petr; I–III Joh; Jud) fehlen im Canon Muratori (Ende 2. Jh.) noch Jak und I–II Petr, bei Hippolyt (gest. um 235) fehlen von diesen Jak, II–III Joh und Jud. Erst im Dekret des Papstes Gelasius von 382 (Echtheit umstritten) kommt die Entwicklung hier zum Abschluß.

Der Kanongeschichte im einzelnen nachzugehen ist Aufgabe der Einleitungswissenschaft. Hier ging es nur um die Klärung der Abfolge der ntl. Bücher.
Die paulinischen Briefe sind (vom umstrittenen Hebr abgesehen) nach der Länge geordnet. Innerhalb des Corpus paulinum unterschied man als Untergruppen die *„Gefangenschaftsbriefe"* (Eph; Phil; Kol; Phm) und die *„Pastoralbriefe"* (I–II Tim; Tit). Nur die letztere Gruppierung hat sich durchgesetzt (auch unter Voraussetzung nichtpaulinischer Verfasserschaft), während bei den sog. „Gefangenschaftsbriefen" der Versuch gemeinsamer Gruppierung am nichtpaulinischen Ursprung von Eph und wohl auch Kol scheitert.

III. *Abgrenzung gegen neutestamentliche Apokryphen.* Erst im Laufe der Kanongeschichte wurden zu verschiedenen Zeitpunkten Schriften aus der Liste der maßgeblichen Bücher entfernt, die früher oder zwischenzeitlich dazugehört hatten. Langer und verbreiteter Beliebtheit erfreuten sich vor allem die beiden Clemensbriefe, der Barnabasbrief und der Hirt des Hermas.

Folgende *Apokryphen des NT* sind zu nennen:

1. *Apokalypsen:* Petrus-Apokalypse; Hirt des Hermas; Himmelfahrt des Jesaja (christl. Rezension).
2. *Briefe:* der Erste Clemensbrief, die Briefe des Ignatius v. Antiochien und der Brief des Polykarp von Smyrna.
3. *Fingierte Briefe:* der Barnabasbrief.
4. *Apokryphe Evangelien:* die Evangelien des Thomas und des Petrus, das Nazaräer-, Ebionäer-, Hebräer- und Ägypterevangelium, das Prot-Evangelium des Jakobus (auch Ps.-Matth) und die Epistula Apostolorum.
5. *Apokryphe Apostelakten* (über Petrus, Paulus, Andreas, Johannes, Thomas).
6. *Gemeindeordnungen:* Didache und der Zweite Clemensbrief.

Manchmal (wie im Falle von Jud; II Petr) verdanken es Schriften ihrem pseudepigraphen Verfassernamen, daß sie im ntl. Kanon stehen, während aus demselben Grund (Verfasserangabe) ältere Schriften keinen Platz im Kanon fanden. – Kenntnis der ntl. Apokryphen verhindert eine einseitige und unhistorische Isolierung der ntl. Schriften von der Geschichte des Christentums.

IV. *Das Neue Testament als Einheit.* – Den Namen „Neues Testament" erhielt die Schriftensammlung erst bei Tertullian und Origenes. Die Entstehung der Sammlung hatte also nichts mit dem biblischen Bundesgedanken zu tun (vgl. § 1). II Kor 3,14 mag die Entwicklung angeregt haben. Ähnlich wie beim Begriff „Evangelium" ist eine schrittweise Identifizierung einer zunächst keineswegs literarischen Größe mit bestimmten Schriften festzustellen, in diesem Falle von der „Verfügung Gottes" zur „Urkunde der Verfügung" (weil das griech. *diatheke* als Bund wie als Testament zu verstehen war). – Die Bezeichnung „Kanon" wird zuerst in der Mitte des 4. Jh. auf das NT angewendet, und zwar wohl im Sinne des „offiziellen Katalogs".

Die Frage nach der inneren Einheit der Schriften des NT ist Aufgabe der Biblischen Theologie. Ein beliebter, jedoch fragwürdiger Lösungsversuch ist die Annahme eines „Kanons im Kanon".

> Wir halten fest: Der Ur-Kanon auch der Christen ist das AT. Die Autorität Jesu als des Kyrios ist der Ansatzpunkt für die Bildung einer neuen, selbständigen Sammlung, die zum Kanon des NT führt. Bezeichnenderweise hat man den jüdischen Kanon nicht einfach ergänzt.

§ 47 Evangelien

I. *Die literarische Bezeichnung.* „Evangelium" ist überall im NT die mündliche Heilsbotschaft – mit Ausnahme von Mk 1,1 („Evangelium von Jesus Christus" oder – weniger wahrscheinlich – „E. Jesu Christi" – in jedem Falle Buchüberschrift). Hier in Mk 1,1 liegt der Ansatzpunkt für einen Sprachgebrauch, der aber erst rund ein Jahrhundert später bei Justin eingebürgert ist, der von „den Evangelien" spricht. Zwei Indizien zeigen jedoch, daß *noch lange und weithin nicht die literarische Bezeichnung, sondern die Heilsbotschaft assoziiert wurde, wenn man von „Evangelium"*

sprach: 1. die Wendung „Evangelium *nach* Matthäus, Markus usw." und 2. die Verwendung als Titel gnostischer Schriften läßt nicht an Nachahmung der Gattung Evangelium, sondern an die ältere Bedeutung „Heilsbotschaft" denken (z.B. „Evangelium Veritatis").
Das griech. Wort „euangelion" wurde wohl deshalb zur Wiedergabe des hebr. besorah verwendet, weil dieses nicht nur „Freudenbotschaft" bedeutete, sondern auch „Gottesspruch" (im Orakelwesen).
II. Die Form. Als Form ist „Evangelium" weitgehend eine christliche Neuschöpfung, wenn es auch Vorstufen in der apokalyptischen Literatur, in weisheitlichen Sammlungen und etwa im Bios der Vita Aesopi G, in Märtyrerberichten und Prophetenbiographien gibt. Besonders noch für Mk gilt, daß chronologische Abfolge nicht beabsichtigt ist (Ausnahme: Passionsbericht), daß der größte Teil des Lebens Jesu ausgelassen wird und die Verbindung der Abschnitte untereinander oft nur lose ist.
III. Synoptiker. Die Evangelien Mt, Mk und Lk unterscheiden sich durch viele Gemeinsamkeiten von Joh. Gegenüber Joh bieten sie eine „gemeinsame Schau", und wegen dieser „Zusammenschau" heißen sie „Synoptiker". Die gemeinsame Sicht bezieht sich auf Stoffauswahl, Anordnung der Materialien, Übereinstimmung bis in den Wortlaut und den Aufriß des Lebens Jesu: Nach den Synoptikern ist die öffentliche Wirksamkeit Jesu in drei Phasen dargestellt: Galiläa, Jerusalem, Kreuzigung. Bei Joh ist Jesus dagegen öfter in Jerusalem.
Das Verhältnis der Synoptiker untereinander will die sog. *Zwei-Quellen-Hypothese* erklären: Mt und Lk sind von Mk abhängig, beide, Mt und Lk gleichzeitig aber auch von der Logienquelle (Q). – Nicht erklärt sind mit dieser Theorie aber die sog. *„minor agreements"*, d.h. Übereinstimmungen zwischen Mt und Lk in dem Stoff, den sie mit Mk *gemeinsam* haben, gegen Mk. Hier greift man dann öfter zu einer fragwürdigen Ur-Markus-Hypothese oder zur Annahme, Lukas habe Mt gekannt. Mt und Lk haben gegen Mk ihren Evangelien eine Kindheitsgeschichte vorangestellt.
IV. *Gemeinsamkeiten im Aufriß.* Wenn Q eine selbständige Quelle war, so hat diese offenbar mit der Verkündigung des Täufers begonnen und mit eschatologischen Gleichnissen geendet. Ein sehr ähnlicher Aufriß findet sich auch bei Mk (vgl. Mk 1 und 13). Sehr wahrscheinlich gibt es daher schon vor Mk allgemeiner verbreitete Organisationsprinzipien der Jesusüberlieferungen. So kann man bei Mk, in dem unabhängigen Anfang Lk 4f., in Joh, in Act 10,36–43 und im EbionitenEv gemeinsame Elemente eines Evangelienanfangs feststellen: Erwähnung des Täufers, Geistbegabung Jesu, „Galiläa", Berufung von Jüngern – oft auch: Versuchung und erstes Auftreten in der Synagoge der Heimatstadt und das Verhalten der Verwandten.
V. *Gemeinsame Passionstradition.* Die vier Evangelien des NT sind in der Passionstradition durchgehend weitaus enger miteinander verwandt als in anderen Passagen. Aus diesem Grund wird die Passionstradition hier für alle vier Evangelien gemeinsam schematisch dargestellt.
Die Übersicht geht von dem Bericht des Mk aus (Kästchen der oberen Reihe). Das senkrecht

unter dem Mk-Kästchen Angeführte betrifft direkte, von Mk sicher abhängige Parallelen in anderen Evangelien mit ihren Besonderheiten (nicht gerahmt). Die seitlich versetzten gerahmten Stücke dagegen beziehen sich auf Sondergut oder Sonderüberlieferung der anderen Evangelien.
In der untersten Spalte ist angegeben, wie sich der Aufriß Mk 10,33f. von der mk Abfolge unterscheidet (röm. Ziffern).

Erläuterungen zur Übersicht „Der Prozeß Jesu"

1 Mk 14,43–52 *Judaskuß*. Dem Knecht des Hohenpriesters wird das Ohr abgeschlagen. Nur bei Mk: Jüngling flieht nackt.
Joh 18,1–11: Petrus schlägt dem Knecht Malchus ein Ohr ab. Jesus tadelt Petrus: Soll ich den Kelch nicht trinken?
darunter: Lk 22,47–53. „Haus des Hohenpriesters" wie Mt 26,3.

Der Prozeß Jesu

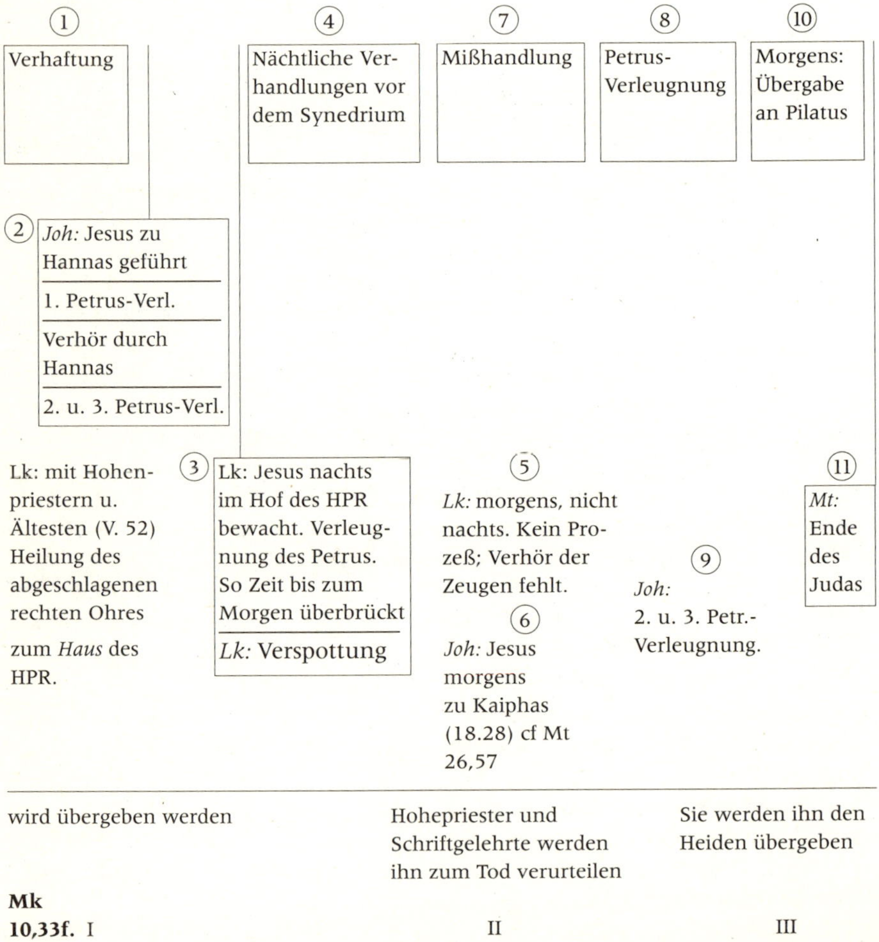

2 Joh 18,13f.: Jesus wird zu *Hannas* geführt
18,15–18: 1. Petrusverleugnung
18,19–24: Verhör von Hannas. Dieses Verhör ist durch die Petrusverleugnungen gerahmt (Synchronisierung beider Vorgänge). Betonung der Öffentlichkeit des christlichen Glaubens. Auffällig ist, daß bei Joh die Hannas-Verhandlung so ausführlich berichtet wird, von der Verhandlung vor Kaiphas dagegen gar nichts (vgl. nur die Notiz in Joh 18,28).
18,25–27: 2. und 3. Petrusverleugnung.

3 Lk 22,54–62: *Petrus* verleugnet den Herrn in seiner Gegenwart. Nach der 3. Verleugnung sieht sich Jesus um und blickt Petrus an.
22,63–65: Verspottung („Weissage, wer ist es, der dich schlug?"). Entspricht Mk 14,65.

4 Mk 14,53–64: Falsche Zeugen (V. 58: Tempelwort). 14,61: Bist du der *Christus, der Sohn des Gelobten?* Antwort: Ich bin es, und ihr werdet den Menschensohn sitzen sehen ... – Diese Antwort wird als Blasphemie beurteilt (vgl. Joh 10,30). Denn Jesus hat den

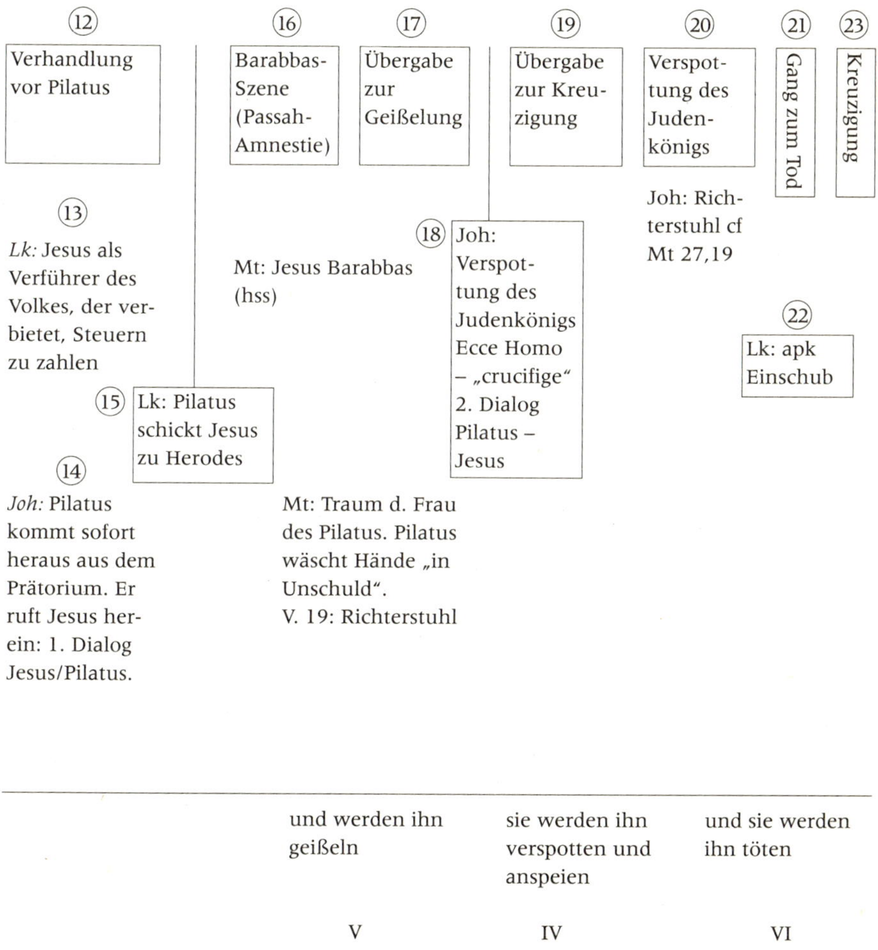

Anspruch erhoben, Messias im Sinne des charismatischen, von Gottes Geist begabten Weisen zu sein und diesen Anspruch in V. 62 mit dem Menschensohnwort verbunden, welches formal gesehen Gerichtsdrohung ist. – Da die Juden aber der Auffassung sind, daß Jesus Gottes Geist nicht hat, gilt sein Wort als Lästerung Gottes (wie umgekehrt Mk 3,28f.).

5 Lk 22,66–71: In Übereinstimmung mit dem mischnischen Recht ist bei Lk die Verhandlung erst *morgens* (Nachtsitzungen waren verboten). An Jesus werden hier aber zwei Fragen gestellt: Bist du der Christus? (V. 67) – Bist du Gottes Sohn? (V. 70). Aber die Zeugenvernehmung fehlt, ebenso der Blasphemievorwurf und ein Todesurteil (vgl. die Prozesse in Act!).

6 Joh 18,28. Mehr wird über das Stück nicht berichtet, dem bei Mk 14,53–64 entspricht. Zusatz: die Juden sind nicht in das Prätorium hineingegangen, um sich für das Passah nicht zu verunreinigen. Denn bei Joh stirbt Jesus zu der Stunde, in der die Passahlämmer geschlachtet werden.

7 Mk 14,65. Durch die Aufforderung „Prophezeie!" wird Jesus als *Prophet* verspottet. Bei Mt wird auch das Gesicht geschlagen, dafür aber nicht verhüllt.

8 Mk 14,66–72. Die Petrusverleugnung steht im Kontrast zum Bekenntnis Jesu (vgl. den Kontrast zwischen Verleugnen/Bekennen im Menschensohnwort Mt 10,32f.).

9 (Joh 18,25–27, vgl. bereits unter Nr. 2. Hier soll nur auf die Entsprechung aufmerksam gemacht werden: Bei Mk ist die Verleugnung nach dem Verhör durch das Synedrium, bei Joh ist die 2. und 3. Verleugnung nach dem Hannas-Verhör).

10 Mk 15,1; Lk 23,1. Hiermit wird der Prozeß Jesu von der religionspolitischen auf die „außenpolitische" (im Sinne des rein politischen Verhältnisses zu den Römern) Ebene verlagert.

11 Mt 27,3–10 (Sondergut des Mt, wie auch die Angabe der 30 Silberlinge Mt 26,15; vgl. aber den unterschiedlichen Bericht über das Ende des Judas Act 1,18–20); Erfüllung von Sach 11,13.

12 Mk 15,2–5. Die gesamte *Verhandlung vor Pilatus* reicht bis Mk 15,5. Der Titel „Christus/Sohn Gottes" aus Mk 14,61 ist hier so interpretiert, daß er von den Römern als Majestätsverbrechen angesehen werden muß („König der Juden").
Schweigen Jesu: Vgl. Ps 38,14f.; 39,10.

13 Lk 23,2–3. Hier ist der entsprechende Titel *„Christus König"*. Daß das ganze Volk Jesus anhing, wurde bei Lk öfter betont.

14 Joh 18,29–38a (Fortsetzung von Nr. 6) Hier: *Mein Reich ist nicht von dieser Welt* – Jesus ist ein König, der für die Wahrheit zeugen soll – Pilatus: Was ist Wahrheit? – (Als Zeuge über den Vater ist Jesus in dieser Welt König, der Anspruch darauf wird jedoch nicht mit Waffengewalt durchgesetzt, und doch erweist sich dieses Reich gerade in der Welt.)
„König (der Juden)" ist von 18,39 bis 19,19 Leitmotiv für Johannes.

15 Lk 23,6–12

16 Mk 15,6–14; Lk 23,13–25; Joh 18,38b–40. – Pilatus hielt Barabbas wohl für einen gefährlichen Gefangenen, Jesus dagegen für unschuldig. Durch Einbeziehung in die Amnestiediskussion begab sich Pilatus der Möglichkeit des Freispruchs Jesu.
darunter: Mt 27,19 (Frau des Pilatus)
Mt 27,24–25 (Pilatus wäscht sich die Hände „in Unschuld",
das Volk ruft: „Sein Blut auf uns und unsere Kinder!").

17 Mk 15,15a; Joh 19,1. Bei Joh ist die Geißelung für Pilatus letztes Mittel zur Rettung Jesu. – Bei Lk wird die Geißelung nur zweimal vorgeschlagen (23,16.22), aber es wird nicht gesagt, daß sie ausgeführt wurde.

18 Joh 19,2–3 Verspottung des Judenkönigs (Dornenkrone).

19,4–5 „Ecce homo" (mit Dornenkrone und Purpurmantel von Pilatus der Menge vorgestellt).

19,6–7 Die Juden wollen Jesus kreuzigen, da er sich zum Sohn Gottes gemacht habe (vgl. Mk 14,61f.).

19,8–11 Dialog Pilatus/Jesus („du hättest keine Macht über mich, wenn sie dir nicht von oben gegeben wäre").

19 Mk 15,15b (Lk 23,25b); Joh 19,12–16a (die Juden: du bist sonst nicht des Kaisers Freund). Nach Joh besteigt Pilatus den *Richterstuhl*, von dem aus Todesurteile verkündet werden mußten. – An Joh 19,13 schließt sich eine alte Vermutung an, Jesus selbst sei (zum Spott) auf den Richterstuhl gesetzt worden.

20 Mk 15,16–19 (Dornenkrone; sei gegrüßt, König der Juden)

21 Mk 15,20–23; Lk 23,26; Joh 19,16b–17. (Kleider wieder angezogen).

22 Lk 23,27–31 (Weint über euch und eure Kinder! – Selig die Unfruchtbare – Berge, fallt über uns): *Weissagung des Gerichtes.*

23 Mk 15,24–41 (Verteilung der Kleider durch Los – Inschrift am Kreuz – Spott mit dem Tempelwort – Aufforderung zur Selbsthilfe und -rettung – Mein Gott, mein Gott, warum hast du mich verlassen? – Elia – Vorhang des Tempels zerreißt – V. 39 der Hauptmann: „Gottes Sohn" – V. 40: drei Frauen sind von ferne Zeugen).

25–32 *Verspottung* (der Kreuzestitel wird vorangestellt, weil er der Anlaß für die Spottreden ist). V. 29: Worte der Spötter jetzt als „Lästerung" dargestellt (vgl. Jesus als Lästerer Mk 14,64). V. 29–30 Spott der Vorübergehenden, V. 31f. Spott der Hohenpriester und Schriftgelehrten (Leitworte in den Spottreden: Retten, Herabsteigen).

33–37 *Tod Jesu am Kreuz* (Leitworte: Stimme, rufen, sehen) Sonnenfinsternis als Zeichen für den Tod des Herrschers. – *Ps 22 wird zitiert oder verwendet* in Mk 15,24.34.36, vgl. auch 29–32.

38f. *Reaktion auf Jesu Tod:* Spaltung des Tempelvorhangs als Zeichen für die Juden; positive Reaktion des heidnischen Hauptmannes. **Besonderheit Mt 27,52f.: Tote erstehen auf und erscheinen (Hinweis auf Gott selbst).**

> Auch das Thema von Prozeß und Kreuzigung Jesu ist bei Mk der Anspruch Jesu, Gottes Sohn zu sein (vgl. Mk 14,61f., die Umdeutung als „König der Juden" in Mk 15 und das abschließende Bekenntnis Mk 15,39).

Lk 23,32–49. Besonderheit: V. 39–43 Die unterschiedliche Reaktion der *beiden Schächer.* Verheißung, heute noch mit Jesus im Paradies zu sein, für den guten Schächer.

Joh 19,18–37. Besonderheiten: Maria wird in die Obhut des *Lieblingsjüngers* gegeben (V. 25–27); Jesus werden nicht die Beine zerbrochen (wie dem Passahlamm); *Blut und Wasser* fließen aus seiner Seite (V. 34f.37 – mit Zeugennotiz und Schriftwort als joh Neuerung verteidigt).

Grablegung: Mk 15,42–47; Joh 19,38–42; Lk 23,50–56.

Osterberichte

1. Berichte vom leeren Grab: Mk 16,1–8; Mt 28,1–8; Lk 24,1–11; Joh 20,1–10.
2. Jesus erscheint Maria Magdalena, oder ihr und noch einer Frau am Grab: Mt 28,9f.; Mk 16,9–11; Joh 20,11–18 (erst zwei Engel, dann der Gärtner).

3. Petrus wird Zeuge des leeren Grabes: Lk 24,12; Joh 20,3–10.
4. Kollektive Redebeauftragung oder Aussendung zur Rettung: Mt 28,16–20; Lk 24,36–53; Joh 20,19–23; Mk 16,14–19.
   Als kurze Notiz: I Kor 15,5b (Erscheinung vor den Zwölf).
5. Wiedererkennungsberichte: Joh 20,11–17a (Maria Magdalena); Lk 24,13–35 (Emmausjünger); Mk 16,12f.; Joh 21,1–14.
6. Jesus erscheint als Lehrer (Ätiologie der apostolischen Lehre): Lk 24,13–53 (Schriftbeweis); Act 1,2–11.
7. Autorisierende Erscheinung vor einem einzelnen: I Kor 15,5.7 (wohl auch: allen Aposteln, d.h. jedem einzeln). 8; 9,1; Gal 1,12f.16; Lk 24,34 (Petrus), vgl. auch Joh 21,15–23 (Petrus).
8. Erscheinung vor einer Vielzahl von Zeugen: I Kor 15,6 (Bestätigung der Auferstehung durch Menge der Zeugen).
9. Unglaube als Reaktion auf Frauenbericht: Lk 24,11; Mk 16,11.
10. Petrus-Vision: I Kor 15,5; Lk 24,34.

VI. Gemeinsame Grobgliederung:

	Mt	Mk	Lk
1. Vorgeschichte:	1–2	–	1–2
2. Wirksamkeit in Galiläa	3–18	1–9	3–18
3. Weg nach Jerusalem	19–20	10	18–19
4. Jerusalem	21–25	11–13	19–21
5. Passion und Ostern	26–28	14–16	22–24

Zu 1.: Mt beginnt mit Jesu Stammbaum; bei Lk findet sich dieser erst in K. 3 (Gottessohnschaft Adams und Jesu).
Zu 2.: Beginn der Wirksamkeit in Galiläa ist bei den drei Evangelisten gleichartig: Johannes d. Täufer – Taufe Jesu – Versuchungsgeschichte – 1. Auftreten Jesu – l. Jüngerberufung (Petrus, Andreas, Jakobus, Johannes). Auch der Schluß dieser Phase ist wieder gleichartig: Petrusbekenntnis – 1. Leidensankündigung –Verklärung Jesu – Heilung des fallsüchtigen Knaben – 2. Leidensankündigung.
Zu 3.: 3. Leidensankündigung und Heilung in Jericho.
Zu 4.: Beginn: Einzug in Jerusalem (mit Sach 9,9), Ende: „synoptische Apokalypse“. Auseinandersetzung Jesu mit den Pharisäern.
Zu 5.: Wichtigste Differenzen: Mk berichtet keine Erscheinung vor den Jüngern, Mt nur die in Galiläa, Lk dagegen drei Jüngererscheinungen: Emmaus – Simon Petrus 24,34 – Jünger in Jerusalem.

§ 48 Das Matthäusevangelium (Mt)

A. Mt ist eine erweiterte und umgearbeitete Auflage des Mk. Zur Erweiterung dienen ihm vor allem Stoffe aus Q und aus seinem Sondergut. – Wichtigstes literarisches Kennzeichen: Zusammenarbeitung des sachlich Zusammengehörigen in großen Redekompositionen (Gleichnisse in K. 13; Jüngerunterweisung in K. 10; „Wachsamkeit" in K. 24).

Theologische Absicht:

a) *Jesus war der Messias Israels* („Sohn Davids", Reflexionszitate). Doch Israel hat ihn abgelehnt. Deshalb richtet sich die Mission *nach Ostern an alle Völker* (Mt 28,16–20). Diese Konzeption ist besonders an den Gleichnissen in Mt 21f. zu erkennen.

b) Der Betonung der Lehre entspricht, daß die Jünger oft als die „Wissenden" und „Verstehenden" dargestellt werden (vgl. Mt 14,33 diff. Mk). Der Lehre wird häufig ausdrücklich das Tun zugeordnet – entweder als Wunderwirken oder als Befolgen der Gebote. So sollen die *Jünger* alle Menschen zu Jüngern machen (Mt 28,19).

c) *Ekklesiologie:* In 16,16; 18,17 und im K. 18 sowie in 23,8–12 kommt die Gemeinde/Kirche als selbständige Größe in den Blick. Nach Mt 13,36–43 ist sie das „Reich des Menschensohnes".

B. Grobgliederung

1–4	Vorgeschichte: Kindheit, Johannes d. Täufer, Anfang des Wirkens
5–7	Bergpredigt
8–9	Jesu große Taten
9–10	Jesus als der Messias Israels
11–12	Unglaube und Feindschaft der Juden
13	Gleichnisse über das Reich Gottes
14	Auf die Rede folgen wieder Wunder
15–17	= Mk 7–9
17–20	Probleme der Gemeinde
21–27	Jesus in Jerusalem
	21 messianisches Handeln, 22 messianisches Lehren
	23–25 Ankündigung des Gerichtes
	26–27 Leiden und Tod.
28	Ostergeschichten

Eine Gliederung des Mt ergibt sich auch durch die Abschlußformeln nach allen großen Reden (ausgenommen nach K. 23): „Und es geschah, als Jesus diese Worte beendet hatte" (Mt 7,28; 11,1; 13,53; 19,1 und 26,1). So wird jeweils ein neuer Abschnitt markiert. – Die großen Reden, in denen vor allem sich die Theologie des Mt äußert, sind:

5–7	Bergpredigt
9,37–11,1	Jüngerunterweisung (Aussendungsrede)
13	Gleichnisrede
18	Gemeinderegeln
23	Rede gegen Schriftgelehrte und Pharisäer
24–25	Eschatologische Rede

C. Inhalt

1–4 Vorgeschichte

1 Wer Jesus ist, das kann man an seinem *Stammbaum* und an dem *Namen „Jesus"* sehen.

Aufgrund der 3 x 14 Geschlechter ist Jesus Träger aller Verheißungen an *Abrahams* Samen und *Davids* Sohn und das Ende der Unheilszeit seit der *Bab. Gefangenschaft.* Das erklärt seine Funktion als „Christos".

Traumgesicht Josephs: Jesus als geisterfüllter Retter (Emmanuel). Denn der Name Jesus bedeutet: „er wird sein Volk retten".

2 Ereignisse in frühester Jugend zeigen das Künftige an: Die *Magier* kommen: **Jesus als Heiland der Heiden.** Sie erkennen so seine überlegene Weisheit an, und darin besteht auch das Königtum – dieses „Königs der Juden" im Gegensatz zu dem des Herodes (der Titel begegnet sonst nur in der Passionsgeschichte)

Daß Jesus in *Bethlehem* geboren wurde, erfüllt die Verheißung Mi 5.1.3 nach Mt 2,6. 2,9: Stern von Bethlehem. –

Kindermord von Bethlehem: Gefährdung und Rettung des Retterkindes. Alle Stationen dieses Kapitels (Bethlehem, Ägypten, Kindermord/Rama und Nazareth) werden durch *Reflexionszitate* begründet.

In 1–12 und 13–18: je unterschiedliche Suche nach Jesus. Die Ereignisse von K. 2 lassen sich als „persönliche Prodigien" zusammenfassen. *Unterschiede zu Lk 1f.:* nichts über Johannes d.T., Empfängnis, Geburt. Wirken Jesu im Tempel. Bericht stark an Joseph orientiert wegen des Rechtes des Vaters, den Namen zu geben.

3 V. 1–12: Vorankündigung der Lehre Jesu durch die Predigt des *Täufers.*

a) V. 1–4: Der prophetische Rufer in der Wüste. Die Täuferbotschaft V. 2 ist nach 4,17 der Lehre Jesu gleich.

b) V. 5f. Taufe mit Sündenbekenntnis (nicht: Vergebung der Sünden wie Mk 1,4).

c) V. 7–10: Predigt gegen Pharisäer und Sadduzäer über das Früchtebringen (Leitworte: Frucht, Hinweis auf Gericht).

d) V. 11–12: Ankündigung der Feuertaufe (= Gericht).

3f. 3,13 4,16: Der Anfang des Auftretens Jesu zeigt im Licht der Schrift, wer Jesus ist.

Durch die *Taufe* erlangen Jesus wie die Christen (wir) **alle Gerechtigkeit** (erfüllen alle Forderungen Gottes: Rechtfertigung durch die Taufe) = 3,15. – Die Geisttaufe zeigt: Jesus ist Gottes Sohn.

Versuchung: Jesus verzichtet darauf, sich selbst zu helfen, und zeigt so seine wahre *Gottessohnschaft* (wie am Kreuz: Mt 27,40). Begründung mit 3 Schriftstellen aus *Dtn 5–8* („nicht vom Brot allein ...“; „Gott nicht versuchen“; „Gott allein anbeten“).

4,12–16: Jesu Auftreten in *Galiläa* (Kapernaum; vgl. Betonung *Galiläas* in Mt 28,16–20: Berg Galiläas) ist Erfüllung der Prophetie des Jesaia („Volk im Schatten sieht ein großes Licht ...“).

4 V. 17–25: Summar über Jesu Wirken:

a) Jesu Botschaft ist mit der des Täufers (3,2) und der der Jünger (10,7) identisch (4,17).

b) Berufung von Petrus, Andreas, Jakobus und Johannes in die Nachfolge. – Die Position des Abschnittes zeigt, daß „Jünger“ nach Mt für Jesu Wirken konstitutiv sind.

c) V. 23–25: Wirken in *Galiläa*. Jesu Ruf dringt zu den typischen Heiden nach Syrien. Ganz Israel folgt ihm.

5–7 Bergpredigt

a) Exordium: **Seligpreisungen** (V. 2–12), zumeist im Schema entsprechender Umkehrung. Der Ton liegt auf der 8. und 9. Seligpreisung (die 9. in der direkten Anrede): *Verfolgung* trifft die Gemeinde wie einst die Propheten.

b) **Aufruf zur radikalen Gerechtigkeit** (5,13–20):

V. 13–16: *Vorbild für andere* **(Salz der Erde/Licht der Welt)** aufgrund singulärer Verantwortung („wenn das Salz schal wird ...“).

V. 17–20: Das *Gesetz* nicht abschaffen, sondern wirklich tun. 17f.: Das Gesetz bleibt, und Jesus kam, es zu *erfüllen* („nicht aufzulösen, sondern zu erfüllen ...“).

V. 19: Wer das Gesetz aber jetzt *auflöst*, wird im Himmelreich der Kleinste sein – wohl weil er jetzt „groß“ sein wollte (denn das Gericht bedeutet Umkehrung bei Mt). Wie die Seligpreisungen so geht auch dieser Satz von der Umkehrung aus: Mt sieht auch die Gesetzesfrage (wie die Taufe: 3,15) unter dem Vorzeichen der Demut und Unterordnung (vgl. auch 18,4; 23,12 usw.).

V. 20: Nur eine solche *Gerechtigkeit* ist *besser* als die der Pharisäer und Schriftgelehrten und kann ins Reich führen.

Also: *V. 13–16:* Ausgrenzung aus der Welt („Vorbild“ – das wird in 5,47f. wiederaufgenommen: Vorbild ist am Ende Gott selbst),

V. 17–20: Abgrenzung vom Judentum. Vgl. 6,6: Juden, 6,7: Heiden.

c) **Antithesen.** Erläuterung des Programms der radikalen Gerechtigkeit im Kontrast zum Judentum (5,21–48): Das atl. Gesetz ist in der Formulierung des Gotteswillens *auf halbem Wege stehengeblieben.* Es wird in seiner Halbheit entlarvt. Der halb verdeckte Gotteswille wird herausgestellt.

I Töten/Zürnen. Leitwort: Bruder. Anhänge: V. 23f.: Versöhnung vor dem Opfer, V. 25f.: Gleichnis vom Prozeßgegner. Verbindende Struktur: Etwas *rechtzeitig* tun, bevor es zu spät ist.

II Ehebrechen/Begehren durch Anschauen. Anhang: V. 29f. (Ausreißen). Verbindung mit Antithese I: *Rechtzeitiges* Ausreißen der Glieder, ehe der ganze Mensch bestraft wird, und Abfolge des 5. und 6. Dekaloggebotes.

III Ehebrechen/Scheidungsbrief geben und Heirat einer Geschiedenen. Verbindung mit II: Ehebrechen.

IV	Falsch Schwören/Schwören überhaupt.
V	Eingrenzung der Rache auf die Talio/Widerstand leisten überhaupt („Auge um Auge ...“/Beispiele: Backe, Mantel, Begleiten, Almosen, Leihen). – Talio: § 6, F 1.
VI	Liebe zum Nächsten, doch Haß zum Feind/auch die Feinde lieben.

Motivationen: V. 46 Lohn wird durch das Tun erworben, für das es auf Erden keine Vergeltung gibt. Abgrenzung gegenüber den „Heiden“. – V. 45.48: Vorbild ist Gottes Vollkommenheit ... V. 48 „Seid nun vollkommen“ ist zugleich drastisches Summarium als peroratio.

d) K. 6: Die wahren Werte. Es geht nicht um Ansehen und Güter auf Erden, sondern nur um das, was vor Gott gilt und Bestand hat.

6,1–18: Es geht nicht um *Ansehen bei Menschen.* Das wird dargestellt anhand von Almosen, Beten und Fasten.

Obwohl das christliche Handeln werbende Bedeutung hat (5,14–16), kann es doch nicht darum gehen, sich Ansehen bei den Menschen zu verschaffen. Dann hätte man den Lohn schon und könnte ihn folglich nicht mehr im Himmel erwarten. Beispiele:

Almosen (V. 3: „deine Linke soll nicht wissen, was deine Rechte tut“) soll im verborgenen geschehen.

Beten. Absetzung von den jüdischen Heuchlern und von den heidnischen Plapperern. **6,9–13: Vaterunser.** 6,14f.: Erläuterung des Wie-Satzes der 5. Vaterunserbitte: Nur wer den Menschen vergibt, dem wird auch Gott vergeben.

Fasten: im Verborgenen. –

6,19–24: Die Orientierung an den wahren Werten verlangt eine *eindeutige Entscheidung* für den Himmel. Nach dem Grundsatz von 6,1 gilt es daher, den *Schatz im Himmel und nicht auf der Erde* anzulegen. Diese Entscheidung ist gefordert a) zwischen Geradheit und Bosheit („Licht und Finsternis“): V. 22f. Bildwort vom **Auge als dem Licht des Leibes:** Auge steht für Herz: Von seiner Qualität hängt Licht oder Dunkel des ganzen Leibes ab (eindeutige Festlegung). b) zwischen **Gott und Mammon** (6,24 „zwei Herren dienen“).

6,25–34: *Vorrang der Ethik vor der Sorge um Alltägliches.* Wer sich gegen den Mammonsdienst (6,24) entschieden hat, der sorgt sich nicht um die Bedürfnisse des Lebens, sondern *sucht zuerst* die Basileia und ihre Gerechtigkeit (V. 33, vgl. „Gerechtigkeit“ bisher in 3,15; 5,6.10.20; 6,1).

V. 26–27: *Gegen Sorge um Nahrung* (Vögel des Himmels säen nicht und ernten nicht), V. 28–30: *Gegen Sorge um Kleidung* (Lilien auf dem Felde). V. 31–34 Auswertung: Sorgen kennzeichnet Heiden (vgl. 6,7f.), die Gott nicht kennen. V. 34: *Nicht Sorgen* für das Morgen, sondern die *Entscheidung* (für die Gerechtigkeit und) *gegen das Böse* heute vollziehen (vgl. 6,23). –

e) 7,1–12: **Die Regel des gleichen Maßes.**

Gegen die Verurteilung des Bruders (V. 1–5): Richtet nicht, auf daß ihr nicht gerichtet ... Splitter im Auge des Bruders ...: Auf sich soll man dasselbe Maß anwenden wie auf den Bruder.

Erläuterung: Heiliges nicht Hunden, Perlen nicht Schweinen (7,6): Unwürdigen und Undankbaren gibt man nichts Kostbares um des Gleichgewichtes von Nehmen und Geben willen: Man erwartet von anderen das gleiche Maß für sich selbst zurück.

Anwendung auf Bitte und Erfüllung: Nach der Regel *Maß für Maß* entspricht die Bitte der Erfüllung, dem Suchen das Finden (V. 7–11). Der Bitte um ein Brot wird nicht mit einem Stein entsprochen (Fisch/Schlange). Um wieviel mehr gilt diese Regel auch für Gott!

7,12: Goldene Regel: *Gleicher Maßstab* für alle.

f) Abschluß der Rede: *Falsche Lehrer und Jesus als Lehrer (7,13–29).* – Den zwei Wegen (Verderben/Leben) entsprechen zwei Typen von Lehrern:

a) *Pseudopropheten (7,15–23)*
Sie sind in Schafsgewändern, innen reißende Wölfe. Sie sind an ihren *Früchten* erkennbar (Willen des Vaters tun). V. 22f.: Ausblick auf das Gericht: Die im Namen Jesu prophezeiten, sind Täter der Gesetzlosigkeit?

b) Jesus, der *wahre Lehrer (7,24–29).* Gleichnis vom Haus auf Felsen/auf Sand.
V. 28f.: Reaktion: Jesus lehrt wie einer, der Vollmacht hat, nicht wie die Schriftgelehrten (neben den Pseudopropheten eine zweite Alternative).

8–9	Jesu große Taten. Der Lehrer des Wortes nach K. 5–7 erweist nun seine Lehrvollmacht durch Zeichen. Im Blick auf 11,2.5 erweist er sich gerade so als Messias

8 *V. 2–27 Adressaten der Wunder: Israel – Heiden – Jünger*

Reinigung des Aussätzigen: **Israel** („ihnen zum Zeugnis")

Sohn des Hauptmanns von Kapernaum: **Heiden** (8,11f.: viele von Osten und Westen/Söhne des Reiches)

Heilung der Schwiegermutter des Petrus: **Jünger.** V. 14–27: Für Jünger wirkt Jesus Wunder, aber die Bedingungen der Nachfolge sind hart. Leitwort V. 18–27: *Nachfolgen.*

V. 18–22: Ein Schriftkundiger will Jesus nachfolgen. Doch der Menschensohn hat nicht, *wohin er sein Haupt legen soll:* Durch den Kontext ist die Heimatlosigkeit des Menschensohnes auf seine Nachfolger übertragen. – Ein Jünger will seinen Vater begraben: Folge mir nach *(Tote begraben Tote).*

V. 23–27: Stillung des Seesturmes (V. 23: Jünger folgten ihm nach).

8,28–34: Heilung von zwei (! diff. Mk 5) *gerasenischen Besessenen.* Bei Mt Überleitung zu K. 9: *Nicht den Heiden, sondern Israel galt Jesu Wirken vor Ostern.* So ist 8,29 zu deuten: Jesus quält vor der Zeit (sc. der Heidenmission), und die Hypantesis für Jesus in V. 34 ist Gegenbild zum Einzug in Jerusalem: mit der Bitte fortzuziehen. Jesus zieht in seine Heimatstadt. Das Folgende ist daher als *Dienst an Israel* verstanden.

9–10 **Jesus als Messias Israels**

9 **Jesus als heilender Messias für ganz Israel.**

V. 1–17: Aufnahme von Mk 2 (Heilung des Paralytischen, Berufung des Zöllners (hier: „Matthäus"), Jesus ißt mit Zöllnern und Sündern – Mt ergänzt bei der Rechtfertigung Jesu: *Erbarmen will ich* (sc. mich erbarmen) *und nicht Opfer* (sc. das Opfer der Gerechten) – Jesu Jünger fasten nicht).

V. 18–26 *Zwei Wunder durch Berührung:* Die Blutflüssige und Jairus' Tochter. Durch Berührung auch:

V. 27–31: Heilung von zwei Blinden. Die Anrufung Jesu als Sohn Davids 9,27 bereitet die Aussage über Jesus als Messias 11,2 vor.

V. 32–34: *Heilung* eines taubstummen Dämonischen mit Doppelreaktion, die auf die Doppeldeutigkeit des charismatischen Messiasanspruchs weist („nie erschien so etwas in Israel" oder „im Herrscher der Dämonen ...").

9,35 Wundersummar: Abschluß von K. 5–9 (lehrend ... heilend), Vorbereitung von 11,5

9,36–11,1 **Jesus als Hirte Israels sendet Jünger zu Israel.**

9,36f.: Überschrift (Jesus erbarmt sich des Volkes, das wie Schafe ohne Hirten ist) und Begründung des Gebetes um „Ernte–Arbeiter" durch Jesus (sc. zum Einsammeln der Auserwählten).

10 *Aussendungsrede*: **Nach der Verleihung von Vollmacht über unreine Geister und einer Liste der Zwölf sendet Jesus aus und gibt Anweisungen:**

V. 5–6: Zu *Lebzeiten Jesu keine Mission von Heiden und Samaritanern* (erst nach Ostern gilt Mt 28,19f.): nur zu den verlorenen Schafen des Hauses Israel.

V. 7–8: *Inhalt des Tuns:* Verkündigung und Heilungen (Vgl. K. 5–7 und 8–9!)

Verhältnis zum Besitz und Ausrüstung: umsonst empfangen, umsonst geben; kein Metallgeld erwerben. Verzicht auf Reisesack, doppeltes Untergewand, Sandalen, Stab. Denn: „der Arbeiter ist seines Lohnes wert" (= Versorgung durch die Gemeinden).

V. 11–15: Einzelschritte der Mission in Städten und Ortschaften. Leitworte: Stadt, Haus, hineingehen, würdig, herausgehen. Bei Ablehnung der Botschaft: der Friedensgruß kommt zurück (euch wird es gut gehen) – Verfluchung der Ortschaften (Staub von den Füßen schütteln; Hinweis auf Sodom und Gomorrha).

V. 16–23: Verfolgung

Verhalten in der Verfolgung: wie Schafe unter Wölfen: wehrlos; vorsichtig wie die Schlangen (Flucht!); scheu wie die Tauben, Flucht bei Verfolgung (V. 23). Keine Sorge um Verteidigungsrede vor Gericht (Geist).

V. 20–23: Deutung der *Verfolgung als apokalyptisches Geschehen* (Realisierung des Kampfes aller gegen alle; Kommen des Menschensohnes)

V. 24–31: *Trost* angesichts von Verkennung und Verfolgung:

a) Den Jüngern kann es *nicht besser* ergehen als Jesus (Schüler/Lehrer, Sklave/Herr). Begründung: Alles *Verborgene* wird *offenbar* werden (wohl die jetzt noch zweifelhafte, verborgene pneumatische Legitimität).

b) Martyrium: Aufforderung zu freimütiger Rede V. 27 (Verbindung mit V. 26 durch *verborgen/offenbar*). Da die Jünger mehr der Öffentlichkeit ausgesetzt sind als Jesus, ist Aufforderung zum Mut notwendig.

Weiter: Fürchtet nicht die, die den Leib töten können ... sondern den, der Leib und Seele vernichten kann (d.h. nicht die Menschen, sondern Gott). V. 29–31:

Geborgenheit auch im Martyrium (Spatz fällt nicht vom Himmel, Haare des Hauptes gezählt). Leitwort: *Fürchten.*

V. 32–39: Entscheidung für oder gegen Jesus hat Konsequenzen im Gericht. Allen Sätzen ist der Bezug auf das Ich Jesu (1. P. Sg.) gemeinsam:

Bekennen/Verleugnen; nicht Frieden, sondern Schwert (also: Scheidung und nicht Harmonie); Trennung zwischen den Verwandten; die Eltern nicht mehr lieben als Jesus; Leben finden und verlieren.

V. 40–42: Die Entscheidung fällt *angesichts der Jünger:* Nachdem in V. 32–39 von der Entscheidung zu Jesus die Rede war, kommen hier wieder die angeredeten Jünger in den Blick: Jesus steht hinter ihnen. *Was ihnen getan wird, hat endgültige Folgen.*

Fünf Sätze im Tat-Folge-Schema (aufnehmen, Becher Wasser zu trinken geben): Wer euch ..., der tut es an mir, wer es an mir tut, tut es an dem, der mich sendet.

11–12 **Unglaube und Feindschaft der Juden. Zugleich: Wer ist Jesus?**

11,2–24 *Johannes und Jesus. Jeder hat seine Funktion. Beide wurden abgelehnt: Gerichtsdrohung.*

a) 2–6: Anfrage des Täufers: Jesus ist der Kommende. Darauf weisen die *Werke des Christus* (vgl. K. 8–9). Da es sich offenbar um eine Korrektur der Erwartung des Kommenden handelt, fügt Jesus hinzu: Selig, wer sich an mir nicht ärgert. – „Werke" sind auch in V. 19 Legitimationskriterium.

b) Wer ist aber dann Johannes?

Mehr als ein Prophet, nämlich eschatologischer Wegbereiter Gottes. – Der Größte in der Zeit von Gesetz und Propheten: der Elias – doch der Kleinste im Reich ist größer als er, denn jetzt ist nicht mehr Zeit der Prophetie, sondern die Zeit der Entscheidung für das Reich (V. 12: „das Himmelreich wird mit Gewalt ergriffen").

Gleichnis von den **spielenden Kindern** (16–19): Johannes wie der Menschensohn wurden abgelehnt. obwohl sie Gegenteiliges taten. Legitimationskriterium für die Weisheit sind aber die *Werke.*

c) Appell zur Buße an Israels Städte. Verbindung mit dem Vorangehenden: Werke/Wundertaten. *Tyrus* und *Sidon* hätten sich aufgrund solcher Zeichen bekehrt. Chorazin, Bethsaida und Kapernaum angesprochen. Den heidnischen Städten wird es besser ergehen als diesen jüdischen, die nicht umkehrten.

11,25–12,50 Jesus – Lehrer im Widerstreit

Selbstvorstellung Jesu als Lehrer (11,25–30) in der Form der (autobiographischen) *Werberede* mit einer einleitenden Danksagung („... daß du dieses vor Weisen verborgen hast"). Aufgrund des Exklusivverhältnisses Vater/Sohn ist die Offenbarung an den Sohn gebunden. Daher die Aufforderung, Jesu Lehre anzunehmen. Sie besteht in seinem Vorbild: sanft und demütig zu sein ist das „Joch". Ziel: Ruhe von der Mühsal (Gegensatz zur Gerichtsdrohung V. 22–24).

Jesus als Lehrer über das Sabbatgebot (12,1–8): Neues Kriterium: Erbarmen statt Opfer. 12,9–14: Sabbatheilungen.

12,15–45: Die verborgene Legitimität des Messias:

a) Jesus verbietet, daß man ihn offenbar macht (Begründung durch Jes 42: schreit nicht, Stimme hört man nicht auf der Straße, löscht glimmenden Docht nicht aus)

b) Heilung eines Blinden und Lahmen hat Doppelreaktion zur Folge: Sohn Davids – oder im Bund mit Beelzebub.

V. 25–37: Jesus geht auf den Beelzebubvorwurf ein.

Ein gespaltenes Reich kann nicht bestehen. – Wenn Jesus mit Beelzebub austreibt, wäre zu fragen, womit denn seine Gegner, die Juden, austreiben. Wenn sie dieses im Geiste Gottes tun, müßten sie die Richter der Angeredeten sein da sie dann gerechter wären als sie (vgl. 12,41f.). – Wer den Starken berauben will, muß ihn zuvor binden. Das tat Jesus. – Zur Frage der Beurteilung Jesu ist nun aber jedes nicht eindeutig positive Wort folgenreich: V. 30 „Wer nicht mit mir ist ...“; V. 31f.: Ein Wort gegen den Geist (d.h. die Behauptung, Jesus habe nicht Gottes Geist, sondern das Gegenteil) ist unvergebbare Sünde. Begründung V. 33–37: Böse Worte kommen aus bösen Herzen und werden gerichtet.

c) Jesus lehnt es ab, durch ein Zeichen seinen Anspruch zu vereindeutigen. Nur das **Zeichen des Jona** wird gegeben (Auferstehung) – hier ist mehr als Jona. Hier ist auch mehr als Salomo (Weisheit; Königin von Saba).

d) *Gerichtsandrohung* mit Hilfe eines Vergleiches aus der Pneumatologie: So wie es immer schlimmer wird, wenn der ausgetriebene böse Geist zurückkehrt, werden auch die Hörer immer böser (das Spätere wird schlimmer als das Frühere).

e) *Wahre Verwandtschaft:* Wer den Willen Gottes tut, ist Jesu Bruder, Schwester, Mutter. Verbindung zum Kontext: Die geforderte Stellung zu Jesus macht selbst verwandtschaftliche Bande relativ, Reminiszenz an Mk 3,31–35 nach 3,28–30 (Verwandte Jesu: er ist besessen).

13,1–52 **Gleichnisse über das Reich Gottes.**

a) 1–35 Trost angesichts der Zukunft der Basileia.

Einleitung durch das **Gleichnis vom Sämann,** welches das Hören selbst zum Thema macht. Gegen Mk betont: Die Jünger **erkennen** die Geheimnisse des Himmelreiches. Sie sind die messianische Generation: „Was noch niemand sah, seht ihr.“ In der allegor. Auslegung des Gleichnisses vom Sämann bereits das Stichwort Gottesreich.

Den Außenstehenden ist im Unterschied zu den Jüngern das Verstehen nicht gegeben („Wer hat, dem wird gegeben“ ist auf das Verstehen bezogen) (anders Mk!). **(Parabeltheorie)**

Drei Pflanzengleichnisse: *„Ertragen der Gegenwart“:*

Unkraut unter dem Weizen – Senfkorn – Sauerteig. – Gemeinsame Struktur: Bezug auf die „mißliche“ Situation der Gegenwart, in der die Gleichnisse sagen: Das Ende wird herrlich sein, auch wenn jetzt Unscheinbares oder mit Bösem Vermischtes da ist. Senfkorn und Sauerteig: Was jetzt das Kleinste ist, wird dann das Größte sein.

Abschluß V. 34f.: Gleichnisse offenbaren das Verborgene von Anbeginn (vgl. Revelationsschema, § 59, D 1). Auch bei Senfkorn und Sauerteig geht es um (noch) Verborgenes.

b) 36–50 Apokalyptische Belehrung über das Gericht:

In der alleg. Auslegung des Gleichnisses vom **Unkraut unter dem Weizen** geht es nicht mehr um das vorzeitige Ausreißen, sondern um das Gericht über Gerechte und Ungerechte (Menschensohn, Engel, Teufel). Ernte: Ende der Welt.

Gleichnis vom **Schatz im Acker** und von der **kostbaren Perle:** Besitzverzicht um des Himmelreiches willen als Kriterium des Gerichtes. Gleichnis vom **Fischernetz:** Scheidung von Guten und Bösen. „So wird es am Ende der Welt sein".

Schluß: Die Jünger haben alles verstanden (Mt betont Jüngerverständnis). V. 52: Gleichnis über Gleichniserzählung:

Ein Hausherr, der Neues und Altes aus seinem Schatz hervorbringt.

Aufbau K. 13: Einleitendes Gleichnis über das Hören, dann 2 x 3 Gleichnisse (Pflanzen – Erwerbsvorgänge), Gleichnis über Gleichniserzählen am Schluß.

13,53–14,36

> Auf die Rede folgen wieder Wunder, die den Glauben wecken. Nach der Rede in K. 13 zeigt Jesus hier (wie in 8–9 nach 5–7) wieder seine Wundervollmacht und damit seine Identität. Der Bogen läuft vom Unglauben in der Vaterstadt am Anfang über die Fehldeutung des Herodes und den Kleinglauben des Petrus bis hin zur gläubigen Anerkennung in 14,33 (Gottes Sohn). Der Fortgang des Kapitels führt den Leser von der Ablehnung bis zum Glauben der Jünger.

13,53–58 Jesus in seiner Vaterstadt; 14,1–12 Fehldeutung des Herodes (Erweckung des Täufers). Bericht über Martyrium des Täufers. 14,13–21 Speisung; 22–26 Seewandel. Neu bei Mt: Petrus wandelt auf dem Meer. Sein Zweifel provoziert die Rettung. Reaktion: 14,33. 14,34–36: Summar über Heilungen durch Berührung.

15–17,13 Rezeption von Mk 7–9.

Besonderheiten: In 15,13f. Konfrontation von Jesus als dem wahren Lehrer mit den blinden Blindenführern (Pharisäer).

15,24 Jesus ist nur zu den verlorenen Schafen des Hauses Israel gesandt.

16,1–4 Statt der Zeichenverweigerung bei Mk: Die Zeichen der Zeit können die Pharisäer nicht beurteilen. Nur das Zeichen des Jona ist ihnen gegeben.

16,5–12: Das mk Unverständnis der Jünger wird beseitigt.

> 16,13–20: An das Christusbekenntnis des Petrus wird in 16,17f. die Seligpreisung des Petrus (als des Offenbarungsempfängers) und etymologisierende Einsetzung in seine Funktion (Erbauung der Gemeinde auf ihm) angefügt. Die Schlüsselgewalt geht von den Pharisäern (23,13) auf ihn über: Binde- und Lösegewalt.

17,14–20,28 Probleme der Gemeinde

a) 17,14 21 Thema: Glaube.

Heilung des Mondsüchtigen. War bei Mk von der Unfähigkeit der Jünger zu Heilungen die Rede, so hat Mt das Thema *Glaube/Kleinglaube/Unglaube* eingeführt, besonders durch die Anfügung von V. 20 (Senfkorn). Von Austreibung durch Gebet (Mk) ist nicht mehr die Rede.

b) 17,22f.: 2. Leidensweissagung.

c) 17,24–18,9: *Kein Ärgernis geben*
I. Ärgernis nach außen (Juden): Tempelsteuerfrage.
Jesus verlangt äußerliche Anpassung für Judenchristen, obwohl die Söhne des Reiches frei sind (Münze im Fischmaul).
II. *Ärgernis nach innen* (Gemeindemitglieder „die Kleinen") 18,1–7. Voraussetzung: Die Kleinen sind in Wahrheit groß im Himmelreich (V. 3–5)
III. *Ärgernis für sich selbst* 18,7–9: Hand und Auge lieber ausreißen als unverstümmelt ins ewige Feuer.

d) 18,10–35: **Die „Kleinen" (Christen) darf man nicht leichtfertig aus der Gemeinde ausschließen** – eher *vergeben.* – Man darf die Kleinen nicht *geringachten,* weil ihre Engel Gottes Angesicht sehen (18,10), man muß sorgen, daß keiner *verlorengeht* (Gleichnis vom verlorenen Schaf), man darf erst nach zwei verschiedenen erfolglosen Ermahnungen aus der Gemeinde *ausschließen* (V. 15–17) und soll 7 x 70 mal, d.h. immer *vergeben.* Mahnung zur *Vergebung* ist auch das Gleichnis vom unbarmherzigen Knecht (18,23–35).

e) K. 19 (aus Mk 10): Ehescheidung – Eheverzicht (19,10–12: *Eunuchen um des Himmelreiches willen)* – Kindersegnung – Verhältnis zum Besitz. 19,28: Die Zwölf, die Jesus so vorbildlich nachgefolgt sind, werden die 12 Stämme Israels richten. Gemeinsame antithetische Struktur: V. 28 Nachfolgen/Richten; V. 29: Aufgeben Vielfältig Empfangen und Erben; V. 30: Erste/Letzte.

f) Behandlung von später hinzugekommenen Gemeindegliedern: 20,1–16 Gleichnis von den **Arbeitern im Weinberg.** Anschluß an K. 19 durch 19,30 (Erste/Letzte), hier als Gleichstellung aufgefaßt: die Letzten werden *wie* die Ersten sein.

20–25 **Jesus in Jerusalem**

21 **Einzug in Jerusalem.** 21,9: Sohn Davids. Tempelreinigung: Vertreibung – Heilung – Kinder rufen Hosianna (Reflexionszitat).
21,23–27: Vollmachtsfrage an Jesus wird auf den Täufer zurückgelenkt: Wer den Wegbereiter nicht erkennt, ist auch nicht zuständig, über Jesus zu Gericht zu sitzen. Die Entscheidung für oder gegen Jesus ist schon beim Täufer gefallen.
Drei Gleichnisse schließen sich an:

a) 21,28–32 Gleichnis von den zwei **ungleichen Söhnen:** Die Zöllner und Dirnen haben zwar spät den Willen Gottes getan, die anderen Juden dagegen blieben unbekehrte Ja-Sager. Der Widerspruch gegen den Täufer ist nur Beispiel für eine allgemeine Regel: *„Wenn ihr nicht wollt, kommen andere"* (in Verbindung mit dem Täufer schon Mt 3,9): Die Zöllner (in Verbindung mit dem Täufer auch Lk 3,12; 7,29) und Dirnen kommen in das Reich, Israel nicht.
Die gleiche Struktur hat:

b) 21,33–44 Gleichnis von den **bösen Winzern** (Verbindung mit dem Vorangehenden auch durch Stichwort „Weinberg"). Betonung der Früchte und des anderen Volkes, das nun die Früchte liefern wird.
Gegenüber Mk: Zwei Sendungen (frühere und spätere Propheten) und Abriß der Heilsgeschichte: V. 41 Zerstörung Jerusalems, V. 43 Heidenkirche, V. 44 Endgericht.

c) 22,1–14 Gleichnis vom **Hochzeitsmahl.** – Auch hier die unwilligen Erstadressaten und die „anderen", die dann kommen. Neu: Auch diese „anderen" sind dem Gericht unterworfen (Weiterführung gegenüber den beiden ersten Gleichnissen).

22,15–23,12 **Jesus als Lehrer im Tempel.**

Aus Mk: Zinsgroschen – Auferstehung – Liebesgebot – Sohn Davids und Herr.

Abschluß:

23,1–12: *Falsche Lehrer – rechtes Tun:* Was die Gemeinde tun soll, wird im Kontrast zu den Pharisäern deutlich.

V. 1–5: *Worte/Werke:* Worte der Pharisäer befolgen, nicht ihre Werke tun, die sie nur zum Gesehenwerden tun.

V. 6–12: *hoch/niedrig:* Die Pharisäer lieben Ehren und Titel („Rabbi", d.h. „Lehrer") – die Gemeinde soll dieses meiden, denn alle sind Brüder. V. 11f.: Niedrigkeit Vorbedingung für wahre Hoheit.

23–25 **Ankündigung des Gerichtes**

23,13–39 Gerichtsankündigung über die jüdische Führung und über Jerusalem. Weherede und Jerusalem-Wort.

Anschluß an das Vorangehende durch antithetische Struktur: Vorschriften aufstellen und nicht halten (wie V. 1–5) „schließen und nicht hineingehen" (V. 13).

Aufwand an der falschen Stelle – Vernachlässigung des Wichtigen (Proselytenmachen, Schwören nur beim Unwichtigen als gültig, Verzehnten von Gewürzen) V. 15–23 mit Abschluß V. 24: *Mücken seihen, Kamele verschlucken.*

Äußerer Schein und inneres Sein (Reinheit von Gefäßen, übertünchte Gräber) V. 25–28

Ziel der Reihe: Bau und Schmuck der Gräber der *Propheten/getreue* Söhne der Väter, die deren Maß voll machen *(töten,* kreuzigen, verfolgen). Propheten, Weise und Schriftgelehrte als christliche Gemeindeautoritäten? **(V. 29–36)**

V. 37–39: Jerusalem *steinigte die Propheten* und wollte auch auf Jesus nicht hören: Verwüstung des Tempels.

24 **Apokalypse nach Mk 13**

24,36–25,13 Ergänzung der Apokalypse durch Wachsamkeitsparänese anhand von Gleichnissen.

Überschrift 24,36: Ungewißheit des Zeitpunkts.

a) V. 37–39 Unerwartetes Kommen des Menschensohnes wie bei der Sintflut.
b) V. 40–42 Die abrupte Trennung von je zweien als Motiv zur Wachsamkeit (Plötzlichkeit und dann je verschiedenes Gericht)
c) V. 43f. Gleichnis vom wachenden Hausvater.
d) *Wachsamkeit* angesichts der *Parusieverzögerung:*

24,45–51 Gleichnis **vom treuen und vom bösen Knecht**

(V. 48: „Mein Herr kommt noch lange nicht")

25,1–13 Gleichnis **von den klugen und törichten Jungfrauen**

(V. 5: „Da nun der Bräutigam lange ausblieb"). Ziel V. 13: „Wachet, denn ihr kennt weder Tag noch Stunde." Damit wird an V. 5f. (schlafen/aufwachen) angeknüpft. (Mitnehmen von ausreichend Öl ist im gegenwärtigen Kontext nicht zur Pointe ausgenutzt).

25,14–41 **Strenge Scheidung im Weltgericht**

14–30 Gleichnis **von den anvertrauten Talenten** (V. 29: Jedem, der hat, wird gegeben ...).

31–46 Der Menschensohn scheidet als König wie der Hirt *zwischen Schafen und Böcken.* V. 40: Was einem der Geringsten getan wurde, ist Jesus getan.

26–27 Leidensgeschichte

28 Ostergeschichte. Besonderheiten gegen Mk: Christusvision der Frauen in 28,9f. – Ursprung des Gerüchtes vom Diebstahl des Leichnams V. 11–15. – Missions- und Taufbefehl auf dem Berg Galiläas in 28,16–20. „Tauformel" in V. 19. Verheißung des Mitseins „bis an der Welt Ende" („Matthaei am letzten").

D. Textsorten

1. *Antithesen:* Gegenüberstellung der jüdischen Lehre und der Weisung Jesu nach dem Schema „Ihr habt gehört, daß den Alten gesagt worden ist (o.ä.) ... ich aber sage euch" in **Mt 5,21–48** und in analoger Form „Mose ... ich sage euch aber" auch Mt 19,8/9. Deutlichster Ausdruck der Offenbarungsautorität des Kyrios Jesus; wahrscheinlich mt Ursprungs (vgl. die Lk-Parallelen zur 3., 5. und 6. Antithese der Bergpredigt).
2. *Berufsregeln:* Prov 31,1–9 (König); von Missionaren: Mt 10,7–16a; Lk 10,3–12; 9,1–6; Mk 6,10f. – AT: § 22, D 9.
3. *Gebet:* Das „Vaterunser" in **Mt 6,9–13;** par **Lk 11,2–4** mit altertümlicher Abweichung in der 2. Bitte „Es komme auf uns dein heiliger Geist und reinige uns". Der Gebetsruf „Abba" wird als für Jesus spezifisch angesehen **(Mk 14,36),** erscheint jedoch in Röm 8,15; Gal 4,6 ohne direkten Bezug auf Jesus als pneumatischer Gebetsruf. Das ausführlichste frühchristliche Gebet findet sich in Act 4,24b–30. Häufig ist das Gebet im Zusammenhang der Bestallung von Amtsträgern: Act 1,24f.; 13,3, in Mt 9,38 auf Jesus zurückgeführt. Jesus selbst wird vor allem bei Lukas immer wieder als Vorbild des Betens genannt; vgl. auch den Zusammenhang von Gebet und Wachsamkeit.
4. *Kindheitserzählungen:* für das AT vgl. § 14, E 1. Für Jesus und Johannes in Lk 1,5–2,52, für Jesus allein in Mt 1,1–2,23. Die künftige Bedeutung eines Mannes wird an den Besonderheiten seiner Entstehung, Geburt und Kindheit bereits dargestellt.
5. *Redeaufträge:* Häufig in Erscheinungsberichten nach der Form „geh und sag", so Ex 3,16; 7,15–17; Jes 6,9; Ez 3,4; Mt 28,19; Joh 20,17.
6. *Reflexionszitate* (auch: „Erfüllungszitate"): In Einzelereignissen sind als Weissagungen aufgefaßte Worte des AT erfüllt: Nach Vorstufen in Jos 21,45; 23,15; Mk 14,49 und im Judentum vor allem bei Mt mit den Einleitungsformeln „damit erfüllt wurde, was gesagt wurde durch die Propheten" oder „da wurde erfüllt, was gesagt wurde durch den Propheten ...", häufig Orte betreffend: **Mt 1,23** (Emmanuel); 2,6 (Bethlehem); 2,18 (Rama); 2,23 (Nazareth); 2,15 (Ägypten); 4,15f. (Sebulon Naftali, gemeint: Kapernaum); 8,17 (Krankheiten);

12,17–21; 13,35 (Gleichnisse); 21,4f. (Esel beim Einzug; von Mt als zwei Esel verstanden!); **27,9f.** (Judas).

7. Thronszene: Aus der Thronvision entwickelte Darstellung des Gerichtes vor Gottes Thron: Dan 7,9–14; **Mt 25,31–46**; Apk 20,11–13, vgl. auch Mt 19,28. Nur bei Mt ohne visionären Rahmen.
8. Visionsberichte: Jesus als Visionär: Mk 1,10 par; Lk 10,18 (Satan wie ein Blitz). *Ostervisionen:* I Kor 15,5–8 (nicht ausgeführte Liste, wie Lk 24,34 als Einzelnotiz); Ostervisionen *vor Frauen:* Joh 20,14–17 (M. Magdalena); Mt 28,9f. (M. Magdalena und die andere Maria); *vor den versammelten Jüngern:* Mt 28,16 20; Lk 24,36–51; Joh 20,19–23.24–29. – Österliche *Epiphanieberichte:* Lk 24,13–35 (Emmaus); Joh 21,1–23. – Paulusvisionen: Act 9,1–9; 22; 26; vgl. I Kor 9,1. – Visionen in der frühen Kirchengeschichte: Act 10,3ff. (Kornelius). 10–16 (Petrus); 18,9f. (Paulus in Korinth); 16,9 (Makedonier).
9. Werberede (auch: autobiographische): Jes 55,1–5 (Gott als Wasserverkäufer); Prov 8,4–36; 9,4–6; Sir 24,19: Mt 11,28; Joh 6,35; 7,37f.; Apk 22,17. Seligpreisungen: Vgl. § 22, D 8.

E. Themen

1. *Davidssohn:* Nach **Röm 1,3** ist Jesus dem Fleische nach „aus dem Samen Davids" (vgl. II Tim 2,8). In den Stammbäumen Mt 1 und Lk 3 wird dieses dargestellt. *Bethlehem* ist die Stadt Davids (Mt 2,6; Lk 2,4; Joh 7,42). Jesus soll den Thron seines Vaters David erben: **Lk 1,32**. – Jesus realisiert dieses Königtum auf besondere Weise: Nach Mt wird Jesus als Wundertäter angerufen: „Erbarme dich meiner, Sohn Davids" (Mt 9.12.15.20, schon Mk 10,47f.). Beim Einzug in Jerusalem wird Jesus Mt 21,9 zugerufen: „Hosianna dem Sohn Davids" (Mk: „gesegnet das Reich unseres Vaters David, das kommt"). – Apk: Schlüssel Davids in 3,7; Wurzel Davids 5,5; 22,16.
2. *Mission:* Nach Meinung vieler Exegeten vom irdischen Jesus in Form der Völkerwallfahrt erwartet (Lk 13,28f. par Mt 8,11f.) Die Synoptiker nehmen eine Jüngeraussendung Jesu vor Ostern an, die sich nach Mt nur auf Israel bezieht: Mt 10,5f.23. – Vgl. die Aussendungsreden in Mk 6; Mt 10; Lk 9f. – Mt und Lk lassen den Auferstandenen den Auftrag zu universaler Mission geben (**Mt 28,16–20; Lk 24,47; Act 1,8**), nach **Mk 13,10** wird das schon von Jesus angekündigt. – Ein wichtiges Zwischenglied ist die Samaritanermission: Act 1,8; 8,14ff. (vgl. Joh 4). – **Paulus:** Gal 1,16; Act 26,17f.
3. *Abendmahl:* Bei den Synoptikern als Passahmahl gedacht. – Gemeinsamer Überlieferungstyp für Mk 14,22–25; Mt 26,26–29 einerseits und I Kor 11,23–25; Lk 22,15–20 andererseits. Zur theologischen Bedeutung: I Kor 10,16f. und die Rede Joh 6. Das letzte Mahl Jesu ist auch als Fortsetzung der Mahlzeiten aufzufassen, die Jesus mit den Sündern und Zöllnern zu Lebzeiten gehalten hat (daher auch der Bezug zur Sündenvergebung; vgl. Mk 2,15–17; Lk 15). – Der Herr des Mahles ist Jesus auch Lk 24,30f. und Joh 21,12f. – Die Gemein-

schaft des Mahles ist immer konkretes Zeichen für die Einheit der Kirche: Gal 2,12 (Antiochien); I Kor 5,11. – Mit dem Essen des Götzenopferfleisches ist es unvereinbar, wenn man es unter dem Gesichtspunkt des Bekenntnisses betrachtet: I Kor 10,14–22.

4. *Gericht:* im AT nur innergeschichtlich; endzeitlich erst in Dan 7,10ff., von daher im Judentum mit der Figur des Menschensohnes verbunden. Daher ist der Menschensohn Richter in Mk 8,38 par; 14,62. Jesus als Richter: Act 10,42; der Sohn: Joh 5,22–29. Die besonders Gerechten: Mt 19,28 par Lk 22,30 (Apostel); I Kor 6,2f. (Heilige). Ankündigungen des Gerichtes spielen beim Täufer und bei Jesus eine große Rolle: Mt 3,10; 13,40 (Unkraut); Mk 9,47f. (Hölle). Das kommende Gericht bedeutet für die Christen einen Verzicht auf Richten jetzt: Mt 7,1; Röm 12,19.
5. *Reich Gottes:* AT Dan 2,44; 7,14.27: Reich Gottes löst die Weltreiche ab. – In der Verkündigung Jesu unter bestimmten Aspekten bereits als gegenwärtig **(Lk 11,20)**, häufiger aber als in naher Zukunft kommend gedacht (Mk 1,15; Seligpreisungen Mt 5,3–10; Gleichnisse **Mt 13**). An Stellen wie Röm 14,17 ist Reich Gottes offenbar als gegenwärtige Herrschaftsausübung Gottes verstanden. *Vorzeichen* für das kommende Reich werden abgelehnt, bzw. auf die Person Jesu selbst beschränkt (Zeichen des Jona; vgl. Lk 17,20; Mt 16,4). Die Worte vom Eingehen in das Reich Gottes (s. § 51, D 3) formulieren die Bedingungen der Anteilhabe am künftigen Reich. Konkret wird diese als *Gastmahl* vorgestellt: Lk 13,28f. – Reich Gottes und Menschensohn sind nicht zu trennen, sondern seit Dan 7 miteinander verbunden.
6. *Taufe:* Die Wassertaufe des Johannes war zwar mit Umkehr verbunden und nach Mk 1,4 sogar mit Sündenvergebung, doch sie wird prinzipiell überboten durch die Geisttaufe Jesu (Mk 1,8). Diese Geistmitteilung war offenbar nicht ursprünglich an Wasser gebunden, sonst wäre es kaum verständlich, daß Jesus nicht (Joh 4,2) und Paulus nur in Ausnahmefällen (I Kor 1,14 17) getauft haben. Erst später sind Wasserritus und Geisttaufe zusammengewachsen, worauf noch Act 8,16 und die Formulierung „Wasser und Geist" Joh 3,5 hinweisen. Taufbefehl des Auferstandenen: **Mt 28,18–20.** Tauftheologie: **Röm 6,1–11; Kol 2,11–14; Joh 3,1–8** (Wiedergeburt).

F. Einzelheiten

1. „Unzuchtsklausel": Mt 5,32: Ausnahme vom radikalen Ehescheidungsverbot (Lk 16,18) für den Fall der „Unzucht".
2. „Eunuchen um des Himmelreiches willen": Eheverzicht nach Mt 19,12.
3. Als der Engel des Herrn den Stein wegwälzt, fallen die Wächter am Grabe „wie tot" um (Mt 28,4). – Versiegelung des Grabes: 27,64–66.
4. Zeichen des Jona Mt 12,39: vgl. § 38, E 1.

§ 49 Das Markusevangelium (Mk)

A. Markus hat vielleicht als erster die Traditionen über Jesus in der Form eines chronologischen Ereigniszusammenhanges dargestellt, der die Zeit vom Auftreten Jesu bis zum leeren Grab am Ostermorgen umfassen soll. Damit wurde die *Gattung Evangelium* geschaffen. Markus ließ sich dabei von folgenden theologischen Intentionen leiten:

1. *Messiasgeheimnis* (vgl. unter E 6).
2. *Gegensatz Galiläa und Jerusalem:* Galiläa ist der Ort der Wunder und der Offenbarung, Jerusalem der Ort, an dem Jesus abgelehnt wird. In Jerusalem wirkt Jesus nur ein Wunder: die Verfluchung des Feigenbaumes, Symbol der Verwerfung Israels. Für Galiläa ist auch die Erscheinung in 16,7 angekündigt.
3. Die *Unwissenheit der Jünger* wird immer wieder betont:
   4,13 (Bedeutung des Gleichnisses)
   6,52 (Messianität Jesu aufgrund der Speisung)
   7,18 (die wahre Reinheit)
   8,17–21 (Bedeutung der Brotvermehrung)
   9,32 (Leidensweissagung)
   10,38 (Martyrium als Voraussetzung des Sitzens zur Rechten).
   Gemeint ist damit wohl der Leser, der im Laufe des Evangeliums wegen dieser Unwissenheit zu immer weiterer Offenbarung geführt werden muß.
   Getadelt wird auch das *Verhalten* der Jünger (8,33: Nichtannahme des Leidens; 9,33f.: Rangstreit; auch 10,42f.), und das Versagen des Petrus wird in K. 14 (Verleugnung) breit dargestellt. Der Kontrast zwischen Jesus und selbst den hervorragendsten seiner Jünger wird so deutlich gemacht. Er allein ist der Offenbarer, so daß die Jünger alles nur von ihm wissen können, und er allein ist das Vorbild (vgl. etwa Mk 10,45 nach V. 41–44).
4. Gleich am Anfang beruft Jesus *Jünger* (Petrus, Andreas, Johannes, Jakobus). Drei dieser vier sind besondere Zeugen bei der Auferweckung der Tochter des Jairus (K. 5), bei der Verklärung (K. 9) und in Gethsemane (K. 14), Andreas ist auch bei der apokalyptischen Rede (K. 13) dabei. – Nach 3,14 „schafft" Jesus die Zwölf, „daß sie mit ihm seien". Auch sie sind damit zu besonderen Zeugen geworden.
5. Mk schafft einen Zusammenhang für sein Material durch Summare (z.B. 6,54 56) und Vorausverweise (z.B. Leidensankündigungen in 8,31; 9,31; 10,32–34, aber auch 14,41), die zugleich das Geschehen theologisch deuten.

B. Grobgliederung

Eine einfache geographische Gliederung:
1–5 Jesus in Galiläa
6–9 Wanderungen außerhalb Galiläas
11–16 Jerusalem
Genauer greift eine Gliederung, die am Verhältnis zwischen Jesus und seinen Hörern orientiert ist:

1	Der Anfang. Keine Gegner. Vier Jünger
2–3	Die Vollmacht Jesu. Darstellung gegenüber Dämonen und Gegnern.
4	Lehre in *Gleichnissen* scheidet Volk und Jünger
5	Der *Herr* über widrige Gewalten
6	Der Heiland Israels findet nur *Unverständnis* und Unwissen
7,1–8,9	Vorbereitung der *Heidenmission*
8,10–9,13	Der Weg zur vollen *christologischen Erkenntnis*
9–10	Die Gemeinde
11–12	Der Messias in *Stadt* und *Tempel*
13	Apokalypse
14–16	Passions- und Ostergeschichte

Streitgespräche: 2,1–3,6; 11,27–12,37 (6 in Galiläa, 4 in Jerusalem) *Reden:* 4 (Gleichnisse); 7 (Rein und Unrein); 13 (Parusie)

Eine wichtige *Zäsur* liegt bei 8,31. Das *Petrusbekenntnis* 8,29 zog die Summe aus dem bislang Dargestellten: Das vollmächtige Wirken Jesu hat seine Antwort im Christustitel gefunden. Mit 8,31 (1. Leidensweissagung) beginnt eine andere Seite der Christologie, die bis zum Kreuz führt.

C. Inhalt

1 Der Anfang.

Leitworte: Geist (V. 8.10.12), Geister, Dämonen, rein/unrein, verkündigen

1–15: Der Anfang mit *Johannes dem Täufer*

Das Wirken des Täufers, seine Tracht. **Wasser- und Geisttaufe Jesu** und Versuchung Jesu. Nach der Übergabe des Johannes verkündet Jesus das Evangelium Gottes.

Parallelisierung Jesus/Täufer: Die Stichworte Wüste, Taufen, Jordan, Wasser, Geist, Verkündigen finden sich sowohl in V. 4–8 wie in V. 9–15. Über beide wird berichtet von ihrem Kerygma (V. 7.14f.), ihrem Wirkungsgebiet (V. 4f.14), von Gottes Wort (V. 2f.11), Zitat aus Dtjes (V. 2f.11).

Theologisch wichtig: **Geist und Gottessohnschaft** V. 11f.

16–34: Wirken am See und in Kapernaum:

Berufung von zwei Jüngerpaaren (Petrus-Andreas, Jakobus-Johannes) nach dem Vorbild von ELIA/ELISA.

Lehre mit Vollmacht in der Synagoge von Kapernaum. Das Wunder (unreiner Geist) unterstützt die Legitimität der neuen Lehre (Was ist das?) und offenbart Jesus als den Heiligen Gottes (Wer du bist ...), vgl. V. 27b.

Orte des Lehrens bis 2,22: Synagoge und Haus, nicht die Öffentlichkeit (Spiegel der Missionspraxis?). Allmähliche Ausweitung von der Synagoge aus: Haus – ganz Galiläa:

Heilung der *Schwiegermutter des Petrus* in dessen *Haus* und Sammelbericht über *Heilungen* im *Haus* (Stichwort: Dämonen)

35–39 Jesus muß über Kapernaum hinaus in die Synagogen (!) von ganz Galiläa.

40–45 Reinigung des Leprösen. Leitwort: Rein (vgl. V. 23.26f.). (Der Geist des Heiligen Gottes bewirkt vor allem Reinheit.)

V. 44 „zeige dich dem Priester": Gesetzestreue Jesu. V. 45: Jesus in der Wüste: wie der Täufer.

2–3 *Die Vollmacht Jesu. Darstellung gegenüber Dämonen und jüdischen Gegnern.*

2,1–3,6 *Streitgespräche über Jesu vollmächtiges Verhalten; dieses bezieht sich auf den Umgang mit Sündern und die Verletzung von Gesetzesauslegungen bis hin zum Sabbatgebot selbst* (Klimax). Anstoß wird genommen an

Sündenvergebung in 2,1–12 (Heilung)
Umgang mit Sündern und Zöllnern in 2,13–17 („essen")
Nicht-Fasten der Jünger in 2,18–22 („fasten")
Ernten am Sabbat in 2,23–28 („essen")
Heilung am Sabbat in 3,1–6 (Heilung)

Dabei Worte über die **Vollmacht des Menschensohnes: 2,10** (Sündenvergebung); **2,28** (Sabbat) als erste mk Menschensohnworte. Ziel dieser Demonstration der Vollmacht ist bereits in 3,6 der Plan, Jesus zu *töten*. Gegner: die Pharisäer.

2,1–12: Wer heilen kann, kann auch Sünden vergeben. Das ist – wie auch das erstmalige Auftreten von Gegnern – erhebliche Weiterführung gegenüber K. 1; vgl. auch das „Können" von 1,40 mit dem von 2,7.

2,13–17(22): **Essen** mit Zöllnern und Sündern (vgl. Stichwort **„Sünde"** im vorangehenden Stück 2,5.7.9f.). Berufung des *Zöllners* Levi – Jesus rechtfertigt das Essen mit Zöllnern und Sündern: „nicht Gerechte zu berufen, sondern Sünder".

2,18–22 Jesu Jünger **fasten** nicht (Anschluß als Gegensatz zum Essen) (auch im Unterschied zu Johannesjüngern! Die Harmonie von K. 1 besteht nicht mehr). Denn jetzt ist *Freudenzeit* (doch wohl wegen der Bekehrung der Sünder und der Vergebung), noch nicht *Zeit des Gerichtes* (in Metaphern: Zeit des Bräutigams – Verschwinden des Bräutigams). Zur Verdeutlichung zwei Gleichnisse:
kein neuer Stoff als Flicken auf dem alten Gewand (V. 21)
kein neuer Wein in alte Schläuche (V. 22)
d.h. man kann nicht etwas miteinander verbinden, das „zeitlich" nicht zusammenpaßt. So auch nicht Freudenzeit und Fasten.

2,23–28: Ährenernten am **Sabbat;** über das Stichwort „essen" ist V. 26 mit dem Vorangehenden verbunden. Vergleich David/Jesus.

Vor dem Menschensohnwort V. 28 in V. 27 eine Sentenz: Der Sabbat wegen des Menschen, nicht der Mensch wegen des Sabbats.

3,1–6: **Sabbatheilung.** Über Stichwort **„es ist erlaubt"** und „Sabbat" mit 2,23–28 verbunden, auch in der Struktur der antithetischen Antwort in V. 4 (Gutes zu tun/Böses zu tun") mit der Sentenz 2,27. „Töten" V. 4 verbindet mit „vernichten" V. 6.

3,7–35 An Jesu und der Jünger **Exorzismen** scheiden sich die Hörer. Leitworte: unreine Geister, Dämonen, hinauswerfen. – In diesem Zusammenhang auch der Vorwurf gegen Jesus, er sei selbst besessen (V. 21)

7–12: Andrang zum Therapeuten und Exorzisten Jesus (der sich zurückzieht). Die *Akklamation „Du bist der Sohn Gottes"* hat antizipatorischen und Überschriftcharakter.

13–19: **Einsetzung der Zwölf** (zum Mit–ihm–Sein, Verkündigen und Dämonenaustreiben) – folgt wie der Berufungsbericht in K. 1 auf eine Darstellung der Wirksamkeit Jesu (V. 7–12).

Liste der Zwölf (Umbenennung von Simon zu Petrus, der Zebedaiden zu „Donnersöhnen", vgl. § 15, F 3). Jesus „macht" die Zwölf wie die Menschenfischer in 1,17.

Im Kontext: Missionare primär als Exorzisten: V. 15 (Vollmacht zum Dämonenaustreiben).

3,20–35 Zuspitzung der Frage: *Wer ist der Exorzist Jesus?*

Antworten: 1. Er ist verrückt (so seine Familie), 2. Er treibt im Bunde mit dem Dämonenfürsten die Dämonen aus.

Antwort Jesu a) *defensiv:* Kein *Reich* kann geteilt sein, kein mit sich entzweites Haus besteht (d.h.: Satan wird sich nicht selbst vernichten wollen) und das „Binden" gilt doch dem Starken, dessen Haus man ausrauben will (d.h. dem man Menschen entreißen will). b) *offensiv:* 3,28f. **Lästern des Pneumas ist unvergebbare Sünde** (das tut man Jesus an, wenn man sein Pneuma als dämonisch bezeichnet), und die wahren Verwandten sind die, die Gottes Willen tun (Widerstand der Familien galt offenbar auch Pneumatikern in den Gemeinden).

Erst nachdem diese Grundsatzfragen geklärt sind, kann die Darstellung der Lehre in K. 4 beginnen.

4 **Die Lehre in Gleichnissen scheidet Volk und Jünger.**

1–13 Gleichnis vom *Sämann* und **„Parabeltheorie":** Das Gleichnis erklärt, warum der Same nur auf gutem Boden Frucht trägt: Die Wirkung des Wortes hängt vom Hörer ab: Die draußen sind nicht zum Heil bestimmt; die Gleichnisse, die sie nicht verstehen, realisieren dieses. Den Jüngern dagegen ist das Reich gegeben (nicht das Verstehen wie bei Mt, sonst wird V. 13 überflüssig), als „Geheimnis" (als verborgene eschatologische Verheißung).

14–20 Deutung des Gleichnisses vom Sämann (Allegorie): Nach dem anfänglichen Hören des Wortes dieses festhalten und bewahren: *Mahnung an die Bekehrten.*

21–32 Über das Geheimnis des Gottesreiches:

a) alles wird *offenbar* werden (der **Leuchter** gehört nicht unter den **Scheffel:** Verborgenes wird offenbar) V. 21f.

b) Vergeltung nach dem **Maß, mit dem man gemessen** hat V. 24.

c) Radikale Scheidung **(Wer hat, dem wird gegeben** ...) V. 25.

d) Die Gegenwart ist die Zeit des Fruchtbringens, nicht der Ernte. V. 26–29: **Gleichnis von der selbstwachsenden Saat.** Der Landmann wendet sich dem Feld aktiv nur bei Saat und Ernte zu. *Basileia und Ernte fallen zusammen.* Was wächst, ist nicht die Basileia, sondern die Frucht.

e) Gottesreich ist, wenn das Kleinste groß geworden (das Niedrige erhöht worden) ist: **Gleichnis vom Senfkorn.** Das *Werden* und Wachsen, das aus dem Senfkorn die Staude macht, ist bei den Niedrigen der Gegenwart das *Kommen* der Basileia: Durch sie wird aus dem Kleinsten das Größte. Diese eschatol. Verheißung ist den Jüngern gegeben (V. 11 und V. 30–32).

d) und e) sind auf die *Bewältigung der Gegenwart* bezogen.

33f. Entsprechend der Parabeltheorie von V. 11–13 redet Jesus zu seinen Jüngern nur in Gleichnissen, die er dann „für sich" auch deutet (wie in V. 13–20).

4,35–5,43 Nach der Lehre von K. 4 erweist Jesus nun seine Vollmacht als **Herr über die Elemente** und widrige Gewalten.

4,35–41: Jesus ist Herr über die Elemente („gehorchen": V. 41): Stillung des Seesturmes.

5,1–20: Jesus ist **Herr über die Dämonen** (vgl. bes. 5,8–12.19): Heilung des *gerasenischen Besessenen.* Jesus beseitigt seine *Unreinheit* und macht ihn (auf diese Weise realsymbolisch) zum ersten Verkündiger in der heidn. Dekapolis. Auffällige Häufung von Aussagen über Unreinheit *(Signale für Judenchristen).* Jesus beseitigt sie (wie 1,40–45): Sein heiliger Geist macht rein (Bedeutung für die Mission!). V. 18–20: Verkündigungsauftrag für einen Geheilten singulär in der synopt. Wundertradition. Er wirkt in der *Dekapolis* und gehört nicht zu den Jüngern Jesu: **Vorösterlicher selbständiger Beginn der Heidenmission**

5,21–43: Jesus ist **Herr über Krankheit und Tod** (Steigerung): Heilung der *blutflüssigen Frau und Auferweckung der Tochter des Jairus.*

Zwei Wunder im geheimen (egal ob in der Menge oder im Haus), beide an Frauen, die „Töchter" sind oder genannt werden (V. 23.34). bei beiden entscheidet *Glaube* (V. 34.36). Verschachtelung und Steigerung.

Vorbild des ELISA II Reg 4,18–37 für V. 32–37. (Typologie § 66, E 1)

6 Der Heiland Israels findet nur **Unverständnis und Unwissen.** So wird die Hinwendung zu den *Heiden* vorbereitet: Mit 6,1 beginnt der Prozeß der Abwendung Israels und von Israel.

1–6 Unglaube in Nazareth (Kontrast zum Glauben im vorangehenden Stück in 5,34.36). Erklärung V. 4: Ein Prophet gilt nichts in seiner Vaterstadt. Folge V. 5: Jesus kann kein Wunder wirken.

7–16 Auch die *Jüngeraussendung* führt zu christologischen *Fehldeutungen:* Man hält ihn für den auferstandenen Täufer, Elia oder einen der Propheten.

Jesus gibt den Zwölfen exorzistische Vollmacht und Regeln für die Ausrüstung sowie zum Verhalten in den Häusern. Sie wirken, und die *Reaktion* der Leute und des Herodes wird berichtet.

16–29 Die *Reaktion des Herodes* konnte auch nicht anders sein, hatte er doch den *Täufer* hinrichten lassen. Bericht über das **Martyrium des Täufers.**

30–44 **Jesus als Hirte/Messias Israels.**

Der umständliche Bericht über das Sich–Entfernen der Zwölf soll zeigen, daß das Volk (das den Jüngern nachläuft) an ihnen und an Jesus den Hirten zu verlieren hatte. 35–44: *Speisung der Fünftausend* nach dem Vorbild des ELISA (II Reg 4,42–44). Die Jünger reagieren nicht auf dieses Wunder, wie dann V. 52 feststellt: Die christologische Erkenntnis blieb aus.

45–52 Ebenso bleibt die Erkenntnis angesichts des **Wandelns auf dem Meere** aus: Deshalb entsetzen sie sich. V. 52 zieht die negative Summe: angesichts der Brote hatten die Jünger nicht begriffen, ihr Herz war verhärtet.

53–56 Ungebrochen bleibt der Zustrom zu Jesus als Therapeut.

7,1–8,9 **Vorbereitung der Heidenmission. –** Dieses wird durch die Komposition als Konsequenz aus dem in K. 6 geschilderten Unglauben dargestellt.

7,1–13: Die jüdischen Autoritäten nehmen Anstoß daran, daß Jesu Jünger jüdische Überlieferung übertreten (Händewaschen) – sie selbst sind aber diejenigen, die menschliche Überlieferung anstelle von Gottes Gebot setzen (Korbanpraxis gegen Elterngebot).

7,14–23: Die wahre *Reinheit* ist nicht äußerlich, sondern nur innerlich (V. 15: Nicht was von außen kommt, verunreinigt, sondern was aus dem Menschen herauskommt). Sie besteht im Vermeiden dessen, was der *Lasterkatalog* V. 21f. nennt.

So hat Mk mit 7,1–23 erwiesen: Die jüdischen Kategorien von *rein und unrein* sind aufzuheben: a) sie gehören zu Menschensatzungen, die gern gegen Gottes Gebot ausgespielt werden, b) sie betreffen gar nicht die wahre Unreinheit. Damit ist das wichtigste Problem für die *Heidenmission* (vgl. schon zu 5,1–20) gelöst. – Zu rein/unrein vgl. § 7, E 1.

7,24–30 Heilung der Tochter der Syrophönikerin. Trotz dieser Zuwendung zu den Heiden tritt Jesus hier nicht als Verkündiger, nur als Exorzist auf, und das „erst Israel" (vgl. Röm 2,10) wird ausdrücklich festgehalten (V. 27). In 6,35–44 wurde in der Tat zuerst Israel gespeist, in 8,1–9 wird die Speisung der Heiden folgen.

7,31–37: Heilung des Taubstummen: Jesus hat den Heiden (Gegend von Tyrus!) die Ohren für die Verkündigung und den Mund für messianischen Preis geöffnet (V. 37). Heilungswort: „ephphatha".

8,1–9: 2. Wunderbare Speisung, wohl gedacht als Speisung der Heiden, denn Schauplatz ist wie V. 31 die Dekapolis.

1. Speisung Mk 6: 5000 Leute – 12 Körbe bleiben
2. Speisung Mk 8: 4000 Leute – 7 Körbe bleiben

Nach 8,19–21 soll die Zahl der übrigen Körbe symbolisch gedeutet werden. In der 2. Speisung sind die Anklänge an die Abendmahlsterminologie verstärkt, und zwar mit Lk 22,19 (nehmend-dankend-brach und gab). Die Fischmahlzeit ist hier von der Brotmahlzeit abgesetzt. Jesus deutlicher als Herr des Mahles.

8,10–26 **Unglaube und Verstockung** sind nur im Blick auf Jesus selbst und durch ihn zu heilen. Das allein ist der Weg zur christologischen Erkenntnis. So wird das Petrusbekenntnis 8,27ff. vorbereitet.

10–13: das betrifft die *Pharisäer:* der Ausdruck „dieses Geschlecht" weist auf ihre Bosheit, die Verweigerung des Zeichens weist auf Jesus selbst als das einzige Zeichen. Hören auf ihn überwindet den Unglauben, nicht Zeichen vom Himmel.

14–21: das betrifft die *Jünger:* Gespräch über die Speisungswunder. Sie haben den symbolischen Gehalt der übriggebliebenen Körbe nicht begriffen (vgl. 6,52). Wie V. 15 zeigt (Sauerteig als Lehre), geht es dabei um Lehre und wohl auch Lehrer (die Zwölf und die Sieben?). Die Jünger sind verstockt.

22–26: Symbolischen Charakter bekommt deshalb auch die *Blindenheilung* (Bestreichen der Augen mit Speichel). Zwischen der Bosheit der Pharisäer und der Verhärtung der Jünger und vor dem Petrusbekenntnis zeigt diese Heilung, daß allein Jesus von der Blindheit befreien kann (bzw. der Anschluß an das Petrusbekenntnis).

8,27–9,13 **Das volle christologische Bekenntnis der Gemeinde.** Es umfaßt auch und besonders das Bekenntnis zum Leidenden.

1. 8,27–30: Bekenntnis des Petrus: „Du bist der Christus". Andere Deutungen der

Identität Jesu werden genannt (der Täufer, Elia, einer der Propheten), aber sie treffen für die Jünger nicht zu.

2. 8,31–33: *Erste Leidensweissagung* über Leiden und Auferstehung des Menschensohnes. Als Jesus dieses öffentlich verkündet, weist Petrus ihn zurück. Jesus: „Hinter mich, Satan" (als Aufforderung zur *Nachfolge zu* verstehen: Autoritativ als Prophet gegenüber Schülern: 1,17 „hinter mich" und 8,34: „hinter mir"). Petrus weist nicht nur das *Leiden* des Menschensohnes ab, sondern wohl vor allem die *öffentliche Verkündigung* dieses Geheimnisses, die gefährlich war (Mk 14,62; Act 7,56), was vor allem in V. 34–9,1 dargestellt wird.

   Gemeinsam mit V. 27–30: Rede über Jesus, Petrus, tadelndes Verweisen. V. 27–29 ist der Gegensatz: „die Menschen/ihr", V. 31–33: „Gott/Menschen". Satan ist Petrus als Versucher (vgl. Gottessohn und Satan in Mt 4 par).

> Nach jeder der 3 Leidensweissagungen geht es um das *Versagen der Jünger:*
> nach 8,31: Petrustadel (Verweigerung des Bekenntnisses)
> nach 9,31: Unkenntnis und Rangstreit (V. 32–37)
> nach 10,33f.: Zebedaidenfrage. Rang unter Jüngern.
> Antwort Jesu sind jeweils Regeln in konditionalen Relativsätzen.
> – 3 geographische Stationen: Cäsarea Philippi – Galiläa – Weg nach Jerusalem. –

Zur Gattung der Leidensweissagungen als vaticinia ex eventu vgl. § 8, E 1.

3. *8,34–9,1:* Von den Jüngern ist das *Bekenntnis* zum leidenden und auferstandenen Menschensohn gefordert, auch wenn es der *Anfang zum Martyrium* ist. Diese Verse zeigen, daß es auch in V. 32 zuerst um die Leidensbereitschaft des Petrus selbst ging (öffentliches Verkünden).
   Nachfolge: Selbstverleugnung und Beginnen des Weges, der zum Kreuz führt („sein Kreuz auf sich nehmen"). – Leben bewahren/Leben verlieren: die ganze Welt (in Mission) gewinnen nützt nichts, wenn an entscheidendem Punkte die Botschaft verheimlicht wird: denn das wird mit dem Leben bestraft. *Begründung: 8,38–9,1:* Das Bekennen oder Verleugnen Jesu als des Menschensohnes (darum geht es seit V. 31) hat direkte Folgen im *Gericht* („Wer mich vor den Menschen bekennt ..."). Und das Gericht kommt bald (9,1: in dieser Generation): Gerichtsdrohung als Abschluß.
4. *9,2–8:* **Verklärung Jesu vor den auserwählten Jüngern** Petrus, Jakobus, Johannes. Gottes eigenes Wort „dieser ist mein geliebter Sohn" bestätigt überbietend das Petrusbekenntnis von K. 8. In 1,11 (Taufe) war Ähnliches nur zu Jesus selbst gesagt worden, hier zu den Zeugen. Mose und Elia: Jesus ist von Gott gesandt wie sie.
5. *9,9–13:* Wie in K. 8 folgt *auf die Hoheitsaussage die Leidensaussage:* Wenn Elia schon da war, kann Jesus auch der Christus sein: Da es einen leidenden Elia gab (Johannes d.T.), kann es auch einen leidenden Christus geben. Weder Elia

noch der Menschensohn (Messias) sind nur in glorreicher Heilszeit vorstellbar.

Nachdem das christologische Bekenntnis der Gemeinde nun unüberbietbar dargestellt ist, kann sich der Verfasser dem zuwenden, was es begründet, was „danach" kommt: der Gemeinde.

9,14–10,45 **Die Gemeinde und ihre Probleme.**

Kennzeichnend ist immer wieder das Versagen der Jünger.

Exorzismus der Jünger: Sie schaffen es nicht und versagen, weil sie *ungläubiges* Geschlecht sind. Beten und Fasten allein helfen: exorzistische Gemeindepraxis (= Heilung des fallsüchtigen Knaben 9,14–29). Leitwort: Jünger.

Rangstreit in der Gemeinde (im Anschluß an die 2. Leidensweissagung 9,31). Denn das Leiden des Menschensohnes demonstriert die Größe des Niedrigsten – so wie der, der das Kind aufnimmt, Gott aufnimmt. (9,30–37)

Gemeindefremde Exorzisten werden nach der Faustregel 9,40 beurteilt: Wer nicht gegen uns ist, ist für uns. 9,41 („ein Becher Wasser genügt") illustriert dieses: Auch das schlichteste Wohlwollen ist im Sinne der Zugehörigkeit zu deuten.

Leitwort V. 37–41: *„in meinem Namen"/„auf den Namen"*. Zusätzliches Argument V. 39: Wer den Namen Jesu verwendet, wird Jesus nicht verfluchen können (vgl. I Kor 12,3).

Ärgernisgeben in der Gemeinde („die Kleinen") 9,42–48 Regel im kond. Relativsatz V. 42 wie V. 37 und V. 41. Gemeinsame Struktur V. 30–48: Das Kleinste ist das Bedeutsamste.

Einigkeit der Gemeinde („Frieden untereinander"). Mit dem Bild des Salzes, das salzlos wird, ist, wie V. 42ff., das Problem des Abfalls angesprochen, nur hier beim Täter selbst. Warnung vor dem Abfall, Mahnung zum Bewahren (9,49f.).

Ehescheidung. Der Scheidebrief war nur eine Konzession. Regel für Mann und Frau in 10,11f. – Mk 10,1–12.

Kinder haben vollen Zugang zur Gemeinde (die Kinder sind hier einmal wörtlich verstanden). Das gibt Einsicht in die Bedingungen des zukünftigen Heiles: Verzicht auf Ansehen, Macht, Reichtum, Sicherheit. – Mk 10,13–16.

Besitz: Gegenüber dem *reichen Jüngling*, der versagte, hat die Jüngerschaft einen Schatz im Himmel erworben, alles aufgegeben. Sie hat dafür aber schon hier alles vielfach wiedererhalten und wird das ewige Leben erben (10,17–31). *V. 25: Kamel und Nadelöhr.* Nach menschlichen Gesichtspunkten ist es unmöglich, daß ein Reicher das Heil erlangt. Bei Gott ist jedoch alles möglich (d.h. er könnte auch das Herz des Reichen zur Umkehr bewegen?).

Rang und Dienst. Im Zusammenhang mit der 3. Leidensweissagung (10,33f.): Zebedaidenfrage (10,35–40): Auch das Martyrium ist nur ein Weg, und ob er in die Herrlichkeit führt, liegt allein bei Gott. Sein eigenes Martyrium ordnet Jesus in den umfassenderen Kontext des Dienens ein, und *dieses* Verhältnis von Niedrigkeit und Hoheit gilt auch für die Gemeinde (10,41–45).

10,45 ist außer 14,24 einzige Stelle über **Sühnetod** bei Mk.

10,46–12,12: *Der Messias ergreift Besitz von Stadt und Tempel in Jerusalem.*

Heilung des Blinden vor Jericho: „Sohn Davids, erbarme dich" bereitet das Königtum Davids beim Einzug in Jerusalem vor. 10,46–52.

Mit dem Einzug in Jerusalem verbindet auch: das Werfen des Mantels (10,50/11,7), das Schreien (10,47f./11,9), das Nachfolgen (10,52/11,9).

Wieder hat Mk ein Wunder theologisch verarbeitet: vgl. F 1.

11 **Einzug in Jerusalem** (11,1–10) Voraussenden von zwei Jüngern wie vor dem Abendmahl in 14,13f. V. 9f.: Jesus wird begrüßt als von Gott Bevollmächtigter („kommt im Namen des Herrn"); mit ihm hält *Davids Reich* seinen Einzug. Jesus wird hier nicht offen als Davidssohn begrüßt. (Mk meidet den Titel, vgl. 12,35–37.)

11,13–14.20–21 Verfluchung des *unfruchtbaren Feigenbaums* als prophetische Zeichenhandlung, wohl für die Verwerfung Israels.

Tempelreinigung: Jesus stellt – wiederum zeichenhaft – messianische Zustände am Tempel her: Der Tempel bleibt keine nur jüdische Institution mehr: Weil die Heiden nun auch rein sind (vgl. K. 7!), wird jetzt auch der Vorhof der Heiden gebraucht werden (als **Gebetsstätte**) (11,15–19). In *diesem* Zusammenhang belehrt Jesus nun über das Beten:

11,20–26: Der verdorrte Feigenbaum weist auf die Wirkmacht des gläubig gesprochenen Wortes. An die Herstellung der Gebetsstätte schließt sich die **Gebetsparänese** an.

Leitworte: Glauben, Beten (Bitten).

11,27–12,12: Die Frage nach der Vollmacht, auf die sich Jesus seit seiner Ankunft in Jerusalem berufen kann, entlarvt die Juden in Wahrheit als solche, die Gottes Boten stets ablehnten (Johannes den Täufer, die Propheten und auch Jesus). Jesus wird jedoch zum Eckstein für sie: Seine Verwerfung erweist sich als die Wende. Der Weinberg wird nun anderen gegeben werden *(Gleichnis vom Weinberg 12,1–12).*

11,15–25:	Zeichen für Annahme der Heiden und Verheißung für den Glauben.
11,27–12,12:	Ende der Auserwähltheit der Juden. Der Weinberg geht an die Heiden über.

12,13–44 **Messianische Weisheitslehre im Tempel über die Grundlagen des messianischen Reiches** (vgl. Reich Davids 11,10).

1. **das Verhältnis zu irdischen Reichen:** Frage nach der Kaisersteuer (13–17) V. 17: Was des Kaisers ist, gebt dem Kaiser ... Das messianische Reich besteht jedoch darin, Gott zu geben, was Gottes ist.
2. **Auferstehung der Toten.** Wer sie leugnet, kennt Gott und seine Macht nicht (18–27). Schriftgelehrte Argumentation wie auch in 3. und 4., hier mit Leviratsehe und Ex 3,2 „Ich bin der Gott Abrahams ..." (daraus wird geschlossen, daß Abraham, Isaak und Jakob leben und also auferstanden sein müssen).
3. **Die beiden Hauptgebote** – und nicht Opfer. Verbindung von Dtn 6,4f. und Lev 19,18 durch das Stichwort „Lieben". Mk 12,29f.: das Sch^{e}ma^{c}; vgl. dazu: § 9, F 1.
   4. Jesus ist mehr als Davidssohn, nämlich der **Kyrios** (Vermeidung dieses Titels schon in 11,9). Beweis Ps 110:
   David, der Verfasser, redet von „meinem Herrn". – Form: Haggadische Antinomiefrage, die vom Widerspruch in der Schrift ausgeht.
5. *Abschluß:* Kennzeichnung der gegnerischen Schriftgelehrten (sie lieben die Ehre und fressen die Häuser der Witwen auf) im Gegensatz zur **armen Witwe,** die alles gab, was

sie hatte (12,38–44 Verbindung durch das Stichwort *Witwe* und den *Kontrast* von Heuchelei und Gebefreudigkeit). Am Schluß der Lehre werden so die Bedingungen für die Glaubwürdigkeit rechten **Lehrens** genannt.

13 **Apokalypse**

1–2 Ankündigung der Zerstörung Jerusalems

3–36 Belehrung der vier Jünger:

a) *V. 6–23: Dinge, die nicht zum Ende selbst gehören und keine echten Vorzeichen sind.* Besonders wichtig: Falsche Messiasse V. 6.22f. – Kriege bedeuten nicht das Ende, nur den Anfang der Wehen. Für die Gemeinde gilt: *Erst muß das Evangelium verkündet werden,* und zwar an alle Völker (10). Dann kommt eine Phase der *Verfolgung.* Jesus kündigt dieses vorher an, damit die Gemeinde durchhalten kann: Denn wer durchhält, wird gerettet werden. *V. 14–20* sagt die Entweihung des Jerusalemer Tempels voraus („Greuel der Verwüstung"). Die Drangsal dieses Krieges wird mit apokalyptischen Farben geschildert (Aufforderung zur Flucht usw.). V. 20: Gott *verkürzt* diese Tage (damit die Auserwählten nicht abfallen). Pseudomessiasse werden auftreten – doch das ist nicht das Ende:

b) 24–29 Belehrung über die *wahren Anzeichen* des Kommens des Messias: Zeichen an Sonne, Mond und Sternen und Kommen des Menschensohnes auf den Wolken. Seine Engel *sammeln die Auserwählten* (also kein Gericht vor dem Thron wie bei Mt!). Hieran kann man das Ende erkennen, wie man den Sommer an den Blättern des Feigenbaums erkennt.

c) Das alles wird *bald* kommen (in dieser Generation), und diese Worte sind ganz *gewiß,* auch wenn sie erst zum Ziel kommen, wenn die Welt vergangen ist (*„Himmel und Erde werden vergehen, aber meine Worte ..."*) 30–31.

d) Den *Zeitpunkt* weiß nur der Vater, sonst nicht einmal der Sohn. Daher ist **Wachsamkeit** notwendig (V. 34: Gleichnis vom Türhüter), damit der Herr bei seinem plötzlichen Kommen euch nicht schlafend findet.

13,37: Ausweitung der Aufforderung zur Wachsamkeit auf alle.

14–16 Passion und Auferweckung

14,1–52: Vom Verrat des Judas bis zur Verhaftung Jesu

1f.: Todesbeschluß des Hohen Rates.

3–9: Salbung Jesu in Bethanien als *persönliches Prodigium* (ungewöhnliche Handlung weist auf seinen Tod): Das Zeichen deckt die verborgene Zukunft auf, ist aber selbst verhüllt und bedarf der Deutung: Jesus gibt die Deutung: Was als *Verschwendung* erscheint, ist die *Spitze der guten Werke* als Dienst am Toten. Weil das Evangelium Unverhülltheit bedeutet, wird der wahre Charakter dieser Tat bei dessen Verkündigung offenbar, und das ist zugleich schon „vor Gott" gesagt.

10f.: *Judasverrat* ist Kontrast zur vorhergehenden Salbung: die Frau verschwendete, Judas nimmt Geld. In Joh 12,1–8 ist deshalb schon Judas der, der bei der Salbung protestiert.

12–25 Vorbereitung und Vollzug des **letzten Mahles** Jesu als Passahmahl. – Die Art der Vorbereitung (12–16) weist Jesus als den *Herrn* aus. – Die Erwägungen über den Menschen, der den Menschensohn übergibt, nehmen breiten Raum ein, weil Verrat an der Stelle, wo Einigkeit sein sollte, ein für die Gemeinde besonders *warnendes Exempel* ist (auch die Christen werden übergeben werden: 13,9.11). Auch wird der *Kontrast* zwischen Menschensohn und seinem Widersacher dann an den folgenden Deuteworten besonders sichtbar. **V. 22–24 Deuteworte** zu Brot und Kelch. V. 25 Eschatologischer Ausblick. –

Zu „das ist mein Leib":

- es geht um *Anteilhabe am Messias* (wie in I Kor 10,16b–17)
- diese Anteilhabe ist untrennbar verknüpft mit der Einheit und *Gemeinschaft* der Mahlteilnehmer untereinander.
- es geht nicht nur um ein neues eschatologisches Zeitverständnis, sondern um **konkrete Teilhabe an der Person Jesu Christi.** Denn nur in ihm selbst ist das Heil anwesend (vgl. etwa Lk 19,9).
- im Abendmahl wird die Gegenwart des Herrn auf folgende Weise an die Gemeinde gebunden: Weil beim Mahl die Gemeinde als solche in Erscheinung tritt, ist hier Wirklichkeit, was ihr als solcher und als einziger vermacht worden ist. Die *Identität der Gemeinde wird durch die Mahlzeit realisiert.*
- zum Verständnis ist auf die *Analogie bei der Geistmitteilung* hinzuweisen: Der eine Geist Jesu wurde den vielen Gliedern der Gemeinde als Anteil gegeben, bleibt aber an die Gemeinde gebunden. So ist auch beim Abendmahl – indem es als Mahl gefeiert wird – Jesus als er selbst in den vielen gegenwärtig.
- die *lukanische und paulinische Ergänzung „für euch"* beim Brotwort grenzt – analog zum Kelchwort – auf den Tod ein. Bei Mk und Mt geht es noch um etwas Umfassenderes: Teilhabe an dem in seiner Person verkörperten Heil.
- der doppelte *Wiederholungsbefehl* bei Paulus (I Kor 11,24.25) kennzeichnet den paulinischen Bericht als **Kultätiologie,** während bei Mk ein erzählender Bericht vorliegt.

Zu „das ist mein Blut ...":

- das Bundesblut von Ex 24,8 ist mit den Targumim als *Sühneblut* gedeutet.
  – es geht daher um Sündenvergebung durch Blutvergießen, um die Sühnkraft des Todes Jesu.
- das letzte Mahl setzt den Schlußpunkt unter die vielen Mähler Jesu mit den Sündern (vgl. Mk 2,15ff.). Diese waren schon immer *Annahme der Sünder.* Deshalb wird nun dieser Becher des letzten Mahles auf die endgültige Sündenvergebung gedeutet. Durch das Ein-für-Allemal seines Todes wird die vor Ostern nur partikuläre Wirksamkeit Jesu nun endgültig (und) vielen zuteil.
- die Teilhabe am Messias, speziell unter dem Gesichtspunkt der Sündenvergebung, ist daher *durch seinen Sühnetod in eine neue Dimension gerückt.*

Zu V. 25 „Amen, ich sage euch ...":

- Die Mahlzeiten Jesu und auch das letzte Mahl sind auf das zukünftige himmlische Mahl *hingeordnet.*
- Sie sind keine Vorwegnahme, sondern haben eine eigene Qualität als „Bereitung des eschatologischen Gottesvolkes" durch den Messias in *messianischer Zeit* (die von der des Gottesreiches zu unterscheiden ist).

26–31 Vorhersage der Jüngerverstreuung und der Petrusverleugnung.
14,28: Jesus wird aber nach Galiläa vorangehen (vgl. 16,7).
32–42 Jesus in Gethsemane: Gebet als Offenbarungsszene.
Leitwörter: Gebet, Wachen, Versuchung, schwach/stark sein. *Jesus überwindet seine eigene Schwäche* (V. 34–36) *durch das Gebet in dreifacher Wiederholung.* Der

zuerst hingefallen war (V. 35), kann nachher sagen: „Auf, wir gehen" (V. 42). In V. 38 (Wacht und betet ...) wird das als Mahnung an die Gemeinde formuliert. – Kontrast zwischen Jesus und seinen Jüngern wie auch sonst in diesem Kapitel.

Wenn bei Lk (22,43f.) der Engel erscheint und stärkt, hat das dieselbe Funktion wie das Gebet bei Mk.

Passionsgeschichte: vgl. § 47.

16,1–8 Die Frauen empfangen die Auferstehungsbotschaft am leeren Grab. Die Botschaft selbst umfaßt nur ein Wort: „er ist auferweckt". Als Beglaubigung für sein Wort weist der Engel auf das leere Grab. – Der Verkündigungsauftrag V. 7 bezieht sich nicht auf die Osterbotschaft, sondern auf das Vorausgehen nach Galiläa (vgl. 14,28).

Sekundärer Markusschluß:

16,9–20

9–11: Der Herr erscheint Maria Magdalena. Ihre Botschaft, daß er „lebt", findet keinen Glauben.

12f.: Auch die beiden Jünger, denen Jesus „in anderer Gestalt" erscheint und die davon berichten, finden keinen Glauben (Vgl. Lk 24,13–35).

14–20: Erscheinung vor den elf Jüngern. V. 14: Identifikationsphase. V. 15: Verkündigungsauftrag. V. 16: Lohn/Strafe für den, der der Botschaft glaubt (Bezug auf den Leser). V. 17f.: Verheißung von Schutz-Wundern für die, die glauben. 19f.: Aufnahme in den Himmel und Ausführung des Verkündigungsbefehls: Die V. 17f.: verheißenen Zeichen treffen ein.

Mk 16,1–7; Mk 16,15; Mk 16,16.

D. Textsorten

1. *Belehrung über die zeitliche Situation des Hörers:* Mk 1,15 („die Zeit ist erfüllt, das Gottesreich ist nahegekommen"). Ähnlich in 9,1 und 13,30 (diese Generation) und Röm 13,11f. (näher/nahe). Als Schlagwort für Naherwartung auch in Lk 21,8 bezeugt: „Die Zeit ist nahe". Als Motivation für Paränese auch in Jak 5,8 („denn die Ankunft des Herrn hat sich genähert"). Als Zeit des Antichrist in I Joh 2,18: „ Es ist letzte Stunde". Vorbilder im AT: Jes 13,6; 46,13; Joel 1,15; 2,1; Zeph 1,7.14. Diese Belehrung ist regelmäßig Motivation für Umkehr und Hören auf die Botschaft.
2. Sätze, die aufgrund des Verhaltens sagen, was jemand ist oder tut: Regelmäßig Bedingungssätze mit präsentischer Apodosis wie Mk 10,11f. („der bricht die Ehe"). So auch Mt 10,38 („der ist meiner nicht wert"); I Joh 4,3 („der ist nicht von Gott"). Vorbilder im AT: Prov 28,7 („ist ein verständiger Sohn"/„macht seinem Vater Schande"). 24 („der ist des Verderbers Geselle").
3. *Apokalypse:* Fortlaufendes Geschehen in einzelnen Phasen bis zum Ende wird dargestellt in *I Kor 15,23–28; Mk 13,3–29,* näherhin V. 24–28 und in der Apk ab K. 6. Nur eine Schilderung des Gerichtstages ist Lk 17,20–37. Vgl. auch Lk 12,35–59; 23,28–31; I Kor 3,13–15; I Thess 4,15–17; Hebr 12,26–29.

4. *Einsetzungsbericht:* für das Abendmahl Mk 14,22–25, hier freilich in die Erzählung eingefügt. Deutlicher im Sinne der *ätiologischen Kultlegende: I Kor 11,23–25.* Für die Taufe: Mt 28,16–20. – *Atl. Vorstufen* vielleicht: Gen 17,10–14 (Beschneidung): Ex 12,13–20 (Passah).
5. **Gleichnis:** AT: II Sam 12,1–4 (als exemplarischer Rechtsentscheid wie später: Jes 5,1b–2; Ez 23,2ff.; Mt 21,28–31; Lk 7,41–42; Mt 18,12); Jes 28,23–29. – *Bildworte:* z.B. Mk 2,17 (Arzt); Mk 4,21f. (Lampe); *Parabel oder Gleichniserzählung:* Lk 15,11–32 (verlorener Sohn); *Beispielerzählung* z.B. Lk 10,30–37 (Samaritaner; „geh hin und tue desgleichen"); *Allegorische Auslegung* Mk 4,14–20. – „Metapher" ist dagegen eine umfassende Kategorie und die Bedingung für Gleichnisbildung überhaupt.
6. *Ich-bin-gekommen/gesandt-Worte:* Summarische und pointierte Formulierungen über die Funktion des Auftretens des Sprechers, zumeist in Abwehr des Gegenteils. AT: Dan G 11,2; Judith 11,16.19; NT: Mk 2,17b; Mt 18,11; Lk 9,56; 19,10; I Tim 1,15. – „Ich bin gesandt" in Lk 4,43; Mt 15,24.
7. *Lehrgespräch:* AT Sach 7,1–6 (vgl. 8,18.19); Hag 2,11–14; NT: Mk 10,1–12; Mk 12,13–34 (Kaisersteuer, Auferstehung, Erstes Gebot). Streitgespräche setzen dagegen eher eine tadelnde Anfrage voraus; s. auch unter Schulgespräch (16.).
8. *Märtyrerbericht:* Mk 6,17–29; Act 6,12–15 und 7,54–60; 12,1–2. Auch die Passionserzählungen sind nach Analogie von Märtyrerberichten gestaltet.
9. *Sammelberichte* über Heilungen: Mk 1,32–34.39.45; 3,7–12; 6,53–56. Gemeinsame Kennzeichen: Jesus kommt an einen Ort, das Volk kommt zusammen, Jesu Wirken wird beschrieben. Funktion: Das ausführlich Berichtete erscheint nur als kleiner Ausschnitt aus umfassender „messianischer" Fülle.
10. *Streitgespräche:* AT vielleicht: die angedeutete Diskussion Mal 2,13–17. NT: Mk 2,23–28; 7,1–13; 2,18–22. Einleitung ist jeweils ein abweichendes Verhalten der Jünger, das die jüdischen Autoritäten Jesus tadelnd vor Augen halten. –
11. *Weckrufe:* Häufig im Zusammenhang mit Gleichnissen als Aufforderung zu persönlicher Aneignung: Mk 4,9 (Sämann). 23 (Leuchter); 7,14 (vor der Parabel V. 15); Eph 5,14; Apk 2,7 (Briefschluß). – AT: Jes 28,23 (vor Gleichnis).
12. *Wunderberichte:* Häufig nach folgendem Schema aufgebaut: Schilderung der Notlage – Bitte um Hilfe – Wundertat (Wort oder Berührung) – Feststellung des Erfolgs der Tat – Demonstration des Erfolges – Reaktion. – Bei Dämonenaustreibungen ist das Schema häufig erweitert: Der Exorzist begegnet dem Dämon – der Dämon wehrt den Exorzisten ab – der Exorzist droht – er gebietet Schweigen – er befiehlt ihm auszufahren – die Menge staunt (Chorschluß). – *Heilungswunder:* Mk 8,22–26; *Naturwunder:* Mk 4,35–41 (Stillung des Sturmes); *Mengenwunder:* Mk 6,32–44 (Speisung); *Totenauferweckung:* Mk 5,21–24.35–43; *Austreibung von Dämonen:* Mk 1,21–28. – Verknüpfung eines Streitgesprächs mit Wunder: Mk 2,1–12. – *Seenotrettungswunder:* Jona 1–2; Mk 4,35–41; Mk 6,45–52; Act 27; *Befreiungswunder:* Act 5,17–25 (Apostel); 12,3–17 (Petrus); 16,11–40 (Paulus und Silas). –

13. *Nachfolgesprüche* formulieren die Bedingungen für die Geschicksgemeinschaft mit dem Herrn: Als Konditionalsätze formuliert in Lk 14,27/Mt 10,38 und Mk 8,34. Als allgemeine Regel auch: Lk 9,62. – In typischen Szenen: Mk 10,21; Mt 8,22; Lk 9,60.
14. *Wanderlogien:* Einzellogien, die in verschiedenartigsten Zusammenhängen wieder begegnen und die demnach zum festen Bestand mündlicher Tradition gehörten. Mk 4,25, vgl. Mt 13,12; 25,29; Lk 6,38; 19,26; EvThom 41. („Wer hat, dem wird gegeben werden").
15. *Apophthegma:* Geschichte, deren Pointe ein Jesuswort bildet. Man unterscheidet Streit- und Schulgespräche (z.B. Mk 2,23–28) und biographische Apophthegmata. In diesen werden allgemeine Grundsätze durch einen konkreten Fall im Leben Jesu veranschaulicht und einprägsam gemacht. Z.B. Mk 1,16–20; 6,1–6; 10,13–16. – AT: § 36, D 6.
16. *Schulgespräch:* Der Gesprächspartner stellt eine Frage, über die er belehrt werden will. Der Aufbau ist ähnlich wie bei den Streitgesprächen. Mk 10,35–45; 12,28–34; Lk 12,13f.; 13,1–5.

E. Themen

1. *Liebesgebot:* In Mk 12,28–34 par aus der Verbindung von Dtn 6,4f. und Lev 19,18 das Doppelgebot der Gottes- und Nächstenliebe. Sonst wird im NT nur das Liebesgebot Lev 19,18 allein zitiert. Auch allein ist es die Erfüllung des ganzen Gesetzes (vgl. Mt 22,40 mit Röm 13,9f. und Gal 5,14). Dasselbe kann aber auch von der Goldenen Regel gesagt werden: Mt 7,12. – In Jak 2,8 heißt es „das königliche Gebot". In Joh 13,34 ist das „einander lieben" (beachte: nicht mehr den Nächsten allgemein, sondern den Gemeindebruder) das „neue" Gebot Jesu, vgl. auch I Joh 2,7ff.; 3,11–18 und II Joh 5.
2. *Leidender Gerechter:* AT Ps 22; Hiob und die Konfessionen des Jeremia (§ 29, D 1). Im NT wird häufig die Passionsgeschichte mit solchen Motiven erzählt, was an der Verwendung von Ps 22 nur besonders deutlich wird (Mk 15,24.29.34). – Vgl. ferner: Mt 23,35 (alles gerechte Blut, das vergossen wurde, kommt über Israel); Act 3,14 (Jesus verworfen als der Heilige und Gerechte); Hebr 11,35–38.
3. *Auferstehung:* Berichte über den Vorgang der Auferstehung Jesu kennt das NT nicht (erst in den Apokryphen: PetrEv); Erweis der Auferstehung ist vor allem die Engelbotschaft angesichts des leeren Grabes: Mk 16,6f. und eine ältere Tradition über Erscheinungen vor Frauen: Joh 20,14–18; Mt 28,9f.; Mk 16,9f. (immer mit M. Magdalena). Die *Erscheinungen vor den Jüngern* setzen die Osterbotschaft voraus und haben jeweils auf die Gemeinde gerichtete Zielsetzungen (Sündenvergebung Joh 20; Mission Mt 28; Lk 24; Apostolat: I Kor 15,5–8), werden aber im Kontext auch zu Bezeugungen der Auferstehung. – Speziell die Zwölf sind Zeugen der Auferstehung (Act 1,22), aber auch Paulus betont in Act immer wieder in den Verhören, er stehe wegen des Auferstehungsglaubens vor Gericht. – In der *Christologie* hängen Auferstehung und Gottessohnschaft

eng zusammen: Röm 1,3f. (vgl. Lk 20,36). Die Gemeinde hat durch den Geist teil am Auferstandenen (Act 2,33), was sich besonders im Taufverständnis niederschlägt (Röm 6,9–11; I Petr 1,3). – Die *künftige Auferstehung* ist keineswegs unumstritten und muß verteidigt werden: Mk 12,18–27; I Kor 15,12–57: Paulus löst das Problem, indem er von Jesus als dem Erstling der Auferstandenen redet. – Von einer „Ersten Auferstehung“ (der Märtyrer): Apk 20,5f.

4. *Juden:* Nur in Mk 15 und in Mt 2,2 wird Jesus „König der Juden“ genannt (jeweils in Kontrast zu anderen Herrschern). – Bei den Synoptikern sind die Gegner Jesu in erster Linie nicht die Juden, sondern die Führer des Volkes. In Act werden die Juden als Verfolger und Aufwiegler gegen die Christen dargestellt. Im *JohEv* werden sie als Repräsentanten der „Welt“ negativ beurteilt. Sie stammen vom Teufel (Joh 8). Auch I Thess 2,14 sind die Juden Verfolger der Gemeinde. – Vgl. andererseits Joh 4,22 und zu Röm 9–11.
5. *Menschensohn:* Dan 7,13 (Ausgangsstelle für breite innerjüdische Tradition). – Man unterscheidet Worte vom *Erdenwirken* des Menschensohnes, bei denen es um die *Paradoxie* der *Vollmacht* und ihrer Darstellung durch Jesus geht (z.B. Mk 2,10; Mt 8,20), Worte vom *Kommen* des Menschensohnes zum Gericht (Mk 8,38; 14,62) und Worte vom *Leiden und Auferstehen des Menschensohnes* (Mk 8,31; 9,31; 10,33f.). – Die Worte vom Erdenwirken und vom Leiden sind wohl nur denkmöglich gewesen unter Voraussetzung einer radikalen Umkehrung im kommenden Gericht, bzw. durch Gottes Handeln bei der Auferstehung. – Eine eigene Konzeption hat Joh: Der Menschensohn ist der vom Himmel Herabgekommene und wieder zum Himmel Aufsteigende (z.B. 3,13f.). Von einer dieser beiden Bewegungsrichtungen ist immer die Rede in Joh.
6. *Messiasgeheimnis:* Ausgangspunkt für diese für Mk angenommene Konzeption war Mk 9,9: Erst nach Ostern dürfen die Jünger sagen, wer Jesus ist. Sollte mit diesem Satz nicht die Tatsache bewältigt werden, daß man überhaupt erst nach Ostern erkannte, daß Jesus Sohn Gottes war? Wurde er nicht tatsächlich erst aufgrund der Osterereignisse als Messias angesehen? Also hätte Mk als theologischer Schriftsteller durch die Konzeption von der vorösterlichen Geheimhaltung das Loch überbrückt, das zwischen der nachösterlichen Erkenntnis und dem bestand, was man vom irdischen Jesus her noch wußte und wissen konnte. Andere Geheimhaltungsverbote in Mk wurden dem zugeordnet: Mk 1,24f. (Dämonen). 44 (Wunder).
7. *Sohn Gottes:* Im AT für den *König* (Ps 2,7; II Sam 7,14) oder für *Israel* (Plural: Dtn 32,5; Jes 1,2) verwendet. Nach Ex 4,22 ist Israel „erstgeborener Sohn“ Gottes (vgl. Hos 11,1). „Söhne“ sind auch die Wesen, die Gottes Hofstaat bilden. Im NT wird Jesus entweder durch die *Auferstehung* (Röm 1,3f.; Gal 1,16) oder bei der *Taufe* (Mk 1,11) oder schon bei der *Empfängnis* (Lk 1,35) als Sohn Gottes durch Geistbesitz „eingesetzt“. Nach der alten Tradition I Thess 1,9f. ist er freilich (erst?) bei der Wiederkunft „Sohn Gottes“. Freilich ist nicht daran gedacht, daß der Titel Jesus exklusiv zukommt: Lk 20,36 und Röm 8,14.19 zeigen, daß durch Jesus alle zu Söhnen Gottes werden sollen. – Joh kennt die Opposition „der Sohn/der Vater“, während die Jünger demgegenüber „Kinder“ sind.

8. Verklärung: Außer in Mk 9,2–9 auch in II Petr 1,17f. genannt. Von manchen als proleptische Ostergeschichte angesehen, doch schwerlich zu Recht.
9. *Ehe:* Nach I Kor 7 nur notwendiges Zugeständnis, nach Eph 5,22–33 dagegen ist die Ehe Abbild der auch im AT (Gen 2,24) dargestellten Verbindung von Christus und Kirche. – Vgl. auch mit Eph 5 die noch nicht so stark christianisierte Auffassung in der Vorlage Kol 3,18–21. – Zur Eheparänese vgl. auch Hebr 13,4. – Ehescheidung wird untersagt in Mk 10,1–12 par; Mt 5,32 par Lk 16,18. Auch Paulus kennt diese Bestimmung als Herrenwort: I Kor 7,10f. In Mt 5,32 ist diese Regel mit der „Unzuchtsklausel" ergänzt.

F. Besonderheiten

1. Symbolische und theologische Verarbeitung von *Wundern* bei Mk: Mk 5,1–20: Jesus beseitigt Unreinheit und ermöglicht *Heidenmission;* 7,24–30: Jesus wendet sich den *Heiden* zu; 7,31–37: Jesus öffnet Ohren und Mund der *Heiden;* übriggebliebene Körbe bei beiden Brotvermehrungen: Hinweis auf Lehre (Mission) für *Juden und Heiden* (8,17–21); 8,22–26 Heilung des Blinden: Allein Jesus beseitigt die *Verstocktheit;* 10,46–52: der Sohn Davids bringt die *Erkenntnis* (Blindenheilung).
2. Markusschluß: Das Evangelium endet abrupt in 16,8. Die in 14,28 und 16,7 angekündigte Erscheinung in Galiläa wird nicht mehr berichtet. Der Evangelist läßt es mit der Osterbotschaft selbst und der Reaktion der Frauen darauf genug sein. Spätestens in der 1. Hälfte des 2. Jh. hat man den jetzigen Schluß als unvollkommen angesehen und V. 9–20 ergänzt (den sog. „kanonischen Markusschluß"). Dieser Schluß besteht aus altertümlichem Material, gehört aber sicher nicht ursprünglich zum Evangelium. Die Erscheinung in Galiläa gehört für Mk in die Zeit der Kirche. Das christologische Anliegen ist mit der Darstellung der Osterbotschaft erfüllt.

§ 50 Das Lukasevangelium (Lk)

A. 1. Die Absicht des Lk wird aus dem Proömium in 1,1–4 deutlich: Lk will eine lückenlose, in sich zusammenhängende Geschichtserzählung verfassen, die sich auf *Augenzeugen* stützt und zur Sicherheit der Lehre beitragen soll. Es geht nicht nur um Biographie, wie schon die Verknüpfung des Täufers mit der Zeitgeschichte in 3,1f. zeigt. – Vor allem aber hat Lk die Geschichte Jesu in einem zweiten Werk (Act) fortgesetzt.
2. So legte es sich nahe, eine besondere lk Konzeption von *Heilsgeschichte* anzunehmen: Das Auftreten Jesu ist die „Mitte der Zeit" zwischen AT und Kirchengeschichte. Dieses Geschichtsbild würde sich von dem Jesu und der ersten Christen stark unterscheiden, die mit dem baldigen Weltende rechneten.
Tatsächlich gibt es bei Lk Hinweise dafür, daß er nicht mit einer baldigen (wenn

auch mit einer plötzlichen) Parusie rechnet: In 21,8 wird der Satz „Die Zeit ist nahe" als Irrlehre bezeichnet. Lk 19,11ff. bietet das Gleichnis von den Minen, um deutlich zu machen, daß das Gottesreich nicht alsbald kommt. Die Belagerung Jerusalems wird noch stärker als bei Mk als innergeschichtliches Ereignis geschildert (21,20), Mk 1,15 wird weggelassen usw.

3. Jesus wird bei Lk besonders als der Heiland der Elenden, Verachteten und Sünder dargestellt, der gekommen ist, „das Verlorene zu retten" (19,10).

4. Lk legt großen Wert auf die Darstellung von *Kontinuität*. Dieses betrifft die Verbindung zwischen Jesus und Aposteln; daher kann nur ein Augenzeuge, der von Anfang an dabei war, in das Kollegium der Zwölf nachgewählt werden (Act 1,21f.), und daher wird das Pfingstgeschehen so hervorgehoben, das Lk sich als Geistausgießung durch den Erhöhten vorstellt (Act 2,33). Das betrifft auch die Verbindung der Christen mit *Jerusalem* und dem Tempel. So läßt Lk die Ostererscheinung sich nicht in Galiläa ereignen, sondern um und in Jerusalem. Und der Tempel ist nicht die Opferstätte der Juden, sondern ist ganz für Jesus und die ersten Christen beschlagnahmt. Der Tempel ist so die zum Realsymbol verdichtete Aussage über die Identität des Gottes der Christen mit dem Gott Israels. Der Tempel ist nämlich der Ort der entscheidenden Offenbarungen, die das christliche Heil betreffen (von der Prophetie des Simeon über die Erfüllung der messianischen Erwartungen Israels in Lk 2 bis zur Erscheinung vor Paulus in Act 22, die den Übergang zur Heidenmission begründet) – und diese sind Offenbarungen in Israel, die zugleich über Israel hinausweisen.

B. Grobgliederung

Eine geographisch orientierte Gliederung würde nach den Vorgeschichten unterscheiden:
das Wirken in Galiläa 4,14–9,50
die Reise nach Jerusalem 9,51–19,27
die Wirksamkeit in Jerusalem 19,28–21,38
Passion und Osterberichte 22–24.
Orientiert man sich stärker inhaltlich, so ergibt sich:

1,1–4	Proömium
1,5–2,52	Der *Ursprung Jesu* in Parallele und Überbietung gegenüber dem *Täufer*
3,1–20	Wirken des Johannes
3,21–4,44	Erweis der *pneumatischen Gottessohnschaft* Jesu
5–6	Die Autoritäten, die Vollmacht und die Lehre sind neu
7	Wer ist Jesus und wer sind die Adressaten seiner Botschaft?
8	Theologie des Wortes
9,1–10,24	Weil Jesus Sohn Gottes ist, kann er seine Jünger senden und zurechtweisen: *Jesus-Jünger*.
10,25–11,28	Jesus als Lehrer (Leben, Geist, Beseitigung der Dämonen)

11,29–12,3	Gerichtsrede für die Außenstehenden
12,4–53	Gerichtsrede für die Jünger
12,54–13,35	Buß- und Gerichtspredigt für Israel
14,1–17,19	Die Gemeinde der Niedrigen
17,20–18,30	1. Apokalypse: Das Kommen des Reiches und die rechte Vorbereitung
18,31–19,34	Vorbereitung des Wirkens in Jerusalem
19,35–21,38	Jesu Wirken in Jerusalem mit der 2. Apokalypse (K. 21)
22	Jesu letztes Mahl als Testament
22,39–23,56	Passion
24	Auferstehungsberichte

9,51–18,14 wird (als Reisebericht) die „große Einschaltung" genannt (gegenüber Mk).

C. Inhalt

1,1–4 Prolog

1,5–2,52 Der Ursprung Jesu in Parallele und Überbietung gegenüber dem Täufer

1,5–56 Ankündigung

- **der Geburt des Johannes**
  Beglaubigungszeichen: *Zacharias* verstummt
- **der Geburt Jesu**
  Beglaubigung nach V. 36: *Johannes* selbst
  Besuch *Marias* bei *Elisabeth*:
  das Kind hüpft (Vorzeichen Jesus I)
  Hymnus der *Maria* (Magnificat) (Hymnus I)

1,57–2,40 Erfüllung

- **Geburt und wunderbare Namensgebung des Johannes**
  Wunderbare Übereinstimmung bei der Namensgebung V. 60–63 (Vorzeichen Johannes I). Lösung der Zunge des Zacharias V. 64 (Vorzeichen Johannes II). Reaktion V. 66: Was wird aus dem Kind werden?
  Hymnus des Zacharias (Benedictus) (Hymnus II).
- **Geburt Jesu in Bethlehem (2,1–7)**
  Hirten und Engel (Vorzeichen Jesus II) (2,14 Akklamation der Engel: Ehre sei Gott...).
  Beschneidung und Namensgebung Jesu. Darstellung Jesu im Tempel:
  Simeon (Vorzeichen Jesus III)
  Hanna (Vorzeichen Jesus IV)
  Jesus unter den Lehrern im Tempel erweist die Weisheit des Gottessohnes (Vorzeichen Jesus V). Schon 2,49 wird also sichtbar: Jesus ist der Sohn (vgl. 1,32.35) – und das ist die entscheidende Differenz gegenüber dem Täufer. Im Hymnus 1,76ff. wurde dieser als Vorläufer dargestellt.

3,1–20 **Wirken des Johannes**

Die profangeschichtliche und heilsgeschichtliche (Zitat Jes 40) Einordnung des Johannes hat bei Jesus nur im Zitat (Jes 61) in 4,18 ein Gegenstück.

3,7–14 *Taufansprache des Johannes:* Bußmahnung und konkrete Regeln für einzelne Gruppen **(„Standespredigt“).** Leitformel: „Was sollen wir tun?“.

3,15–18: *Ist Johannes der Christus?* Ein Stärkerer kommt nach ihm, der mit heiligem Geist und Feuer tauft (Bezug auf Pfingsten nach Act 2?)

3,19f. Gefangennahme des Johannes.

3,21–4,44 **Erweis der pneumatischen Gottessohnschaft Jesu**

1. 3,21–4,13 **Zeit der Vorbereitung Jesu:**

a) Jesus wird als *Sohn Gottes* kenntlich gemacht
   - durch Empfang des Pneumas von Gott und die Anrede als Sohn (Taufe, 3,21f.)
   - durch Abstammung von Gott (anhand des Stammbaumes wird nahegelegt, Jesus als neuen Adam anzusehen: 3,38)

b) Bewährung der *Sohnschaft in der Versuchung*

   a) + b): *Leitworte: Sohn, Geist.*

2. 4,14–44 Der Anfang Jesu als Lehrer in Synagogen

   Leitworte: lehren (und Synonyma), Synagogen, Pneuma.

   Bei der **Antrittspredigt** in 4,16–30 wird Jesu Geschick im voraus sichtbar (V. 24 Prophet in seinem Vaterland; V. 29: Versuch, ihn zu töten; V. 25f.: Heiden).

   Außer in 6,6 (aus Mk) und 13,10 lehrt Jesus nur hier bei Lk in Synagogen (vgl. aber Missionspraxis der Act: Beginn in den Synagogen). Nicht Volkspredigt, sondern Synagogalunterweisungen. Die Wunder erweisen nur die Vollmacht des Lehrers Jesus. Ab 4,14 der eigentliche Anfang der Offenbarertätigkeit Jesu. Das *öffentliche* Wirken beginnt mit 5,1.

5–6 **Die Autoritäten, die Vollmacht und die Lehre sind neu.**

Gliederungsprinzip ist häufig das Wort „es geschah“.

1. 5,1–6,11: Autorität und Vollmacht Jesu

   5,1–11 Erste öffentliche Tat Jesu: *Er beruft Petrus* (mit Johannes und Jakobus) und macht ihn zum *Menschenfischer.* V. 8 *Anrede: Herr.* Das Fischwunder wird dabei zur prophetischen Zeichenhandlung (vgl. § 25 VII). Jesus hat so von Anfang an die Fortsetzung seines Wirkens in der späteren Missionskirche im Auge.

   5,12–16 Reinigung des Leprösen (4,27 erfüllt)

   Anrede V. 12: Herr (wie V. 8)

   5,17–26 Heilung des Gelähmten und Sündenvergebung

   (V. 17 Kraft entspricht V. 12: Kräftigsein)

   Beide Themen, Reinigung und Sündenvergebung, gehören auch zur christlichen Initiation.

   Wegen dieser Vollmacht kann Jesus auch mit Sündern umgehen:

   Berufung des Zöllners und Mahl mit Zöllnern und Sündern (wie Mk 2). 5,30–6,11 daraufhin die Streitgespräche mit den Pharisäern (wie bei Mk) über Essen mit Sündern, Essen und nicht Fasten, Essen und Ernten am Sabbat und Heilen am Sabbat. Alles (wie in Mk 2) Ausdruck der Vollmacht Jesu.

2. 6,12–19 Jesus demonstriert seine *Vollmacht* durch Auswahl von zwölf aus der Zahl der Jünger, die er (diff. Mk) Apostel nennt (Liste) und durch Heilungen (Summar).

3. 6,20–49 **Feldrede:** Die neue Lehre für die Jünger

   20–26 Einleitung mit Seligpreisungen *und* Weherufen. Innerhalb jeder der beiden Reihen Betonung des Schlußgliedes, für das die vorangehenden Sätze nur Illustrationen waren. Es geht nicht um Gemeinde und Außenstehende, sondern um zwei Möglichkeiten der Gemeinde. Latenter eschatologischer „Dualismus“: Euch kann und darf es hier nicht gut gehen.

   27–36 **Verhalten nach außen**

   27–31: Entsprechend der zuvor dargestellten Verfolgungssituation wird die allgemeine Forderung aufgestellt: „Liebt die Feinde“, sie wird konkretisiert durch: „Tut Gutes, segnet, betet...“ und V. 29f. (Backe, Mantel), sie wird motiviert durch die Goldene Regel in V. 31 (Soziale Motivation).

   32–35: Wieder Beginn mit dem allgemeinen Stichwort *„Liebe“* und Konkretisierung durch Gutestun und Leihen (Durchbrechung des Gegenseitigkeitsgrundsatzes). V. 35b: Wieder Motivation am Ende: Lohn, Sohnschaft. V. 36: Motivation durch Gottes Vorbild. – Durch V. 35 werden die Beispiele von V. 32–34 (über die Situation der Verfolgung hinaus!) einer *nun allgemeiner verstandenen Feindesliebe* eingeordnet. So wird das Gebot der Feindesliebe aktualisiert. War bei Mt Intention der Antithesen, die „bessere Gerechtigkeit“ darzustellen, und zwar durch nebeneinandergeordnete Beispiele, so geht es bei Lk um Ausweitung der für die Verfolgungssituation geltenden Regeln in der Form von Überschriften (hier: „Lieben“), untergeordnetem („interpretiertem“) Material und Motivationen.

   37–45: **Verhalten nach innen:**

   Dem Verzicht auf *Rache* und Vergeltung in V. 27–36, welcher primär gegenüber Außenstehenden gilt, entspricht hier der Verzicht auf *Richten,* der in der Zurechtweisung untereinander (Verhältnis Lehrer/Schüler V. 39f. und Bruder/Bruder V. 41) und zu den „Sündern“ in der Gemeinde aktuell ist.

   V. 37: *verurteilen/richten, vergeben.* Das „Geben“ ist hier nicht auf Almosen bezogen, sondern verallgemeinert zur grundsätzlichen Regel. Motivation nicht mehr Nachahmung Gottes o.ä. wie in 27–36, sondern das zu erwartende Gericht (*„Maß für Maß“).*

   V. 39ff.: Illustration durch Gleichnisse (nicht mehr nur Imperative): Wer „richtet“, sollte sich fragen, ob er, der Blindenführer sein will nicht selbst blind ist (39). Der Schüler kann nicht besser sein als der Lehrer, da er sein Produkt ist. Daher hüte sich der Lehrer beim Verurteilen (40). Splitter/Balken (41f.). – Tendenz V. 39–42: Bevor man urteilt, soll man sehen, ob man selber wirklich besser ist.

   43–45: *Worte* als Früchte (weil Richten durch Worte geschieht): Die Worte zeigen, wer man ist.

   46–49 Es kommt darauf an, die Worte Jesu (also: V. 27–45) zu *hören* und zu *tun.* Doppelteilige Struktur wie bei den Seligpreisungen und Weherufen am Anfang. – 7,8: Heiden tun die Worte.

7	*Wer ist Jesus,* und wer sind die *Adressaten* seiner Botschaft? Beides wird im Unterschied zu Johannes d. Täufer beantwortet. Wer Jesus ist, das wird am besten aus seinen Machttaten deutlich.

Sklave des Hauptmanns von Kapernaum. Jesus: *„Herr"* „er war todkrank". *Adressat:* gottesfürchtiger Heide

Jüngling von Nain. Jesus: *„großer Prophet"* „er war gestorben". *Adressat:* Gottes Volk (V. 16)

Täuferanfrage: Wer ist also *Jesus,* und wer ist der Täufer? (V. 18: „über alles dieses": bezogen auf alles seit 4,14) „Tote werden auferweckt". *Adressaten:* Armen wird das Evangelium verkündet.

Beachte: Steigerung in den beiden vorangehenden Wunderberichten (todkrank-tot) und Aufnahme in der Täuferanfrage: Tote auferweckt. – Adressaten jeweils genannt (7,9 mit Hinweis auf Heidenkirche des Lk, obwohl die größere Tat an Israel selbst gewirkt wurde). „Arme" und „Seligpreisung" in V. 22f. wie in 6,20–23, hier nur christologisch gewendet.

Wer ist also Jesus? – Der Kommende nach Jes 35,5 Wer ist der Täufer? – In ihm kulminiert die Verheißungszeit, aber nur diese.

Die Frage der *Adressaten* der Botschaft wird wieder aufgegriffen in *7,29–50:* Zöllner – die Masse des Volkes – die Kinder der Weisheit (Gleichnis von den spielenden Kindern) – die Sünderin (36–50: Jesu Salbung durch die Sünderin).

Die *Täufertradition* ist schon früher mit Zöllnern verbunden (Lk 3,12; vgl. Mt 21), hier wird die Zöllnertradition in Analogie und Überbietung auf Jesus bezogen: Überbietung, weil Jesus Sünden vergibt (vgl. V. 48f.). *Die Sündenvergebung in 7,48f. ist die Spitzenaussage dieses Kapitels.*

Nicht-Adressaten der Botschaft: Israel V. 9; Menschen dieses Geschlechtes V. 31; Führungsschicht des offiziellen Israel V. 29f.36–50. V. 31–35: Anklage an Israel.

8 **Theologie des Wortes**

8,1–3: Summar über *Predigt und Verkündigung.* Die besondere Erwähnung von *Frauen* verbindet mit der vorangehenden Erzählung von der Sünderin (vgl. auch 7,12.15)

a) 8,4–21: *Das missionarische Wort.* Missionsrede vor der Jüngergemeinde und den missionsfähigen Volksscharen.

Lehren-Hören-Tun

4–8: *Hören* (Gleichnis vom Sämann und vom großen Ertrag der Saat). V. 8: Mahnung zum Hören.

9–18: *Wie man hören soll* (V. 18: So sehet nun darauf, wie ihr zuhört). Geklärt wird, warum die Predigt mehr Mißerfolg als Erfolg hat (Parabeltheorie und Auslegung des Gleichnisses vom Sämann).

Ziel: Gerichtsdrohung V. 16–18 (Überbietung der bloßen Aufforderung zum Hören im vorangehenden Abschnitt V. 8).

19–21: *Hören und Tun* (V. 21). Wahre Verwandtschaft wird durch diesen Bezug zu Gottes Wort hergestellt. Im Gegensatz zu V. 16–18 ist hier mit dem Tun des Wortes auch die Heilszusage der wahren Verwandtschaft verbunden (beachte: Abfolge von Gerichtsdrohung und Heilszusage wie in Prophetenworten).

b) 8,22–56: Jesu Wort ist Vollmacht *(Machtworte Jesu)*
Jesus gebietet dem Wind und den Wellen (Sturmstillung)
Machtwort: V. 24, vgl. V. 25: er gebietet.
Jesus heilt den Gerasener
Machtwort: V. 29 (gebot dem Geist) und V. 32f. (erlaubte)
Jesus heilt die Blutflüssige und die Tochter des Jairus
Machtwort Jesu V. 54: Kind, stehe auf.
Anordnung der Berichte nach dem Prinzip der *Steigerung:* Natur – Dämonen – kranke Menschen – tote Menschen.
Leitwort V. 36.48.50: retten.

9,1–10,24	Weil Jesus Sohn Gottes ist, kann er seine Jünger senden und zurechtweisen. Das Verhältnis **Jesus-Jünger** steht hier im Vordergrund: Am Anfang dieses Abschnittes steht die Aussendung der Zwölf, am Ende die der Siebzig.

9,1–17: *Jesus wirkt in den Jüngern:* Die *Aussendung* der Zwölf läßt die Frage entstehen: Wer ist dieser (V. 7–9)? Die *Speisung* in der Wüste nach der Rückkehr ist, wie die symbolischen 12 Körbe anzeigen, ebenfalls auf die von Jesus ausgehende Lehre der zwölf Jünger zu beziehen.

9,18–36: Die V. 7–9 gestellte *christologische Frage* wird beantwortet: Petrusbekenntnis–Leidensweissagung–Verklärung.

9,37–62: *Versagen und Zurechtweisung* der Jünger (Vorbereitung ist schon der luk Tadel an Petrus V. 33)
Heilung des fallsüchtigen Knaben
  Jünger *versagen* nach V. 40, Tadel V. 41
Leidensankündigung
  Jünger *begreifen nicht* und fragen nicht V. 45
Weisungen für die Jünger V. 46–50
  Jünger *versagen:* Rangstreit (V. 46) und wehren dem fremden Exorzisten (V. 49), was Jesus ablehnt.
Jesus wird in Samaria nicht aufgenommen
  Die Jünger *versagen* (V. 54): Bestrafung durch Feuer vom Himmel ist ihr Plan. Jesus tadelt sie: V. 55f.
Nachfolgesprüche (V. 57–62)
  Die nachfolgen wollen, *wissen nicht,* daß der Menschensohn nichts hat, wohin er sein Haupt legen soll (V. 58) – oder wollen erst ihren Vater begraben

(*Tadel* Jesu: Tote sollen Tote begraben) oder Abschied nehmen *(Tadel* Jesu: Wer die Hand an den Pflug legt ...)

Das Nicht-Aufgenommenwerden in Samaria (V. 53) entspricht der Heimatlosigkeit des Menschensohnes (V. 58). *Es geht um das rechte Verhalten der Jünger angesichts der Ablehnung.* Wieder bedeutet das Stichwort „Menschensohn" Geschicksgemeinschaft Jesu mit den Jüngern.

10,1–20 *Aussendung der 70 Jünger* (korrespondiert der Aussendung der Zwölf zu Beginn des Abschnittes) auf dem Weg nach Jerusalem.

Aussendung–Ausrüstung–Quartierfrage (Häuser-Städte).

Diese Aussendungsrede ist wohl aus Q, sie ist aber von gleicher Struktur wie Mk 6,7–13.

V. 17–20 Diskussion über Unterwerfung der Geister: Jesus selbst sah Satan wie einen Blitz vom Himmel fallen. – Entmachtung Satans nach dem Kontext nicht eschatologisches Zeichen, sondern sichtbarer Erweis für erfolgreiche Mission. Auch hier: *Tadel* der Jünger: Herrschaft über Geister bleibt ein zweideutiger Missionserfolg, Erwähltheit (durch Jesus; „Name eingeschrieben") zählt mehr.

10,21–24 **Jünger als erwählte Offenbarungszeugen.** Abschließende Betonung ihrer Erwähltheit. Beide Themen des Abschnitts ab 9,1 kommen hier zusammen: *Wer ist Jesus?* (21f.) und: *Jünger als Offenbarungsempfänger.* Ihre Autorität als Augenzeugen ist direkt mit der Christologie verbunden (vgl. auch Act 1,21f.):

Gott *offenbart* den Unmündigen durch den Sohn (V. 21f.) Jünger als einmalige *Augenzeugen* (Könige und Propheten...) (V. 23f.)

10,25–11,28 Jesus als **Lehrer** (Leben, Geist, Beseitigung der Dämonen)

a) Leben: Hauptgebot und Samaritergleichnis (10,25–37)
Redakt. luk Anrede: „Lehrer, was muß ich tun, um das ewige Leben zu erben". – Der Kreis der Jünger (9,1ff.) ist verlassen. Anschluß des Samaritergleichnisses wohl wegen 9,52. Das Gleichnis wird erst hier genannt, weil ein Gesetzeslehrer fragt.

b) Hören auf Jesus den Lehrer: 10,38–42 Beispielerzählung von **Maria und Martha.** Nur eines ist nötig: Auf Jesus, den Lehrer zu hören (nicht das bloße Tun).

c) **Jesus lehrt beten** (wie auch Johannes seine Jünger lehrte)
Mit dem Kontext verbunden durch Stichwortanschluß:
11,1: „Lehre ...".
11,2–4 luk Fassung des **Vaterunsers**
11,5–13 Jesus lehrt, um den heiligen Geist (V. 13) zu bitten. Stichworte: bitten; wer von euch?
Gleichnis **vom mitternachts bittenden Freund**
Gleichnis **vom Fisch und Skorpion.**
Beide Gleichnisse haben dieselbe Form (rhetor. Frage).

d) *Belehrung über Dämonen.* Anschluß an c) wohl wegen der Stichworte „Geist" und „Reich":
14–23: Reich Gottes oder Reich Satans? (Treibt Jesus durch Beelzebub die Geister aus? Antwort: Argumente vom gespaltenen Reich und vom Binden des Stärkeren).
24–26: Rückkehr des unreinen Pneumas.

e) Seligpreisung der Prophetenmutter 11,27f.: Selig der Leib, der dich getragen ... Ziel: Hoheit Jesu. Beigeordnet: Seligpreisung der Hörer und Bewahrer des Wortes. Sinn der Kombination: Die *Hoheit des Lehrers* motiviert zum *Bewahren seines Wortes* (angesichts der V. 24–26 dargestellten Rückfallgefahr besonders wichtig). Seligpreisungen sind häufig in Anfangs- oder Schlußposition.

11,29–13,35 **Drei Gerichtsreden (Außenstehende – Jünger – Israel)**

11,29–12,3 **Gerichtsrede Jesu für die Außenstehenden**

11,29–36 *Kein Zeichen, sondern sehen, was ist: Auf Jesus hören!*

29–32: Statt eines Zeichens (vgl. schon V. 16!) wird das *Gericht* kommen. – Gegeben ist nur das Zeichen des Jona: Jesus selbst als Bußprediger. Die Heiden, die sich auf Jona hin bekehrten (Niniviten) und die Königin von Saba, die zu Salomo reiste, sind gerecht im Gegensatz zu denen, die auf Jesus nicht hören – obwohl er doch *mehr als Jona und mehr als Salomo* ist. Deshalb werden sie (Niniviten und Königin von Saba) die Hörer richten.

33–36: Aufrufe zum Hören auf Jesus (Licht): Jesus ist das Licht, zum Sehen bestimmt **(Bildwort vom Licht und vom Scheffel).** Es kommt darauf an, ein Aufnahmeorgan für dieses Licht zu besitzen: Licht oder Finsternis des ganzen Menschen ist vom Sehen abhängig, so Gutsein oder Bösesein vom Hören (hier Sehen/Licht wegen des Kontextes: Zeichen) **(Bildwort vom Auge als dem Licht des Leibes).**

11,37–54 *Gerichtsankündigung über Pharisäer und Gesetzeslehrer. Rahmen: Jesus unterläßt die Waschung vor dem Essen.*

3 Weherufe über die Pharisäer (V. 42–44)
positiv: *Almosen,* Rechttun und Liebe zu Gott
3 Weherufe über die Gesetzeslehrer (V. 45–52)
wichtig: V. 47–51: *Tradition vom gewaltsamen Geschick der Propheten* (die Weisheit sendet Propheten und Apostel)
Reaktion V. 53f.: Man sucht Material gegen Jesus.

12,1–3 *Das Gericht kommt über die Heuchelei der Pharisäer.* V. 2f. (alles Verborgene wird offenbar) als Bild für das Gericht. (Klammer zu 12,4ff.)

12,4–53 **Gerichtsrede Jesu für die Jünger**

Die neuen Adressaten werden in V. 4 ausdrücklich als *„meine Freunde"* angeredet.

1. Von den Jüngern ist gefordert, daß sie **frei** sind von jeglicher irdischer Sorge. – Kennzeichen des Abschnittes V. 4–34: Weisheitliche Mahnsprüche (fürchtet nicht, sorgt nicht, sucht nicht)
   - frei von der Furcht, das leibliche Leben zu verlieren. Furcht vielmehr vor Gott, der auch in die Hölle werfen kann (V. 4f.). Wiederholung dieser Struktur in V. 6–10:
     Fürchtet euch nicht: Ihr seid mehr wert als viele Sperlinge – Gerichtsdrohung V. 8–10: **Bekennen oder Verleugnen des Menschensohnes** wird er ganz entsprechend im Gericht beantworten. Unvergebbar aber ist ein Wort, das Jesu **Geist** in Frage stellt.
   - frei von der Sorge, was man vor Gericht sagen soll (V. 11f., Verbindung zu V. 10: Geist), denn der Geist wird lehren.

- frei von der Sorge um Besitz: Jesus lehnt es ab, Erbteiler zu spielen und warnt vor Habgier (13–15). V. 16–21: Gleichnis vom reichen Kornbauern (er war „nicht reich für Gott").
  Leitworte V. 15.20.22.23: Leben/Seele/Seele
- frei von der Sorge um Essen und Kleidung (Beispiele: Raben – Lilien – Gras). Abgrenzung von den Heiden. Alternative: Suche nach dem Reich Gottes.

Praktische Konsequenz dieser Freiheit für die Gemeinde des Lk: 12,33f.: Almosen geben. Das Reich V. 31f. hier im Sinne des Schatzes im Himmel interpretiert! Vgl. oben 11,40f.!

2. Von den Jüngern wird gefordert, ständig für das Kommen des Herrn **bereit** zu sein (12,35–48).
   Leitworte: bereit, finden, der Herr kommt, Selig ..., Stunde.
   Vergleich mit den *Knechten,* die der Herr wachend findet (er wird ihnen dienen)
   Gleichnis vom wachsamen *Hausherrn* (Dieb). Konsequenz: Bereitsein
   Gleichnisse vom getreuen *Hausverwalter* und von den Knechten (der böse denkt: der Herr bleibt aus: *Parusieverzögerung;* der Herr kommt aber unerwartet und wird ihn zweiteilen).
   Da es sich im Gleichnis um das Verhältnis des Verwalters zu den anderen Sklaven handelt, geht es wohl um die Ankündigung des Gerichtes für die Gemeindeleiter.
3. 12,49–53: *Abschluß der Jüngerrede* (peroratio): Worte Jesu über sich selbst mit Konsequenzen für die Jünger: Der Träger der Offenbarung *(„Feuer zu werfen ...";* ein Stück von Gott: Gericht und Geist zugleich) muß leiden *(Taufe,* mit der er getauft werden muß). Dem entspricht, daß er *nicht Frieden, sondern Trennung* bewirken muß. (parallel: „zu *werfen* auf die *Erde"*/*„zu geben* auf der *Erde"*. Es geht um die Bedingungen, denen sich der Offenbarer auf Erden gegenübersieht, und die Leiden und Spaltung der Menschen bedeuten). So hat das Bringen von Offenbarung wegen des Soseins der Erde das Gericht (Spaltung) zur Folge. Daher gehört dieses Wort in die **Gerichtsrede.**

12,54–13,35 **Buß- und Gerichtspredigt für Israel**

1. **12,54–13,9:** *Sich der Umkehr zu widersetzen ist widersinnig:* 12,54–59: Ihr solltet die Zeit erkennen und euch rechtzeitig bekehren (Wolke im Westen versteht ihr auf Regen zu deuten, aber diese Zeit prüft ihr nicht), *rechtzeitig* wie man Ausgleich vor dem Prozeß sucht, denn das Gericht ist streng.
   13,1–9: Wenn ihr euch nicht bekehrt, werdet ihr umkommen; Hinweis auf die *Tötung der Galiläer* und den *Turm von Siloah:* Ihr seid auch nicht besser, und wenn ihr nicht umkehrt, kommt ihr genauso um (1–5).
   Gleichnis vom Feigenbaum: Nach einer letzten Frist wird der unfruchtbare Baum ausgerottet.
2. 13,10–17 (Heilung der verkrümmten Frau am Sabbat) Exemplarischer Fall: Die *Autoritäten wollen nicht,* obwohl es um *Abrahams* Kind geht, das vom Satan befreit werden soll. Die Heuchelei (V. 15) steht der Rettung entgegen. So wird die V. 1–9 vorausgesetzte Verstockung durch ein Zeichen aus Vollmacht bestätigt. Die Gegner werden zu Mitarbeitern Satans – von Jesus beschämt.

3. Mit dem Gottesreich ist es etwas Paradoxes, das gilt besonders für Israel. Es verhält sich mit ihm anders, als es zunächst den Anschein hat. „Resultat gegen Augenschein“ – das gilt für die Heuchler von 13,10–17 ebenso wie für die Ersten, die Letzte sein werden wie – und darauf kommt es an – für die Erwählung Israels. (**13,18–35**).

a) 18–21 Gleichnisse von **Senfkorn** und **Sauerteig:** Der Anfang ist anders als das Ende, der Augenschein anders als das Resultat (Kontrast zwischen Anfang und Ende) – *wider Erwarten.* – Es geht also nicht um Größe und Kleinheit des Gottesreiches selber, sondern nur darum, daß angesichts seiner der Augenschein trügt.

b) 22–35 Israel (Jerusalem), in dem Jesus auftrat, und das das Heil erwartet, wird es nicht erlangen – *wider Erwarten!* (Leitwort: Jerusalem V. 22.34f.)

23f.: *viele – wenige (wider Erwarten* können die vielen, die sich bemühen, nicht hineinkommen).

25–30: Israel (auf seinen Gassen hat Jesus gelehrt) – Heiden (V. 29) = Erste/ Letzte. Stichwort *Abraham* wie V. 16.

31–35: Jesus wollte Jerusalems Kinder versammeln – es wird zerstört werden. Grund für diese Umkehrung wider Erwarten: die Ermordung Jesu (wie aller Propheten) in Jerusalem (31–34).

V. 32f. gemeinsame Struktur: heute, morgen und am dritten Tag (dann erst in Jerusalem, am Ziel).

14,1–17,19 Die Gemeinde der Niedrigen.

Zur Niedrigkeit gehört auch der Besitzverzicht. Der Gegensatz zu den Pharisäern ist konstitutiv (sie begegnen überall im Rahmen: 14,1; 15,2; 16,14) *und dient als Kontrasthintergrund.*

a) 14,1–35: Weil die Pharisäer nicht wollen, wird sich ihre *Erwartung umkehren* (Bilder vom Mahl) zugunsten der Niedrigen. Stichworte bis K. 15: Essen, Trinken, zu Tische Liegen. Wichtige Leitmotive: Verhältnis zum Besitz; paradoxe Umkehrung.

Heilung des Wassersüchtigen am Sabbat: Jesus ißt mit den Pharisäern (Illustration für 13,26), sie aber wollen nicht (vgl. 14,5 mit 13,15). Sie sind solche, die sich *erhöhen und erniedrigt* werden („Tischregeln“ V. 7–11 – aufgrund des Kontextes etwas anderes als Anstandsregeln!) (paradoxe Umkehrung).

Der Rat, gerade *die „anderen“ einzuladen* (V. 12–14). Als Gastgeberregel Vorbereitung für das folgende Gleichnis. Die „anderen“ sind die Niedrigen von V. 11, die gleiche Gruppe in V. 21 (paradoxe Struktur).

Nicht die Geladenen werden teilhaben: **Gleichnis vom großen Abendmahl.** 16–24, mit Überschrift V. 15: Selig, wer das Brot ißt im Reich Gottes (paradoxe Umkehrung).

Wer sind aber die, die wirklich teilnehmen werden (25–35)? *Bedingungen der Jüngerschaft:* Verwandtenhaß, Kreuz auf sich nehmen (= den Weg zum Martyrium nicht scheuen) (V. 27); die **Gleichnisse vom Turmbauen** und vom **Kriegführen** (zuvor überlegen, auf was man sich einläßt – d.h. keine Illusionen haben, daß alles gefordert werden kann) werden konkretisiert im *Verhältnis zum Besitz,* und daher ist *V. 33 „allem absagen, was man hat"* Ziel des Abschnittes ab V. 25. Diese Niedrigen sind die schon in V. 11.13.21 Genannten. – Jedoch gilt für sie dasselbe wie für die Pharisäer: *Salz* kann *schal* werden (paradoxe Struktur).

b) 15: **Mitfreude** über Jesu Gemeinschaft mit den Niedrigen (Sündern). Drei Gleichnisse: **Verlorenes Schaf, verlorener Groschen, verlorener Sohn.** Leitworte: verlieren, finden, sich freuen, sich mitfreuen, essen. Gemeinsame Struktur: Verlorenes wird wiedergefunden – Freude als Mitfreude. Thema Besitz: 100 Schafe, 10 Drachmen, Gut des Vaters. Die Gemeinschaft Jesu mit Zöllnern und Sündern wird gegenüber den Einwänden der Pharisäer gerechtfertigt. Sie werden aufgefordert, sich an der Freude Gottes über die Umkehr der Sünder mitzufreuen (wie die Nachbarn im Gleichnis vom verlorenen Schaf, die Freundinnen und Nachbarinnen bei der verlorenen Drachme und der ältere Bruder des verlorenen Sohnes). Ziel von K. 15: Kein Anstoß an Sündern!

c) 16: Alle Gerechtigkeit – auch die Forderung des Gesetzes – realisiert sich im Verhältnis zum Besitz.

Während K. 15 aus K. 14 das Stichwort *Essen* aufnahm (15,2: Tischgemeinschaft, Mahl mit dem wiedergefundenen Sohn), nimmt K. 16 aus 14,33 das Motiv *„Besitz"* wieder auf.
Zentrum des Kapitels ist die Aussage über das **Gesetz** in 16,17. Die Rahmung hat argumentativen Charakter:
1–9: Gleichnis **vom klugen Verwalter** („vom ungetreuen Haushalter"). Das empfohlene zielbewußte Handeln wird ausgelegt als: Sich Freunde mit Geld schaffen (Gott als Freund?) 16,2
10–13: Treue Verwalter und Diener: treu mit dem ungerechten *Mammon* (Stichwortverbindung mit V. 9) (d.h. doch wohl: Freiheit vom Besitz zugunsten der Armen)
13: *Kein Knecht kann zwei Herren dienen* (Stichwort: *Mammon)*
14f.: Pharisäer als Kontrast: *geldgierig,* spotten über diese Worte, stellen sich als *gerecht* hin vor den Menschen, sind aber Greuel vor Gott (Konsequenz: gerecht vor Gott zu sein bedeutet auch: nicht geldgierig zu sein).
Dieser Bezug auf Besitz wird auch im abschließenden Rahmen deutlich: *V. 19–31* **Reicher Mann/armer Lazarus.** *Abraham* wieder wie in 13,16.28 in Verbindung mit dem, der den hohen jüdischen Führern entgegengesetzt ist.

V. 16–18: Gesetz und Propheten bis zu Johannes. Von da ab Verkündigung des Reiches. Doch das Gesetz ist nicht aufgehoben (V. 17: kein Häkchen). Beispiel: Bewahrung und Verschärfung des 6. Gebotes (Ehescheidung) in V. 18. Die Verkündigung des Reiches hebt das Gesetz nicht auf, aber realisiert es auf einer neuen Ebene, die zum Leben führt (vgl. 10,25 diff. Mk) und in der es – wegen der Umkehrung von hoch und niedrig durch das Kommen der Basileia – wesentlich um das Verhältnis zum Besitz geht.

d) 17,1–19: *Jüngerschaft im Zeichen der Niedrigkeit*

1. Warnung, einem Kleinen **Ärgernis** zu geben – Mahnung, dem sündigen Bruder zu **verzeihen.** In jedem Falle: Schutz der Schwachen, Niedrigen *und* wohl auch Sündigenden (vgl. K. 15: Jesus mit den Sündern – das ist wohl auch für die Gemeinde selbst noch aktuell) 17,1–4 2. Die Jünger müssen um die *Mehrung des Glaubens* bitten (5f. Glaube wie ein Senfkorn), und sie sind, auch wenn sie alles getan haben, doch nur unnütze Knechte gewesen (7–10). Beides gegen das Hoch- und Großsein-Wollen. Wenn auch die Jünger *keinen Dank erwarten* dürfen (V. 9), so muß man doch Jesus *danken* (16.18) (wohl wegen dieses Gegensatzes steht die Erzählung von der Heilung der 10 Aussätzigen hier V. 11–19). Der von den Juden verachtete *Samariter* ist es, der dankt (auch dieses gehört in die luk Konzeption, daß die Niedrigen zum Heil kommen).

17,20–18,30 *Bei Lk schließt Jesus auch seine Verkündigungstätigkeit in Palästina mit einer Apokalypse ab* (nicht nur die in Jerusalem wie Mk 13 par Lk 21): Das Kommen des Gottesreiches und die rechte Vorbereitung.

1. Das Kommen des Reiches 17,20–37: Das Reich kommt plötzlich („ohne Beobachtung") und trennt Vertrautes (Abbrechen als Bild). Synonyme Leitworte: Reich Gottes/Tag des Menschensohnes.

   20–24 *Abweisung eines Vorzeichens.* Der Gerichtstag kommt nicht wie etwas, das man vorher beobachten und erwarten kann, sondern er ist in gewissem Sinne schon da („das Reich Gottes ist unter euch") als etwas, das jederzeit *aufbrechen* kann. Man wird einen dieser Tage, in denen der Menschensohn dann kommt, sehen, d.h. *als solchen erkennen* wollen V. 22, das ist jedoch nicht möglich, sondern plötzlich und allgemein sichtbar wird der Menschensohn da sein („wie der Blitz").

   25 Der Menschensohn muß vorher viel leiden. Wie alle Aussagen über das „zuerst muß" betrifft das die Gegenwart, auch die der Gemeinde. Die einzige Phase *vor* dem Kommen des Menschensohnes wie der Blitz sind also nicht Zeichen, sondern sein Leiden.

   26–30 Erläuterung des Satzes, daß das Gottesreich „unter euch" ist: Am Beispiel von Noah und Lot kann man sehen: Mitten in der Alltäglichkeit bricht das Ende auf, als Katastrophe. Appell, die Labilität der alltäglichen Selbstvergessenheit zu bedenken.

   31–33 Am Gerichtstag ist jede Aktivität sinnlos, die anderes bezweckt als *völlige Auslieferung an das Kommende* (Wer auf dem Dach oder auf dem Acker ist...). Hinweis auf *Lots Frau:* Wer sein Leben aus dem Gericht retten will, indem er zurück will, kommt um: Jede Aussicht auf Rettung wird zunichte.

   34–37 Radikale und plötzliche Trennung des Zusammengehörigen (Bett, Mahlen, Feld) (wenn die Engel die Gerechten aussondern). Das **Wort vom Aas und von den Geiern** ist Gerichtsansage für die zurückgebliebenen, vom Menschensohn nicht geretteten Menschen: Wer nicht von den Engeln eingesammelt wird und zurückbleibt, kommt sicher um.

18,1–8 Funktion des Gebetes: Im alltäglichen Lebensvollzug (vgl. 17,27f.) auf den Menschensohn *warten.*

2. Die Vorbereitung auf das Reich: *Gebet* (Gleichnis von der bittenden Witwe 18,1–8; hier geht es um das beharrliche Beten und das baldige Rechtschaffen Gottes) – so wird der Menschensohn bei seinem Kommen Glauben finden (18,8b).

   Gemeint ist aber: *demütiges* Gebet: 18,9–14: **Gleichnis vom Pharisäer und**

vom Zöllner. Auch hier das luk Schema hoch/niedrig, wieder in Verbindung mit Pharisäern wie (14,11); 16,15; 18,14.

3. Die wichtigsten *Bedingungen zum Eingehen in das Reich* werden am Schluß noch einmal kurz genannt:
   Kinder als Bild für das Annehmen des Reiches (15–17; mit V. 14 verbunden durch das Quasi-Synonym „sich erniedrigen". Stichwort Reich wie 17,21)
   Aufgabe des Besitzes als Weg zum ewigen Leben (Jesus und der Reiche, bei Lk nicht ein reicher Jüngling, sondern ein „Oberster" wegen des Schemas hoch/niedrig). Reich Gottes und ewiges Leben hier synonym.
   Die Erzählung über den Besitzverzicht steht hier in hervorragender Position als letzter Abschnitt vor dem Hinaufgehen nach Jerusalem.

18,31–19,34 **Vorbereitung des Wirkens in Jerusalem**

3. Leidensweissagung (Seht, wir gehen hinauf nach Jerusalem...) – von den Jüngern nicht verstanden.

18,35–19,10: *Jesus als Erfüller der Heilshoffnung Israels:* Der Blinde ruft ihn als **Sohn Davids** an – und zum Zöllner Zachäus kommt Jesus, weil er **Abrahams** Sohn ist (Menschensohn sucht das Verlorene).

19,11–27 **Gleichnis von den Minen –** aufgrund der Meinung der Jünger, in der Nähe Jerusalems werde das Reich Gottes geoffenbart werden. Dagegen sagt das Gleichnis:

1. Die Jünger sind erst noch zur Bewährung aufgerufen, bis ihr Herr wiederkommt. Dann wird es ein strenges Gericht geben (Wer hat, dem wird gegeben ...)
2. Die Bürger der Stadt, die die Herrschaft des Königs überhaupt ablehnen, werden niedergemacht (das ungläubige Israel in Jerusalem?)

19,29–21,30 **Jesu Wirken in Jerusalem**

Einzug in Jerusalem (Besonderheit: Akklamation in 19,38 ähnlich wie 2,14)
Jesus weint über Jerusalem und sagt die Zerstörung voraus
Reinigung des Tempels
Vollmachtsfrage und Weinberggleichnis
Kaisersteuer
Auferstehung
Davidssohnschaft
Scherflein der Witwe
bei Lk ebenfalls im Tempel als Abschluß der Lehre:
2. Apokalypse 21,6–36.

Besonderheiten: V. 20 ausdrücklicher Bezug auf die historische Zerstörung Jerusalems. Mahnung zur Wachsamkeit angesichts der Ungewißheit des Kommens des Reiches (V. 34–36) hier verbunden mit der Mahnung, sich nicht durch *Sorgen* des Alltags zu beschweren. Wachsamkeit mit *Beten* verbunden.

22,1–38 Judasverrat und Abendmahl.

22,7–38 Jesu letztes Mahl als Testament

Ankündigung des Todes

Bedeutung des Todes V. 19–20 (im westl. Text, D und altlat: nur V. 19a, sog. *Kurztext)*
Einsetzungsworte
Vorhersage des Judasverrats, daraus entsteht *Streit.* Jesus angesichts des Streites über den Rang: Der Größte ist der Dienende. Jesus Vorbild des Dienens („Anwendung" seines Todes für die Gemeinde!)
Jesus vermacht seinen Jüngern, da sie mit ihm ausgehalten haben, das Reich: Essen und Trinken und Richten über Israel (testamentarisches Vermächtnis)
Bestimmung eines „Leiters" für die Zurückgebliebenen: Gebet für den Glauben des Petrus.
Vorhersage des Petrusabfalls
Ausblick auf die bevorstehende Notzeit V. 35–38: Beutel und Provianttasche sind in dieser Zeit erlaubt. Es werden Situationen kommen, in denen ein Schwert wichtiger ist als ein Mantel (ursprünglich Ankündigung der eschatologischen Notzeit als Bildwort?)

22,39–46 Jesus in Gethsemane. Besonderheit: Engel stärkt Jesus. Jesus schwitzt Blut (textkritisch umstritten)

22,47ff. Passionsberichte, vgl. § 47.

24 Ostergeschichten

1–11 *Die Frauen am Grabe.* Differenz zu Mk: Zuerst wird der Leichnam nicht gefunden; dann erscheinen zwei Engel. V. 6f.: Die Auferweckung als Bestätigung der Leidensweissagung. Die Worte der Frauen finden keinen Glauben.
12 ist textkritisch umstritten und Joh 20,2–10 parallel (nur hat Joh hier den Lieblingsjünger hinzugefügt): Bereits Petrus wird zum Augenzeugen des leeren Grabes gemacht. Damit ergibt sich für Lk und Joh ein gemeinsamer Aufbau der Osterberichte: Frau(en) am Grab mit Mitteilung von sich aus – Petrus am Grab – Erscheinung des unerkannten Herrn – Erscheinung vor dem Kreis der Jünger.
13–35 *Emmausgeschichte.* Ziel: Der Auferstandene führt in die Schrift ein (der Messias mußte leiden) und erweist sich am Ende (durch Brotbrechen als Mahlherr sich verratend und durch den plötzlichen Weggang) als der Herr.
34 Petrus ist der Herr aber schon vorher erschienen. Vgl. zur Formulierung: I Kor 15,5.
36–53 *Erscheinung vor den Elf Jüngern.*
37–43 Identifikationsphase (kein Geist, sondern kann essen)
44–47 Die christologische Schriftauslegung der Gemeinde wird durch den Auferstandenen begründet. Im Gegensatz zu 24,26 (Emmaus) geht der Schriftbeweis über die Beseitigung des jüdischen Anstoßes am leidenden Messias hinaus: Seine Auferstehung am dritten Tage kommt in den Blick und die Verkündigung der Sündenvergebung für alle Völker.
Emmausgeschichte 24,21–27 „Evangelium für die Judenchristen"
Erscheinung vor den Zwölf 24,44–47 „Evangelium angesichts der Heidenmission"
48f.: Die Jünger werden zu Zeugen der erfüllten Schrift angerufen und sollen

dieses bezeugen. Der Beistand dazu wird ihnen durch die Geistverleihung zuteil werden (V. 49 verbindet mit Act!)
50–52 Aufnahme in den Himmel und Proskynese, Rückkehr nach Jerusalem.
53 Die Jünger sind so beisammen wie nach Act 2–5 die Urgemeinde.

D. Textsorten

1. *Akklamation:* Die Akklamation für den Heiland Israels Lk 2,14 wird bei seinem Einzug in Jerusalem abgewandelt wiederaufgenommen: 19,38. – Anders die Akklamation für den in Jerusalem Einziehenden in Mt 21,9 (Hosianna dem Sohn Davids). Häufig in Apk, z.B. 4,11. – Auf die sog. Heis-theos-Akklamationen geht zurück I Kor 8,6.
2. *Apokalyptische Paränese:* Imperativische Mahnworte, die zur *Bereitschaft* (Lk 12,35f.40) oder *Wachsamkeit* (Mk 13,33.35.37; Lk 21,36: mit Beten) aufrufen. – Dazu gehören auch die Aufrufe, sich in acht zu nehmen, auf sein Leben zu achten, usw., die oft in Zusammenhang mit Irrlehren stehen (z.B. Tit 1,14) und alles zu vermeiden mahnen, was den Blick ablenkt (Lk 21,34).
3. *Proömium:* Läßt in Lk 1,1–4 die schriftstellerische Absicht erkennen (Geschichtsdiegese, Augenzeugen) und enthält die Widmung (vgl. Act 1,1f.)
4. *Wahrlich–Worte* (auch: Amen-Worte). Mit Sätzen in der Apokalyptik vergleichbar, die durch *Schwurformeln* eingeleitet werden. Vorformen mit „ich sage euch" wurden durch das „Amen" erweitert. So wird besonderes Offenbarungswissen Jesu gekennzeichnet. Bei Lk statt des „Amen" bisweilen: „wahrhaftig...": Lk 12,44; 21,3. – Amen-Worte sind oft mit konditionalen Relativsätzen verbunden (z.B. Mk 10,15), aber auch mit Aussagen über Naherwartung (Mk 9,1; 13,30). Häufig als Gliederungselemente verwendet, besonders am Schluß von Reden. Für Joh ist das doppelte Amen kennzeichnend.
5. Weisheitliche Gattungen im NT (vgl. § 22, D):
   1. Weisheitssprüche: Aussagen (lehrhafte Sentenzen: Lk 14,11 oder Sprichwörter, Erfahrungssätze wie Lk 12,2f.), Mahnsprüche (in Mt 6,25ff. zu größerer Lehreinheit komponiert), Fragen (zumeist als Begründung von Mahnworten (z.B. Mt 6,27) oder selbständig (wie Mk 8,36), Schulfragen (Mk 10,17; 12,28). – Auch außerhalb der Weisheit verwendete Formen: Seligpreisung, Weheruf, Bildwort usw. – Weisheitlicher Dialog und Monolog fehlen im NT. Vgl. auch noch den „Werberuf".
6. Beispielerzählung: Musterfälle, Vorbilder für das rechte Verhalten, vgl. Lk 10,29–37; 12,16–21 (Törichter Reicher); 16,19–31 (Reicher Mann und armer Lazarus); 18,9–14 Pharisäer und Zöllner.

E. Themen

1. Sünde: Weil Jesus Sünden vergeben kann, deshalb ist die Gemeinschaft mit Zöllnern und Sündern in den Evangelien nach der Konzeption der Evangelisten Ausdruck seiner Vollmacht (vgl. Mk 2,1–17 par). Nach Lk 7,36–50 wird der Sünderin vergeben, weil sie viel geliebt hat (durch Reue und Ehrung Jesu

in ihm Gott geliebt hat). – Die Vollmacht des Menschensohnes zur Sündenvergebung (Mk 2,5–10) wird in Joh 20,23 vom Auferstandenen durch Geistmitteilung an die Jünger übertragen. Joh 1,29 spricht vom Lamm Gottes, das die Sünden der Welt wegbringt (durch seinen Tod?), und in Mt 26,28 ist auch nach den Deuteworten des Abendmahles Jesu Tod Bedingung der Sündenvergebung, so schon I Kor 15,3. – Nach Paulus kam die Sünde mit Adam in die Welt (Röm 5,12), die Christen waren ihre Sklaven und sind von ihr befreit worden (Röm 6,17f.). Sünde und Gesetz hängen für Paulus eng zusammen; nach Gal 3,22 hat die Schrift alles unter der Sünde zusammengeschlossen. Während die Tradition (auch I Kor 15,3; Gal 1,4) von Sünden zumeist im Plural redet, spricht Paulus zumeist von „der Sünde" (z.B. in der Adam/Christus-Typologie Röm 5,12). – Die Sünde bekam ihre Macht, indem sie mit der Begierde im Menschen und dem Gesetz zusammenwirkte (Röm 7,7–11). Die Macht der Sünde kann nur durch Christus gebrochen werden, der im Fleisch kam (Röm 8,3). – Nach Hebr 8–10 machen die Sünden Opfer notwendig, daher auch das einmalige Opfer des Hohenpriesters Christus.

2. Nachfolge: Nicht das Hinterhergehen hinter einem gewöhnlichen Rabbi, sondern die durch Berufung autoritativ eingeleitete, heilsentscheidende Aktions- und Geschicksgemeinschaft mit dem eschatologischen Boten Gottes (Kyrios), vgl. Mk 10,17–31. Auch von Frauen: Lk 8,1–3. – Auch in Apk 14,4 (dem Lamm folgen). – Vgl. auch: Nachfolgesprüche (§ 49, D 13).
3. Tradition vom gewaltsamen Geschick der Propheten: Neh 9,26; Esr 9,10f.; Mt 5,11f. par Lk 6,22f.; Mt 23,29–36 par Lk 11,47–51; Lk 13,31–33.34f. par Mt 23,37–39; Act 7,52; I Thess 2,15f., vgl. auch Mk 12,1b–9.

F. 1. Parusiegleichnisse bei Lk

12,35–38:	Gleichnis von den wachenden Knechten
12,39f.:	Gleichnis vom Dieb
12,41–46:	Gleichnis vom guten und vom bösen Knecht
19,12–27:	Gleichnis von den anvertrauten Pfunden

§ 51 Das Johannesevangelium (Joh)

A. Das JohEv unterscheidet sich deutlich von den synoptischen Evangelien: Es berichtet 3 Jerusalemreisen Jesu und 3 *Passahfeste*, während die Synoptiker nur je eines berichten. Die ausführlichen *Reden* des JohEv sind nicht Sammlungen von Spruchgruppen, sondern Abhandlungen, die sich meist an einer Handlung Jesu entzünden, auf die als Überleitung ein Dialog folgt (Abfolge: *Handlung–Dialog–Monolog)*. Statt der Gleichnisse der Synoptiker werden eher Bildreden referiert. – Ein Prolog leitet das Ev ein (1,1–18), ein Epilog schließt es mit Zweckangabe ab (20,30f. neben 21,24f.).

Das theologische Thema des Buches ist mit 1,14 angegeben: „Wir sahen seine Herrlichkeit". Es ist die Herrlichkeit Jesu als des von Gott Gesandten. Das, was er als Offenbarung vom Vater her zu bringen hat, ist vor allem, daß er selbst dieser

Gesandte und damit der einzige Weg zum Vater ist. Die Einheit Jesu mit dem Vater wird häufig betont, um die Legitimität dieses Gesandtschaftsverhältnisses zu betonen. Für das Verhältnis Gott/Welt gilt eine Art *Dualismus,* der sich auf die Ablehnung Jesu gründet und als „missionarischer Dualismus“ für die Gemeinde von Bedeutung ist.
Der Verfasser versteht sich selbst als nachösterlichen Autor (2,22; 12,16; 13,7), der aufgrund der Auferstehung und vor allem der Mitteilung des Parakleten mehr weiß als die Jünger vor Ostern.

B. Grobgliederung

K. 2–12:	Buch der Zeichen
K. 13–20	Buch der Passion

1	Prolog
	Zeugnisse für Jesus (Johannes, Gott, Jünger, Mose)
2	Weinwunder in Kana (1. Wunder), Tempelreinigung.
	Zeichen und Glauben
3	Nikodemus
	Taufe und Johannestaufe
4	Samaria
	Mission als Ernte
4–5	Heilung des Sohnes des Königlichen (2. Wunder in Kana)
	Sabbatheilung des Kranken (3. Wunder)
	Werke des Sohnes (Vollmacht)
6	Brotvermehrung (Jesus König) (4. Wunder)
	Seewandel (Jesus Kyrios) (5. Wunder)
	Brot des Lebens
	Petrusbekenntnis
7	Laubhüttenfest
	Wer Jesus ist (der Christos?), das ist verborgen und umstritten
8	Die Ehebrecherin
	Konflikt mit den Juden (Abraham)
9	Heilung des Blindgeborenen (6. Wunder)
	Wer ist Sünder?
10	Der gute Hirt
	Einführung in die Lehre über das Sterben „für“
11	Auferweckung des Lazarus (7. Wunder)
	Über Tod und Auferstehung
11–12	Das letzte Passahfest Jesu in Jerusalem
	Salbung in Bethanien
	Einzug in Jerusalem
	Die Griechen
	Jesus über seinen Tod („Verherrlichung“)

Der Abschied Jesu von seinen Jüngern

13	Fußwaschung
14–17	Abschiedsreden (15 Der wahre Weinstock; 16 Der Paraklet; 17 das „hohepriesterliche Gebet")
18–20	Passion und Ostergeschichten
20,30f.	Buchschluß
21	Nachtragskapitel

C. Inhalt

1 Prolog V. 1–18: Hoheit und Wirkung Jesu im Kontrast zu anderen Größen:
1–8 Gegensatz göttlicher Logos – menschlicher *Joh. d. Täufer*
Leitwort: Licht. – Ziel: Glauben
9–13 Gegensatz Jesus – *Kosmos* führt zur Zweiteilung der Menschengruppen. – Ziel: Glauben
14–18 Gegensatz Jesus – *Mose.*
Leitwort: *Herrlichkeit.* Die in Jesus sichtbar gewordene Herrlichkeit ist erhaben über die des Mose. Gesetz steht gegen Gnade und Wahrheit. Direkter als das Gesetz konnte nur der Logos selbst mit Gott vermitteln. Die Fleischwerdung des Logos ist nur die Voraussetzung für das Sehen der Herrlichkeit (V. 14). –

Zeugnisse für Jesus

1. *Johannes* (19–28): Entfaltung von Joh 1,6–8 (er ist nicht das Licht – zeugt nur über das Licht).
   a) *er ruft:* Er ist nicht Christus, Elia, Prophet, sondern nur die Stimme des Rufers. So wird die Frage, wer er ist, zur Aufforderung, den Weg zu bereiten.
   b) *er tauft.* Doch das Wassertaufen ist nur Vorbereitung für den, der nach ihm kommt.
   a) und b) haben gleiche Struktur: er ist nicht (Christus usw.) – sein Tun bereitet nur vor.
2. Johannes macht Jesus bekannt, aber um wen es sich handelt, das weiß er nur von *Gott selbst.* Daher geht es hier eigentlich um Gottes Zeugnis für Jesus (29–34).
   Weder die Juden noch Johannes kannten Jesus vorher (26.31.33).
   Gott hatte zu Johannes gesagt: Auf den du den Geist herabsteigen siehst, der ist es, der mit Geist tauft. So tauft Johannes mit Wasser, um auf den zu weisen, der mit Geist tauft.
   Er stellt Jesus vor: Siehe das Lamm Gottes ... (29).
   Beachte: Jesus wird nicht von Johannes getauft. Die Vision der Herabkunft des Geistes ist nur Erkennungsmerkmal.
3. Das Zeugnis des Johannes führt *Jünger* zu Jesus (35–39). „Wohnen", „Kommen und Sehen" V. 39 mit theologischer Funktion, vgl. das Sehen V. 51.

4. Das Zeugnis des Johannes wird ergänzt durch das der Jünger, *überboten aber wird alles durch die himmlische Wirklichkeit des Menschensohngeheimnisses* (V. 40–51 mit Ziel V. 51).
   Die Jünger führen sich zumeist gegenseitig durch ihr Zeugnis zu Jesus (Andreas den Petrus, Philippus den Nathanael). Ihr Zeugnis weist Jesus als jüdischen Messias aus: Messias, Christus, den Mose und Propheten beschrieben haben (Zeugnis der Schrift!), Sohn Gottes, König Israels (Rabbi). Doch gegenüber der himmlischen Wirklichkeit des Menschensohnes, die sie sehen werden (V. 51: den Himmel offen und Gottes Engel auf- und niedersteigen), verblassen alle jüdischen und menschlichen Kategorien. Das ist das Ziel des Evangeliums.

2 Zeichen und Glauben
Glaube wird durch Zeichen geweckt. Die Frage ist nur (als Anfrage an die Gemeinde), ob dieser Glaube auch wirklich echt ist, tiefgreifend und konsequent, ob er sich bewähren kann.

a) *Weinwunder in Kana (1–11).* Nach V. 11 „Offenbarung der Herrlichkeit" und somit Erfüllung von 1,14. Die Jünger glauben, die anderen verstehen nicht. Nach V. 4 ist Jesu Stunde noch nicht gekommen: Noch nicht muß Jesus sich nach dem Willen der Menschen richten. Für Joh typische Redeweise.
b) *Tempelreinigung (14–17).* Diese kühne Tat verlangt ein kräftiges Legitimationszeichen (18). Dieses Zeichen wird die Auferweckung sein (der den Tempel reinigte, redet vom Zerstören und Wiederaufbauen des *Tempels seines Leibes* binnen 3 Tagen).

Verbindung von a) und b): „Zeichen". In V. 23–25 wird die Bedeutung der Zeichen und des dadurch geweckten Glaubens erörtert: Jesus ist skeptisch gegenüber dem Glauben der Menschen, er weiß – wie die Leser – daß er gekreuzigt werden wird. *Appell an die Leser: Nicht nur an die Wunder (bes. an die Auferstehung) zu glauben, sondern einen Glauben zu zeigen, der dem standhält, der die Herzen der Menschen kennt.*
2,20: Joh Technik des Mißverständnisses.
2,17.22: Kennzeichnung von entscheidenden theologischen Aussagen als nachösterlicher Erkenntnisse („sich erinnern", vgl. dazu die Funktion des Parakleten in 14,26)

3 Taufe und Johannestaufe

1. Nikodemus (1–21)
   Anschluß an K. 2 durch das Leitwort „Wunder" (V. 2). Aufgrund der Wunder hat Nikodemus erkannt: Jesus ist Lehrer von Gott. Gott ist mit ihm. Doch ähnlich wie die Messiasvorstellungen in 1,41–50 *unzureichend* sind gegenüber der himmlischen Wirklichkeit des Menschensohnes, ist es auch mit dem Bekenntnis des Sympathisanten Nikodemus. Zum Eingehen in das Reich Gottes hilft es nicht, weil es „irdisch" ist, wenn man nicht *durch die* **Taufe** *Anteil* erhält an dem Menschensohn Jesus, der vom Himmel gekommen ist:
   a) 1–3: Die Zeichen stehen nur am Anfang
   b) 4–6: Die Taufe ist notwendig („geboren aus Wasser und Geist").

c) 7–12: Im Vorfeld des Offenbarers: Unkenntnis und Verstockung
V. 8: „Der Wind weht, wo er will": So ist das Woher des Wirkens von Gottes Kraft den Menschen verborgen.

d) Zentrum der Argumentation 13–15: „Niemand ist in den Himmel hinaufgestiegen außer dem, der vom Himmel herabgestiegen ist, der Sohn des Menschen" (13). *Jesus ging dahin, woher er kam.* Nur bei ihm entsprechen sich das Kommen vom Himmel mit einer Botschaft und das Wieder-Aufsteigen mit der Erhöhung (wie der Weg eines Boten). So weist seine Erhöhung auf die Legitimität seiner Botschaft.

Typos: Aufrichtung der Schlange durch Mose; vergleichbar: Ansehen (an ihn glauben) und Leben haben.

e) So wollte Gott die Welt retten (nicht richten) – durch Geben (= Senden) seines eingeborenen Sohnes (16). Leitworte: Welt, richten, retten. –

f) Schluß: Das „dualistische" Verhalten des Menschen gegenüber dieser Botschaft: Annahme oder Ablehnung (glauben/nicht glauben) bedeutet schon Gericht, denn *es weist die Qualität seiner Werke aus* (Licht/Finsternis).

2. *Verhältnis dieser Taufe zur Johannestaufe (22–30)*
Die Taufe der Christen wird von der Taufe des Johannes *abgegrenzt* durch Verweis auf deren „Stifter" und deren Verhältnis zueinander: Johannes ist nicht der Christus (er ist nur vor ihm hergesandt; er ist wie der Freund des Bräutigams, der sich über dessen Vollzugsruf *freut:* Seine Zeit ist zu Ende).

3. Der *Ausschließlichkeitsanspruch Jesu* (31–36): Alle anderen sind ihm gegenüber nur irdisch. Daher nimmt auch niemand sein Zeugnis an. Wer es aber doch annimmt, hat es mit Gott selbst zu tun. Zu Gott kommt man aber nur über den Sohn.
Wichtig V. 34: den Geist gibt es nicht „ohne Maß" – sondern nur ganz fest gebunden an Jesus.

4 Samaria und Belehrung über Missionsvorgänger

4,1–12 Christologische Erkenntnis der *Samaritaner* und Übernahme von *Johannesjüngern* in der Mission.

Die christologische Erkenntnis der Samaritaner „reift" im Laufe des Kapitels und wird gesteigert; die beiden Aspekte des Themas (Samaritaner und Johannesjünger) sind durch die sich ergänzenden Metaphern

Wasser zu trinken	Brot zu essen
V. 14 (ewiges Leben)	V. 32–34 (Wille Gottes tun)

verbunden.

Steigerung der christologischen Aussagen:
größer als Jakob?
Prophet
Messias/Christus?
Erlöser der Welt (V. 42)

Bei der Gelegenheit *verblassen auch die Unterschiede zwischen Samaritanern und Juden* angesichts der neuen Weise, zu Gott Verbindung zu haben („Anbetung in Geist und Wahrheit"). Doch festgehalten wird: Das Heil ist von den Juden (20–26).

Bevor die Samaritaner zu dem abschließenden Bekenntnis kommen, Jesus sei der Erlöser der Welt, wird in V. 31–38 eine *Jüngerbelehrung* eingeschoben:

Jesus muß *den Willen dessen tun, der ihn gesandt hat* (= seine Speise), näherhin: sein Werk zu Ende führen. In diesem Werk gibt es Sämann und Schnitter. Jetzt ist Zeit der Ernte, und so freuen sich Sämann und Schnitter (zur Freude vgl. 3,29). Jesus ist als der gedacht, der erntet. Die Ernte ist sein Werk. In V. 38: Anwendung auf das Verhältnis von Jesus*boten* und Johannes*jüngern*. – Die Vorarbeit des Johannes wird damit *wiederum zum Zeugnis für Jesus.*

V. 42 Zeugenbericht als Abschluß (zur Gattung vgl. D 4).

4–5 Werke des Sohnes (seine Vollmacht)

Heilung des Sohnes des Königlichen von Kapernaum

4,43–54 (Parallele in Q: Mt 8,5–13; Lk 7.1–10)

Thema wie in K. 2: *Glaube und Wunder* (Leitworte in V. 48.50.53)

V. 48: Das Wunder wird nur wegen des Glaubens der Menschen gewirkt.

Heilung des *Kranken am Bethesda-Teich* und Anstoß der Juden: Am Sabbat darf man die Bahre nicht tragen (5,1–13)

Jesus zu dem Geheilten, den er wiedertrifft: Sündige nicht mehr, damit es dir nicht schlechter geht:

Krankheit war nur eine Vorstufe für das, was einem durch Sünde zukommt: **ewiger Tod.** Daß Jesus die Krankheit heilte, war daher ein Vorbild für die Heilung zum ewigen Leben. Das erst macht die Eigenart Jesu aus. Erst daraufhin ist er kein namenloser Wundertäter mehr.

1. *Reaktion der Juden:* Verfolgung wegen Sabbatübertretung
   Antwort Jesu: *Mein Vater* ist immer tätig, ich auch (Tätigsein gegen Sabbatruhe)
2. *Reaktion der Juden:* Absicht, ihn zu töten, weil er Gott Vater nennt und sich Gott gleichmacht.
   Antwort Jesu (Monolog V. 19–47)
   a) 19–30 Vater-Sohn
      Leitworte die mit dem Vorangehenden verbinden: Tun, Werke.
      Der Vater *zeigt* dem Sohn, was er tun soll. Das Sabbatwunder wird aber noch überboten werden durch das Werk der Auferweckung (mit dem wichtigen Zusatz: „wen er will"): das bedeutet Gerichtsvollmacht: 1. *Auferstehung oder Verurteilung entscheiden sich unmittelbar am Verhalten zu Jesus im Glauben.* So kann Jesus sagen: Wer glaubt, hat das ewige Leben. Jetzt ist die Stunde, in der Tote lebendig werden. 2. Weil Jesus der *Menschensohn* ist, wird er das Gericht nach guten und bösen Taten halten (27–29) (zukünftiges Gericht).
      30: Allgemeine Schlußregel: Jesus tut nichts von sich aus.
   b) 31–47 *Wer kann diesen Anspruch Jesu bestätigen?*
      - *nicht er selbst*
      - *der Täufer?* Wo es um Rettung geht, kann sich Jesus nicht auf ein menschliches Zeugnis einlassen.
      - *seine Werke* (Leitwort aus 5,1–17), die er als Bote des Vaters tut.
      - *die Schrift und damit Gott selbst.* V. 37–40: 1. Teil einer Anklagerede gegen die Juden: Sie meinen, daß sie in der Schrift das Leben hätten; die

Schrift *zeugt aber nur von Jesus*, bei dem allein man das Leben haben kann. – Der Leser wird also über das Zeugnis des Johannes von K. 1 hinausgeführt, und zugleich wird – wie Johannes – die Jesu Heilsanspruch konkurrierende Schrift zum bloßen „Zeugnis" degradiert.

41–47: Wiederholung des Inhalts des 1. Teils mit verändertem Vokabular. Ziel: Intensivierung und Steigerung der Anklage (z.B. V. 43: Wenn jemand im eigenen Namen käme, würdet ihr ihn annehmen).

6	Brotvermehrung und Seewandel werden ausgeweitet zur Rede über das Brot des Lebens; Ziel: Petrusbekenntnis.

1–15 *Wunderbare Speisung der 5000.* Reaktion: „der Prophet, der in die Welt kommen soll" und: „sie wollten ihn zum König machen" – die gleiche unvollkommene Christologie wie in 1,41–50; 3,2, die durch das folgende Wunder und die Brotrede überboten wird und endlich im Petrusbekenntnis geklärt wird.

16–21 Steigerung ist das Wandeln auf dem Meer, weil das im AT nur von Gott gilt („Kyrios-Tradition").

22–59 Brotrede

22–31 *Hinführung zur Brotrede:* Den Gespeisten ging es nicht um das Zeichen, sondern um das Brot. Das wird nicht getadelt, denn auf *Leben* kommt es ja an. Doch das Brot, das zum *ewigen Leben* bleibt, gibt der Menschensohn, denn auf ihm ist das „Siegel Gottes". Frage (im Anschluß an K. 5): Wie sollen wir Gottes Werke wirken? Durch Glauben. Aber wie soll man aufgrund des Zeichens (Speisung) Jesu glauben, da doch *Mose* auch schon Manna vom Himmel zu essen gab?

32–59 Monolog Jesu:

Zwei mögliche Einteilungen:

I	32–51	Brot und Essen sind wie Offenbarung und Glaube. Der Vater gibt, Jesus ist das Brot.
	51b–58	Kirchl. Redaktion: Eucharistie. Keine Rede vom Glauben. Jesus selbst als Spender
	60–65	Fortsetzung von 32–51

II	32–46	Jesus – das vom Himmel gekommene Brot (wer er ist). Der Zugang
	47–58	Dieses Brot gibt ewiges Leben (nicht eucharistisch). Das Essen. (Was das von Jesus Gegebene bewirkt.)
	60–65	Kommentar über das nachösterliche (nichtwörtliche) Verstehen der Rede vorher

Wir folgen hier dem Aufriß II: Paralleler Aufbau V. 32ff. und V. 47ff.:

32–46 und 47–58 beginnen beide mit einem Amen-Wort, dann wird der *Gegensatz zum Manna* herausgestellt, Jesus sagt von sich „Ich bin das Brot des Lebens", der Protest der Juden folgt (Jesus ist nicht Brot, sondern Josephs Sohn/Wie kann man sein Fleisch essen?).

Besonders wird betont, daß alle, die zu Jesus kommen, vom Vater gezogen, ihm gegeben werden, aus Gott sind, es vom Vater haben. Jesu Werk ist es dann nur, diese nicht zu verstoßen, nicht zu verlieren, sondern sie aufzuwecken und ihnen das ewige Leben zu geben. Der Vater führt ihm zu – Jesus selbst ist *nur die lebenspendende Größe* (nicht Richter), deswegen Brot. Deshalb ist V. 44 Erläuterung zu V. 41.
Der Gedankenfortschritt in 47–58 gegenüber 32–46 besteht darin, daß im ersten Teil Jesus das Brot **ist,** daß im zweiten Teil dieses Brot (er selbst) auch **gegessen** wird. Fleisch und Blut sind daher nicht auf den Kreuzestod oder das Abendmahl zu beziehen, sondern umschreiben Jesus selbst (wie man die Weisheit „ißt“: Sir 24,21).
60–65: Aufgrund des Hinaufgehens des Menschensohnes in der Auferstehung werden sie erkennen, daß das Brot/Fleisch und Blut, von dem er geredet hat, und das Leben gibt, nur der *Geist* sein kann, und daß es sich also um *seine Worte* handelte.

66–71 *Die Deutung der Brotrede* (du hast Worte ewigen Lebens) aus V. 63 wird aufgenommen in das *Petrusbekenntnis,* das in dem Satz endet: „Du bist der Heilige Gottes“. – Viele Jünger haben sich abgewandt, die Zwölf blieben. Doch auch von ihnen ist einer der Satan.

7,1–8,29 Laubhüttenfest. Wer Jesus ist, das ist verborgen und umstritten.

1. 7,1–13 *Jesus verbirgt sich.* Seine Zeit ist noch nicht da. So werden zwei Dinge noch zurückgehalten: man kann noch nicht an ihn glauben, und man kann ihn noch nicht töten. Daher ist noch die Doppelreaktion von V. 12 möglich. – Je mehr sich Jesus offenbart, um so mehr werden die Gegensätze zwischen Jüngern und Juden zunehmen.
2. 7,14–8,29.
   Gemeinsame Kennzeichen dieses Abschnittes:
   1. *Diskussion,* ob Jesus der Christus sein kann oder nicht.
   2. Die *jüd. Autoritäten* werfen anderen *Gesetzesübertretung* vor, halten sich aber selbst nicht daran (7,19–24; 7,49–51; 7,53–8,11)
   3. Mißlingende *Versuche, Jesus umzubringen* (7,1.11.30.44). Verwundern über das Mißlingen.
   4. Die *Reaktionen* über Jesus sind *gespalten.*
      a) 7,14–24: Ob jemand von Gott ist, kann man daran erkennen, ob er dessen Willen tun will oder nicht. Wenn die Juden auch *am Sabbat beschneiden* – wie darf da Jesus nicht einen Menschen heilen (5.16)? Warum wollen sie ihn töten? (Also: Keine Verletzung von Gottes Willen).
      b) 7,25–36: Die Juden wissen nicht, woher er kommt – und können nicht dahin gehen, wo er hingeht.
      Einwand gegen das Christus-Sein Jesu: Man weiß, wo er herkommt; das darf man aber beim Messias nicht. Antwort Jesu: Ihr wißt das gar nicht (denn ihr kennt Gott nicht), und ihr könnt auch nicht dahin kommen, wo ich hingehe (Erhöhung; Vorhersage).
      c) 7,37–44: Werberuf Jesu: „Wen da dürstet, der komme zu mir und trinke“ (auf den Geistempfang gedeutet). Christologische Diskussion: „Prophet“, „Christus“. *Einwand* dagegen: Der Christus käme nicht aus Galiläa, sondern aus Bethlehem.
      d) 7,45–52: Pharisäer: Nur das Volk, das nichts vom Gesetz weiß, hängt an Jesus.

Nikodemus: Ihr **haltet euch** in bezug auf Jesus selbst **nicht an das Gesetz** (Man darf nur richten nach dem, was jemand tut).

e) 7,53–8,11: Die Schriftgelehrten und Pharisäer verlangen Gericht über die Ehebrecherin nach dem *Gesetz* – und doch ist **von ihnen selbst keiner frei von Schuld.** (Abschnitt textkritisch sekundär)

f) 8,12–20: Jesus dagegen **hält sich in seinem** christologischen **Anspruch formal richtig an das Gesetz:** Zwei Zeugen genügen. Das sind Jesus und der Vater. Jesus ist nicht allein. sondern ist zusammen mit dem, der ihn gesandt hat. Einleitung: „Ich bin das Licht der Welt". Zeugt Jesus nicht damit über sich selbst? Leitworte: ich weiß – ihr wißt nicht. – Jesu Legitimität ist für den unerkennbar, der sein Gesandtsein nicht begreift: Die Gegner kennen weder Gott noch ihn (den sie allein durch ihn kennen könnten).

g) „Ihr werdet in euren Sünden sterben". Reaktion: „Wer bist du denn?" Antwort: Wenn sie den Menschensohn erhöhen, werden sie erkennen, daß er nichts von sich aus tut. D.h. dann wird er ausgeliefert sein – dem Handeln der Juden und dem Handeln Gottes (21–30). Überleitung zum folgenden Abschnitt.

8,31–59 **Konflikt mit den Juden (Abraham)**

Auf dem Hintergrund von Abrahamtraditionen wird die enge Verbindung von Botschaft und Christologie aufgezeigt: *„Wahrheit"* ist, was Jesus als Gesandter des Vaters von Gott her bringt. Die Abrahamtraditionen dienen nur als Kontrast für Christologie, sind nicht selbst wichtig; *Steigerung des Anspruchs Jesu* bis: „Ehe Abraham ward, bin ich" (V. 58).

1. **Freiheit von der Sünde nur durch den Sohn** (34–36):
   Wirkliche Freiheit ist bleibende.
   Leitworte: die Gegensätze Knecht/Freier und Knecht/Sohn.
   Der Sohn bleibt im Haus/der Sklave nicht.
   V. 32: Die Wahrheit wird euch frei machen. – Stichwort Sünde verbindet mit 8,21.24.
2. **Vaterschaft ist an den Werken der Kinder erkennbar** (37–50).
   Deshalb ist Jesus Sohn seines Vaters, die Juden aber nicht Kinder Abrahams, sondern des Teufels, denn dieser war Menschentöter.
   Leitworte: Wahrheit (32.40.44 46/Lüge 44). Daher in 34–36: Freiheit und Wahrheit; 37–50: Lüge und Wahrheit.
3. **Ewigkeit und Präexistenz gegen Sterblichkeit.**
   Rahmung durch die Amenworte 51 und 58: Nicht-Sterben aufgrund des Wortes – Ehe Abraham ward, bin ich.
   Reaktion: Versuch der Steinigung.

9 **Die Heilung des Blindgeborenen.**

Vergleiche V. 2 und V. 41: Die anfängliche Meinung der Jünger, *Blindsein setze Sünde voraus,* wurde am Ende auf theologischer Ebene in ihr Gegenteil verkehrt: *Wer behauptet, daß er sieht, dessen Sünde bleibt.* V. 39: Jesus macht die Blinden sehend – und die Sehenden blind.

Diskutiert wird die Frage: *Wer ist Sünder?*

- der Blinde? Seine Eltern? – Doch an ihm soll nur Gottes Werk offenbar werden.
- Jesus, weil er am Sabbat heilt? (24–34) Doch ein Sünder kann nicht solche Zeichen wirken, ihn würde Gott nicht erhören.
  Im Kontrast zur Anschuldigung: Glaubensbekenntnis des Geheilten (35–39): Jesus

als Menschensohn. Die vorher verwendeten Titel Prophet und Christus hier durch Selbstoffenbarung Jesu überboten (vgl. 1,51).

- 40–41: Die Pharisäer, die sagen, daß sie sehen, sind in der Sünde (= Anwendung auf den Leser?).

Schlüsselbegriff zwischen Wunderbericht und Auswertung: **„Sehen“** (V. 37: du hast ihn gesehen).

Konsequenz des Christusbekenntnisses an dieser Stelle: Loslösung von der Synagoge und Unabhängigkeit von den Eltern (20–23). – Thema *Sünde* wie seit 8,21.

10 **Der gute Hirt – Einführung in die Lehre über das „Sterben für“**

Der Leser wird schrittweise hingeführt:

a) Voraussetzung: Sehr enge *Verbundenheit* (1–6; Gegensatz zum Dieb): Er ruft mit Namen, sie kennen seine Stimme.

b) Vorbereitung der Heilsaussagen in V. 10.11.15: Jesus ist die Tür, wer *durch mich eingeht,* wird *gerettet* (7–9): Beachte: „eingehen durch mich“.

c) Weitere Voraussetzung: Leben haben in Fülle (Kontr.: Dieb) (V. 10).

d) Aus dem intensiven Verhältnis des Kennens (wie Jesus/Vater) folgt: Leben geben. In V. 11b–13 zunächst als Gleichnis in der 3. Person vorbereitend dargestellt. Ziel V. 15b: *Und ich lasse mein Leben für die Schafe.*

e) Letzte Aussage über die Herde: Gemeinde im Blick (V. 16): Kein fester Kreis; Ziel ist die Einheit *aller.* Sie finden ihre Einheit gerade durch diese Tat.

f) Bedeutung der Sühnetat für das Verhältnis Jesus/Vater: 1. der Vater liebt ihn deswegen: er bekommt sein Leben wieder, 2. Jesus gibt freiwillig, aus Vollmacht, aber als Gebot des Vaters.

Zusammenhang mit K. 9: auf die Frage nach der *Sünde:* das *Sterben für* die Herde.

V. 19–21 *Christologischer Streit* als Anhang: Jesus besessen? Verweis auf das Wunder der Blindenheilung: Das kann ein Besessener nicht. – Die Juden können nicht glauben, daß er der Christus ist, weil sie nicht zu den Schafen Jesu gehören, die der Vater ihm gab und die niemand aus seiner Hand entreißen kann. Schluß: Ich und der Vater sind eins. Reaktion: Steinewerfen: Du machst dich zu Gott.

Gegenantwort: 1. Auch die Schrift redet Israel als *Götter* an. Also ist Jesu Anspruch „Sohn Gottes“ nicht Lästerung. 2. Glaubt aufgrund der Werke. Reaktion a) Steinigung, b) an der Taufstelle des Johannes glaubten viele an ihn, weil *er Wunder wirkte, Johannes aber nicht,* und alle Aussagen des Johannes über ihn sich bewahrheitet hatten.

11 *Auferweckung des Lazarus* (Tod und Auferstehung)

K. 11 ist der Abschluß der Lehrtätigkeit vor dem letzten Passahfest. Nachdem in K. 10 vom *Sterben Jesu „für“* die Rede war, tritt er hier als *„die Auferstehung“* und als Auferwecker hervor. So wird nicht nur K. 10 weitergeführt, zugleich ist auch die Auferweckung des Lazarus der Höhepunkt der 7 Wunder Jesu in Joh. – Nur hier steht der Glaube vor dem Wunder (V. 40, und so auch V. 20–27 vor der allgemeinen Auferstehung). Das entspricht der theologischen Situation der Gemeinde: Auferstehung ist nur denkbar als Folge des Glaubens an Jesus. Der Glaube an Jesus ist wesentlich Glaube daran, durch ihn das ewige Leben zu haben.

Wichtige Abschnitte: V. 11–16 *Diskussion auf dem Weg* (es geht um einen wirklichen Toten, nicht nur um Schlafen; Mitsterben V. 16). V. 20–27 *Gespräche Martha/Jesus* über die Auferstehung. Martha versteht im Sinne eschatologischer Auferstehung, aber Jesus sagt mehr: *„Ich* bin die Auferstehung und das Leben" (V. 25): Gegenüber dem *allgemeinen* Glauben V. 24 die *christologische Zuspitzung:* Von Jesus und vom Glauben an ihn abhängig. – V. 40 *„Sehen der Herrlichkeit Gottes"* (Erfüllung von 1,14!).

Reaktion 45–54: Pharisäer: Alle werden an ihn glauben, und dann werden die Römer einschreiten und das Volk vernichten. Antwort ist die *„Prophetie" des Kaiphas:* Einer soll anstelle des Volkes sterben. Korrektur des Evangelisten: Nicht nur für das Volk, auch für die zerstreuten Kinder Gottes (wie 10,16!).

Leitworte: glauben, sterben, auferstehen, Auferstehung.

11,55–12,50 Das letzte Auftreten Jesu in Jerusalem

12,1–11 **Salbung Jesu durch Maria**

Verknüpfung mit K. 11 durch die beteiligten Personen *(Maria, Martha, Lazarus,* bes. durch V. 9–11). Gegenüber Mk sind die dort hintereinanderliegenden Berichte über Salbung und Judasverrat hier ineinandergeschoben. – Realprophetie über Jesus wie Judas.

12,12–19 **Einzug in Jerusalem.** Hier vor allem *Reaktion auf die Auferweckung des Lazarus* (Akklamation „König von Israel" V. 13 vgl. Joh 6,15). Als der Totenerwecker zieht Jesus ein.

12,20–36 **Die Verherrlichung des Menschensohnes:** Die *Griechen* wollen Jesus sehen (wie in 1,41.45 sagt es ein Jünger dem nächsten). Der Schlußsatz V. 32 ist Antwort auf die Griechenbitte: Wenn ich erhöht bin, werde ich alle an mich ziehen.

V. 23a: *Überschrift:* Stunde der Verherrlichung.

V. 24–26 Mit Amen-Wort (Wenn das Weizenkorn nicht in die Erde fällt und stirbt ...) eingeleitete *theologische Verallgemeinerung des Sterbens Jesu,* die auch für die gilt, die ihm nachfolgen: Das irdische Leben verlieren und das ewige gewinnen – das gilt für Jesus und für alle ihm Nachfolgenden. V. 24f.: Zwei Sprichworte.

27–33: joh Aufnahme der Gethsemaneszene (vgl. V. 27 mit Mk 14,34f.): Gebet – Stimme (Gott verherrlicht). Die *Stimme* geschah *um der Juden willen: als direktes Zeugnis von Gott für Jesus.* – V. 31–33: Diese Stunde bedeutet: Universales Gericht (Fürst der Welt) und Ermöglichung universaler Nachfolge (alle an mich ziehen; vgl. die „Griechen" im Rahmen). – V. 34–36: *Einwand* gegen den Tod des Christos. Antwort: Die kurze Zeit, in der das Licht noch da ist, ausnutzen! D.h.: keine theoretische Diskussion, sondern: Es geht um euch!

12,36b–50 Abschließende Zusammenfassung der Verkündigung vor der Welt. Themen: *Verstockung oder Glaube,* Jesu Wort als Wort des Gesandten. Verbindung zu V. 34–36: Glaube, Licht, Finsternis.

36–41: Verstockung (Nicht-Glauben trotz Zeichen) war schon den Propheten angesichts der Herrlichkeit Gottes bekannt (Jes 6.53)

42–43: Wer glaubt, ohne zu bekennen, liebt die Doxa der Menschen mehr als die Doxa Gottes.

44–50: Alle Reaktion auf Jesus ist Reaktion auf Gott, er hat ihn gesandt. Jesus ist nicht Gott, nicht das Letzte, er ist nur gesandt. Das erleichtert es den Menschen: der Glaube richtet sich in Wahrheit auf Gott (wer mich sieht, sieht den Vater...); *kein Gericht durch Jesus* (nur Jesu Wort wird Zeuge im Gericht sein); Jesus vollbringt nur *Gottes Gebot.* Als Gebot bedeutet es Leben. – So wird die Gesetzesfrage durch die Gesandtenchristologie aufgegriffen, denn im AT ist das Gesetz Zeuge im Gericht.

13,1–30 **Fußwaschung:** „Jesu Liebe zu den Seinen in der Welt". Die Bedeutung der Fußwaschung wird durch dreifachen Kontrast deutlich:

- Judas als Gegenfigur (2–3): *Verrat*
- *Seine Hoheit:* Gott hat alles in seine Hände gegeben: Er ist sein Gesandter – und wäscht die Füße der Jünger (3)
- Petrus protestiert (Anrede: *Herr)*

Theologische Bedeutung:

1. **Anteilhabe an Jesus** (8). Jesu Tun ist im umfassenden Sinne Dienen (sein Tod ist hierin einzuordnen), und dieses Umfassende kann auch vom Leser nachgeahmt werden.
2. **Reinheit** (9–11) „wer gewaschen ist, ist schon ganz rein": Unreinheit besteht nicht darin, daß man nicht überall gewaschen ist, sondern wenn man so etwas tut wie Judas.
   Jesus bewirkt die wahre Reinheit.
3. **Vorbild:** Wenn schon Jesus die Füße gewaschen hat, wievielmehr können das die Jünger untereinander, da Jesus doch Herr und Lehrer ist (12–17).
4. Auch der Judasverrat hat generelle Bedeutung: Bei jedem Tun gegenüber Jesus oder einem von ihm Gesandten ist *Gott selbst betroffen* (20; V. 23 Lieblingsjünger zuerst genannt, zusammen mit Petrus) (18–30).

13,31–17,26 Abschiedsreden Jesu

13,31–14,31: Jesus geht weg, doch wer seine Worte bewahrt, bleibt mit ihm verbunden

a) Das Weggehen Jesu ist ein positives Geschehen.
   Mit der Tat des Judas begann die *Verherrlichung* des Menschensohnes und auch die Gottes.
   Durch die Trennung wird die *Hoheit* Jesu (in Differenz zu seinen Jüngern) erkennbar: Sie können ihm nicht folgen (33).
   Weil Jesus zum Himmel geht, kann er ihnen ein **neues** („himmlisches") **Gebot** geben: Liebt einander (34).
   Die Jünger Jesu wird man daran erkennen (35), auch wenn Petrus – im Kontrast dazu – in der Nachfolge versagt: Verleugnung angesagt V. 36–38

Elemente testamentarischer Rede: V. 31–33 Tod ist nahe; V. 34–35: Gebote für die „Kinder"; V. 36: Weissagung des Abfalls.

Jesus geht, einen *Ort zu bereiten* für die Jünger; er wird wiederkommen und sie dann zu sich nehmen (14,1–3).

b) Der Weg zum Vater

Durch seine Erhöhung erweist sich Jesus als der **Weg** („Ich bin der Weg, die Wahrheit und das Leben“ 14,6): Nur **durch ihn** kommt man zum Vater. Man kann ihn nur an Jesus erkennen („zeige uns den Vater“). **Immanenzformeln:** Ich im Vater, der Vater in mir (Leitwort: „in“).

c) **Die Zeit der Jünger nach Ostern:**

Sie werden *größere Werke* tun als Jesus. Dazu ist **Bitten im Namen Jesu** wichtig. Es wird erhört werden, denn es dient der Verherrlichung des Sohnes.

Wenn sie Jesu Gebot bewahren, sendet ihnen Jesus den **anderen Tröster,** das Pneuma (der Welt unfaßbar, bei, mit und in euch bleibend) (15–17).

Ostervisionen: „Ich will euch nicht als Waisen zurücklassen, ich *komme zu euch“:* Sie werden sehen, daß er lebt und daß Immanenz zwischen Jesus und dem Vater und Jesus und ihnen besteht. Denn wer Jesu Gebot hält, dem zeigt sich Jesus (18–21).

Gemeinsam in 15–17 und 18–21: Jesus lieben (= seine Gebote tun) mit Nahfolgen: Jesus sehen, den Tröster erhalten.

Gegensatz zur Welt: Nur den Jüngern, nicht der Welt wird sich Jesus zeigen. Begründung: Jesus lieben = seine Gebote tun (Leitsatz in V. 15.21.23f.)

d) *Redeschluß: Der Paraklet wird euch alles lehren und an alle Worte Jesu erinnern;* Friedensgruß (wie am Schluß von Briefen; V. *27). Affekte:* Nicht erschüttert sein, sondern sich freuen. Betont, daß er ja alles vorher gesagt habe (Eintreffen der Ereignisse ist dann Grund zum Glauben). *Ziel:* Welt soll erkennen, daß er den Vater liebt, d.h. seinen Auftrag tut (im Sinne des Leitsatzes).

Jesus als Vorbild für das „Lieben“ der Jünger.

15,1–16,4 Der wahre Weinstock.

Bleiben in der Liebe und Haß der Welt.

a) 1–17 *Bleiben in der Liebe.*

Leitworte: Frucht, bleiben, lieben, Freunde (Gegensatz: Sklaven) V. 1: „Ich bin der wahre Weinstock“ – Jünger zu sein heißt: *Fruchtbringen,* heißt: Bleiben in der Liebe. Mit dieser Liebe hat Gott Jesus geliebt und Jesus in seinem Tod seine Jünger. So sind sie seine Freunde geworden. Sie bleiben es, wenn sie diese Liebe weitergeben. So wird auch jede Bitte erhört.

Beachte V. 13: „Niemand hat eine größere Liebe, als der sein Leben läßt für seine Freunde“.

b) 15,18–16,4: *Der Haß der Welt gegen die Jünger.*

Dem Stichwort *„Liebe“* von V. 1–17 wird hier die Opposition *„Haß“* gegenübergestellt. Die Welt haßt die Jünger, wie sie Jesus gehaßt hat. Denn sie gehören nicht zu ihr, sind „aus ihr“ erwählt, und der Knecht ist nicht größer als sein Herr. Doch für die Hasser gilt: Sie haben Sünde und sind nicht zeugnisfähig: 15,22–16,1: Verhältnis zu den Juden: Sünde bestünde nicht, wenn Jesus nicht gekommen wäre und keine Zeichen („Werke“) getan hätte. So aber sind sie unentschuldbar. – Wer gibt dann das rechte Zeugnis über Jesus? Der Paraklet und die Jünger, die von Anfang an bei Jesus waren – „damit ihr (an dem Haß der Ablehnung durch die anderen) nicht Ärgernis nehmt“.

16,2–4: **Steigerung der Verfolgung** (Ausschluß aus den Synagogen; wer Jünger tötet, meint Opfer darzubringen)

16,5–33 **Die Trauer über das Weggehen Jesu wird bewältigt durch Hinweis auf die höhere Qualität der Zeit danach:**

1. Nur so kann Jesus den **Paraklet** senden, der die Welt überführt und die Jünger in die Wahrheit einführt.
2. Die Trauer bei den Jüngern und Freude bei der Welt jetzt werden sich umkehren. Die Gemeinde braucht dann nicht mehr Jesus zu bitten, sondern kann sich **direkt „im Namen Jesu" an Gott wenden:** Neue Unmittelbarkeit (V. 23f.)
3. Jesu Rede in Bildern wird abgelöst werden durch **direkte** Rede über den Vater. Wiederholung der Zusage von V. 23f.
4. Das mit Jesus gegebene Heil ist stärker als Versagen und Not der Jünger: Sie werden ihn allein lassen, doch er ist nicht allein, denn der Vater ist mit ihm.
   Der Trübsal in der Welt, zu der auch das Zerstreutwerden gehört, steht das Bild vom Heil gegenüber: Jesus hat die Welt besiegt (V. 33)

17 Das „hohepriesterliche Gebet"

1. *Jesus bittet für sich selbst.* Ziel: „verherrliche mich" (V. 1.5). An der Stelle im Gebet, an der sonst Gottes Taten aufgezählt werden, hier: über die Sendung des Sohnes und das Werk, das er vollendet hat (V. 1–5).
2. *Jesus bittet für die Jünger.* Ziel: „Heilige sie" (V. 17f.). Sie haben erkannt, angenommen und geglaubt: Jesus bittet daher, daß sie *eins* sein mögen (daß keiner verlorengeht), daß sie Freude haben und daß sie vor dem Bösen bewahrt werden (nicht aus der Welt genommen). V. 18: **Sendung in die Welt.**
3. *Jesus bittet für alle Glaubenden:* **Alle sollen eins sein** (wie Jesus mit dem Vater) (Leitwort: „eins"). Ziel: So, anhand der Einheit der Jünger untereinander, soll die Welt erkennen, daß Jesus von Gott gesandt ist (missionarischer Charakter).
   Eschatologisches Ziel: Mit Jesus sein (17,24).
   Schluß: Erkenntnis Gottes (25f.).

18–20 Passion und Ostern, s. § 47.

20,1f.: M. Magdalena: Sie haben den Herrn aus dem Grab weggetragen.

3–10: *Petrus und der Lieblingsjünger am Grabe.* Sie sehen die Binden und das Schweißtuch an einem besonderen Ort. Der Lieblingsjünger „sah und glaubte".

9 „denn sie verstanden die Schrift noch nicht" weist auf die parallele Möglichkeit der Deduktion des Osterglaubens allein aus dem Zeugnis der Schrift. Neben diese beiden Zeugen trat also für die Gemeinde die Schrift als weiteres Zeugnis.

11–13 M. Magdalena sieht zwei Engel. Warum weinst du?

14–18 M. Magdalena denkt, es sei der Gärtner, aber Jesus redet sie mit Namen an. *„Rühr mich nicht an"* (wohl: umfasse nicht meine Füße in fußfälliger Verehrung), denn noch ist Jesus nicht erhöht. Sie berichtet den Jüngern: Ich habe den Herrn gesehen.

17 „Ich gehe zu meinem Vater und zu eurem Vater": Erstmals im Evangelium bezeichnet Jesus Gott als nicht nur seinen Vater.

19–23 Kollektivvision: Sendung der Jünger (Wie mich der Vater ...). *Geistverleihung zum Sündenvergeben.*

24–29 Thomasvision. V. 29: „Selig, die nicht sehen ...", d.h. die auf das Augenzeugnis des Thomas hin glauben.

20,30f. **Erster Buchschluß:** Ziel des Buches: Die Zeichen sind aufgeschrieben, damit ihr glaubt und so das Leben habt.

21 **Anhang:** Fundierung der Autorität der besonderen Zeugen **(Petrus)**

1. Erscheinung vor den sieben Jüngern am See Tiberias.
   Jesus erweist sich als der Herr durch den reichen Fischfang (153 Fische) und weil er als Herr des Mahles mit den Jüngern Frühstück hält.
2. *Petrus wird bestellt zum Weiden der Schafe,* weil er den Herrn liebt. Vorhersage seines Todes. 21,18: „und führen, wohin du nicht willst".

21,24f. Zweiter Buchschluß: „Dies ist der Jünger, der von diesen Dingen zeugt ...". Hinweis auf anderes, was Jesus noch getan hat.

D. Textsorten

1. *Beispielhandlung:* (weisheitliche Lehrerzählung) Joh 13,1–17 (Fußwaschung); Mk 12,41–44 (Scherflein der Witwe); Lk 10,30–37 (Samariter). 38–42 (Maria/Martha).
2. *Ich-bin-Bildworte:* Form: Ich bin + Metapher:
   6,35 Brot des Lebens
   8,12 Licht der Welt
   10,7.9 Tür zu den Schafen
   10,11.14 Guter Hirte
   11,25 Auferstehung und das Leben
   14,6 Weg, Wahrheit, Leben
   15,1.5 Wahrer Weinstock
   Vielleicht auch Apk 1,8: Ich bin das A und das O.
3. *Worte vom Eingehen in das Himmelreich:* Joh 3,5 (Taufe) (vgl. 3,3: Sehen des Reiches nach Wiedergeburt); Mt 5,20 (bessere Gerechtigkeit); 7,21 (Herr-Herr-Sager); Mk 10,15 (Aufnehmen des Reiches wie ein Kind). 24 (die Reichen); I Kor 6,9f. (Lasterkatalog + Erben des Reiches); 15,50 (Fleisch und Blut; regelartig formuliert wie auch die übrigen Sätze, hier aber nicht auf das Verhalten bezogen)
4. *Zeugenbericht:* Der Augenzeuge berichtet über das, was er gesehen hat und qualifiziert seinen Bericht als Zeugnis: Joh 1,14; 4,42; 3,11; 19,35; I Joh 1,1–4.
5. *Prolog:* Joh 1,1–18; Hebr 1,1–2.

E. Themen

1. *Dualismus.* Ein konsequenter Dualismus im strikten Sinne des Wortes findet sich nicht im NT. Denn die „dualistischen" Aussagen beziehen sich regelmäßig

auf etwas, das noch innerhalb der Welt miteinander in Konflikt steht, weil Gott seine Offenbarung (bzw. seinen Sohn) in die Welt gegeben hat (und sie darin liebte: Joh 3,16). Auch die Jünger sind aus der Welt auserwählt (Joh 15,19), wenn sie auch aufgrund dieser Erwählung zwar noch in der Welt (Joh 17,15), aber nicht aus der Welt sind (Joh 17,16). So ist auch Jesu Reich nicht „aus dieser Welt" (Joh 18,36). Es geht immer um Eigentum Gottes in der Welt, das dann zum Rest der Welt in Gegensatz steht (vgl. auch Hebr 11,38: „Die Welt war ihrer nicht wert"); Jak 1,27 (sich unbefleckt bewahren von der Welt). Ansatzpunkte dualistischer Aussagen: Einst/Jetzt (vor der Bekehrung/nach der Bekehrung), z.B. Eph 5,8; Röm 13,12; Jesu Tod und die Verfolgung der Gemeinde (Joh 15,18–21); Gericht über die Welt (Joh 12,31). – Dualistische Metaphern in Joh: Licht/Finsternis; Lüge/Wahrheit; Fleisch/Geist; himmlisch/irdisch; Freiheit/Knechtschaft. Vorstufen im AT: wo vom Neu-Machen die Rede ist (Jer 31,31ff.; Ez 36,26f.; neue Schöpfung: Jes 65,17; 66,22).
2. *Schöpfungsmittler:* Joh 1,3.10 (Logos); I Kor 8,6 (Christus); Kol 1,16; Hebr 1,3.
3. *Welt:* geschaffen: Act 17,24; geliebt: Joh 3,16; versöhnt: II Kor 5,19: feindlich gegen Jünger: Joh 15,18f.; gerichtet: Röm 3,6; sich bewahren vor: Jak 1,27. „Erlöser der Welt": Joh 4,42; „Weisheit der Welt" I Kor 1,20.

F. Besonderheiten

1. *Lieblingsjünger:* kommt nur im Schlußteil des Evangeliums und im Nachtragskapitel vor (meist im Zusammenhang mit Simon Petrus): 13,23 (Wer ist der Verräter?); (18,15: Ein „anderer" Jünger folgt Petrus in den Palast des Hohenpriesters); 19,26f. (unter dem Kreuz); 20,2–10 (am leeren Grab); 21,7 („es ist der Herr" beim Fischzug). 20 (der Jünger, von dem man sagt, daß er nicht stirbt). 24 („dies ist der Jünger, der von diesen Dingen zeugt ...").
2. *Hat Jesus getauft?* Widerspruch zwischen 3,22 und 4,2. 4,2 ist dabei die wohl zutreffende (weil mit den anderen Evv übereinstimmende) historische Angabe. In 3,22 dagegen ging es um den Vergleich der beiden Taufen, also um Gemeindefragen, die an den „Stiftern" entschieden werden.
3. *Parakletsprüche:* 14,16f. (Gabe des Vaters, Geist der Wahrheit); 14,26 (wird belehren und an Worte Jesu erinnern); 15,26f. (wird für Jesus Zeugnis ablegen); 16,7–11 (wird die Welt überführen von Sünde, Gerechtigkeit und Gericht); 16,13–15 (wird in die Wahrheit Jesu einführen).
4. *Synoptische Erzählungen in Joh:* Tempelreinigung (2,13–16); Heilung des Sohnes des Königlichen (4,46–54); Wunderbare Speisung (6,1–13); Wandeln auf dem See (6,16–21); Petrusbekenntnis (6,67–71); Salbung Jesu (12,1–8); Passionsberichte; der reiche Fischzug (21,1–14).
5. *Technik des Mißverständnisses:* z.B. 7,33–36: Jesus redet von seinem Weggehen (zum Vater) – die Juden denken, er wolle zu den Griechen gehen; 8,21 Ankündigung des Weggehens von den Juden im Sinne des Selbstmords aufgefaßt.

§ 52 Die Apostelgeschichte (Act)

A. Durch das Proömium in 1,1f. ist das Buch als Fortsetzung des LkEv gekennzeichnet. Nach dem Programm in 1,8 beschreibt das Buch den Weg des Evangeliums von Jerusalem bis an die Grenzen der Erde. Dabei geht es vor allem um den *Übergang des Heils von den Juden zu den Heiden* – symptomatisch dafür sind die breite Ausgestaltung der Korneliusgeschichte als Paradigma für gesetzesfreie Heidenmission und die dreifache Absage des Paulus an die Juden (13,46; 18,6; 28,25–28).
Die Verklammerung mit dem LkEv wird durch Lk 24,49 geleistet, und im 1. Kapitel der Act wird der Schluß des Lk nochmals – abgewandelt – erzählt: Jesu Abschied und die Himmelfahrt (in Lk 24 am Ostersonntag und von Bethanien aus, in Act 1 40 Tage später und vom Ölberg aus). Die zahlreichen *Reden* der Act sollen die Einheit der urchristlichen Verkündigung demonstrieren; dem gleichen Zweck dient auch die *Unterordnung* des Paulus unter die Zwölf, und auch die spätere paulinische Predigt wird noch immer als Verkündigung des *Gottesreiches* beschrieben. – Die Auferstehung wird oft genannt, der Sühnetod nur in 20,28. – Die Gabe des Geistes qualifiziert auch die Zeit der Kirche als eschatologische Zeit (2,17) doch wird die Naherwartung nach 1,6–8 abgelehnt.
Wie in den Evangelien, so finden sich auch hier Sammelberichte, die verallgemeinern, was die Einzelberichte erzählten.
Sammelberichte über die Urgemeinde: Act 2,42–47; 4,32–35; 5,12–16. *Summare* über Wachstum und Ausbreitung des Christentums: Act 6,9; 9,31; 12,24.

B. Grobgliederung

Man kann *von 1,8 ausgehen:* Die Jünger werden Jesu Zeugen sein in Jerusalem (1,15–8,3)
in Samaria (8,4–11,18)
und bis zu den Grenzen der Erde (11,19–28,31).
Sinnvoller ist eine *Zweiteilung:* 1–15: Urgemeinde (Augenzeugen für Jesu Wirken und Auferstehung; 12 Apostel, gesetzestreue Gemeinde und Gütergemeinschaft, Apostelkonzil); 16–28: Weltmission (Freiheit der Heidenchristen vom Gesetz; Paulus dominiert).
Die Verbindung beider Ansätze:

1–8,3	Die Gemeinde in Jerusalem
8,4–17	Samaritanermission
8,9–10,48	Die wegweisenden Einzelbekehrungen (Simon Magus, der äth. Kämmerer, Paulus, Kornelius)
9,32–12,23	Petrusgeschichten
12,24–14,28	I. Missionsreise des Paulus
15,1–35	Apostelkonzil
15,36–18,22	II. Missionsreise des Paulus
18,23–21,26	III. Missionsreise des Paulus
21,27–28,31	Pauli Weg von Jerusalem nach Rom

1,1–2 Rückblick auf das Erste Buch (Lk). Proömium.

Einleitung: 1,3–26 (Erweiterte Wiederholung des Abschlusses des Lk bis zur Ergänzung des Apostelkreises).

Jesus redet 40 Tage über das Reich Gottes. Die Jünger sollen die Geisttaufe (nicht die Wassertaufe des Johannes) erwarten. Die Frage nach Wiederherstellung des Reiches Israel wird durch Hinweise auf das jetzt Anstehende abgebogen: *Geistempfang* und *Zeugenschaft* „bis an die Grenzen der Erde" (Programm 1,8).

1,9–11 **Himmelfahrt** (Abschluß der 40tägigen Erscheinung). Nach Angabe der Engel kann man aus der Art des Weggehens (Wolke) sehen, daß Jesus als der Richter wiederkommen wird.

Liste der Apostel, Frauen, Maria, Brüder Jesu.

Versammlung der 120: Rede des Petrus über das Geschick des Judas und die Kriterien für die Nachwahl:

> 1,21f. Grundlegung des lukanischen Zeugenbegriffs: Um Zeuge (Verkündiger) der Auferstehung zu werden, muß einer von der Taufe des Johannes an bis zur Aufnahme Jesu in den Himmel dabeigewesen sein.

Wahl des Matthias durch Gebet und Los.

2,1–8,3 Die Gemeinde in Jerusalem

a) **2,1–13 Pfingsten.** Kollektivvision von feurigen Zungen, von denen sich auf jeden eine niederläßt. Reden in anderen Sprachen (1–4). 5–9: Das Reden in anderen Sprachen wird nun so verstanden, daß die Juden und Proselyten aus verschiedenen Nationen (Katalog 9–11) ihre eigenen Sprachen verstehen. Reaktion: Staunen – Betrunkene?

b) **2,14–39** *Pfingstrede des Petrus.*
Aufbau: (D 1). Zitat aus Joel 3: Es ist die eschatologische Geistausgießung. Sie ist Tat des Erhöhten (2,33). Unterbrechung V. 37; Summar V. 40.

c) **2,42–47** *Summar* über das Leben der ersten Gemeinde.
Themen der drei Summare in Act 2–5: Zeichen und Wunder, Ansehen beim Volk, Missionserfolg, Einmütigkeit, „Gütergemeinschaft" (Verkaufen und Verteilen).
Besonderheiten:
2,42–47 Gemeinschaft. Einmütig im *Tempel* – Brotbrechen im *Hause*
4,33–35 Gütergemeinschaft: Barnabas verkauft Acker
5,12–16 Zeichen und Wunder, einmütig in der Halle Salomos im Tempel
Leitmotiv 2,46–5 (Ende): Gemeinde und Tempel (der Tempel danach erst wieder 21,26 erwähnt)

d) **3,1–4,22** *Heilung, Predigt und Rettung „im Namen Jesu"*
Leitmotiv: Verf. verbindet den *wunderkräftigen Namen* Jesu mit der *Predigt vom Namen* Jesu. Das Verbot dieser Predigt mißachten die Apostel.
Die Themen aus 2,43–47 (Tempel, Gebet/Lobpreis, Wunder, Verzicht auf Habe) werden in 3,1–8 entfaltet: Heilung des Lahmen.
Die Heilung wird Anlaß zur **2. Rede des Petrus 3,12–26** (Aufbau: D 1).

Besonderheiten: Jesus „Anführer des Lebens"; Umkehr bewirkt das Kommen der Erlösung; *der Himmel muß Jesus aufnehmen bis zur Zeit der Wiederherstellung aller Dinge;* Erfüllung der Abrahamsverheißung.
Reaktion: Gefangennahme und Verhör der Apostel (angeblich wegen der Auferstehungslehre; 4,7 fragt schon nach Kraft und Name). 4,9–12: Rede des Petrus: Rettung des Geheilten (V. 9) wird ausgeweitet zur allgemeinen Rettung (V. 12); Heilung durch den Namen (V. 10) dazu, daß in keinem anderen Namen sonst Heil ist (V. 12).

4,13–22 Das Verbot, weiter *„in diesem Namen" zu* reden wird von den Aposteln offen abgelehnt: Menschen nicht mehr gehorchen als Gott.

e) **4,23–5,16 Einmütigkeit**

- 4,23–32 das *einmütige* Gebet der Gemeinde: Davids Vorhersage über den Christus (Ps 2) wurde erfüllt unter Pontius Pilatus und auch in den Drohungen gegen die Gemeinde jetzt. Bitte um Freimut und Wunder.
- *„ein Herz und eine Seele"* (Summar über die Gemeinde in 4,32–37) Besonderheit: Verkaufen des Besitzes; positives Beispiel: Joseph Barnabas (Besitzverzicht als Zeichen der *Einmütigkeit);* negatives Beispiel: **Ananias und Saphira** (5,1–11; weisheitliche Lehrerzählung, Anwendung von 3,23; sie haben das Pneuma in den Aposteln belogen und fallen tot um, als der Apostel sie durchschaut).
- *Einmütigkeit* in der Halle Salomos (5,12–16). V. 13: Die Christen bilden einen Kreis für sich, von dem die anderen heilige Scheu fernhält – zugleich große Missionserfolge.

f) 5,17–42 Das **Lehren im Namen Jesu** ist nicht zu unterbinden. Leitwort: Name Jesu.
Die Apostel werden ins Gefängnis geworfen, aber von einem Engel befreit (Befreiungswunder) und lehren auf dessen Geheiß im Tempel. Sie werden vor den Rat gebracht und gefragt, warum sie in diesem Namen lehren:
5,29–32 Petrusrede. Besonderheit: *Gott mehr gehorchen als den Menschen* (Korrektiv zu Röm 13!). Reaktion: Man will die Apostel töten.
5,34–39 **Rede des Gamaliel:** Was von Menschen ist, geht von selbst zugrunde (z.B. Theudas und Judas der Galiläer).
5,40 Die Apostel werden geschlagen, dürfen nicht im Namen Jesu reden, waren würdig, *um des Namens willen* Schmach zu erleiden. Lehre im Tempel und in Häusern.

Zusammenfassung 2,43–5,42: Der *Tempel* ist der Ort der Lehre und der Auseinandersetzung mit den Hohenpriestern. Die *Einheit* und Einmütigkeit der Gemeinde ist Zeichen, daß sie von Gott ist – sonst wäre sie zerstreut wie die Anhänger der Pseudopropheten (5,36f.). Einmütigkeit kennzeichnet auch das (erhörte) Gebet um Freimut. Sie äußert sich im Besitzverzicht (Verteilung des Erlöses in der Gemeinde nach dem System *sell and share.)* – Der *Name Jesu* ist heilskräftig und bedeutet umfassendes Heil. Seine Verkündigung kann nicht verboten werden, und deswegen müssen die Apostel um seinetwillen leiden.

6,1–8,3 **Die Hellenisten und Stephanus**

Die Witwen der *Hellenisten* werden übersehen: Der Streit führt zur Trennung der Aufgaben: Die Zwölf für Gebet und Dienst des Wortes, die Sieben (per Handauflegung eingesetzt) für Tischdienst (aber Stephanus verkündet auch, und nach 21,8 ist Philippus „Evangelist").

Priester schließen sich an. *Stephanus* wirkt Zeichen, und seine Kontrahenten aus der hell. Synagoge (nicht wie bisher: Sadduzäer) können ihm nicht widerstehen. Vorwurf der *Lästerung gegen Mose.* Stephanus vor dem Synedrium. Falsche Zeugen (fehlen in Lk 22): Jesus werde die Stadt zerstören und die Gesetze des Mose ändern (6,14). Sein Gesicht leuchtet wie das eines Engels.

7,1–53 **Rede des Stephanus** (Geschichtsüberblick). 1. Mose wie Jesus werden abgelehnt (V. 25.35.37), 2. Ungehorsam Israels schon beim Goldenen Kalb, 3. Tempelbau (vgl. Vorwurf 6,13) und Prophetenmord bis hin zur Tötung des „Gerechten" als Verstöße gegen den Hl. Geist und gegen Gott. Ab V. 51 direkter Appell an die Zuhörer.

Steinigung des Stephanus mit Vision des Menschensohnes (7,56) und Anklängen an die Passion Jesu V. 59f. (Übergeben des Geistes, Sünde nicht anrechnen). Steinigung aufgrund der Menschensohnvision. *Verfolgung der Jerusalemer Kirche.* Außer den Aposteln alle über Judäa und Samaria verstreut (8,1–3). Verfolgung besonders durch Saulus (schon bei der Steinigung des Stephanus: 7,57). Von hier ab doppelte Fortsetzung: 8,4ff. (im Kontrast zu 6–8: günstige Aufnahme der Botschaft in Samaria) und 11,19 (Antiochien).

8,4–17 Samaritanermission

8,9–10,48 Die wegweisenden Einzelbekehrungen

8,4–13 Die Wundertaten des **Philippus** im Gegensatz zur Magie des Simon Magus. Er überwindet sie.

Die Leitworte zeigen die Konkurrenz zwischen Philippus und S. Magus: anhängen, hinreißen/hingerissen sein; glauben – taufen. – *„Einmütig"* sind wieder die Getauften.

8,14–17 Aus Jerusalem werden Petrus und Johannes gesandt (nach 8.1 waren die Apostel dort geblieben), damit Samaria zur Taufe den Geist hinzuempfange (wie 6,6 durch Handauflegung). – Bis K. 15 bleibt Jerusalem Zentrum, vgl. auch 11,22ff.27–30. Bei besonderen Anlässen wenden sich die Gemeinden dorthin. In K. 15 tritt dann zugleich Petrus zum letztenmal auf.

8,18–24 *Simon Magus will durch Geld den Geist kaufen.* 8.22: Kehre nun um ... (vgl. Bekehrungspredigt 3,19). *Ziel* von V. 4–13 und V. 18–24 (Simon-Magus-Geschichten): An diesem Gegenspieler wird die einzigartige und unübertragbare Vollmacht (V. 19: Exusia) der Evangelisten (Ph.) und Apostel (Pe. Joh.) deutlich. Er kann es ihnen nicht gleich tun, auch nicht um Geld, und ist sogar auf ihre Fürbitte angewiesen, daß ihn nicht Gottes Zorn trifft.

8,25 Summar über samaritanische Predigt

8,26–40 **Philippus** bekehrt den äthiopischen Kämmerer. Jes 53 wird von Philippus christologisch ausgelegt. Taufe nach dem Bekenntnis „Ich glaube, daß Jesus Christus Sohn Gottes ist". – Bemerkenswert ist der Rahmen: Befehl des Engels (26f.), des Pneumas (29f.), Entrückung durch das Pneuma (39f.): Wunderbare Leitung der Mission durch Engel, bzw. Geist des Herrn. – Leitworte: Lesen, Schrift, Wasser, Taufe.

9,1–30 *Bekehrung und erstes Wirken des Paulus*

Zu den wegweisenden Einzelbekehrungen in K. 8 kommt nun die des Paulus. Unterschied: durch den Herrn selbst (Steigerung; Bekehrungsvision 9,3–9). *Jesus selbst* hat die Wende von der Juden- zur Heidenmission herbeigeführt. Daher wird der Bericht auch dreimal erzählt (9,3–9; 22,6–10; 26,13–18). Von Bericht zu Bericht wird stets deutlicher, daß Paulus zur Heidenmission berufen ist: In 9,15f. wird seine zukünftige Sendung nur Ananias mitgeteilt, in 22,15 erhält Paulus eine noch unscharfe Mitteilung durch Ananias, in 22,17–21 wird die Abkehr von Jerusalem befohlen und die zukünftige Sendung an die Heiden verheißen, erst in 26,26–28 wird Paulus wirklich ausgesandt, und die Bewegung von Juden zu Heiden findet erst in 28,26–28 ihren Abschluß.

9,5 Ich bin Jesus, warum verfolgst du *mich?* Wer die Christen verfolgt, verfolgt Christus, vgl. Lk 10,16.

9,15 Ananias wird gesagt: Paulus wird den Namen vor Heiden, Könige und Juden tragen und *dafür leiden* (wie Apostel nach 5,41).

Paulus empfängt den Geist (9,17) und wird getauft (9,18).

9,19b–25 *Wirksamkeit des Paulus in Damaskus.* Der Einwand der ehedem Verfolgten gibt Paulus um so mehr Gelegenheit zu sagen, daß es der Christus sei. Als die Juden ihn töten wollen, lassen ihn seine Jünger (!) in einem Korb die Mauer hinab (9,25) (II Kor 11,32f.: Verfolgung durch Ethnarchen des Aretas).

9,26–30 Die Skepsis gegen Paulus in Jerusalem wird durch Barnabas überwunden. Hier sind die Zwölf noch letztmalig allein die Führer der ganzen christlichen Gemeinde. Gegen Gal 1,18f. wird Paulus in Harmonie mit ihnen dargestellt. Wie Stephanus streitet Paulus hier mit griech. Juden. Als er getötet werden soll, wird er nach Cäsarea und Tarsus geschickt.

9,31 Notiz über Frieden der Gemeinde in Judäa, Galiläa und Samarien: Die Verfolgung ist mit der Berufung des Paulus zu Ende.

9,32–12,23 Petrusgeschichten

Zwei Wunder schließen die Judenbekehrung ab. Die Wunder stehen untereinander im Verhältnis der Steigerung: *Heilung des gelähmten Äneas in Lydda* (V. 34: Jesus Christus macht dich gesund) und *Auferweckung der Tabea* (vgl. II Reg 4,32ff.) (V. 36: voll von guten Werken und Almosen vgl. mit 10,2).

10,1–11,18 Gott *veranlaßt die erste Heidenbekehrung durch Petrus.*

Heidenmission ist nur legitim, wenn sie von dem Repräsentanten der Jerusalemer Gemeinde ins Werk gesetzt wird. Die zahlreichen Wiederholungen im Text lassen das Aussageziel erkennen: Die Judenchristen wehren sich gegen die Aufnahme der Heiden – Gott selbst aber führt die Heiden in die Gemeinde hinein.

10,1–33 *Einleitung zur Rede des Petrus durch zwei Visionen:* Der Engel Gottes teilt **Cornelius** seine Erwählung mit: Er soll Männer nach Joppe schicken, Petrus zu holen. Petrus sieht das **Leinentuch** mit verschiedenen Tieren. Er wird

aufgefordert zu schlachten und zu essen. Einwand: Unreinheit. Antwort: Was Gott rein gemacht hat, behandle du nicht als unrein (3malige Wiederholung). Wohl auf 11,18 zu beziehen: „Auch den Heiden die Umkehr zum Leben ...". Petrus kommt in das Haus des Cornelius, auch Cornelius berichtet. Ziel V. 33b: Nun sind wir alle vor Gott, alles zu hören, was der Herr dir aufgetragen hat.
10,34–43 *Missionspredigt des Petrus.* Dem Typ nach noch Judenpredigt, aber mit universalistischen Elementen: V. 34f.: *Gott kennt kein Ansehen der Person,* in *jedem* Volk kommt es nur auf Gottesfurcht und das Tun der Gerechtigkeit an, V. 36: Herr *aller, V.* 38: heilte *alle,* V. 43: *jeder,* der glaubt, V. 42: *universaler Richter.* Betont ist die Rolle der (vorherbestimmten) Zeugen.
10,44–48 Höhepunkt: **Während der Rede des Petrus fällt der Geist auf alle Zuhörer.** Staunen der Judenchristen (= Element aus Wunderbericht). Daraufhin können sie im Namen Jesu auch mit Wasser getauft werden.

„Dreifaches Pfingsten" in Act, jeweils unter Mitwirkung des Petrus: 2,38–41 (Juden); 8,14–20 (Samaritaner); 10,45–11,1.16f. (Heiden): Wortfeld: Geist, empfangen, ausgegossen, Gabe, Annahme des Wortes, Taufe.

11,1–18 Die Apostel und Brüder in Jerusalem hören davon, „die aus der Beschneidung" erheben Einspruch (vgl. Gal 2,12b) gegen die *Tischgemeinschaft* mit den Unbeschnittenen (in Wahrheit wohl gegen die Taufe selbst). Als Rechtfertigung erzählt Petrus den Vorgang. Das Pneuma fiel auf die Heiden in gleicher Weise wie auf die Apostel: 10,47; 11,15.17; 11,16 erinnert an die Geisttaufe Act 1,5 im Unterschied zur Wassertaufe. – Petrus „kann nicht Gott hindern" (vgl. 5,39 Kämpfen gegen Gott). 11,18 Lobpreis aller am Schluß (wie in Wunderberichten).
11,19–30 Bericht über die Gemeinde in Antiochien in Anknüpfung an 8,1.4. Der Bericht ist nur kurz, weil Lk das epochemachende Ereignis in K. 10f. sah, nicht hier.
Die eine Gruppe der aus Jerusalem Verstreuten treibt nur Judenmission, die andere – Hellenisten (auch Barnabas?) – *in Antiochien* auch *Heidenmission* (offenbar ohne die Forderung der Beschneidung?). Barnabas wird zur Aufsicht darüber nach Antiochien geschickt. Er holt Paulus aus Tarsus, beide lehren gemeinsam in Antiochien. *Hier zuerst der Name „Christen"* (11,26).
Agabus (aus Jerusalem gekommen) sagt eine Hungersnot voraus (unter Claudius 46–48 n. Chr. eingetroffen), daraufhin beschließt man in Antiochien eine *Kollekte* für Jerusalem. Paulus und Barnabas überbringen diese Kollekte nach Jerusalem (von Lk wohl mit der Kollektenreise des Paulus verschmolzen die er in Act außer in 24,17 nicht berichtet).
12 **Exkurs über die Gemeinde in Jerusalem** (anläßlich der Überbringung der Kollekte dorthin nach 11,30). – Thema: Das Vorgehen des *Herodes* gegen die Gemeinde und seine gerechte Bestrafung: 1. *Jakobus* der Zebedaide wird mit dem Schwert hingerichtet (12,2) 2. *Petrus* wird gefangengesetzt und vom Engel befreit. Die Tür zur Stadt öffnet sich von selbst (Befreiungswunder). Petrus flieht dann aus Jerusalem (12,17b). Bisweilen nimmt man an, daß ab hier Jakobus die Gemeinde in Jerusalem geleitet habe.

Parallelen zum Prozeß Jesu: ein Herodes, Passahfest und Volk, Gebundenwerden, Freude, Reaktion auf Mitteilung der Frau 12,14f. vgl. Lk 24,11f. Auftrag des Befreiten zum Weitersagen an die Brüder: 12,17 vgl. Mt 28,10.

20–23: **Herodes** läßt sich am Ende für Gott halten (V. 22), dann trifft ihn die verdiente Strafe: in 12,7 wie 12,23 ist „Schlagen" das Tun des Engels (zum Heil/zur Strafe).

12,24 Schluß des Exkurses: Barnabas und Paulus kommen aus Jerusalem zurück und bringen Markus mit.

13,1–14,28 I. Missionsreise des Paulus

Aus den Propheten und Lehrern der Gemeinde in Antiochien werden auf Geheiß des Geistes Barnabas und Paulus ausgesondert, ihnen werden die Hände aufgelegt, und sie ziehen fort. – Verlauf:

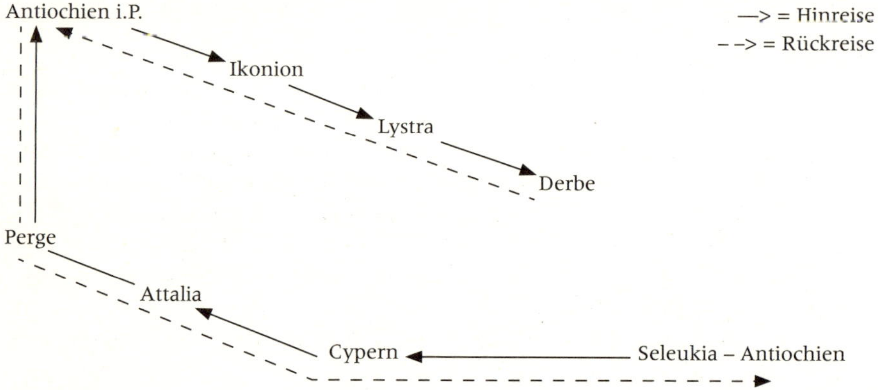

Cypern: Der jüdische Missionskonkurrent Bar-Jesus (von Lk mit Elymas identifiziert) wird von Paulus als *Kind des Teufels* bezeichnet und geblendet. Der Prokurator Sergius Paulus glaubt daraufhin; keine Taufe – aber der Teufel ist entmachtet. Nach diesem ersten Wunder heißt Paulus nicht mehr Saulus.

Perge: Johannes Markus trennt sich und zieht wieder nach Jerusalem (13,13).

Antiochien in Pisidien: Rede des Paulus vor Juden und Gottesfürchtigen in der Synagoge am Sabbat (so beginnt regelmäßig die paulinische Mission, vgl. Lk 4). Besonderheiten: Nacherzählung der Heilsgeschichte; vermeidet Doppelungen mit der Stephanusrede. Tötung Jesu aus Unkenntnis als Erfüllung der Schrift (nicht Schuld der Juden, sondern Unschuld Jesu betont). Ausführlicher Schriftbeweis für Jesu Auferstehung (Davidsverheißung) (13,16–41).

Anfänge der Gemeindegründung

Wende in der Mission (1. Ankündigung der Abwendung von den Juden vgl. außerdem 18,6; 28,25–28): Die Eifersucht der Juden bewirkt Ausweisung der Missionare. Die Apostel verkünden, daß sie sich nun den Heiden zuwenden, denn auf sie bezieht sich das „Licht der Heiden" Jes 49,6. Staub wird von den Füßen geschüttelt. (13,44–52).

Ikonion: Die Heiden glauben teils antichristlicher Propaganda der Juden, teils den Aposteln (vgl. II Tim 3,10f.: Leiden in Ikonion) 14,1–7. Paulus und Barnabas hier *„Apostel"* genannt (vgl. schon V. 3 mit der Notiz über die *Zwölf* in 5,12).

Lystra: Aufgrund der Heilung des Lahmen werden Paulus und Barnabas für *Hermes und Zeus* gehalten; Zeuspriester wollen ihnen opfern. 14,15–17 *Erste reine Heidenpredigt* ohne Beginn in der Synagoge (hier so kurz, weil Hauptinhalt für Areopagrede Act 17 vorbehalten).
Paulus – von Juden gesteinigt – erhebt sich wunderbar und geht fort (Zeichen für das Geschick seiner Mission).

Summarischer Bericht über *Rückweg nach Antiochien:*

1. Mahnung, beim Glauben zu bleiben: Trübsale als Weg zum Reich Gottes.
2. Einsetzung von *Ältesten* für die Gemeinden (mit Beten und Fasten; vgl. Tit 1,5).
3. Bericht vor der Gemeinde in Antiochien, daß „Gott den Heiden die Tür des Glaubens geöffnet hätte".

So ist die I. Missionsreise Vorbereitung für die offizielle Anerkennung der Heidenmission in K. 15.

15,1–35 Apostelkonzil

1 Exposition und Thema: Judenchristen aus Jerusalem gehen nach Antiochien: Rettung nur bei Beschneidung nach dem Gesetz des Mose.
2f. *Paulus und Barnabas* streiten sich mit ihnen und werden mit anderen wegen dieser Frage nach Jerusalem geschickt (Gegenüber Gal 2 ist Paulus hier Abgesandter der antiochen. Gemeinde). Auf dem Weg dahin freuen sich *Judenchristen* (Phönikien und Samaria) über die berichteten Heidenbekehrungen. Notizen dieser Art immer wieder ab 14,27 in 15,3f.7–9.12f.; sie zeigen, daß die Berichte ab K. 10 hier zusammenlaufen.
4–5 Dem Bericht in Jerusalem leisten bekehrte Pharisäer Widerstand; Sie fordern nicht nur Beschneidung, auch Halten des Gesetzes.
6 Die Apostel und Presbyter nehmen sich der Sache an.

> 7–11 Rede des Petrus: a) Gottes Tun (V. 7–9: er hat mich erwählt, gab ihnen Pneuma wie uns, reinigt durch Glauben Herzen; Leitwort: glauben; Subjekt: Gott) b) Anklage: Was versucht ihr Gott durch Auflegen des Gesetzesjoches, das weder ihr noch eure Väter tragen konnten? (2. Pers. Pl.) c) Lösung im Wir-Stil: Rettung durch Gnade des Herrn Jesus.

Petrus bezieht sich auf 10,1–11,18; ab 11,19 war die Heidenmission dann vorausgesetzt, 13,46f. programmatisch angekündigt.
12 *Barnabas und Paulus* berichten über die Zeichen, die Gott (Subjekt wie in V. 7–9) durch sie getan (vgl. K. 13 und 14; Bestätigung der Rede des Petrus).

> 13–21 Rede des Jakobus: a) *Gottes Tun V.* 14–18, mit Schriftbeweis für Heidenmission aus Am 9 („alle Völker, über denen mein Name angerufen"). b) Folgerung und Vorschlag des *Aposteldekrets:* Wenn die Heiden also Gott suchen, darf man sie nicht durch Gesetze belasten – keine Last auferlegen außer dem Aposteldekret (15,20).
> **Enthaltung von Götzenopferfleisch, Unzucht** (verbotene Geschlechtsverbindungen)**, Blutgenuß, Ersticktem** (nicht rituell geschlachtetes Fleisch)

– in Lev 17f. in derselben Reihenfolge von Mose den Heiden auferlegt. Die beschneidungsfreie Mission steht also in Übereinstimmung mit Mose selbst. Denn diese Forderungen wurden auch nach dem AT den Heiden auferlegt, soweit sie unter Juden lebten.
2. Textform macht aus dem Aposteldekret einen Abriß christlicher Moral: Götzendienst, Hurerei, Mord, Goldene Regel (Was ihr nicht wollt, daß es euch geschieht ...)

22–31 *Brief der Jerusalemer Gemeinde an die Gemeinden in Antiochien,* Syrien und Kilikien (nur aus Gal 1,21 bekannt, Act erwähnt Stiftung nicht) mit dem *Aposteldekret.* Judas und Silas als Überbringer. Freude über den Brief in Antiochien.
Judas und Silas lehren als Propheten eine Zeit in Antiochien und werden dann nach Jerusalem zurückgeschickt.

15,36–18,22 II. Missionsreise des Paulus

15,36–41 *Paulus und Barnabas trennen sich* nach heftigem Streit. Barnabas nimmt Markus mit, Paulus den Silas (angesehener Jerusalemer!)
Verlauf:

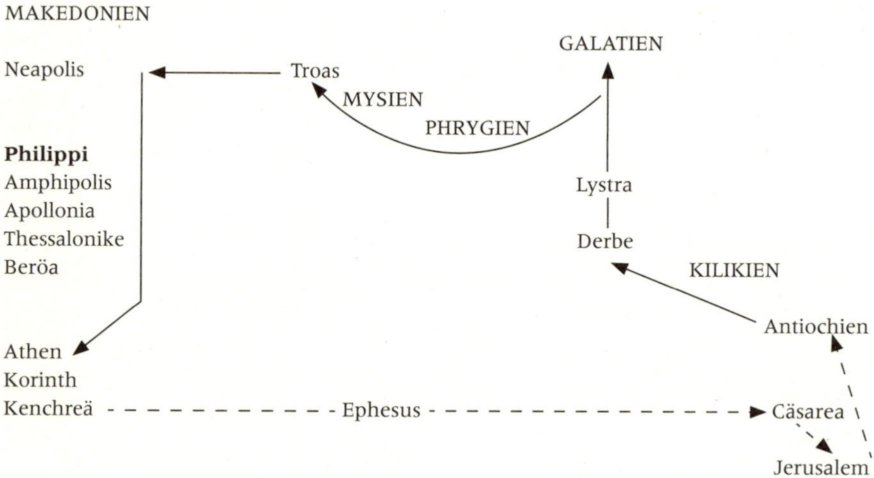

Lystra: Beschneidung des Timotheus.
Übergabe des Aposteldekrets in den Städten. Göttliche Lenkung: Der Geist verwehrt, in Asien zu reden und nach Bithynien zu reisen. – Nächtliche Vision legitimiert den Übergang nach Europa (16,9f.) (Ein Makedonier erscheint: Komm und hilf uns).
Philippi (16,11–40): Gott überwindet die Bedrängnis der Apostel. Bekehrung der Lydia (eine Gottesfürchtige); Paulus wohnt bei ihr. Heilung der Sklavin mit dem Wahrsagegeist. Weil die Herren der Sklavin nun keinen Gewinn mehr mit ihr machen können: Anklage gegen Paulus und Silas als Juden wegen Aufruhr und Verkündigung nichtrömischer Sitten (16,17: Wie in synopt. Wundergeschichten offenbart der böse Geist die wahre Identität derer, die über ihn Vollmacht haben).

Auspeitschung, Gefängnis, durch Erdbeben Öffnung der Tore und Lösung der Fesseln. Der Gefängnisaufseher wird am Selbstmord gehindert, läßt sich taufen und bewirtet die Apostel. V. 30–34: Dialog über das Gerettetwerden durch Glauben an Jesus Christus. Paulus hebt gegenüber den Strategen das Unrecht hervor, das röm. Bürgern zugefügt wurde.

17,1–15 **Thessalonike** und Beröa

Ablaufschema wie zumeist ab K. 13: Gründung der Gemeinde – dann Verfolgung, die zur nächsten Gemeinde treibt.

Paulus zeigt „von der Schrift her" (vgl. Lk 24,32.46): 1. der Messias muß leiden und von den Toten auferstehen, 2. Jesus ist der Messias. – Von den Juden wird der *Messiasanspruch* Jesu gegen den römischen *Kaiser* ausgespielt. – Die Juden sind eifersüchtig wegen der Abwerbung Gottesfürchtiger, besonders von Frauen, sie suchen die Apostel und finden sie nicht. Jason, ihr Quartiergeber, wird vor den Stadtpräfekten gezogen und nur gegen Kaution freigelassen. Paulus und Silas nachts nach Beröa gebracht, aber Juden kommen von Thessalonike herauf. – Nach I Thess 2 werden die Apostel eher durch die heidnische Bevölkerung vertrieben.

17,16–34 Paulus in Athen

Paulus redet auf dem Markt jedermann an (wie Sokrates). Da er Jesus und die Anastasis verkündet (Anastasis offenbar als Gottheit mißverstanden), meinen die Philosophen, er verkünde fremde Gottheiten (wie Sokrates).

Rede des Paulus: salutatio (Ihr Männer von Athen), *captatio* (ihr seid sehr religiös), *propositio* (ihr habt einen Altar „Dem unbekannten Gott" – den will ich euch verkünden), *argumentatio* 1. *Über diesen Gott* (Gott Subjekt, V. 24–27a): Schöpfer, wohnt nicht in Tempeln, Herkunft aller von Adam. Aufgabe der Menschen: ihn zu suchen. 2. *Verhältnis Gottes zu „uns"* (Wir-Stil, V. 27b–29): Er ist uns nahe, wir sind in ihm und von seinem Geschlecht. Also: keine Götzenbilder. *peroratio* (30–31): Die Zeit der Unwissenheit hat Gott übersehen; sie ist jetzt zu Ende. Nun gebietet er, Buße zu tun. Das entspricht dem Gerichtstag und dem bereits festgesetzten Richter (Leitwort V. 30f.: alle, überall). Glauben kann man an ihn, weil er aus Toten erweckt. (Zum Aufbau der typischen Heidenpredigt: § 52, D 1).

Reaktion: Spott/Aufschub.

18,1–17 **Korinth**

Paulus trifft die aus Rom vertriebenen *Aquila und Priscilla;* er wohnt bei ihnen und arbeitet wie sie als Zeltmacher. Nachdem Silas und Timotheus aus Makedonien *Spenden* gebracht haben, kann er sich ganz der Mission widmen. Daß Jesus der Messias sei, überzeugt die Juden nicht: Ankündigung der *Abkehr von den Juden* und der Hinwendung zu den Heiden (wie 13,46f.; 19,9; 28,24ff.). Er wohnt dann im Haus des Gottesfürchtigen Titius Justus neben der Synagoge. Der Synagogenvorsteher Crispus bekehrt sich.

9–10: Nächtliche Christuserscheinung (Beistandsverheißung). Die Anklage der Juden bei dem **Statthalter Gallio** wird abgewiesen; er sieht das Christentum im Rahmen des Streites um jüdisches Gesetz. Die Griechen verprügeln nachher selbst den Synagogenvorsteher.

18–22 Ende der 2. Missionsreise; in Kenchreä läßt Paulus sich die Haare scheren, weil er ein Gelübde hatte (für glückliches Gelingen der Reise?)

18,23–21,26 III. Missionsreise des Paulus

Verlauf:

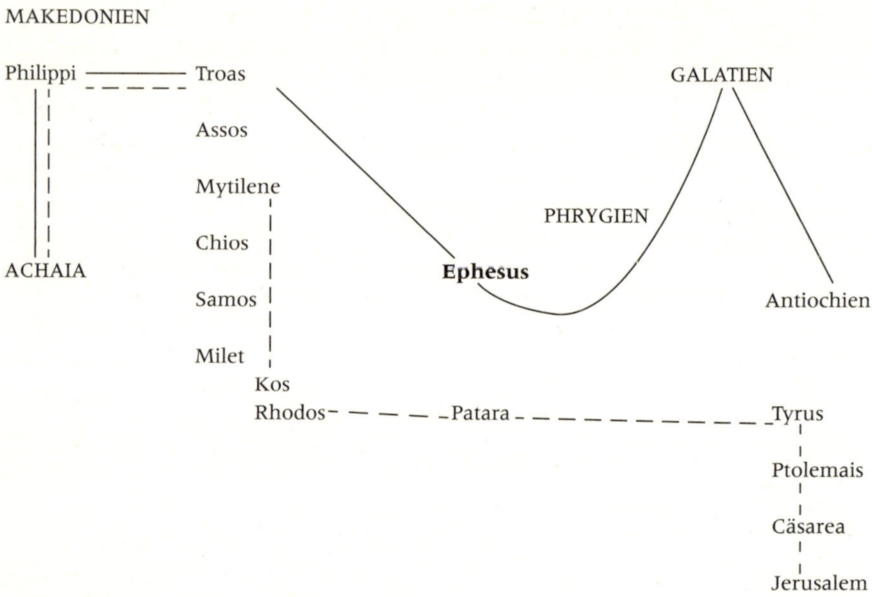

18,24–19,40 Ephesus (vgl. auch 20,17–38)

a) *Vorpaulinisches Christentum in Ephesus:* Den Mitarbeitern des Paulus, Aquila und Priscilla, die Paulus nach 18,19 in Ephesus gelassen hatte, verdankt Apollos die rechte Lehre; er redete vorher über Jesus, kannte aber nur die Taufe des Johannes; Schriftkenntnis. (Nach V. 26 predigen die Christen noch in der Synagoge, auch Aquila und Priscilla hören ihn dort). Aquila und Priscilla unterweisen ihn genauer. – Als Paulus nach Ephesus kommt, ist Apollos gerade in Korinth.

   In Ephesus tauft P. ca. 12 Männer, die nur auf die *Taufe des Johannes getauft* waren: er legt ihnen die Hände auf, der Geist kommt über sie, und sie prophezeien (wie bei Petrus 10,44). – So wird die Unvollkommenheit des Apollos deutlicher (19,1–7).

b) *Trennung der Gemeinde von der Synagoge:* Als Juden den „Weg" (so heißt das Christentum speziell in Ephesus) lästern, sondert Paulus die Jünger ab und predigt täglich im Lehrsaal des Tyrannos (19,8–10).

c) 19,11–20: Christliche *Wunderheilungen* im Kontrast zur jüdischen und heidnischen Konkurrenz: Wunderheilungen des Paulus (V. 11f.) – man kann Paulus nicht nachahmen: Der Dämon kennt zwar Jesus und Paulus, nicht aber die Namen der 7 Söhne des **Hohenpriesters Skeuas.** Die Verwendung des Jesusnamens half ihnen daher nichts: Der Dämon fällt sie an und bleibt Sieger. Verhältnis zur heidnischen Magie: V. 18–20: Daraufhin verbrennen viele die Zauberbücher.

d) 19,21f.: Paulus plant, nach Rom zu reisen und sendet Timotheus und Erastus (in Wirklichkeit Titus?) nach Korinth (II Kor 2,13).

e) Aufruhr des Silberschmiedes Demetrius (19,23–40). Die silbernen Artemistempelchen können nicht mehr verkauft werden, und Artemis wird nicht mehr geachtet. Volksauflauf im Theater: „Groß ist die Artemis der Epheser" (auch angesichts der Verteidigungsrede, die der Jude Alexander für das Judentum halten will). – Ziel der Darstellung: Große Wirkung des Erfolgs des Apostels darzustellen, die Asiarchen waren ihm wohlgesonnen; nicht Paulus erregt den Aufruhr, sondern seine Feinde.

20,1–16 *Reise nach Milet:* Aufgrund einer jüdischen Verschwörung kehrt Paulus auf dem Landweg über Makedonien zurück (mit 7 Kollektenvertretern der Gemeinden); 20,7–12: **Troas:** Erweckung des Eutychos, der während der Paulusrede eingeschlafen war, V. 10: Paulus legt sich auf den Toten (Vorbild Elia I Reg 17,21f. und Elisa II Reg 4,34) – Bezeugung der z.Zt. des Lukas üblichen Sonntagsfeier (V. 7: Als wir am Sonntag versammelt waren, um Brot zu brechen). 20,13–16: Reise von *Assos* nach *Milet.* Paulus will das Pfingstfest in Jerusalem verleben.

20,17–38 Testament des Paulus an die Gemeinde in Ephesus

Von Milet aus läßt Paulus die Ältesten der Gemeinde von Ephesus kommen (die Mitglieder heißen auch Episkopen: V. 28). Gliederung der Rede durch formelhafte Einleitungen und Topoi der Testamente: V. 18 *„ihr wißt":* Rückblick auf Missionstätigkeit in Ephesus. Selbstempfehlung als Topos pseudepigrapher Testamente

V. 22 *„und nun siehe":* Ausblick auf die Zukunft (Topos): Gefängnis, Trübsal, Vollendung des Laufes.

V. 25 *„und nun weiß ich":* Ihr werdet mich nicht mehr sehen. Mahnung an die „Nachfolger": Achtet auf die Herde; Irrlehrer kommen. Wachsamkeit (Topos).

V. 32 *„und jetzt":* Selbstempfehlung als Vorbild. V. 33–35 Verhältnis zum Besitz als wichtiges luk Thema.

V. 38 Paulus wird nicht wiederkehren.

Von dieser Selbstaussage des Paulus an nimmt das Martyrium des Apostels seinen Lauf.

21,1–14 Reise von **Milet** nach **Cäsarea:** Vorwarnungen über das Geschick des Paulus: V. 4 (Jünger warnen durch den *Geist* vor dem Gang nach Jerusalem). 8f. (die Nennung der vier jungfräulichen **Töchter des Philippus** (Prophetinnen; vgl. § 31, F 3) in Cäsarea bereitet den Leser auf die folgende Manifestation des Geistes vor:).

10–14 **Agabus** sagt das Geschick des Paulus voraus (gebunden und den Heiden übergeben werden): Prophetische Zeichenhandlung: Er nimmt Paulus seinen Gürtel ab und fesselt sich damit. Botenspruch.

21,15–26 *Paulus kommt nach Jerusalem.*

Petrus ist wohl nicht mehr in Jerusalem. Jakobus und die Ältesten weisen auf die starke gesetzestreue judenchristliche Gemeinde. Sie konfrontieren Paulus mit Berichten über ihn (Verführung der Diasporajuden zum Abfall). Um die Vorwürfe zu widerlegen, soll Paulus für 4 mittellose Männer die Ausweihung des Nasiräats bezahlen und sich selbst heiligen, d.h. die levitische Reinheit wiedergewinnen (Vorbedingung für Annahme der Kollekte?). Bei dem damit verbundenen Besuch des Tempels wird er gefangengenommen.

21,27–28,31 Der Weg des Paulus von Jerusalem nach Rom

Die Darstellung des Weges des Paulus zum Martyrium ist nicht das einzige Ziel dieses Abschnittes. Es geht um ein allgemeineres Problem: Juden klagen Christen an, Rom ist Schiedsrichter. Die staatlichen Repräsentanten bescheinigen alle die *Unschuld des Paulus* (der römische Tribun 23,29; der Statthalter Felix K. 24; Porcius Festus 25,18f.; Agrippa II 26,31f.), jeweils auf eine Apologie des Paulus hin. So soll gezeigt werden: Paulus konnte mit den Römern auskommen und Achtung und Vertrauen gewinnen. Gegenüber den Anklagen der Juden soll dargestellt werden: Der wesentliche Punkt ist die Auferstehung Toter; in diesem Punkt stimmt das Christentum aber gerade mit der strengsten jüdischen Richtung, den Pharisäern, überein.

21,27–36 Verhaftung des Paulus. Juden aus Ephesus sehen Paulus im Tempel: Er lehre gegen Volk, Gesetz und Tempel; er habe den Heiden Trophimus in den Tempel geführt (bei Todesstrafe verboten); er wird aus dem Tempel gezerrt. Der Tribun der Kohorte nimmt Paulus gefangen und bewahrt ihn so vor Lynchmord. Das Volk ruft: „hinweg mit ihm" (Lk 23,18; Joh 19,15).

Der Tribun stellt fest, daß Paulus nicht der aufständische Ägypter ist. Paulus darf daher eine (aramäische) Rede an das versammelte Volk halten:

22,1–21 **I. Apologie des Paulus.** Thema: Christentum und Judentum. Biographische Selbstdarstellung.

Jugend und gesetzestreue Erziehung (zu Füßen des Gamaliel; Eiferer für Gott)

frühere Verfolgertätigkeit

Bekehrungsvision vor Damaskus (II. Bericht, vgl. K. 9. – Besonderheit: Ananias war bestens beleumundet bei allen Juden. Ananias teilt hier P. seine Aufgabe mit: Zeuge für alle Menschen)

Tempelvision in Jerusalem 22,17–21 (verbunden mit dem Vorangehenden durch die Leitworte Zeuge, Zeugnis): Paulus soll aus Jerusalem weichen, denn der Herr will ihn zu den Völkern senden. – Hier wird die Rede unterbrochen:

Reaktion: „Hinweg mit diesem von der Erde" (Wort des Herrn von 22,18 so erfüllt). Als man ihn geißeln will, sagt Paulus, er sei römischer Bürger.

22,30–23,10: Paulus vor den Hohenpriestern und dem Synedrium

Der Tribun bringt Paulus vor das Synhedrium. Konflikt mit dem Hohenpriester Ananias (Ananias läßt P. schlagen/Gott wird dich schlagen). Paulus: Ich bin Pharisäer; es geht um Auferstehung. Die Pharisäer verteidigen Paulus und erkennen sogar die Damaskusvision an (also: Gemeinschaft mit Pharisäern nicht unmöglich). *So hat Paulus das Auditorium in Pharisäer und Sadduzäer gespalten.* Die Wachkompanie rettet Paulus.

23,11 Christuserscheinung: Du wirst Zeugnis nicht nur in Jerusalem, auch in Rom ablegen (vgl. die Prophetien in 21,4.10–14: Christuserscheinung als Steigerung).

23,12–35 Paulus entgeht einer jüdischen Verschwörung (das Synedrium soll den Wunsch äußern, ihn zu verhören, aber 40 Leute wollen ihn dann unterwegs töten): Der Tribun läßt Paulus *heimlich nachts nach Cäsarea zum Statthalter Felix* bringen. – Rom hat den Apostel zum 3. Mal vor dem drohenden Tod bewahrt, vgl. 21,32f. und 23,10.

24,1–23 Paulus und jüdische Gegner in Wechselrede vor dem Vertreter Roms. *Tertullus,* Anwalt des Hohenpriesters, hält vor dem Statthalter Felix die Anklagerede gegen Paulus: 1. Aufruhr, 2. Versuch, den Tempel zu entweihen (vgl. 21,29). Antwort:

24,10–21 **II. Apologie des Paulus.** Aufbau:

10 Captatio benevolentiae (schon lange bist du Richter)

11–13 Zurückweisung der Anklage über die schädliche Tätigkeit des Paulus: Anbetung statt Aufruhr. Schluß: Gegner können nichts beweisen (vgl. V. 5 und 6).

14–15 Aufnahme des Vorwurfs über die „Sekte" der Nazoräer aus 24,5: Nachweis der theologischen Übereinstimmung mit den Gegnern: Gott der Väter (dienen) – Gesetz und Propheten (glauben) – Auferstehung der Gerechten und Ungerechten (hoffen).

16–19 Auf diesen Grundlagen wird das Auftreten des Paulus im Jerusalemer Tempel verständlich: er wollte Almosen überbringen; Reinigung im Tempel.

20f. Die Zeugen sollen selbst sagen, welches Verbrechen sie an ihm fanden. – „In Wahrheit stehe ich nur wegen der Auferstehung vor Gericht" (vom Messias sagt er nichts!).

Reaktion: Paulus wird zwei Jahre in leichtem Gewahrsam gehalten. Statthalterwechsel.

25,1–12 Die Juden bitten den neuen Statthalter *Porcius Festus,* ihnen Paulus nach Jerusalem zu senden, um ihn unterwegs umzubringen.

Porcius behält ihn jedoch in Cäsarea. Anklage und Verteidigung wiederholen sich. Auf die Frage des Festus, ob er lieber in Jerusalem gerichtet werden wolle, legt Paulus **Berufung an den Kaiser** ein (25,8 erwähnt auch Vergehen gegen den Kaiser als Anklage).

25,13–27 Festus bittet Agrippa, Paulus zu verhören, um im Begleitbrief nach Rom Sicheres schreiben zu können.

26,1–23 **III. Apologie des Paulus** (Rede vor Agrippa, dem letzten jüdischen König). Eine konkrete Beschuldigung (Tempelschändung) fehlt hier. Thema: Biographie des Paulus als Gehorsam gegen Gott.

Aufbau:

2–3 Captatio benevolentiae: Du bist Kenner des Judentums

4–5 Selbstempfehlung: Mein Lebenswandel ist nach der strengen *pharisäischen* Richtung.

6–8 Wegen der *Väterverheißung, wegen der Auferstehung,* stehe ich vor Gericht.

9–11 Hinweis auf Verfolgertätigkeit bestätigt den Ernst seiner jüdischen Gesinnung

12–18 Bericht über die *Bekehrung vor Damaskus* (III.). Besonderheit: Ananias fehlt. Sendung zu den Heiden, um sie der *Gewalt Satans zu entreißen und Anteil unter den Heiligen zu geben.*

19–21 Wegen des Gehorsams gegenüber diesem Auftrag und meiner Predigt (Bekehrung zu Gott und entsprechende Werke) versuchen mich die Juden zu töten.

22f. Schluß der Rede: In Übereinstimmung mit Mose und Propheten steht die *christologische Botschaft:* der Messias muß leiden, ist aber der Erste aus der Auferstehung der Toten und verkündet dem Volk und den Heiden Licht.

24–27 Ironische Reaktion des Agrippa (Paulus V. 26: es hat sich ja dies nicht in einem Winkel zugetragen).

27,1–28,16 Seereise des Paulus nach Rom.

V. 10: Warnung des Paulus vor der in dieser Jahreszeit gefährlichen Fahrt wird überhört.

V. 22–26: Paulus sieht seine Warnung bestätigt (Leitworte: Leid, Schaden) und mahnt – unter Berufung auf eine Engelvision – zu Vertrauen auf guten Ausgang: Keiner wird verlorengehen, nur das Schiff, denn Gott wird um seinetwillen retten, da er vor dem Kaiser stehen muß. V. 31f.: Paulus vereitelt Fluchtversuch der Matrosen, V. 33f.: Paulus mahnt alle, etwas zu sich zu nehmen.

28,1–6: Das Schiff ist in *Malta* gestrandet. Die Einwohner sind, obwohl Barbaren, doch menschenfreundlich (Opposition in V. 2). Paulus, von einer Otter in die Hand gebissen, überlebt und wird *für einen Gott gehalten* (wie 14,11). Leitworte: retten (vgl. auch 27,43f.). 7–10 Paulus heilt den Vater des Inselregenten Publius und andere Kranke. Keine Predigt.

V. 11–16 *Reise von Malta nach Rom.* Die römischen Christen (nur hier genannt) kommen Paulus entgegen. Paulus darf – zusammen mit einem Soldaten – in Rom wohnen, wo er will.

28,17–24: Paulus steht auf dem Boden der Traditionen Israels:

17–20 *Rede vor den römischen Juden:* Ich habe nichts gegen die väterlichen Sitten getan und bin trotzdem in die Hände der Römer übergeben worden (gegen 21,32f.: von den Römern selbst den lynchenden Juden entrissen) und mußte mich doch auf den Kaiser berufen – allerdings nicht, um mein Volk zu verklagen. Ich wollte euch sehen, weil ich wegen der Hoffnung Israels die Leiden trage.

21–24: Die Juden Roms haben über Paulus nichts Negatives gehört. Paulus belehrt sie über das Reich Gottes und Jesus aus der Schrift. Reaktion: Juden sind uneins.

25–29: Sie gehen weg, als Paulus *Jes 6,9f.* zitiert und proklamiert, daß den *Heiden* das Heil gesandt ist (vgl. 13,46 und 18,6).

Ziel der Darstellung: Die Juden selbst bestätigen, daß Paulus nichts gegen sie unternommen hat. Sie selbst sind es vielmehr, die aufgrund der christlichen Botschaft die Zustimmung verweigern und dadurch Anlaß werden, daß die Apostel sich den Heiden zuwenden.

28,30–31 Im *Kontrast* zur Haltung der Juden kann Paulus in Rom ungehindert predigen. Seine Gefangenschaft tritt in K. 28 zurück. Die Großzügigkeit der römischen Behörden soll die Juden beschämen.

D. Textsorten

1. *Missionsreden.* Die Missionsreden an die Juden zeigen ein anderes Aufbauschema als die an die Heiden. *An die Juden:* Act 2,14–39; 3,12–26; 4,8–12; 5,30–32; 10,34–43; 13,16–41:
   I. Einleitung knüpft an die Situation des Erzählungsrahmens an.
      II. Jesuskerygma a) Schuldhaftes Handeln der Juden an Jesus
      b) Errettendes Handeln Gottes an Jesus (z.T. Schriftbeweis für Auferweckung/Erhöhung Jesu). Der Kontrast zwischen Gottes Handeln und

dem vorangehenden Tun der Juden wird sprachlich deutlich herausgehoben.

III. *Verkündigung des Heils:* Gerade die Schuldigen empfangen als erste den Aufruf zu Umkehr (z.T. ausführlich aus der Geschichte Israels begründet). Der Teil III hat alle Eigenschaften der *peroratio* antiker Rede.

Die Missionsreden *für Heiden* folgen einem Schema, das auch außerhalb der Act belegt ist (Act 14,15–17; 17,30f.; I Thess 1–9f. Hebr 6,1f.):

Buße/Umkehr als Abkehr vom Götzendienst und Hinwendung zum Schöpfergott
Weltgericht
Auferweckung

2. *Bekehrungsvision:* Im Judentum zur Darstellung der Bekehrung von Heiden zum Judentum entwickelt (Abraham, Aseneth, Hiob), erkennbar u.a. an den Elementen „Licht" und „Stimme", im NT belegt in Act 9,3–7; 22,6–11; 26,13–18.
3. *Captatio benevolentiae:* Zu Beginn der Rede versucht der Redner, den Hörer zu loben, um dadurch sein Wohlwollen zu erlangen (Act 17,22; 24,10; 26,2–3). Von der Rede in die Briefliteratur übernommen: z.B. Röm 1,8; Phil 1,3–5. Besonderes Signal, wo ins Gegenteil verkehrt: Gal 3,1.
4. *Itinerar:* Beschreibung der Wanderung von Personen durch Aufzählung der Stationen (zumeist nur mit kurzen weiteren Notizen): AT: Num 33,1–49; Gen 12,5–9; NT: Act 13,4–21,18.
5. Ich-bin-Wort: Act 9,5f. (Ich bin Jesus, den du verfolgst); Lk 1,19 (Ich bin Gabriel); Mt 24,5 (Ich bin der Christus). – Verneint in Joh 1,20 (Ich bin nicht der Christus).

Zur Gattung Abschiedsrede (20,18–38) vgl. § 9 D 3; zur prophet. Zeichenhandlung 21,14 vgl. § 25, VII.

E. Themen

1. Engel: AT: nur der *„Engel Jahwes"* ist als Gestalt näher umrissen, als Überbringer von Aufträgen (Jdc 6,11 ff.) oder als hilfreicher Bote Gottes (Elia: I Reg 19,7; Israel Ex 14,19). An vielen Stellen ist zwischen Jahwe und seinem Engel nicht genau zu unterscheiden: Gen 16,7ff.; 21,17ff. – Unter den *Gottessöhnen* von Gen 6,1ff hat man sich ebenso Engel vorzustellen versucht wie unter dem Hofstaat Gottes nach Hi 1. In Dan werden Michael (10 und 12,1) und Gabriel (8,16; 9,21) genannt, in Tobith Raphael. Seit der Exilszeit wurde die Angelologie stärker ausgebaut. In *Sach 1–6* ist der Engel Jahwes zum Deuteengel geworden („der Engel, der mit mir sprach"). NT: Jesu Geschichte von Engeln begleitet, besonders zu Anfang und Ende der Evangelien: Gabriel Lk 1,26; Engel des Herrn bei Joseph Mt 1,20ff.; Lk 2,13 (Weihnachtsgeschichte); Mk 1,13 par (Versuchung); eschatologische Funktion als Begleitung des Richters: Lk 12,8f.; II Thess 1,7. Nach Hebr 1,4–13 ist Jesus höher als die Engel. Mt 18,10 ist wohl Ursprung der Vorstellung vom Schutzengel. Nach Gal 3,19 ist das Gesetz durch

Engel verordnet. Nach Gal 1,8; Apk 14,6 werden auch Engel als Verkünder des Evangeliums vorgestellt. Die Apostel werden von Engeln unterstützt: Act 5,19 (Türöffnung).

2. *Geist.* Die bekanntesten neutest. Verbindungen sind *Geist und Gottessohnschaft* (Mk 1,10f.; Röm 1,4 von Jesus; Röm 8,14; Gal 4,6 von den Christen) und *Geist und Taufe* (Mk 1,8; 1,10f.; Joh 3,5). Den Christen ist der Geist als *Angeld* der künftigen Auferstehung gegeben (II Kor 1,22; 5,5; Röm 8,23). Zugleich ist der eine Geist die Wurzel der verschiedenen Geistesgaben und Charismen (I Kor 12,3f.; 14). – Im Gegensatz zum „Fleisch" ist das Pneuma Lebensprinzip der Christen geworden: Röm 8,4 „nach dem Geiste leben". – Der Geist ist für das frühe Christentum vor allem die Weise, in der Gottes Zuwendung zu den Menschen erfahrbare Realität ist: Wer daher den Geist lästert (d.h. behauptet, der Geist in Jesus Christus sei nicht heiliger Geist, sondern unreines oder dämonisches Pneuma), der begeht eine unvergebbare Sünde gegen Gott selbst (Mk 3,29 par); deshalb fallen auch Ananias und Saphira tot um, weil sie nach Act 5 das Pneuma in den Aposteln belogen haben (Act 5,3). – Der Geist lenkt auch häufig die Mission und greift durch Worte (Act 21,11 Botenformel „So spricht der Heilige Geist...") und Taten (Act 8,39 Entrückung) in das Leben der Gemeinden ein. – I Joh 2,27: „Salböl". –
3. *Kirche:* Während „ekklesia" im Hellenismus nur die Bezeichnung für die aktuell tagende *Volksversammlung* ist, wird im NT damit die Gruppe der Christen selbst bezeichnet. Die Paulusbriefe reden (oft im Präskript) von „der *Kirche Gottes*" an einem bestimmten Ort. Daneben kann Paulus aber auch sagen, er habe „die Kirche Gottes *verfolgt*" (Gal 1,13; Phil 3,6) und meint dann alle Judenchristen. Im Corpus des Röm und in Mk, Joh und Lk kommt das Wort „Kirche" nicht vor; in den Evangelien überhaupt *nur* in Mt 16,18 (Petrus); 18,17 (Einzelgemeinde). In Phm 2 ist vorausgesetzt, daß die Gemeinde an das *Haus* gebunden ist (auch in den Anfangskapiteln der Act ist das „Haus" der typische Ort der Gemeinde). In Hebr 12,23 ist von der *Kirche der Erstgeborenen* die Rede, wahrscheinlich Engel. In Act werden zusammen mit den „Kirchen" Älteste genannt (20,17), während Paulus I Kor 12,28 Apostel, Propheten und Lehrer erwähnt. – In den paulinischen Gemeinden sind die *„Gemeindeapostel"* von besonderer Bedeutung: II Kor 8,23.

Zum paulinischen Verständnis von Kirche:

- die Kirchengemeinde ist ein Leib, bzw. Leib Christi (vgl. § 59, E 2)
- Teilhabe daran geschieht durch Taufe und Abendmahl I Kor 10,17; 12,13
- die Unterschiede sind aufgehoben Gal 3,28
- die Kirche sind die Christen, die ausnahmsweise in die Gemeinschaft mit den Erzvätern hineingerufen wurden (Röm 11,17–24).
  Als Glaubende sind sie Abrahams Kinder (Röm 4; Gal 3)
- die Auferbauung des Leibes und der konkrete Nutzen für alle in der Gemeinde ist das Regulativ für die Beurteilung des Wertes der Charismen (I Kor 12–14).
- Paulus liegt viel an der Einheit der Kirche – sie ist ihm vor allem in der bleibenden Verbindung mit den Judenchristen in Jerusalem gegeben. Zeichen der

Zugehörigkeit zu ihnen ist die Kollekte (nach dem Modell des Verhältnisses von Gottesfürchtigen und jüdischer Stammgemeinde aufzufassen).

F. *„Kommunismus"* in Act: vgl. die Summare 2,42–47; 4,32–37; 5,12–16. Daß „alles gemeinsam" war (2,44; 4,32), ist so zu verstehen: Der Besitz wird als Möglichkeit zur Hilfe an Notleidenden verstanden. Wenn es nötig ist, verfügt freilich der Besitzer über sein Eigentum, nicht die Gemeinde: Der Erlös der verkauften Güter wird an die Bedürftigen verteilt. So ergibt sich eine brüderliche Gemeinschaft zwischen Besitzenden und Notleidenden. Der Besitz steht grundsätzlich allen zur Verfügung.

§ 53 Briefe

In der Antike folgen Anfang und Schluß von Briefen einem festen Formular. Man unterscheidet das griechische und das orientalische Formular.

a) Das *griechische* Formular:
   Briefeingang: Der X (sagt) dem Y, er solle sich freuen.
   Briefschluß: Sei gesund.
   Im NT: Act 15,23.29 (Aposteldekret); Act 23,26 (Brief des Lysias); Jak.
b) Das *orientalische* (persische und jüdische) Formular:
   Briefeingang
   I. Präskript: A an den B. Freue dich, bzw. Heil dir!
      Im apostolischen Brief: Absender (superscriptio) im Nominativ; Adressat (adscriptio) im Dativ, Gruß (salutatio) als prädikatloser Satz in der 2. Person. In den Apostelbriefen sehr häufig Segensgruß: „Gnade und Friede ... von Gott".
   II. Proömium in Apostelbriefen:
      Danksagung (ich danke Gott ...) oder Benediktion (Eulogie) (gepriesen sei Gott ...). Beides hat die Funktion der captatio benevolentiae (vgl. § 52, D 3). Dabei auch häufig: Versicherung der Fürbitte für den Adressaten (als „Gedenken", so Röm, Phil).

   Briefschluß: In den älteren Paulusbriefen wie I Thess 5,18: „Die Gnade unseres Herrn Jesus Christus sei mit euch".
   Später Abwandlungen.
   Vor diesem Segensgruß finden sich häufig persönliche Bemerkungen (Reisepläne usw. wie Röm 15,25ff.; I Kor 16,5ff.) oder Grüße an besondere Personen und von besonderen Personen.
   Kennzeichen dafür, daß Briefe *diktiert* wurden, sind Bemerkungen am Schluß, daß der Absender einen Gruß mit eigener Hand hinzugesetzt habe (so I Kor 16,21; vgl. Gal 6,11; Kol 4,18; II Thess 3,17). Den Phm hat Paulus (V. 19) ganz mit eigener Hand geschrieben. In Röm 16,22 nennt sich der Sekretär selbst mit Namen (Tertius).

In 8 Briefen des Paulus werden im Präskript außer ihm selbst noch *Mitabsender* genannt (I und II Kor, Gal, Phil, Kol, I und II Thess, Phm). Diese Übung ist sonst in der Antike sehr selten. Ihre Funktion in paulinischen Briefen ist die Betonung der Mitverantwortung und der Zustimmung der genannten Personen, des offiziellen Charakters als Schreiben aus Gemeinden an Gemeinden.

Privatbrief ist im NT nur III Joh. Phm dagegen ist immerhin an eine Hausgemeinde gerichtet. Die Pastoralbriefe (I und II Tim und Tit) dagegen sind nicht an Gemeinden gerichtet, wohl aber an Amtsträger.

Hebr ist kein Brief: Das Präskript fehlt; in 13,22 wird der Brief selbst als *Mahnrede* bezeichnet. Nur am Schluß wird die Briefform verwendet. – Beim *Jak* dagegen ist wohl ein briefliches Präskript gegeben, dagegen fehlt ein brieflicher Schluß.

Kennzeichnend für ntl. Briefe ist eine Zweiteilung in einen „dogmatischen" und einen „paränetischen“ Abschnitt (Röm 12–15; Gal 5,13–6,10; I Thess 4,1–12; 5,1ff. usw.). Vorstufen finden sich in der jüdischen Missionspredigt und in der Gattung der Testamente.

Die ntl. Briefe waren an Gemeinden gerichtet, in deren Versammlungen sie verlesen werden sollten (z.B. I Thess 5,27).

Briefe im AT: § 29, D 4.

§ 54 Paulinische Theologie

Paulus wird in folgenden Briefen als Verfasser genannt:

Röm – I.II Kor – Gal – Eph – Phil – Kol – I Thess – II Thess – I.II Tim – Tit – Phlm.

als echt paulinisch werden anerkannt:

Röm – I.II Kor – Gal – Phil – I Thess – Phlm

„Gefangenschaftsbriefe“ nennt man:

Phil – Kol – Phlm – Eph

Pastoralbriefe:

I.II Tim – Tit

Hebr wird (alexandrin. Tradition) als Anhang zum corpus paulinum geführt.

Einige Paulusbriefe sind verlorengegangen: vgl. dazu:

I Kor 5,9; II Kor 2,4; II Thess 2,2; Kol 4,16

Angaben über Paulus selbst:

Act 22,3: Geboren in Kilikien, erzogen in Jerusalem, Schüler des Rabbi Gamaliel.

Pharisäer und Eiferer für das Gesetz der Väter: Phil 3,5; Act 22,3; 26,4f.

Steinigung des Stephanus unter seiner Beteiligung: Act 7,58

Verfolgung christlicher Gemeinden: Gal 1,13f.; Phil 3,5f.; I Kor 15,9; Act 8,3; 9,1f.; 22,4f.; 26,9–11

Beruf: Zeltmacher oder Sattler: Act 18,3

Römischer Bürger: Act 16,37–39; 21,39; 22,25–29; 23,27

Bekehrung: Gal 1,15f. (Offenbarung des Sohnes); den Herrn gesehen:

I Kor 9,1; 15,8; als Beauftragung zum Apostel: Gal 1,16; Act 9; 22; 26; letzter Zeuge der Auferstehung: I Kor 15,8

Anerkennung der Beauftragung zur Heidenmission: Gal 2,9

Selbstbezeichnungen des Paulus: Apostel, Diener Jesu Christi, Verwalter der Geheimnisse Gottes, Priester, Vater (seiner Kinder in der Gemeinde), Gefangener Jesu Christi.

Die *paulinische Theologie* ist kein System. Ihr Zentrum ist aber gleichwohl zu bestimmen: Es ist die These, daß Jesus Christus der einzige Mittler zu Gott sei. Der Zugang zu diesem Mittler ist nur durch den Glauben zu gewinnen, die Teilhabe an ihm stellt sich durch den Geistbesitz der Christen dar. Ziel der Mittlerschaft Jesu Christi ist die Teilhabe aller Menschen am künftigen Heil (Auferstehung). Die Eschatologie hat daher eine zentrale Position bei Paulus.

I. Eschatologie bei Paulus

Ältester paulinischer Text: I Thess 4,13–5,11. Paulus erwartet die Parusie des Herrn noch zu Lebzeiten; er schildert das Ergehen der Entschlafenen und die *Entrückung* der Lebenden bei der Parusie. Er mahnt zur Wachsamkeit angesichts der Plötzlichkeit des Gerichtes.

I Kor 15,12–58: Begründung des Glaubens an die künftige *Auferstehung* der Christen. In 15,23–28 wird der Ablauf der Endereignisse selbst geschildert.

I Kor 3,12–15: Im Gericht werden die Werke jedes einzelnen wie im Feuer erprobt werden.

II Kor 4,13–5,10: Über künftige Auferstehung und das Gericht. Vgl. auch Phil 3,20f.

Die Angaben über den *Widersacher* in II Thess 2,1–12, die sich sonst bei Paulus nicht finden, waren einer der Gründe, diesen Brief Paulus abzusprechen.

Naherwartung bei Paulus: I Thess 4,15.17 („wir, die Lebenden"); Röm 13,11f.; Phil 4,5 (Der Herr ist nahe).

II. Anthropologie des Paulus

a) *Leib* (griech. sōma) bezeichnet den ganzen Menschen, aber nicht in der Abgeschlossenheit unseres Personbegriffes, sondern im Gegenüber zu Gott und Mitmenschen; Leib ist daher die Person hinsichtlich dessen, was sie tut und was mit ihr geschieht; daher steht Röm 6,13.16 statt Leib auch das Reflexivpronomen. Der Leib ist von Gott und gehört ihm: I Kor 6,19; Leib ist der Ort, an dem der Mensch unter der Herrschaft Gottes oder der Sünde steht: Röm 6,13f.16; 7,24. Auch die Herrlichkeit des Christus wird bis in die Leiblichkeit hineinreichend vorgestellt: II Kor 4,6; I Kor 6,20b.
   - Ausrichtung auf andere: I Kor 7,4
   - Gebundenheit durch die Welt: Röm 6,6
   - Anspruch des Schöpfers: Röm 6,12f.
   - Auferstehung: I Kor 15,44–49
   - Selbsthingabe: I Kor 13,3
   - Möglichkeit konkreten Gehorsams: I Kor 6,13
   - Notwendigkeit, einen Herrn zu haben: Röm 6,6.12f.

b) *Fleisch* (griech. sarx) AT: Schwäche und Vergänglichkeit des Menschen (nicht Sünde), NT: enger Zusammenhang von *Fleisch und Sünde:* Röm 7,14. Leiblichkeit und *Todverfallenheit:* I Kor 5,5. Nicht nur für Paulus ist die Opposition Geist/Fleisch von Bedeutung (vgl. Mk 14,38 Geist willig Fleisch schwach; Joh 3,6; 6,63), bei Paulus: Röm 8,4–13; Gal 3,3; 5,17. Für den Christen sind Fleisch und Geist grundsätzliche Möglichkeiten, sein Handeln zu orientieren. „Leben nach dem Fleisch" bedeutet Orientierung an der Gottferne und Werke des Fleisches (Gal 5,19). So ist auch das Sich-Rühmen nach dem Fleisch (II Kor 11,18) oder das Vertrauen auf das Fleisch (Phil 3,4) wie die Zeugung nach dem Fleisch (Gal 4,23) ein Handeln und Wertsetzen in der Immanenz des kreatürlichen Bereiches, „so als ob es Gott nicht gäbe". Entsprechend ist dem Fleisch vor allem der Tod zugeordnet.

- Fleisch und Geist stehen miteinander im Kampf (Gal 5,17)
- Auswirkungen des Kampfes: Werke des Fleisches (Gal 5,19–21)/Frucht des Geistes (Liebe; Gal 5,22f.)

c) *Gewissen* (griech: syneidesis): bei Paulus nur in Röm (2,15; 9,1; 13,5) und in I und II Kor (besonders I Kor 8). Das Gewissen ist Ankläger, Richter und Zeuge im Menschen. Das gilt besonders angesichts der sittlichen Forderungen: Im Gewissen weiß der Mensch um Gut und Böse und ist verantwortlich vor Gott. Nach Röm 2,14.15 besteht auch eine Beziehung zum Gesetz. Paulus kennt sowohl ein warnendes wie ein anklagendes Gewissen (I Kor 8,7). Das Gewissen verpflichtet wie Gott selbst (Röm 13,4.5), und man kann es als unabhängige Instanz anrufen (Röm 9,1), muß es aber in jedem Falle achten (I Kor 8,7–13). – Zur Sache vgl. auch: I Joh 3,18–24.
Bei Paulus gibt es zuerst der Sache nach das „gute Gewissen" (II Kor 1,12), den Begriff gibt es wenig später in den Pastoralbriefen (I Tim 1,5 usw.)

III. Gesetz

Grundsätzliche Aussagen über das „Gesetz" finden sich im AT in Ps 19,8ff.; 119; Dtn 30,15–20; 29,28. – Im NT wird die Geltung des Gesetzes wiederholt bekräftigt Mt 5,17f.; Lk 16,17; Röm 7,14 (das Gesetz hat den Charakter des Geistes). In der höheren Forderung der radikalen Gerechtigkeit, insbesondere in der Erhebung des Liebesgebotes zum Kriterium, ist das Gesetz positiv „aufgehoben" (Mt 22,40 vgl. 7,12; Lk 16,16f. im Rahmen der Verbindung von Besitzverzicht und Leben). – Auch bei Paulus (Gal 5,14; Röm 13,8–10) ist das Gesetz in der Liebe erfüllt. Als *Kriterium der Erwählung* ist das Gesetz dagegen entfallen: Röm 3,21 (Gerechtigkeit Gottes ohne Gesetz), und daher wird der Gerechte nicht durch das Gesetz und seine Werke gerecht (Röm 3,27f.), sondern nur durch den Glauben. Es geht also um die Frage, *wodurch man zu den Gerechten und nicht zu den Ungerechten gehört.* – Nach Gal 3,19 ist das Gesetz (in dem eben dargestellten Sinn) durch Engel gegeben; da es nicht erfüllbar war ohne die Gnade, sondern nur die Sünde mehrte (Röm 4,15; 5,20), war es nur „Lehrmeister" auf Christus hin (Gal 3,24). Wer die Beschneidung auf sich nimmt, verpflichtet sich, das ganze Gesetz zu erfüllen (Gal 5,3). *Dem Gerechten aber, der das Gesetz erfüllt, gilt kein Gesetz* (Gal 5,23; I Tim 1,9). Nach Hebr 10,1 war das (atl. Kult-)Gesetz nur der Schatten der zukünftigen Güter. – Nach Joh 1,17 ist das Gesetz des Mose durch die Gnade in Jesus Christus abgelöst.

- Bis zum Kommen Christi hielt das Gesetz alle als Sklavenhalter gefangen (Gal 3,24)
- Christus aber nahm den Fluch des Gesetzes auf sich (Gal 3,13). So ist er des Gesetzes Ende (Röm 10,4), zugleich aber ist seine Erfüllung die Liebe (Röm 13; Gal 5).
- Wer das Gesetz als Heilsweg wieder einführen will (Galater), läßt Christus umsonst gestorben sein (Gal 2,21)
- Den Heiden ist das Gesetz ins Herz geschrieben (Röm 2,14–18).
- Das Gesetz ist bleibender Maßstab des Gerichtes: Röm 2,12ff.

IV. Gnade

AT: „Gnade finden vor X" = „Formel des Wohlwollens". NT: die geschenkweise Gewährung des Heils (Röm 3,24), insbesondere das Prinzip der Auserwählung (Röm 11,5f.; auch für Apostel: Gal 1,15). Glaube und Gnade sind zugeordnet gegenüber Gesetz und Werken (Röm 4,4; 11,6). „Gnade" kann aber auch das Gesamtereignis der christlichen Heilsgewährung bezeichnen: Joh 1,14–17; Tit 2,11 (Gnade ist erschienen).

Zentralstellen für die *paulinische Rechtfertigungslehre:* Röm 1,17; Röm 3,21–4,5; 4,25 (Auferstehung); 6,3f. (Mitsterben); Gal 2,15–3,29.

V. Christologie bei Paulus

a) Christologische *Titel:* Sohn Gottes Röm 1,3f.; Gal 1,16. – Kyrios: I Thess 4,17; I Kor 8,6.
b) Verarbeitung christologischer *Tradition:* Phil 2,6–11; Röm 1,3f.; 3,24–26. – Neubildung: Röm 10,4.
c) Geprägte Wendungen: *Auferweckung:* Röm 8,11; 10,9; I Thess 1,10; *Tod:* Röm 5,8 (für uns gestorben); II Kor 5,14; Gal 1,4 (Dahingabe); Röm 8,32 (Gott gab ihn); *Sendung:* Röm 8,3f.; Gal 4,4–6; *Kreuz:* I Kor 1,17.18ff.; Phil 2,8; 3.10; Röm 6,6. – *„In Christus":* Ursprung der Heilskraft und Prinzip der Verähnlichung Röm 6,11; bezeichnet dann auch überhaupt die Verbundenheit mit Christus z.B. Röm 9,1. – *„Mit Christus"*, bzw. „mit dem Herrn" ursprünglich speziell die Gemeinschaft mit dem Erhöhten: I Thess 4,17; Phil 3,20. – „Durch *Christus":* in erster Linie kultisch gedachte heilsmittlerische Funktion, z.B. Röm 5,1.9.11, aber auch gleichbedeutend mit „im Namen Jesu Christi".

VI. Mitarbeiter des Paulus

Engster Kreis: Timotheus, Barnabas, Silvanus. – *Unabhängige Mitarbeiter:* Apollos, Aquila und Priscilla, Titus. – *Gemeindeapostel:* Epaphroditus (Philippi), Epaphras (Kolossai), Stephanas, Fortunatus und Achaikos (Korinth), Onesimos (Phm), ferner: Philemon, Archippos, Lukas, der Makedonier Gaius. – Als judenchristliche Mitarbeiter (Kol 4,10f.): Aristarchos, Markus, Jesus Justus; Tychikos (Kol 4,7).

§ 55 Der Römerbrief (Röm)

A. Aus 15,19–24 ist zu ersehen, daß der Röm gegen Ende der Wirksamkeit des Paulus im Osten verfaßt worden ist, als Paulus dort „keinen Raum" mehr sah (15,23). Paulus steht *vor dem Aufbruch nach Jerusalem,* wohin er die *Kollekte* Makedoniens und Achaias überbringen will (15,25–29). Mit diesem Brief kündigt Paulus an, daß er die Gemeinde besuchen will, um auch in Rom zu verkündigen (1,10–15). Er will sich dort aber in erster Linie nur auf der Durchreise nach Spanien aufhalten (15,23f.28f.). Daß er sich an die Gemeinde wendet, begründet er damit, daß er Heidenapostel ist (15,15–19). Auf ein konkretes Problem der römischen Gemeinde geht Paulus nur in K. 14 ein, wo er in den Streit zwischen den

Schwachen (die Fleisch und Alkohol für unrein erklären und bestimmte Tage halten) und Starken eingreift.
Der Brief hat wahrscheinlich schon früh in zwei Fassungen existiert, in der *römischen Fassung K. 1–15* und in der erweiterten *ephesinischen Fassung K. 1–15 + 16.*
Zweck des Röm: Vor Beginn der Spanienmission will Paulus die Gemeinde in Rom zu einem Stützpunkt/Fürsprecher machen. Diese soll ihm Rückendeckung gegen *judaisierende Christen* bieten, die Paulus isolieren und bekämpfen wollen und als Auflöser der jüd. Prärogativen hinstellen. Paulus diktiert einer fremden Gemeinde seine eigene Lösung des Problems AT/Christentum. Damit erweist er die Legitimität seines Evangeliums auch angesichts des Anspruches der Schrift. Was er von Jerusalem kaum noch erwarten konnte, erhofft Paulus von Rom: daß man *seine* Lösung des Grundproblems akzeptiere.

B. Grobgliederung

Erläuterung: Der *systematische* Teil des Röm umfaßt K. 1–11, der *paränetische* K. 12–15. Thema und These des Briefes werden in 1,14–17 genannt. Das erste große Hauptstück reicht dann von 1,18–5,21. In ihm wird die Universalität von Sünde und Heil dargestellt, und zwar nacheinander (1–3: Sünde, 3–5 Heil). In dem Teil, der die Universalität der Sünde beschreibt, werden wichtige *Einwände* gegen dieses Konzept erhoben, und zwar in 3,1–8. Wenn alle gleichermaßen Sünder sind, entsteht nämlich die Frage nach der *Besonderheit Israels* und damit nach der Treue Gottes. Diese Frage wird in Röm 9–11 dann ausführlich beantwortet. Parallel zu Röm 9–11 wird aber in Röm 6–8 der andere Einwand aus 3,1–8 beantwortet: ob nicht angesichts der Offenbarung der Gerechtigkeit Gottes das *Tun des Bösen erlaubt sei.* – Auch in 3,27–31 greift Paulus schon auf diese Fragestellungen zurück: Das Rühmen der Juden (Auserwählung durch Besitz des Gesetzes) ist zwar ausgeschlossen, doch die Tora ist nicht aufgehoben.

C. Inhalt

1,1–17 Der Apostel und sein Evangelium

1,1–7: Erweitertes Präskript. Das Evangelium selbst hat einen sowohl jüdischen wie auch universalen Charakter. Jüdischer Charakter: von den *Propheten* vorherverkündigt, Jesus *aus dem Samen Davids* als Mensch. Universaler Charakter: Das Jüdische ist nur wie Vorherverkündigung und Potentialität, die mit der *Auferstehung Jesu, in der er durch Geist zum Sohn wurde,* in Wirklichkeit und universale Erfüllung überführt wurde. Denn vorher war Jesus nicht „Sohn Davids“, nur „aus dem Samen Davids“ – erst als Sohn Gottes hat er die universale herrscherliche Stellung inne. So ist auch der Jude Paulus Apostel für alle Heiden (V. 5). Die Kraft (dynamis), die Jesus zum Sohn Gottes macht, ist auch die Kraft des Evangeliums (V. 4/16).

1,8–16: Der universale Charakter des Evangeliums und des Willens Gottes ermöglichen und fordern einen Besuch in Rom.

V. 11f.: Paulus will zwar vom apostolischen Pneuma mitteilen, stellt sich aber doch mit den Römern auf eine Stufe (gemeinsam mit euch).

V. 16: *den Juden zuerst:* Trotz des universalen Charakters des Glaubens bleibt den Juden ein Vorzug.

Der Apostel schämt sich nicht, das Evangelium zu verkünden, denn es ist unmittelbar Gottes Wort.

1,17: **These des Briefes:** Im Evangelium wird die Gerechtigkeit Gottes offenbar, die im Glauben angenommen wird. D.h. im Evangelium, und erst und nur so, wird die Möglichkeit heilvoller und lebensvoller Beziehung zu Gott angeboten, und zwar von Gott her. „Offenbaren" heißt: dieses Angebot ist neu.

1,18–5,21 Universalität von Sünde und Heil

1,18–3,20 Universalität der Sünde

1,18–2,11: Juden und Heiden hatten gleiche Möglichkeiten zur Erkenntnis Gottes und verhielten sich gleich.

V. 18: Zorn Gottes und Gericht gilt den Menschen, insofern als sie selbst alle Sünder sind. Denn sie konnten Gott aus der Schöpfung erkennen (V. 19f. „natürliche Gotteserkenntnis") und sind deshalb unentschuldbar. Sie verweigern sich dieser Erkenntnis und leugnen auch praktisch Gott. Als Strafe folgen

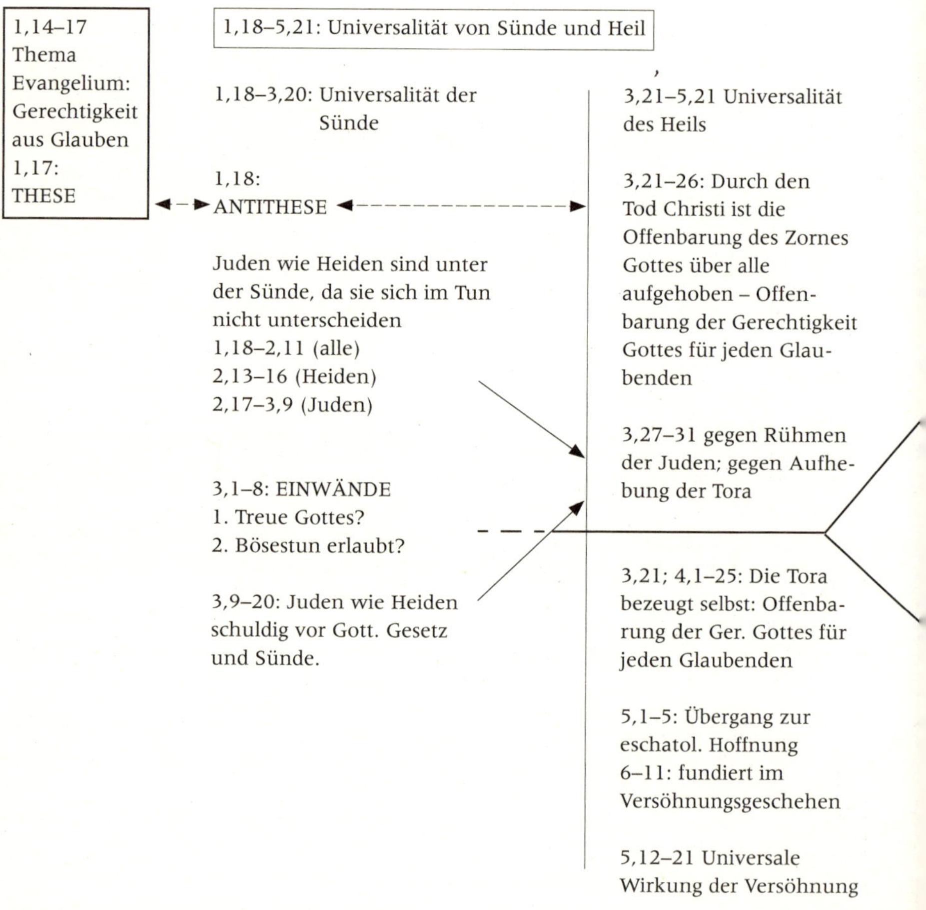

Herzensverfinsterung, daraus Götzendienst und als Strafe dafür Preisgabe an Laster: *Der Vertauschung als Schuld (Götzendienst) folgt die Vertauschung als Strafe* (sexuelle Perversionen). Gott überläßt die Täter dem, was in ihnen wirksam ist. Schluß: V. 32 Wer Gott und seine Satzungen kennt, aber nicht danach handelt, ist des Todes schuldig.

(Auch die Juden begehen „heidnische" Sünden. Die übliche Einteilung, die 1,18ff. auf Heiden, 2,1ff. auf Juden beziehen möchte, und die dann das „Deswegen ... jeder Mensch" in 2,1 nicht erklären kann, halten wir für unbegründet).

Leitworte: Gott übergab sie, Erkenntnis, denken, ändern.

2,1–11: Daraus ergibt sich für alle: **Bekehrungspredigt mit Gerichtsankündigung. –** Als direkte Anrede von K. 1 abgehoben durch die 2. Pers. Sing. in V. 1–5. – Weil alle als Sünder erwiesen sind, darf keiner den anderen verurteilen (Leitworte: richten, Gericht, Zorn). Der in 1,18 angekündigte Zorn trifft die

6–8 keine Sünde trotz Befreiung vom Gesetz		
6,1–23 Freiheit von Sünde verpflichtet zum Tun d. Gerechtigkeit 1–14: Teilhabe am Sühnetod Christi 15–23: Der Gerechtigkeit dienen, weil sie vom Tod zum Leben übergegangen sind	7,1–8,11: Freiheit von Sünde als Freiheit vom Gesetz zur Erfüllung des Gesetzes 7,1–6 These 7,7–25 Gesetz bleibt 8,1–11 Neue Existenz	8,12–30: Existenz nach dem Geist V. 12–16: Verpflichtung zum Leben nach dem Geist V. 17–30: Hoffnung auf künftige Enderlösung 8,31–39: Zus.fassung ab 3,21. Hymn. Schluß.

9–11 Die zeitweilige Verstockung Israels widerlegt nicht Gottes Treue		
3,1–4 in 9,6 9,6–29 Berufung d. Christen aus Juden und Heiden aus der Freiheit des Erwählungshandelns Gottes	3,5 in 9,14 9,30–10,21 Heiden: Gerechtigkeit aus Glauben. Israel: Wegen Gerechtigkeit aus dem Gesetz (Versuch) an Christus gescheitert	11,1–36: Mysterium: Fall Israels = Heil f. Heiden (Warnung an Heiden!) Verstockung Israels ist zeitlich begrenzt

12–15 Paränesen

12–13	Mitmenschliches Verhalten
12,1–2	Überschrift
12,3–21	Charismatischer Dienst Leib/Glieder Charismatiker + Bruderliebe
13,1–7	Obrigkeit
Schlußmahnungen	

14–15	Einheit der Gemeinde Starke/Schwache, Judenchristen/Heidenchristen

15,22–33	Gebet für Paulus (Kollekte in Jerusalem)

Angeredeten dann wirklich, wenn sie die jetzt (V. 4) angebotene Güte Gottes abweisen. Denn das Gericht ergeht schonungslos nach Werken über alle, „über Juden zuerst und über Griechen".

2,12–3,9: Juden und Heiden sind je auf ihre Weise unter der Herrschaft der Sünde.

2,12: Überschrift: Die ohne Gesetz sündigten, werden auch ohne das Gesetz umkommen, die im Geltungsbereich des Gesetzes sündigten, werden durch das Gesetz ihr Urteil empfangen.

a) – *ohne Gesetz (Heiden)* 2,13–16: Das Gewissen des Nichtjuden ist für ihn die maßgebliche Instanz als verborgener innerer Gerichtshof, dessen Spruch das sichtbare Endgericht ans Licht bringt und bestätigt.

b) – *mit Gesetz (Juden)* 2,17–3,9: War das Thema von 2,13–16: „Wie kann man verurteilt werden, ohne das Gesetz zu haben?", so ist das Thema hier: *„Wie wird man verurteilt, obwohl man Lehrer des Gesetzes ist?"* Widerspruch zwischen Besitz des Gesetzes und Lehren einerseits und Tun andererseits. Klimax V. 23f.: Gott wird so gerade in den Augen der Heiden entehrt. V. 25–29: Die **Beschneidung** nützt nur, wenn das Gesetz erfüllt ist. Beschneidung kann nur dann Zeichen der Erwähltheit sein, wenn Gerechtigkeit erworben ist. Nur wer das Gesetz wirklich erfüllt, ist wahrer Jude. Die („wahre") Beschneidung des Herzens wird hier als Desiderat sichtbar und in Röm 4 dann durch die Gerechtigkeit der neuen Abrahamskinder realisiert werden.

3,1–8 Einwände: Wenn Beschneidung und Judesein nichts mehr nützen – sind dann die Verheißungen Gottes (V. 2: Worte) hinfällig geworden? Nein, die Untreue der Menschen kann nicht Gottes Treue zunichte machen. Aber warum wird man, wenn das so ist, überhaupt noch verurteilt? Ist dann nicht Bösestun erlaubt, wenn Gott sich sowieso als gerecht erweist? (Aufnahme dieser beiden Einwände in K. 6–8 und 9–11).

3,9–20 Zusammenfassung: Daß Juden und Heiden beide unter der Sünde sind, kann auch aus der Schrift bewiesen werden (im Zitat: „den Weg des Friedens kannten sie nicht"). Wenn das Gesetz hier von „keinem einzigen Gerechten" spricht, so meint es, wie immer, alle im Einflußbereich des Gesetzes. Indem es über alle zeugt, bezeugt es, daß alle unter ihm stehen und schuldig sind. (Kontrast zu 3,21). Das Gesetz vermittelt nur Kenntnis der Sünde. Keiner wird unter ihm gerecht (d.h. aus Werken des Gesetzes).

3,21–5,21 Universalität des Heils.

3,21–4,25 Gerechtigkeit für jeden, der glaubt.

3,21–31 **Gottes Gerechtigkeit** ist jetzt als ein Gut offenbar geworden, das nicht über das Gesetz zugänglich ist (denn nach 3,20 war ja mit dem Gesetz der Gegenbegriff *„Sünde"* verbunden). Die neue Weise des Zugangs ist der Glaube. Dieser Glaubensweg wurde *ermöglicht* durch das Sühnopfer Jesu Christi (V. 24f.). Wenn einer in den Glauben „eintritt", macht Gott ihn gerecht und kann ihm *auf dieser Basis* seine Gerechtigkeit erweisen (d.h. gerecht sein) (3,26). V. 27–30: **Bedeutung für die Juden und**

das jüdische Gesetz: Der eine gemeinsame Gott rechtfertigt alle auf die gleiche Weise. Daher können die Juden nicht mehr durch Werke des Gesetzes gerecht werden und sich eines so erfüllten Gesetzes nicht rühmen. Doch das Gesetz ist nicht abgeschafft, sondern als Gesetz des Glaubens erst eigentlich aufgerichtet (entweder im Glauben erfüllt oder durch den Schriftbeweis K. 4 als gültig erwiesen).

4,1–8 Schriftbeweis zu 3,27: Nicht Werke, sondern Glaube als Weg zur Gerechtigkeit. Durch das Stichwort „anrechnen" sind Gen 15,6 und Ps 32,1f. miteinander vergleichbar: weder positive (aus Gen 15,6 erschlossen) noch negative Werke (Sünde; Ps 32) werden angerechnet zur Gerechtigkeit, sondern allein der Glaube. Dem ist nicht Lohn, sondern Gnade zugeordnet.

4,9–12 Beschneidung und Rechtfertigung (oder: Welche Funktion hat das jüdische Proprium angesichts dieses Weges?): Da Gen 15,6 (Rechtfertigung aus Glauben) vor Gen 17 (Beschneidung) steht, gilt: Die Beschneidung ist nur Zeichen der schon vorher und unabhängig davon erworbenen Gerechtigkeit. Abraham ist nur Vater einer durch vorgängige Gerechtigkeit gefüllten Beschneidung.

4,13–25 Wie wurden nun die Abraham gegebenen Verheißungen erfüllt? Neue Begriffe: Gesetz, Verheißung, Erbe.

a) V. 13–16: *nicht unter dem Gesetz.* Denn das Gesetz wirkte nur Zorn. Um aber die Verheißung zu erlangen, mußte man gerecht sein wie Abraham auch. Weil Paulus die Verheißung von Beschneidung und Gesetz *isoliert* hat, kann er auch die Erfüllung der Verheißung unabhängig von beiden annehmen:

b) V. 17–25: *Die Kinder Abrahams sind die Christen,* denn sie glauben und *ihr Glaube ist ähnlich dem Abrahams* (V. 17 Gott, der die Toten lebendig macht, V. 24: der Jesus aus Toten erweckt hat). Daher auch Rechtfertigung durch die Auferstehung für die Christen, weil sie daran glauben (4,25).

5,1–11 **Die Versöhnung durch Jesus Christus begründet das zukünftige Heil.** *Zukünftige Rettung aus Zorn, weil wir den Frieden haben. So können die Christen sich Gottes rühmen (V. 11) und holen damit das Sich-Gottes-Rühmen des Juden (2,17) ein.*

Schon geschehen: Friede-Haben, Zugang-Haben, Stehen in der Gnade: das Opfer Christi als Weg zu Gott für die, die sich zu ihm bekehren. So ist das *Hinzutreten* zu Gott ermöglicht. In der **Zwischenzeit** gilt: Bedrängnis und Hoffnung (V. 3f. Kettenschluß).

Zukunft: Die Hoffnung ist nicht ohne Grund, denn 1. hat Gott als Zeichen seiner *Liebe* den Geist in uns gelegt (V. 5), was auf Leben weist (V. 10), und 2. ist sein Sohn für uns Sünder gestorben. Das ist etwas Besonderes: A. Schon für einen Gerechten stirbt man kaum. B. Vielleicht stirbt jemand für einen Guten, aber nicht für seine Feinde. Im Vergleich zu der unter Menschen geübten *Liebe* ist Gottes Liebe daher sehr groß. **Das unverhältnismäßig Wunderbare ist jetzt schon geschehen. Daher ist auch Rettung vom künftigen Zorn zu erwarten.**

5,12–21 **Universale Wirkung der Versöhnung**

> **Adam und Christus** entsprechen sich hier nicht nur, sondern Christus überbietet Adam und hat größere Bindekraft als die mit Adam begonnene Sünde. Er wirkt stärker als die bisherige Gemeinsamkeit der Menschen, Sünder zu sein. Wie in K. 4 wird die *Gnade* eng an Jesus Christus gebunden, nur ist ihr dort das *Werk* entgegengesetzt, hier aber die *Sünde.* Dort ist das Werk mit dem *Gesetz* verbunden, hier die Sünde. Die Adam-Christus-Typologie ist hier „angefüllt" durch den Gegensatz von Gnade und Sünde. Der Übergang von der Sünde in die Gnade geschah durch Jesu Tod.

V. 12–14: Seit Adam wurde die Sünde von jedem einzelnen realisiert (V. 12b Ansatz der „Erbsündenlehre"). Auch als noch kein Gesetz war, herrschte über die Sünder der Tod.

V. 15–20 Der Typos Adam-Christus ist auf der Christus-Seite durch das **Prinzip der Überbietung** gekennzeichnet:

a) V. 15: Die Gnade ist stärker als der Tod, weil sie *Gottes* Gnade ist.
b) V. 16: Die Gnade ist stärker, weil sie Gottes Antwort auf *viele* Vergehen ist (Adam: nur *eines),*
c) Es geht nicht nur um ein Vergehen, sondern um eine *neue Fülle,* um Leben (V. 17, vgl. „Leben" in V. 10.17.18.21; 6,4),
d) Das *Gesetz* hat die Übertretung gemehrt, um wieviel mehr der *Tod Jesu* die Gnade; Leitwort: Regieren (Sünde/Gnade). Funktion des Gesetzes: Dunkle Kontrastfolie für das Leuchten der Gnade zu bewirken (durch Steigerung der Sünde).

6–8 Keine Sünde trotz Befreiung vom Gesetz

> 6,1–7,6 Die Christen stehen jetzt schon unter der Gnade, daher außerhalb der Sünde und daher auch nicht mehr unter dem Gesetz. Ihr neues Leben „für Gott" ist zugleich der Maßstab ihres Handelns.

Wer sich im Glauben bekehrt und getauft wird, begegnet demselben Gott, der Jesus auferweckt hat, nämlich dem Gott, der neues Leben zu geben imstande ist. Wer den Leib *aus der Sphäre der Sünde gezogen hat, ist leiblich (denn Sünde und Begierde betreffen immer den Leib mit) mit Christus mitgestorben* und ist frei von der Botmäßigkeit unter Sünde und Gesetz.

Es entsprechen sich:

Sünder	leibhaftige Abkehr von Sünde = Mitsterben	neues Leben für Gott
Christus	Kreuzigung	Auferweckungsleben

Röm 6 ist daher nicht primär eine Belehrung über die Taufe, sondern eine Lösung der Frage nach der Norm, wenn die Christen denn nicht mehr „unter" dem Gesetz sind. Die Getauften haben das Gesetz „in sich", indem sie **auf Gott hin und von ihm her leben.**

Es handelt sich jetzt *noch nicht um ein Mitauferwecktsein – das ist erst zukünftig (V. 5)* (anders: Kol 2,12f.). Vielmehr kann mit der Wendung „Gott (Dativ) leben" zweierlei bezeichnet werden: Das Leben des *Auferstandenen* bei Gott und das *sittliche Leben vor und für Gott.* In beiden Fällen **bestimmt sich Leben ganz von Gott her.** Die Mahnworte V. 12f. lösen daher die mit 5,21/6,1 aufgestellte Frage. – V. 14: Gegensatz Gesetz/Gnade ist neu: unter dem Aspekt der Verbundenheit mit der Sünde.

6,15–23: Die alte Knechtschaft gegenüber der Sünde, die zum Tode führte, wird abgelöst durch den neuen Gehorsam gegenüber der Gerechtigkeit, der zum Leben führt. Bild des Herrschaftswechsels.

6,17: Statt „Gnade": apostolische Lehre statt Gesetz.

7,1–6: Weil unser Leib Christus gehört, sind wir frei (Vorbereitung dazu ist die Konzeption von K. 6: Wie die Auferweckung Jesu leiblich war, so ist auch das neue Leben auf Leiblichkeit und damit auf Abschied von der Begierde bezogen). Die Angeredeten sind gestorben. Wer gestorben ist, ist frei vom Gesetz. Beispiel: Eine Witwe, die mit einem anderen verkehrt, ist keine Ehebrecherin:

Frau wird durch den Tod *des Mannes*	frei vom Gesetz
Gemeinde stirbt durch *eigenen* Tod:	frei vom Gesetz

Vergleichbar: durch Tod kann man sich mit *einem anderen verbinden,* wird von dem bis dahin gültigen Gesetz frei.

7,6 kurze Zusammenfassung: Neuheit des **Geistes** (d.h. Geist des Auferstandenen, Leben für Gott) – nicht Altheit des **Buchstabens** (d.h. des Gesetzes, das immer ein draußen und fremd bleibendes Gegenüber war). Auch deshalb sind sie nicht mehr unter dem Gesetz.

7,7–8,11 **Von der zweifachen möglichen Wirkweise des Gesetzes.**

7,7–11 (paränetisch-moralische Identifikation mit Adam): Das Gesetz selbst ist nicht Sünde. Der Tod kam vielmehr durch das *Zusammenwirken* von Sünde, Gesetz und Begierde zustande. Denn mittels des Gesetzes konnte die Sünde in mir Begierde wecken. Das Gesetz selbst ist heilig, aber *es kommt immer darauf an, in welche Wirkungszusammenhänge es eingefügt wird.*

7,12–23: In meinem Fleisch, in den Gliedern meines hinfälligen Leibes, **wohnt die Sünde** (und nicht das Gute). Ich bin nicht nur unter sie verkauft, **sie ist vielmehr selbst Subjekt in mir** (sie ist „der Sünder" V. 13.17); daher wirkt sie mein Tun (und damit auch das Geschick meines Leibes). Diese Fremdherrschaft in mir verursacht einen *Streit zwischen meinem eigenen Wollen* (Zustimmung zum guten Gesetz Gottes) *und dem faktischen Tun.* Nur wenn ich nicht mehr fleischlich wäre (ohne die Schwäche, die mit Notwendigkeit Raum für Sünde und damit für Begierden gibt), könnte ich dem pneumatischen Gesetz entsprechen. Nur wer selbst pneumatisch ist, kann dem pneumatischen Gesetz genügen.

Das „andere Gesetz" und das „Gesetz der Sünde" in den Gliedern ist daher *das eine Gesetz Gottes,* das sich aber im Wirkungsbereich von Fleisch und Sünde

„pervers", d.h. tödlich auswirkt. Es geht daher in Röm 7 wohl um das vorchristliche Sein, doch primär darum, *daß das Gesetz je nach der fleischlichen oder pneumatischen Beschaffenheit des Menschen verschieden wirkt.*

7,24f.: Der Streit im Menschen und die unglückselige Funktion des Gesetzes sind also nur zu beenden, wenn sich die *Leiblichkeit des Menschen ändert,* d.h. wenn er aus dem Bereich des Fleisches heraustritt. Hier schließt sofort 8,1–11 an:

8,1–11: Durch den Geistbesitz *sind die Christen bereits* auf eine neue Leiblichkeit ausgerichtet: Sie sind schon „im Pneuma" und auf Auferstehung ausgerichtet (8,11). – *Nicht das Gesetz verurteilt die Christen (zum Tod), sondern Christus hat die Sünde verurteilt* (Leitwort verurteilen 8,1/3). So, wenn man nun nach dem Prinzip des Pneumas lebt, wird die Forderung des pneumatischen (7,14) Gesetzes erfüllt.

Das Pneuma konkurriert also dem jüdischen Gesetz, insofern es Gabe der Erwählung wie Norm ist. Es ist aber dem bloßen Besitz des Gesetzes überlegen (und damit Fleisch und Todverfallenheit entgegengesetzt), da es Prinzip und zugleich Kraft des Handelns und Unterpfand der künftigen Auferstehung ist.

8,12–39: **Die Zukunftsdimension des Pneumabesitzes**

12–18: Das *Prinzip des Handelns* ist zugleich *Unterpfand für den zukünftigen Lohn.*

19–22: Weil die Welt in **Wehen** liegt, hat sie etwas zu erwarten. Weil hier Knechtschaft ist, wird die Umkehrung dann Sohnschaft bedeuten. Die Zukunft der ganzen Welt aber hat als Freiheit und Sohnschaft mit dem Besitz des Angeldes begonnen. Die *Erlösten* stehen im Mittelpunkt:

V. 17: *mit* Christus *mit*leiden – *mit*verherrlicht

V. 18: Leiden/zukünftige Herrlichkeit *für uns* offenbart

V. 21: Knechtschaft/Freiheit *der Kinder.* –

23–27: Das *universale klagende Stöhnen* der Gegenwart weist auf Erlösung in der Zukunft:

V. 19–22: die Schöpfung *stöhnt*

V. 23–25: „wir" *stöhnen*

V. 26: Das Pneuma selbst *stöhnt,* es übersetzt unser Stöhnen mit Ausrufen des Stöhnens, die nicht mit Worten sagbar sind. Denn so wie Gottes Herrlichkeit unaussagbar ist, gelten vor ihm auch nicht menschliche Worte, sondern nur himmlische Sprache. Menschen können daher vor Gott nur durch einen **Fürsprecher** vertreten sein, der von himmlischer Art ist und Gottes Sprache redet. Dieser Mittler ist das Pneuma – zugleich in den Herzen der Christen.

28–39: *Die singuläre Heilsgewißheit der Christen.*

28–30: Die Vorherbestimmung garantiert ein gutes Ende (V. 28)

Der Kettenschluß V. 29f. stellt im Kontrast zu V. 18–27 (Stöhnen und Unvollkommenheit) die schon geschehene Verherrlichung der Christen heraus (Gleichgestaltung mit der Herrlichkeit des Sohnes schon in der Taufe V. 30).

31–39: Unter Wiederaufnahme von Gedanken aus 5,1–11 wird die singuläre Heilsgewißheit der Christen aus dem begründet, was sie bereits empfangen haben. Dadurch sind sie dem Judentum voraus.

9–11 Die zeitweilige Verstockung Israels widerlegt nicht Gottes Treue.

9–10 Vornehmlich die in K. 8 gehäuften Titel und Güter nahmen die zeitgenössischen Juden für sich in Anspruch. Die Frage nach Kindschaft/Sohnschaft gegenüber Gott ist dabei der engere Kern der weiteren Frage, *ob Gottes Verheißungen an Israel nun also hinfällig sind:* 9,4 redet von der Sohnschaft Israels, während doch nach 8,14 usw. die Gemeinde durch das Pneuma Sohnschaft erlangt hat. – Auffallend häufig verwendet Paulus in Röm 9–11 das Mittel des *Schriftbeweises.* Damit bringt Paulus zum Ausdruck, daß er das jetzige Geschehen noch immer im Horizont der Worte Gottes an Israel begreifen kann. Auch in der Katastrophe kommen diese Worte zur Erfüllung. Der Einwand von 3,1–4 wird aufgenommen.

9,1–23: Ist das Volk Israel verworfen? Nein! Gottes Verheißungen bleiben bestehen. Aber wer zu Israel gehört, bestimmt Gott selbst in seiner Freiheit.

Die bekannte These, daß Gott nicht aufgrund menschlicher Vorbedingungen, sondern souverän auserwählt, überträgt Paulus auf die Frage **Juden/Judenchristen.**

1–5: Paulus schmerzt der gegenwärtige Zustand seines Volkes – doch diesem gehören bleibend Sohnschaft, Bundesschlüsse, Gesetz, Verheißungen, Väter und Christus dem Fleische nach. – Die Frage ist nur, *wie* die Verheißungen gelten.

6–13 Gottes Wort ist nicht ungültig geworden. *Aber es war schon immer so, daß nicht alle aus Israel zu Israel gehören konnten, weil Gott auswählte.*

1. Beispiel: Nicht aller Same Abrahams ist auch „Kind", nur **Isaak** wurde berufen. Denn es geht um Verheißung, nicht um fleischliche Abstammung – auch bei der Gotteskindschaft (V. 8).

2. Beispiel: **Jakob–Esau:** Die Auserwählung Jakobs erfolgte nicht aufgrund von Taten: Gottes freie Wahl ist an keine menschlichen Voraussetzungen gebunden.

14–23 Ist Gott also ungerecht? Aus der Schrift kann man nur erkennen, daß Gottes Handeln stets die gleiche Struktur hat: *Es gibt immer Erwählte und Verworfene,* weil er der Schöpfer ist (Beispiel: **Pharao** V. 17; **Gleichnis vom Töpfer** V. 20f.). So gibt es Gefäße des Zornes und Gefäße des Erbarmens (22f.).

9,23–10,3: **Anwendung auf die gegenwärtige Berufung aus Juden und aus Heiden:** 1. Das Nicht-Volk wird Volk und umgekehrt (V. 25f.), und nur ein Rest wird gerettet – beides bezeugt die Schrift. 2. V. 30–33: Anwendung auf die Frage Gesetz/Glaube: Gottes Freiheit bestand darin, auf dem Sion einen **Stein des Anstoßes** zu setzen. Damit hat er Auserwähltheit durch ein neues Kriterium in Frage gestellt, eine Schwelle eingeführt, über die Israel gehen mußte. Diese neue Bedingung war der Glaube. Demgegenüber dem alten Weg nachzujagen und Auserwähltheit im Besitz des Gesetzes und dieses als Kriterium der Gerechtigkeit zu sehen, war falsch.

10,3–13: **Christus das Ende des Gesetzes.**

These V. 4: Das Ende des Gesetzes ist Christus, zur Gerechtigkeit jedem, der glaubt. Entfaltung:

a) V. 5–7: Christus als das Ende des Gesetzes: Beim Gesetz ist das Leben an das Tun *gebunden.* Beim Glauben dagegen *braucht man nur auf Jesus schauen:* Er ist schon gekommen und auferstanden (V. 6f.), und daher ist er die *Erfüllung* („das Ende") dessen, was vom Gesetz gesagt wurde. In V. 8–10 werden „Mund" und „Herz" aus der Schriftstelle unbefangen mit „Bekennen" (Mund) und „Glauben" (Herz) in eins gesetzt und beides auf die Auferstehung Jesu bezogen.

b) V. 11–13: *„für jeden, der glaubt".* Leitwort: Alle/Jeder (angewendet auf Jude und Grieche). Verbindung V. 10/11 durch die Synonymität Rettung/nicht zuschanden werden, vgl. V. 13. Entscheidend ist, daß in V. 11–13 Rettung nicht vom Gesetz, sondern vom *Anrufen des Namens des Herrn* gesagt wird.

10,14–21: Die Juden sind unentschuldbar, weil sie alle gehört haben.

Dem Hören folgte aber kein Glaube (Leitworte: Hören/Glauben) (14–18); Form der Kettenreihe. So wird Gott also Israel *eifersüchtig* machen auf ein Nicht-Volk und sich von denen finden lassen, die ihn nicht suchten. Mit dem Stichwort „Eifersucht" ist 11,11.14 vorbereitet.

11	Gott hat sein Volk nur zeitweilig zum Heil der Heiden verblendet. Am Schluß wird aber ganz Israel gerettet werden. Das Geschick Israels ist gleichzeitig eine Warnung an die Heiden (Übergang zur Paränese K. 12–15).

a) 1–10 **Rest und Verstockung.** Mit diesen Begriffen klärt Paulus den gegenwärtigen Heilsstand Israels im Lichte der Schrift. 1. Daß Israel *nicht ganz* verstoßen ist, kann man daran sehen, daß beispielsweise Paulus selbst ein „Rest" ist (wie **Elia**, dem man auch nach dem Leben trachtete, dem Gott aber im Orakel von einem weiteren Rest mitteilte). Der Rest besteht allerdings aufgrund von Gnade, nicht aus Werken. – 2. Die anderen wurden verstockt (V. 8–10).

b) 11–15 **Heidenmission und Wiederannahme Israels.** Paulus will gerade durch seinen Dienst an den Heiden Israel **eifersüchtig** machen. Das Sich-Verweigern Israels war das Startzeichen für die Mission der Heiden. Wenn ihre Verwerfung also schon Versöhnung brachte für alle, dann wird ihre Wiederannahme noch Herrlicheres bringen: die Auferstehung der Toten und damit das Ende der Geschichte. – Leitworte: Heiden, eifersüchtig machen; zwei Schlüsse vom Geringeren auf das Größere.

c) 16–24 **Ölbaumgleichnis.** Beachte: Das Gleichnis bezieht sich nicht nur auf die Vorgänge des Herausschneidens und Wiedereinpfropfens, sondern auch auf das Verhältnis von Wurzel und Zweigen: *Erwähltheit gibt es nur im*

Zusammenhang mit dem erwählten Abraham. Die Bedingung ist der Glaube, wie schon in K. 4 dargestellt wurde. Den jetzt an der Stelle der ungläubigen Juden eingesetzten Heiden kann daher dasselbe passieren wie diesen. Und zugleich gilt: Wenn die Juden den Unglauben aufgeben, werden sie wieder eingepflanzt werden.

V. 16 ist Überschrift (zwei Bilder: Teighebe und Baumwurzel), V. 17–24 ist als Mahnrede gehalten. Ziel: Warnung vor Überheblichkeit a) gegenüber Israel, b) angesichts der eigenen Gefährdung. **Vorbereitung von K. 12–15.**

d) 25–32 Auch die Mitteilung des apokalyptischen **Geheimnisses** über Israels Erlösung hat ein paränetisches Ziel: Die Heiden sollen nicht zu hoch denken von sich, sie sind nur ausnahmsweise angenommen (V. 25). Hier geht es nicht mehr um die Mission des Paulus, durch die einzelne gerettet werden sollen (V. 14), sondern um die Rettung ganz Israels nach der Bekehrung der Fülle der Heiden. *So, wie die Juden ihren Messias auf dem Sion erwarteten (4 Esr 13), wird der Herr vom Sion her kommen und Israels Schuld beseitigen. Ursache ist wieder die Erwählung der Väter.* So folgt immer Erbarmen auf Unglaube, bei Heiden wie bei Juden, damit Gott sich am Ende aller erbarmt hat.

e) 33–36 Hymnischer Lobpreis Gottes wie in 9,5 am Anfang.

12–15 Die Paränesen

12–13 **I. Allgemeinere Paränesen über das mitmenschliche Verhalten**

12,1–2 *Überschrift:* Die Mahnung erfolgt aus dem Erbarmen Gottes, von dem in 11,31f. die Rede war. – 1. Ausrichtung auf Gott („lebendige Opfer"), 2. Maßstab und Kriterium des Verhaltens ist die (schon geschehene) innerliche Erneuerung (vgl. 8,13), nicht „diese Welt".

3–21 **Der vielfältige charismatische Dienst der Christen.**

3–6a Überschrift: Bild von dem einen Leib und den vielen Gliedern mit den verschiedenen Charismen (wie I Kor 12). Jeglicher (gehört auch zum Wortfeld) soll bei dem ihm zugeteilten Maß bleiben. *V. 6b–8a:* Prophetische und Lehrfunktionen in der Gemeinde. *V. 8b–10:* Das Miteinander in Liebe („hassend das Böse, anhängend dem Guten" in V. 9 eingefügt wegen der Opposition Liebe/Haß). *V. 11–13:* Speziell christliches und religiöses Verhalten unter der Überschrift „Eifer", in V. 13 speziell *christliche Gemeinschaftstugenden* (Bedürfnisse der Heiligen und Gastfreundschaft). Auf das Stichwort *„verfolgend"* am Ende von V. 13: Einschub V. 14: Segnen der *Verfolger.* – V. 15f.: Verhalten im Miteinander (Leitsilben: „mit", „einander", „denken"). – *V. 17–20:* Verhalten im Gegeneinander: Böses nicht mit Bösem vergelten, keine Rache, Verhalten zu Feinden. Begründung: Gott ist der Rächer; feurige Kohlen sammeln ...

V. 21: Schlußregel.

Eine Einteilung ab V. 11 ergibt sich dadurch, daß V. 11–13/14 auf die **Gemeinde** im Miteinander und gegenüber den Feinden bezogen sind, V. 15–16/17–20 dieselbe Struktur **unabhängig** von der Gemeinde aufweisen.

13,1–7 **Verhalten zur Obrigkeit.**

Leitwort von 12,17 bis 13,10 ist *Böses (tun)/Gutes (tun),* vgl. 12,17.21; 13,3.4

(2x).10. Nach 13,2b–5 ist die Obrigkeit sehr maßgeblich am *Kampf gegen das Böse* beteiligt: durch Loben des Guten und Rächung des Bösen mit dem Schwert. In der letzteren Funktion wird wirklich eine Aufgabe Gottes wahrgenommen, denn nach 12,19 ist das Rächen Gottes Sache. – 13,1–7 schließt zudem an 12,14ff. insofern an, als es sich um das Verhalten gegenüber Außenstehenden handelt. Durch die Aufnahme von 13,7 (allen das Schuldige geben) in 13,8 erscheint zudem das Liebesgebot wenigstens am Horizont des hier gebotenen Verhaltens.

1–2a: Die staatliche Obrigkeit ist eine von Gott eingesetzte Institution. Ein *Widerstand* gegen sie gilt daher Gottes Anordnung.

2b–5: Wer Gutes tut, erhält Lob, wer sich widersetzt, an dem wirkt sich das Schwert, das der Staat als Gottes Diener trägt, zum Zorngericht aus (V. 2b.4f.). Auch „wegen des Gewissens" muß man sich unterordnen (V. 1.5). weil auch das Gewissen ja sagt, was gut und was böse ist.

6–7: Deswegen muß man Steuer und Zoll zahlen, wem sie gebühren (und Ehrung und Furcht). „Allen das Schuldige geben".

13,8–14 Zusammenfassende Schlußmahnung: Die Schuldigkeit gegenüber allen ist im **Gebot der Nächstenliebe** zusammenzufassen. Darin ist das ganze Gesetz erfüllt (Gebote der 2. Dekaloghälfte als Beispiel). Liebe tut *nichts Böses.*

11–14 Schlußmotivation: Naherwartung. Folgerung: Ablegen der Werke der Finsternis, Anziehen der Waffen des Lichts (V. 13: Beispiele: „wie am Tage wandeln ..."). V. 14 zum Stichwort „anziehen": „zieht den Herrn Jesus Christus an".

14–15 **II. Speziellere Paränesen über die Einheit in der Gemeinde.**

14,1–15,6 Die Starken und die Schwachen.

14,1–12 Schwache: essen nur pflanzliche Nahrung, halten bestimmte Tage ein. Die Starken tun das nicht. *Mahnungen an die Starken betr. die Schwachen:* Annehmen ohne Streit – nicht verachten – nicht urteilen – jeder soll in seiner Meinung voll überzeugt sein. – Begründungen: Gott hat den Schwachen angenommen; er ist nur seinem eigenen Herrn verantwortlich (der ihn auch stützt), vor allem: V. 6–9: Am Beispiel, daß beim Essen beide dem Herrn das Dankgebet sprechen, kann man sehen, daß *niemand für sich selbst lebt und stirbt, sondern dem Herrn gehört.* Denn dazu ist der Herr gestorben, daß er Herr sei über Lebende und Tote; *V. 10–12:* Alle werden gerichtet, jeder einzelne muß Rechenschaft ablegen.

Folgerung V. 13: **Also nicht richten** (Leitwort ab V. 3)

14,13b–15,1: Keinen *Anstoß oder Ärgernis* geben. Auch wenn es nichts Unreines gibt, so ist doch die Rücksicht auf den schwachen Bruder vorzuordnen, denn hier geht es um *Liebe* (V. 15, vgl. 13,8–10!). Begründung: 1. Christus ist für ihn gestorben, 2. auch im Reich Gottes geht es nicht um Essen oder Trinken, sondern um andere Werte (Friede usw.). Um diese soll man sich kümmern und um die gegenseitige *Auferbauung.* Leitworte: Anstoß, anstoßen.

Für den Schwachen aber gilt, daß er sich nach seinem Gewissen richten muß. Denn alles, was nicht aus Glaube geschieht, ist Sünde.

15,1–6 So müssen die Starken die *Gebrechen der Schwächeren tragen* und sich nicht selbst zu Gefallen leben, sondern dem Nächsten gefallen. Vorbild: Christus. V. 5f.: Segenswunsch: Einigkeit.

15,7–13 An die Stelle der Schwachen und Starken treten hier die Christen aus Juden und Heiden. Für sie gilt ebenso die Aufforderung, einander anzunehmen (15,7, vgl. 14,1.7). Begründungen: a) Christus selbst ist beschnitten, um die Verheißungen der Väter sich erfüllen zu lassen. b) die Heiden sind aus reiner Barmherzigkeit berufen worden (atl. Zitate).

15,14–21 Paulus greift 1,8–15 wieder auf. – V. 16: Paulus nennt sich Priester des Messias Jesus gegenüber der Heidenwelt; Zweck: Darbringung der Heidenwelt als wohlgefälliges Opfer (= singuläres Mandat des Heidenapostels). Darstellung des Stands der Missionsarbeit (von Jerusalem bis nach Illyrien). Maßstab des Apostels: Nicht dort zu predigen, wo es andere schon getan haben. (Überleitung zu V. 22ff.)

15,22–33 Trotzdem will der Apostel auf der Durchreise nach Spanien die Gemeinde in Rom besuchen. Zuvor aber will er zur Übergabe der Kollekte nach Jerusalem reisen, die Makedonien und Achaia gesammelt haben. V 30f.: *Die Gemeinde in Rom soll für Paulus beten, daß er vor den Widersachern in Jerusalem und in Judäa bewahrt bleibt und daß die Heiligen in Jerusalem seine Gabe annehmen.*

16 Empfehlung und Grüße. Warnung vor Irrlehrern.
16,25–27 Schlußdoxologie (mit Verwendung des Revelationsschemas).

D. Textsorten

1. *Beschreibung der Ungerechten:* Kennzeichnung der Ungerechten durch listenartige Aufzählung in Röm 1,21–32; Eph 4,17–19; II Petr 2,12–22. – AT: Ps 37.
2. *Einst-Jetzt-Schema:* In kurzer, antithetisch (und zumeist mit „einstmals"/„jetzt aber") formulierter Charakterisierung werden Zustand und Verhalten vor der Taufe mit dem entgegengesetzten nach der Taufe verglichen, so in Röm 7,5f. (Fleisch/Geist); 11,30 (Ungehorsam/Erbarmen); Gal 1,23 (von Paulus: Verfolger/Verkündiger); Eph 5,8; I Petr 2,10.
3. *Midrasch:* Röm 4; Gal 3,1–14; Röm 9,6–29; Eph 4,8–10; Hebr 3,7–4,11 (Ps 95).
4. *Segenswunsch:* Röm 15,13f. (Einheit); Phil 4,7 (der Friede Gottes);
Hebr 13,20f. (Gott des Friedens ...).
5. *Doxologien:* Zwei Grundformen: „dem (oder: dir) ... die Ehre in Ewigkeit (Amen)", z.T. auch erweitert (dann am Briefschluß wie Röm 16,25–27), sonst am Schluß von Absätzen (z.B. Röm 11,36), und „gesegnet in Ewigkeit" *(Eulogie),* z.B. Röm 9,5. AT: § 21, B/C 1.; § 32, D 4.
6. *Fiktives Gespräch:* Die möglichen Einwände des Gegners werden wörtlich angeführt und widerlegt. Röm 9,19; 11,19; I Kor 15,35 („aber es wird jemand sagen ..."); Jak 2,18.

E. Themen

1. *Blut Christi.* Der Begriff wird regelmäßig dann verwendet, wenn es um die theologische Deutung des gewaltsamen Todes Jesu geht. Im Zusammenhang mit „Bund": Mk 14,24 par; Lk 22,20.44; I Kor 11,25.27 (Neuer Bund); Hebr 9–10; Sühne durch Jesu Blut: Röm 3,25; Gerechtmachung durch sein Blut: Röm 5,9. – Blut des Lammes: I Petr 1,19; Apk 7,14.
2. *Geheimnis.* Mk 4,11: Reich Gottes als das verborgene zukünftige Geheimnis; par

Mt 13,11: die Jünger wissen um das Geheimnis des Gottesreiches; Röm 11,25 (Israels zukünftige Erlösung); Eph 5,32 (Christus und Kirche); I Kor 4,1 (der Apostel Verwalter der Geheimnisse Gottes); 14,2 (im Geist reden). – An den meisten Stellen wird den Auserwählten ein Wissen um das Geheimnis mitgeteilt.

3. *Gerechtigkeit Gottes.* Sowohl das griech. wie das hebr. Wort „Gerechtigkeit" bezeichnen den Beitrag, den jemand zum Miteinanderleben leistet (wo jemand sich außerhalb der Lebensgrenze gestellt hat, erfährt er sie als Maßstab und damit als Strafe). Im NT: Jak 1,20 (G. Gottes tun, d.h. sich nach diesem Maßstab verhalten); Röm 1,17; 3,21 (Offenbarwerden der G. Gottes, vgl. auch Mk 16,14 W Hier.); ferner Röm 3,5.22.25f.; 10,3; II Kor 5,21 (der Sünde entgegengesetzt). AT: § 12, E 6.; § 16, E 6.; § 27, F 2.
4. *Natürliche Theologie.* Die Annahme, Gott könne aus seiner Offenbarung in seinen Schöpfungswerken erkannt werden: Hiob 38 und 39 (der Mensch soll sich nicht so wichtig nehmen, die Welt ist größer als er); Ps 19,2–7; Act 17,23–29; Röm 1,19–21. Vorbereitet durch Sap Sal 12,24f.; 13,1–9; 14,24–26. In gewissem Gegensatz zu Röm 1,19f.: I Kor 1,21.
5. *Vorherbestimmung:* Röm 9,14–23 (bes. V. 22f.) (Größe des Zornes und des Erbarmens); Röm 8,28–30 (zum Heil); Eph 1,5.11; Act 10,41 (Zeugen), vgl. auch Verstockung.
6. *Verhältnis zum Staat.* Jer 29,7 (Beten für das Land); Dan 7,25; Apk 13: weltliche Herrscher als endzeitliche Gegenspieler Gottes. – Röm 13,1–7 ist näher verwandt mit I Petr 2,13–17; I Tim 2,1f. und Tit 3,1f. Gemeinsame Elemente in dieser Tradition:

   Gehorsam gegen die staatliche Gewalt; die Gewalten werden in *Superiorität* dargestellt; die Mahnung gilt *allen* Gewalten und ihren Repräsentanten; ihre Aufgabe ist das Ahnden der *Übeltaten* und das Belohnen *guter Werke,* ihr gebührt *Furcht und Ehre;* im Kontext ist allgemein vom positiven Verhalten gegen *alle Mitmenschen* die Rede. – Röm 13,7 ist mit Mk 12,17 (gebt dem Kaiser ...) eng verwandt.
7. *Stellvertretung.* Mose: Ex 32,32; Dtn 3,26; Jes 53,4–6. – Totentaufe: I Kor 15,29. – Tod Jesu: Röm 5,6–8; Mk 14,24; Lk 22,19f.; Joh 10,11.15 (Leben für die Schafe). Hoherpriester: Hebr 8–10. – Beten: Mt 5,44.
8. *Tod.* Der Tod des Herrn wird durch das Abendmahl verkündet: I Kor 11,26. Aufhebung des Todes durch das ewige Leben: Joh 8,51f.; 11,25–27. – Taufe auf den Tod Jesu: Röm 6,3–5. Verbindung von Sünde und Tod: Röm 7,9–11; 5,12.14; I Kor 15,56; Phil 3.10f. (Gestalt des Todes miterleiden); Apk 1,18 (Schlüssel des Todes).
9. *Hoffnung:* Lk 24,21 (Israel erlösen); Joh 5,45 (Mose); Act 23,6 (Auferstehung); Röm 4,18; 5,2–5; 8,20–25; I Kor 13,7.13; Hebr 11,1.

   „Rest"-Gedanke (K. 9.11): vgl. § 15, E 1.

§ 56 Der 1. Korintherbrief (I Kor)

A. Nach den Angaben dieses Briefes schreibt Paulus den Brief in Ephesus (16,8). Aus mindestens drei Quellen war er über die Zustände in der korinthischen Gemeinde orientiert worden:

1. *Schriftliche Anfragen* der Gemeinde werden von ihm der Reihe nach behandelt; die Antworten beginnen jeweils mit „Über ...". Von daher ergibt sich bereits eine gewisse Gliederung des Briefes ab K. 7:
   7,1: Verkehr mit Frauen überhaupt
   7,25: Jungfrauen (Verlöbnisse)
   8,1: Götzenopferfleisch
   12,1: Geistesgaben
   16,1: Kollekte
   16,12: Apollos
2. Wie Paulus ausdrücklich in 1,11 angibt, haben ihm die *Leute der Chloe* über Parteistreitigkeiten in der Gemeinde berichtet. Vielleicht geht auch das, was Paulus nach K. 5–6 „gehört" hat, auf diese Mitteilungen zurück.
3. Bei Paulus weilt zur Zeit der Abfassung des Briefes eine *korinthische Delegation* (Stephanas, Fortunatus und Achaikus) (16,17). Diese wird auch als Überbringer des Briefes zu denken sein. – Im Parteienzwist will Paulus offenbar die letztgenannte Gruppe zur Basis der Einigung machen (16,16).

B. Grobgliederung

1–4	Begründung der apostolischen Autorität des Paulus im Parteienstreit. Kreuzestheologie.
5–6	Die gefährdete Heiligkeit der Gemeinde (Unzuchtssünder, Prozesse unter Christen, Dirnen)
7	Sexualität
8–10	Götzenopferfleisch (8: Liebe als Maßstab – 9: Paulus als Vorbild für Verzicht auf Rechte – 10: Bekenntnis als Maßstab)
11	Fragen des Kultes: Gefährlichkeit des Umgangs mit dem Heiligen: Verschleierung – Herrenmahl
12–14	Charismen
15	Auferstehung
16	Persönliche Mitteilungen, Kollekte, Reisepläne.

C. Inhalt

1–4 Begründung der apostolischen Autorität des Paulus im Parteienstreit.

Die Parteistreitigkeiten lassen erkennen, daß die Autorität des Paulus zumindest nicht unangefochten war. Denn wenn man sich auf mehrere Schulhäupter berief, mußte höchst unklar sein, wer der Gemeinde überhaupt etwas sagen konnte. Vielleicht gab es sogar Leute, die sich unter Berufung auf den Geistbesitz von überhaupt keinem Apostel etwas sagen lassen wollten (gehörten dazu die Anhänger der Christuspartei?). In dieser Lage mußte Paulus, bevor er der Gemeinde Einzelweisungen erteilte, zunächst ausführlich begründen, warum er und nur er dazu berechtigt sei. Das geschieht in K. 1–4.

1,1–9 *Präskript und Proömium.* Das Proömium ist als Dankgebet formuliert. Wichtige Stichworte: Erkenntnis, Gnadengabe (vgl K. 12–14), Erwartung der Offenbarung, bzw. des Tages des Herrn (vgl. K. 7 und 15).

1,10–12 *Darstellung der Sachlage: Ermahnung zur Einheit* (immer wenn Paulus in diesem Brief sagt „ich ermahne", geht es um die Einheit der Gemeinde: 1,10; 4,16; 16,15). Die Leute der Chloe haben berichtet: es gibt Parteienstreit. **4 Parteien: Paulus, Apollos, Kephas, Christus.** Darauf im folgenden die Antwort des Paulus:

1. Frage nach der **Taufe:** Getauft wurde doch nur auf den Namen des Christus. Damit ist auch die einzige verbindliche Autorität genannt. Und Christus ist nicht geteilt. – In Korinth dagegen dachte man offenbar, die Taufe durch einen Lehrer begründe auch bleibende Verwiesenheit auf seine Autorität. Paulus ist froh, daß er nur Krispus, Gaius und das Haus des Stephanas getauft hat, auch sei Taufen nicht seine Aufgabe. (1,13–17).
2. Christlich ist allein eine Verkündigung, die sich an einer **Theologie des Kreuzes –** und damit an einem bestimmten Gottesbild – orientiert. Das gilt für das Bild von Christus, Apostel und Gemeinde: Der scheinbare Widersinn ist Kennzeichen der Logik Gottes: *Vor ihm kann nur der Erniedrigte gelten.* Wenn es dem Apostel gelingt, seine Botschaft, sein Amt und seine Gemeinde von hier aus zu begründen, ist auch seine Autorität gegenüber der Gemeinde (weil sein Erwähltsein vor Gott) theologisch gerechtfertigt.
   1,17b–31 *Theoretische Darstellung der Kreuzestheologie:*
   a) *17b–21* Gott rettet durch die törichte Botschaft vom Kreuz.
   (Gott ist Subjekt, er vernichtet V. 19f. – oder rettet V. 21). *Gegensatz:* weise/töricht.
   b) Sender und Empfänger der Botschaft: Apostel – Griechen und Juden („Juden ein Ärgernis, den Heiden Torheit"). Das in a) genannte Handeln Gottes konkretisiert sich so. *Gegensatz:* weise/töricht, schwach/stark *(22–25).*
   c) Die Vernichtung jeglichen Sich-Rühmens und der wahre Anlaß zum Sich-Rühmen. *Gegensätze* erweitert: weise/töricht, schwach/stark, wohlgeboren/nicht wohlgeboren und verachtet, Nicht-Seiendes/Seiendes. Mit dieser umfassenden Reihe ist alles, was vor Menschen gilt, alles Fleisch, vom Sich-Rühmen ausgeschlossen. Hier ist wieder Gott Subjekt: *Sich-Rühmen ist überhaupt nur vom Handeln Gottes her möglich. Und dieses Handeln ist das Erwählen gerade des Niedrigen. Daher das Kreuz und der Christus* (25–31).

2,1–5 **Anwendung auf die Botschaft des Paulus:** Paulus hat nur den Gekreuzigten gepredigt und nicht Weisheit; er hat es in „Furcht und Zittern" getan und in Kraft und Wunder, also in der Dialektik von menschlicher Niedrigkeit und Alleinwirksamkeit Gottes – aber gerade nicht in Menschenweisheit.

3. 2,6–3,3 Die apostolische Botschaft hat aber gewissermaßen zwei Seiten. Die eine war die Botschaft vom Kreuz, die dem Prinzip der *Niedrigkeit* und Torheit entsprach, die andere ist die **Mitteilung apokalyptischer Geheimnisse.** Inhaltlich sind beide identisch, denn *das Kreuz ist die verborgene Weisheit,* apok. Geheimnis. Es handelt sich um pneumatisches Wissen, das an bestimmte Träger gebunden ist und das sich der Deutung durch Menschen entzieht. Der Gemeinde konnte Paulus davon noch nichts sagen, weil sie noch nicht weit genug war, wie man an den Streitigkeiten sieht.
   - daß es sich um eine verborgene, *erst jetzt* pneumatisch mitgeteilte Weisheit handelt, wird daraus erkennbar, daß Jesus gekreuzigt wurde: den Mächten, die das taten, war diese Weisheit noch verborgen (2,6–9 „Was kein Auge gesehen ...").
   - offenbart wurde dieses nur durch das **Pneuma**, und dieses ist die *allein Gott angemessene Erkenntnisweise* (weil nur der Geist Gottes Gott kennen kann, die „Tiefen der Gottheit").
   - Paulus beruft sich also einfach auf seinen Anspruch, Pneumatiker zu sein. Psychiker können diese Lehre nicht fassen und halten sie für Torheit (sie sind Menschen ohne Pneuma). Sie können sie nicht erkennen (enträtseln, griech: anakrinein), da das Geistempfang voraussetzt: *Pneumatisches kann nur mit Pneumatischem zusammengebracht* (verglichen und so beurteilt, griech: synkrinein) werden.

Also	K. 1:	Dialektik von Niedrigkeit und Erwählung
	K. 2:	Konnaturalität von Empfängern und Botschaft

4. 3,4–17 *Bild vom Ackerfeld und vom Baumeister.* – Was die Autoritäten (Paulus, Apollos) betrifft, so sind sie alle nur Sklaven, Gottes Mitarbeiter – und die Gemeinde ist Gottes Eigentum. Dem *einen Herrn* stehen die *vielen* gegenüber, die nur Diener sind. Jeder hat ein eigenes Werk zu tun und wird eigenen Lohn empfangen. (V. 4–9). – Das *Fundament zu dem Bau* hat aber nur Paulus gelegt, und das ist Jesus Christus. Andere können nur darauf weiterbauen, und ihr Werk wird das Gericht wie mit Feuer erproben. Wenn es nichts taugt, wird es verbrennen (auch wenn Paulus dessen Urheber verschont sein läßt). – Wer aber gegen die Gemeinde einen *Anschlag* verübt, der versündigt sich gegen den heiligen Tempel Gottes selbst (denn der Geist wohnt in der Gemeinde) und wird entsprechend bestraft (3,16f.).

5. 3,18–21: Die Weisheit der Welt ist Torheit bei Gott, er überholt sie und durchschaut ihre Nichtigkeit: Bestreitung der Autonomie der „Weisen". Folgerung: Keiner sogenannten weisen menschlichen Lehrer darf sich die Gemeinde rühmen. Und sowieso gehört keiner einem besonders („alles ist euer"). Alle sind aber Christus und damit Gott untergeordnet („ihr aber gehört Christus"). *Also können sie sich weder gegeneinander noch überhaupt aufblähen.*
6. 4,1–6: Die Apostel sind nur Diener und treue Verwalter. Sie werden daher *nur vom Herrn,* wenn er kommt, *angemessen beurteilt.* Die Gemeinde soll das nicht vor der Zeit tun. Leitwort: beurteilen.
7. 4,6–13: In der Gemeinde bläht sich einer gegen den anderen auf – ohne Grund (sie haben alles nur empfangen; ironisch: „schon satt, schon reich, schon herrschend" – von einigen Forschern als Ausdruck schon realisierter Eschatologie angesehen). Dagegen stellt Paulus das Bild der leidenden und verachteten Apostel (4,10: Antithesen; 4,11–13: *Peristasenkatalog).*
8. Schluß: Paulus stellt am Ende seine persönlichen Beziehungen zur Gemeinde dar: Sie sind *seine geliebten Kinder, er der einzige Vater* (auch wenn sie tausend Lehrer in Christus haben). „Werdet meine Nachahmer." „Timotheus wird euch an meine Wege erinnern." Man hat offenbar geglaubt, Paulus werde nicht mehr kommen (4,18). Er wird aber kommen und dann die Kraft – und das allein gilt angesichts des Gottesreiches – derer prüfen, die sich aufblähten. Leitworte: Pronomina der 1. P. Sing., Ich-Stil.

5–6 Die gefährdete Heiligkeit der Gemeinde

5 *Der Unzuchtssünder.* Die Reinheit/Heiligkeit der Gemeinde verlangt seine Verfluchung. Diese soll in einem sakral-pneumatischen Rechtsakt vollzogen werden. Darin soll durch Anrufung des Namens des Herrn seine Kraft wirksam werden. Ziel dieser Aktion: Der sofortige Tod des Übeltäters. Wenn so sein Fleisch vernichtet ist, braucht seine pneumatische Existenz (die übrigbleibt) am Tage des Gerichtes nicht mit dem Fleisch zusammen verurteilt zu werden, sondern ist frei und gerettet (die Rettung von Röm 7,24 bereitet die Gemeinde durch ihren Fluch vor).

Gattung: Gerichtsrede. Zuerst fällt das Stichwort: Unzucht. (Leitwort in 5,1.9–11). *5,1: Feststellung des Tatbestandes:* „Einer hat die Frau seines Vaters". *5,2: Anklage:* Die Gemeinde unternimmt nichts („ist aufgeblasen – vgl. K. 4 – statt zu trauern"), um den Täter zu entfernen („aus der Mitte weg" vgl. V. 13).

3–5: Verurteilung durch Paulus im Ich-Stil: Paulus hat geurteilt im Namen Jesu, wenn die Gemeinde versammelt ist und sein Pneuma, ihn dem Satan zu übergeben (leibliche Tötung).

6–3: *Anklage* (wie V. 2) *und Mahnrede:* 1. Wirkung des Sauerteigs, 2. Sauerteig-Passah-Unreinheit: „den alten Sauerteig hinausschaffen". Begründung: *Passahlamm ist Christus.* Ihr seid Ungesäuerte.

9–13: Das Verbot, *sich nicht mit Hurern zu vermischen,* bezog sich nicht auf Heiden, sondern auf Gemeindebrüder. Ihr sollt im Inneren der Gemeinde Ordnung schaffen, für die außen ist Gott zuständig. V. 10f. Lasterkatalog.

13b: *peroratio:* Mahnung: Rottet den Bösen aus euch aus.

6,1–11	Die Christen sollen Prozesse nicht vor heidnischen Gerichten, sondern innerhalb der Gemeinde führen – am besten aber ganz darauf verzichten. – Wie in K. 5: Forderung nach innergemeindlichem Recht (dort freilich als Fluchgericht, hier als Rechtsprechung unter Brüdern), Gegensatz zur Welt, Heiligkeit der Gemeinde, Beseitigen des dem neuen Status unangemessenen alten Restes.

Gattung: Anklagerede. Leitworte: „wißt ihr nicht?"/„irrt euch nicht", richten, Heilige (Gegensatz: Ungerechte, Ungläubige), Unrecht tun. – V. 9f.: Lasterkatalog. – Gegensätze in V. 1–6: Ungerechte/Heilige. Heilige/Welt, Welt/Kleinigkeiten, Engel/Alltägliches, Bruder/Ungläubige. Die Anrede „Heilige" wird in V. 11 begründet: abgewaschen, geheiligt.

1–4: Wer eine Sache gegen den anderen hat, wagt es, vor Ungerechten Prozeß zu führen. Aber die Heiligen richten die Welt, sind sie zur Klärung alltäglicher Streitfragen untauglich?

5–6: Nur Verachtete setzt ihr zu Richtern ein – gibt es keinen Weisen?

7–11 Ihr solltet überhaupt keine Prozesse haben und vielmehr Unrecht leiden statt Unrecht zu tun. Ungerechte aber erben nicht das *Gottesreich* (Lasterkatalog V. 9). Das aber ist ein vergangener Status: ihr seid doch abgewaschen und geheiligt (Name und Geist wie 5,4; Argument wie 5,7: Kriterium ist das neue Sein der Gemeinde).

6,12–20 **Gegen den Umgang mit Dirnen** (V. 16). Verbindung mit dem Vorangehenden: Heiligkeit (V. 19). – Der (stoische) Grundsatz *„Alles ist erlaubt"* wird eingegrenzt: 1. durch konkrete Nützlichkeit für die Gemeinde (V. 12), vgl. 10,23; 2. die Freiheit darf nicht unfrei machen. – Bei Speisen gilt zwar der Grundsatz, daß sie für den Bauch da sind und umgekehrt (also: wertneutral), bei Geschlechtsverkehr, der den ganzen Menschen betrifft, ist das jedoch anders: Der Leib gehört nicht der Unzucht, sondern dem Herrn (1.). Der, dem ich gehöre, ist mit ihm betroffen (2.). Der Leib ist zur Auferstehung bestimmt; die *künftige Auferstehung ist die Norm des Verhältnisses zum Leib.* Außerdem *wird (3.) die jetzige reale Verbindung des Leibes mit Christus durch außerehelichen Geschlechtsverkehr aufgehoben; diese Verbindung ist pneumatisch* (zwei ein Fleisch/ein Pneuma).

V. 18: Jede andere Sünde ist außerhalb, nur die Unzucht ist gegen den eigenen Leib (Struktur wie Mk 3,28f.). V. 19: Leib ist Tempel Gottes (Pneuma). Ihr seid als Sklaven losgekauft.

V. 20 Imperativ am Schluß (wie 5,13): Verherrlicht Gott in eurem Leib.

7 Sexualität

Gemeinsame Struktur der Antworten auf diese Anfragen: In dem Status bleiben, in dem man ist. Das ist weniger für Eheleute wichtig als für noch nicht Verheiratete. Wenn sie doch heiraten, ist das aber auch keine Sünde. Wichtigste Motivation: Bevorstehendes Weltende und Geteiltheit der Sorge. Die Zeit zum Handeln ist kurz.

1–7 *Ist Geschlechtsverkehr überhaupt erlaubt?* 7,1.6f.: Besser, keine Frau zu berühren. Aber das ist ein besonderes Charisma. – Ehe wird zugestanden wegen Unzucht und Unenthaltsamkeit. Dann aber besteht für beide Eheleute gleiches Recht und gleiche Pflicht. Nur zum Gebet sich entziehen im Einvernehmen.
8–9 *Ehelose und Witwen:* Gut, wenn sie bleiben wie Paulus; besser heiraten als brennen.
10f. *Verheiratete* (Gebot vom Herrn, vgl. Mk 10,11f.): Keine Ehescheidung. Wenn geschehen: Unverheiratet bleiben oder sich versöhnen.
12–16 *Mischehen* von Heiden und Christen: Der gläubige Teil soll nicht entlassen, der nichtchristliche Teil darf sich scheiden. Motivation: Friede (und: Was weißt du, ob du den Mann retten wirst?). – *Der Heide ist (wie auch die Kinder – ohne Taufe) durch den christlichen Partner „geheiligt" (7,14).*
17–24 *Allgemeine Regel: Jeder soll bei dem Status bleiben, den er als Berufung Gottes vorfindet.* Denn es kommt nicht darauf an, die Berufung zu wechseln, sondern in der Berufung Gottes Willen zu erfüllen; das liegt auf einer anderen Ebene als der, in der man den Status wechseln könnte. Beispiele: ob beschnitten oder unbeschnitten, ist egal, Erfüllung der Gebote ist wichtiger.
V. 21–24: Vor und in Christus sind alle **Sklaven** und alle Freigelassene zugleich. Daher: Wenn der Sklave freikommen kann, soll er doch in Freiheit weiter Sklavendienst tun. Und die Gemeinde soll sich – da sie frei ist – nicht von Menschen versklaven lassen (nur dem Herrn als Sklave dienen), denn sie ist freigekauft.
25–38 *Jungfrauen:* 1. Wenn man gebunden ist: keine Trennung, 2. Wenn man nicht gebunden ist: keine Bindung suchen. Auch wer heiratet, sündigt nicht. Keine Ehe: wegen der bevorstehenden Drangsal (vgl. etwa Mk 13,17). – 3. *V. 29–35:* „die Frauen haben, als hätten sie keine ..." denn: Die Gestalt der Welt vergeht. Ziel: Sich *nicht sorgen* um die Welt, sondern um den Herrn. Der Verheiratete ist gespalten. – 4. Bräutigam/Verlobte: Bei Überreife ist Heiraten keine Sünde. Nur wenn der Bräutigam über seinen eigenen Willen Gewalt hat und die Jungfrau „bewahrt", tut er wohl. – 5. Witwen: Beim Tode des Mannes kann die Witwe wieder heiraten.
40b Schluß: Autorität des Apostels (er hat den Geist).

8–10 Götzenopferfleisch

In K. 8 wird die *Liebe* zum Bruder der aufgeklärten Erkenntnis vorgeordnet. Es gilt, dem schwachen Bruder kein Ärgernis zu geben. In K. 10 dagegen geht es um den Fall, daß der Christ sich zu seinem Herrn *bekennen* muß. K. 9 ist eingeschoben, weil hier deutlich wird, daß man um des Evangeliums willen auch auf Rechte *verzichten* kann, die einem eigentlich zustehen.

8 1–3: *Liebe geht vor Erkenntnis.* Denn die wahre Erkenntnis ist: Erkanntwerden (= Auserwähltwerden von Gott, wenn man Gott liebt).
4–6: Die sogenannten Götter sind keine. Es gibt nur einen Gott, aus dem alles und einen Jesus Christus, durch den alles ... Das „wissen wir".

7: Aber: Einzelne haben diese Erkenntnis nicht, sondern halten aus Gewohnheit das Götzenopferfleisch auch für solches, und wenn sie dann essen, wird ihr *schwaches Gewissen* befleckt (ab V. 7 Leitwort: Schwache).

8–13: Die Prämisse ist zuzugeben: Speise stellt uns nicht vor Gott. Doch die Konsequenz zieht Paulus nicht: Diese Freiheit und damit das Vorbild des Starken darf nicht zum Anstoß für den Schwachen werden, doch zu essen und dann umzukommen (gegen das gültige – und von Gott anerkannte – Urteil seines Gewissens zu handeln). Der Starke muß also auf Demonstration seiner Freiheit verzichten. Das ist sonst Sünde gegen den Bruder und damit gegen Christus selbst. – Leitworte: Gewissen. Bruder, Anstoß (Ärgernis) zu Fall bringen.

9 *Der Verzicht auf apostolisches Unterhaltsrecht ist ein Beispiel für den vom Apostel geforderten Verzicht auf Berechtigung.*

Gattung: Apologie.

1. Voraussetzung: Paulus ist Apostel, *er hat den Herrn gesehen,* und die Existenz der Gemeinde ist Beglaubigung für seinen Apostolat: Bestreitet sie seine Stellung, so hebt sie die eigene auf.
2. **„Apologie".** Paulus stellt die selbstverständlichen Rechte von Aposteln dar und begründet sie auch theologisch: a) er darf *essen und trinken* (auf Kosten der Gemeinde), b) er darf dabei *seine Frau mitführen.* Begründung durch Gleichnisse (Kriegsdienst auf eigene Kosten, Bauer, Hirt), Schriftbeweis (Maul des Dreschochsen) und Beispiel (Bauer und Hirt handeln aus Hoffnung an Teilhabe am Erfolg). V. 11 Schluß vom Größeren auf das Kleinere: Wenn Pneumatisches gesät, um wievielmehr darf man Irdisches ernten. (V. 4–12a).
   Weitere Begründungen V. 13f.: (Steigerung gegenüber den zuerst genannten): Tempel- und Altardiener verzehren Erträge, und der Herr hat geboten, aus dem Evangelium zu leben.
3. **Paulus aber hat keinen Gebrauch davon gemacht:** a) kein Hindernis für das Evangelium zu schaffen (V. 12b), b) sein Ruhm ist sein Verzicht, c) *Lohn* darf man nur bei *freiwilliger* Arbeit erwarten. Was Paulus tut, ist aber vom Herrn auferlegte Notwendigkeit (V. 16–18), d) Seine Freiheit wendet Paulus an, indem er **Sklave aller** wird (wie 7,22f.): Selbsterniedrigung und Anpassung (allen alles geworden: „den Juden ein Jude ..." – den Gesetzlosen ein Gesetzloser im Gesetz Christi). e) V. 24–27: Die christliche Existenz ist überhaupt mit einem Wettkampf um einen unvergänglichen Kranz zu vergleichen. Das Verhalten des Paulus dient daher der Glaubwürdigkeit seiner Botschaft. So wie er sollen es nämlich alle tun. – Leitworte V. 19ff.: „gewinnen" (sc. Menschen).

10 **Rückkehr zum Thema Götzenopferfleisch.**

a) Mahnrede: Es geht um Götzendienst (1–13). Ausführliche typologische Begründung (1–5): In der Wüstengeneration hatten alle teil an den besonderen Gaben – die meisten wurden niedergestreckt (V. 4: *der geistige Fels, der Christus war).* Gegensatz: alle – die meisten nicht. – Das dient als **Vorbild** für eine Mahnrede gegen Begierde, Götzendienst, Unzucht, Versuchen des Herrn und Murren (bei den drei letzten mit Strafe). Ziel (12): Wer steht, sehe zu, daß er nicht falle. – Trost V. 13 (Gott hilft in Versuchung). (V. 1–13: **„Sakrament und Bekenntnis"**).

b) Teilhabe an Dämonenmahlzeiten schließt Teilhabe am **Abendmahl** aus (14–22). Denn Abendmahl ist Teilhabe am Tod Christi (Becher) und am Christusleib der Kirche (Brot). Beispiel: auch in Israel stiftet das Opfer Mahlgemeinschaft. Essen von Götzenopferfleisch heißt: *Teilhabe am Tisch der Dämonen.* –

c) V. 23–11,1: Der *Freiheit* („Alles ist erlaubt“) ist der *konkrete Nutzen und die Auferbauung der Gemeinde übergeordnet.* Ziel: Deshalb keinen Anstoß geben, wenn wir denn nicht nur das tun, was uns selbst nützt (V. 33), wofür Paulus Vorbild ist (11,1).
Konkret: Was auf dem Markt angeboten wird, darf man immer essen. Wenn aber bei Einladungen jemand *ausdrücklich* darauf hinweist: „dies ist Götzenopferfleisch“, bedeutet der Genuß Teilhabe am Kultmahl (und das geht nicht nach V. 14–22). Zwar darf der Christ für sich allein alles tun, wofür er Gott danken kann (V. 30), und er darf auch nicht um des eigenen Gewissens willen nicht essen (dessen Spruch steht fest), jedoch wegen des Gewissens des anderen. Und wegen der Ehre Gottes (V. 31).

11 **Fragen des Kultes.** *Leitmotiv: Die Gefährlichkeit des Umgangs mit dem Heiligen.*
1. Verschleierung der Frau. Beim *Beten* und *Prophezeien* darf der Mann sein Haupt nicht verhüllen, die Frau muß es tun. Begründung: Wegen der Engel. Und: die Frau besitzt nur eine abgeleitete (schwächere) Gottebenbildlichkeit. Deshalb muß die Frau eine Vollmacht haben auf dem Haupt. Gemeint ist: Beten und Prophezeien ist Kontakt mit dem Bereich der Engel; gegen deren Widerstand braucht der Mensch Vollmacht (Schutz und Bannkraft): beim Mann reicht die Ebenbildlichkeit dazu noch aus, die Frau braucht (wie anderswo die Braut) apotropäischen Schutz: den Schleier (1–16).
2. Mißstände beim Abendmahl. Die **Einsetzungsworte** V. 23–26 werden nicht für sich berichtet, sondern innerhalb einer Argumentation. Die *Situation:* Weil der Beginn des Herrenmahls noch nicht geregelt war und außer Brot und Wein beim Gemeinschaftsmahl alles übrige Mitgebrachte Privateigentum war, aß man vor dem Gemeinschaftsmahl je für sich ein Abendbrot. Die weniger gut Gestellten erfuhren hier ihre soziale Minderstellung an zentraler Stelle, weil die Reichen üppiger speisten. So ergaben sich Spannungen, weil jeder sein eigenes Mahl vorwegnahm. *Lösung des Paulus: vorher zu Hause essen.* **Trennung von Sättigungs- und Abendmahl.** Die Funktion des Einsetzungsberichtes wird aus V. 27–29 deutlich: Wer sich beim Mahl unwürdig verhält, tut dieses nicht bloß gegenüber einer nur menschlichen Versammlung, sondern gegenüber dem Herrn selbst, denn die Mahlgemeinschaft *hat am Herrn teil.* Also kein „materialistisches Sakramentsverständnis“, sondern qualifizierter Charakter der Mahlgemeinschaft. Wer den mißachtet, verfällt dem Gericht (vgl. I Kor 14,25; I Thess 4,8).

12–14 Charismen

> Ziel des Paulus in diesen Kapiteln ist es, die Äußerungen des Geistbesitzes der Christen eng an die Gemeinde zu binden: an ihr Bekenntnis (12,1–3), an die Wahrung der Einheit (12,4–31), an die Liebe als letztes und bleibendes Gut (13) und an die Auferbauung der Gemeinde als praktisches Kriterium (14).

a) *Bindung an das Bekenntnis:* Zu sagen *„Jesus ist der Herr“* ist sicheres Kennzeichen für Geistbesitz; zu sagen *„Jesus ist verflucht“* (d.h. Jesus den Geist absprechen, vom

Standpunkt der Christen aus: seinen Geist lästern, vgl. Mt 12,31 und die Diskussion Mk 14,61–64) kann kein Kriterium des Geistes sein (denn der muß mit sich übereinstimmen). – Auch bei der Petrusverleugnung Mk 14,71 handelt es sich wohl um dieses christologische Urteil (12,1–3).

b) **12,4–31 Die Einheit des Leibes und die Vielfalt der Gaben.**
4–7: Verschiedenheit der Gaben (Dienste, Kräfte) – doch ein und derselbe Herr (Geist, Gott). Alles wirkt der eine Gott – doch jedem ist die Offenbarung des Geistes gegeben. Kriterium: „zur Nützlichkeit". V. 7 ist Überschrift für 8–10.
8–10: dem einen ist dieses gegeben, dem anderen anderes.
Liste von Geistesgaben *(Weisheit, Erkenntnis, Glaube,* vgl. Jes 11,2) und *Heilungs- und Wundergaben* (9b.10a), an deren Ende die vier in Korinth aktuellen Gaben genannt sind *(Prophetie, Auslegung der Geister, Zungen, Auslegung der Zungen).*
11: Zusammenfassung: Alles wirkt das eine Pneuma, gebend jedem, wie es will. Aufnahme von V. 4–7.
12–14: Christus (nicht: die Gemeinde!) ist **ein Leib mit vielen Gliedern.** Denn das eine **Pneuma** hat uns zu dem einen Leib durch die **Taufe** gemacht. Nicht ein Glied, sondern viele (so wird die Verschiedenheit möglich). Daraus abgeleitet:
15–20: Gegen die *zu geringe Selbsteinschätzung* geringerer Glieder. Nicht jeder kann Auge sein, alle sind Glieder.
21–25: Gegen die *Überheblichkeit* der edleren Glieder. Beispiel: Kleidung (V. 23): Die unanständigen Glieder umkleiden wir mit besonderer Ehre. In V. 25 Übergang vom Bild zur Sache (Paränese): damit keine Spaltung sei.
26: Leiden/Mitleiden, Verherrlichtwerden/Mitfreuen.
27: Direkte Anrede (Anwendung des Bildes auf die Gemeinde in Korinth): „Ihr seid Leib Christi ...". *28–30:* Die Verschiedenheit und Verschiedenwertigkeit der Glieder äußert sich in einer schon relativ festen Ordnung (erstens Apostel, zweitens Propheten, drittens Lehrer ...) und in einer Verteilung der Aufgaben.
31: Ankündigung des besseren Weges K. 13.

c) 13: **Die Liebe als höchste Geistesgabe** (Hoheslied der Liebe). Im Rahmen der Einordnung der Charismen in die Gemeinde weist Paulus nach, daß die Liebe diejenige Größe des religiösen Lebens ist, welche bis zum Ende reicht.
1–3: Wertepriamel: Gegenüber verschiedenen Höchstwerten ist allein die Liebe wirklich Nutzen bringend. Beispielhaft werden dem Wert „Liebe" andere Werte gegenübergestellt und als unterlegen beschrieben.
4–7: Beschreibung der Liebe durch einen Katalog von Eigenschaften (positive Anfangs- und Schlußaussagen).
8–12: Wertepriamel unter der Fragestellung: Welche Größe entgeht der eschatologischen Vernichtung? Gegenüber V. 1–3: Liebe nützt nicht nur, sondern hält bis zum Ende stand. Priamelartige Beispielreihung der ver-

schiedenen Größen, die vergänglich sind (Zungenrede, Prophezeiung, Erkenntnis).

13: Nochmals *Wertepriamel* (Glaube, Hoffnung, Liebe) unter Hervorhebung des Hauptwertes Liebe (als Reihe eine bestimmte Lösung des Verhältnisses von Glaube und Werken).

d) 14 *Das Verhältnis von Zungenreden und Prophezeien.*

Situation: Schädliches Überwiegen der Glossolalie in den Gemeindeversammlungen und Geringschätzung der Prophetie sowie allgemeine Unordnung angesichts der vielfältigen Reden sich auf Eingebung berufender Charismatiker.

Bis V. 25 drei parallele Blöcke mit der Abfolge von Aufruf, Begründung, Beispielen (meist als rhet. Fragen) und konstatierenden Sätzen am Schluß des Arguments (V. 10f.19.25)

1. *1–11: Vorzug* des prophetischen Redens gegenüber der Glossolalie. V. 1: aus K. 13 wird die Liebe als Kriterium der Beurteilung aufgegriffen. Inhaltlich geht es bei den Zungen um dasselbe wie bei der Prophetie. Nur die Zungen versteht niemand. Daher sollte man sie wenigstens übersetzen können (V. 5; oder er braucht Übersetzer: V. 27f.). Leitworte: Erbauung, prophezeien.

2. *12–19:* Glossolalisches und verständliches *Beten.* Erbauung anderer und Verständlichkeit als Kriterien. Auch Gebete müssen Träger von Informationen für die Hörer sein. Wegen Ausschaltung des *Verstandes* ist das Zungenreden für Gemeindeversammlungen unbrauchbar.

3. *20–25:* Glossolalie ist für *Mission* unbrauchbar, Prophetie dagegen schafft Anerkennung. Zwischen Glossolalie und Verstockung Israels besteht ein Zusammenhang. Aber im Unterschied zu Israel sind die Nichtchristen bekehrbar. Daher ist Glossolalie für Gemeindeversammlungen unbrauchbar. Die prophetisch Redenden dagegen wenden sich dem hinzugekommenen Ungläubigen zu und sprechen auf ihn ein (er wird *überführt,* das Verborgene seines Herzens wird offenbar, er bekennt: *„Gott ist wahrhaftig in euch").*

V. 26–40: **Gemeinderegeln.**

V. 27f. und 29–33a über *Zungenredner* und *Propheten:* Je 2–3 Glossolalen und Propheten sollen nacheinander reden, dann soll die Glossolalie übersetzt, die Prophetie gedeutet werden. Schweigen ist geboten, wo sich keine Erbauung oder ein Durcheinander ergibt. Die Glossolalen sollen schweigen, wo niemand übersetzt, die Propheten, wenn andere neue Offenbarung empfangen haben. *14,32:* Der Prophet ist Herr über seine Inspiration.

V. 33b–36 **Frauenregel** *(die Frau schweige* in der Gemeindeversammlung), V. 34 verbietet das lehrende Sprechen, V. 35a das fragende Sprechen. Das Stück ist mit 11,2–16 sehr wohl vereinbar, da es in 14,33–36 speziell um die *Gemeindeversammlung* geht (hellenistisches Redeverbot für Frauen in der Volksversammlung), während man prophezeien und beten auch zu *Hause* kann (K. 11. vgl. nur Mt 6,5f. und Hirt des Hermas, m 11,13); entgegen der Ansicht moderner Apologeten muß 14,33–36 daher nicht (als unpassend) unpaulinischen Ursprungs sein.

V. 37f. Schroffe Forderung nach Anerkennung: Auch das Pneumatikertum bedarf der Anerkennung. Bei Nichtanerkennung der paulinischen Weisungen: Entzug ihrer Anerkennung.

V. 39f. Allgemeine Zusammenfassung (Vorordnung der Prophetie, Zungen nicht wehren; Ordnung).

15 Auferstehung

1. 1–11	*Einheit von Auferstehungszeugnis und Apostolat.* Wie in K.1–4 für den ganzen Brief, so klärt Paulus hier noch einmal für die Frage der Auferstehung der Toten die Frage seiner Lehrautorität (mit ähnlichen Mitteln): Die *innere Verbindung von Botschaft und Dienst des Apostels* ergibt sich durch die Zuordnung von Auferstehung V. 4 und Auferstehungszeugnis V. 5–8. Und: Gegenüber den anderen Aposteln ist Paulus „vor Gott" überragend, weil in ihm die Gnade am wirksamsten gewesen ist (V. 9–10). – Paulus fügt hier – offenbar nachträglich zu seiner grundlegenden ersten Missionsverkündigung die Lehre über die Auferstehung der Toten in das Evangelium ein. Die V. 1–11 sollen zeigen, daß Paulus zu dieser bindenden Interpretation des Evangeliums berechtigt ist. Die Berechtigung ist mit seinem Apostolat gegeben.

1–2: Die Gemeinde wird an das *Evangelium* erinnert, in dem sie steht und von dem ihr Christsein abhängt.
3–8: Inhalt des traditionellen Evangeliums (Tod für die Sünden, Auferstehung nach drei Tagen und Erscheinungen V. 3–7), in das Paulus in V. 8 seine eigene Berufung einreiht. (V. 8: Fehlgeburt (Gegensatz: Gnade)). V. 5f.: Kephas – 12 – 500 Brüder: steigende Anzahl und abnehmende Autorität der Zeugen. Durch die Vielzahl der Zeugnisse und die Ausweitung des Zeugenkreises werden die Erscheinungen so zu Bezeugungen der Auferstehung.
9–11: Paulus fügt sich in das Evangelium ein.

2. **12–34: Die eschatologische Auferstehung der Toten wird aus der Auferstehung Jesu hergeleitet.**
   a) *12–19:* Allgemeiner Nachweis, daß Tote auferstehen können. Wäre das unmöglich, so wäre auch Christus nicht auferstanden. Daraus ergäben sich eine Reihe von Konsequenzen, die auch die Gemeinde als unsinnig betrachten würde. Form: Konditionalsätze gleichen Anfangs (Wenn ...) für eine *deductio ad absurdum,* in V. 12 als argumentum ab exemplo (Beispiel). In *V. 13–15* und *16–18* liegen zwei *Kettenschlüsse* vor; die Folgen, die sich hiernach daraus ergeben, wenn Christus nicht auferstanden ist, steigern sich nach ihrer Bedeutung für die Angeredeten: ging es in V. 14f. noch in erster Linie um den apostolischen Dienst, so wären die Konsequenzen nach V. 17f. für die Angeredeten gravierend: sie wären noch in ihren Sünden, und vor allem (V. 19 als höchste Steigerung:) die erbarmungswürdigsten aller Menschen. Nur in V. 18 etwas über die Entschlafenen in Christus.
   b) *20–28* Positiver Beweis aus apokalyptischer Tradition: I. Beweis aus der Antitypik **Adam/Christus:** beide sind Menschen; durch den einen für alle

der Tod, durch den anderen für alle das Leben. II. Beweis aus dem Ablauf der Endereignisse: Zur Tradition gehört, daß der erhöhte Christus herrscht, bis Gott ihm alle Feinde unterworfen hat (Ps 110,1). In die Reihe dieser Feinde fügt Paulus auch den **Tod** ein. *Auch er wird besiegt werden, und das wird dann Auferstehung bedeuten (23–28).*

c) 29–34 Wiederaufnahme des Stils von V. 12–19 mit rhetorischen Fragen. Konsequenzen, die sich ergeben, wenn es keine Totenauferstehung gibt: *Totentaufe* ist umsonst, ebenso der tägliche Einsatz des Paulus, und man könnte dann nach dem Grundsatz leben „essen und trinken wir, denn morgen sterben wir". V. 34: Imperative und Beschuldigung als *peroratio.*

3. **Über den Vorgang der Auferstehung und die neue Leiblichkeit** (35–58). V. 35 einleitende Frage.
   a) *Veranschaulichung an der ersten Schöpfung:* 36–41
      - der Tod ist die Bedingung neuen Lebens (36)
      - die Saat hat einen anderen Leib als die neue Pflanze (Diskontinuität in der Leiblichkeit (37))
      - Gott gibt jedem Samen einen eigenen Leib, wie er es festgesetzt hat (vertikale Differenzierung der Leiber auf Erden): Es gibt verschiedene Arten von Leiblichkeit (Gott *kann* also auch bei der Auferstehung eine neue Art von Leiblichkeit schaffen) (38–41). *Alternativen schon in der Schöpfung.*

   b) *Diskontinuität und irreversible Abfolge zwischen dieser und der folgenden Schöpfung:* 42–49. Antithesenreihe nach dem Schema „gesät wird in Vergänglichkeit – auferweckt in Unvergänglichkeit". V. 45f.: Schriftgemäße Begründung: Von Anfang an war es Plan Gottes, den **ersten und den zweiten Adam** als menschheitsbestimmende Universalgestalten zu schaffen; ihre Abfolge liegt fest: So wie nach V. 42ff. erst Vergänglichkeit, dann Unvergänglichkeit ist, mußte erst der psychische Adam da sein, dann der pneumatische. Dabei wird die Abfolge der beiden Schöpfungsberichte so verstanden, daß der erste die eschatologische Verheißung ist (nach Gottes Bild): die „bessere" Schöpfung am Ende.

   c) *50–58 Die qualitative Andersartigkeit der neuen Schöpfung.*
      51f.: Auferstehung der Toten ist zugleich ihr **Verwandeltwerden in Unvergänglichkeit,** und ebenso werden die Lebenden verwandelt werden. Die Lebenden müssen also nicht erst sterben. Alle werden aber verwandelt werden (I Thess: alle beim Herrn sein). Dann, wenn alles Unvergänglichkeit angezogen hat, gilt: Tod, wo ist dein Sieg ... dein Stachel? V. 56: Mit dem Tod hängen aber Sünde und Gesetz zusammen.
      V. 58 Schlußmahnung: Mahnung zum Werk des Herrn, weil die Mühe *nicht vergeblich* sein wird.

16 Persönliche Mitteilungen.

1–4 Kollekte für Jerusalem: Jeden Sonntag schon etwas zurücklegen!

5–9 Nach dem Besuch Makedoniens will Paulus nach Korinth kommen. Bis Pfingsten will P. in Ephesus bleiben.

10f. Empfehlung des Timotheus.
12 Apollos will nicht nach Korinth kommen.
13f. Mahnung zu Wachsamkeit und Liebe.
15–18 Mahnung, Stephanas anzuerkennen.
19–24 Grüße und Segenswunsch.

D. Textsorten

1. *Wertepriamel:* Behauptung eines bestimmten Wertes, dem beispielhaft ein oder mehrere andere Werte gegenübergestellt und als unterlegen beschrieben werden: I Kor 13,1–3.8–12.13.
2. *Abschreckendes Beispiel:* Ex 32 und I Reg 12,25ff.; Ez 20 (Geschichte); I Kor 10,1–11; Hebr 3,7–19; 12,16f.; Act 5,1–11; II Tim 3,8; Jud 5–7.
3. *Vergleich,* einfacher: I Kor 3,10 (wie ein weiser Baumeister); Mt 10,16 (wie Schafe unter Wölfe); 13,43 (leuchten wie die Sonne); 18,3 (wie die Kinder); Lk 21,35 (der Tag kommt über euch wie ein Fallstrick); Gal 4,14 (wie einen Engel Gottes habt ihr mich aufgenommen).
4. *Pistisformel:* Definition des fundamentalen Heilsgeschehens, das Inhalt des Glaubens ist (wo auch das Verb bzw. das Substantiv „Glauben" begegnet): I Kor 15,3–5; II Kor 5,15; I Thess 4,14; Röm 4,25 (alle bisher mit Tod und Auferstehung); I Petr 1,21; Röm 4,24; Kol 2,12 (alle mit Auferweckung); Röm 5,8 (Sterben); Röm 8,32; Gal 1,4; 2,20; Eph 5,2.25 (Dahingabeformeln). – Die Bezeichnung „Formel" und die Berechtigung, davon so früh zu sprechen, sind umstritten.

E. Themen

1. *Charismen:* Eine bedeutende Rolle in der Traditionsgeschichte, die noch in I Kor 12,8f. zu erkennen ist, spielte Jes 11,2. Im NT wird häufig von den verschiedenen Charismen gesprochen, von denen ein jeder ein anderes habe, die aber doch auf dem einen gemeinsamen Geist beruhen: Röm 12,4ff.; I Kor 12–14; 7,7 (Ehelosigkeit); I Tim 4,14 (Charisma des Amtsträgers).
2. *Weisheit:* In I Kor 1–3 ist die Weisheit der Welt der Weisheit Gottes entgegengesetzt: Beide sind füreinander Torheit. In einer Tradition der Logienquelle spielt die Weisheit als selbständige Figur eine Rolle: (Mt 23,34–36 par) Lk 11,49–51 (die Weisheit sendet Boten); Mt 11,16–19 par Lk 7,31–35 (die Weisheit gerechtfertigt aus ihren Werken). Gattungen, in denen sonst die Weisheit spricht, werden auf Jesus übertragen in Mt 11,28–30 (Werberuf); 23,37–39 (?).

F. 1. Mißstände in Korinth
- Frauen ohne Verschleierung
- Diskriminierung der Armen beim Gemeindemahl
- Chaotische Zustände durch unverständliche Zungenrede

2. Besondere Kennzeichen des paulinischen Abendmahlsberichtes in 11,23b–25: Der Wiederholungsbefehl wird zweimal gegeben. Statt „segnen": Danksagen (griech.: eucharistein). Eschatologischer Ausblick: 11,26 „bis daß er kommt".

§ 57 Der II. Korintherbrief (II Kor)

A. Zwischen dem ersten und dem zweiten Korintherbrief hat Paulus der Gemeinde in Korinth den sog. „Zwischenbrief" geschrieben (II Kor 2,3.4.9), aufgrund dessen die Gemeinde sich offenbar Paulus gefügt hatte (2,5f.; 7,11). Dieser Brief bezog sich wohl auf eine Kränkung, die Paulus bei einem Besuch in Korinth (ebenfalls nach Abfassung des I Kor) von einem einzelnen zugefügt worden war (2,5–11; 7,11f.). – Als Paulus II Kor schreibt, ist er in der Provinz Asia (wohl in Ephesus) gerade großer Lebensgefahr entronnen (vgl. K. 1 und 4) und war über Troas nach Makedonien gezogen (K. 7). Hier erhielt er von Titus gute Nachrichten über die Gemeinde und schrieb diesen Brief. Mindestens die Kapitel 10–13, ernsthaft aber auch das Stück 6,14–7,1 werden von vielen Forschern für Teile anderer Paulusbriefe oder für unpaulinische Zusätze gehalten. Unsere Analyse hat das nicht bestätigt. Denn auch im ersten Teil des Briefes wendet sich Paulus gegen andere Missionare, und in K. 10–13 ist es auch nur eine bestimmte Gruppe, die Paulus angreift.
Auch zwischen K. 8 und 9 ergibt sich kein Widerspruch, da K. 9 anders argumentiert und ein neuer Anlauf der Frage ist.

B. Grobgliederung

1	Die Rettung des Apostels und seine Botschaft
1–2	Apologie des Apostels
2–7	Die enge Verquickung von Apostelamt und Botschaft
	Triumphzug und Wohlgeruch (2)
	Der Dienst des Neuen Bundes (3)
	Tod und Auferweckung (4f.)
	Mittler der Versöhnung (5)
	Die Heilszeit nicht versäumen (6)
	Die Scheidung von der Vergangenheit wahr machen (6f.)
7	Titus. Der Tränenbrief führte zu einem guten Ende.
8–9	Fragen der Kollekte
10–13	Der Apostel muß sich selbst rühmen, weil Gegner ihm Schwäche vorgeworfen haben.

C. Inhalt

1,1–11: Präskript und Proömium. Thema: Die Rettung des Apostels und seine Botschaft.
Abweichend: Dank nicht für den Stand der Gemeinde, sondern für die dem Apostel zuteil gewordene Tröstung – und am Schluß des Proömiums nicht Fürbitte für die Gemeinde, sondern *Dank* und *Bitte* der Gemeinde für Paulus.
Gott tröstet den Apostel, und dieser gibt den **Trost** weiter an die Gemeinde. Und der Apostel leidet die Leiden Christi – und gibt den Trost weiter an die Gemeinde. – *Leiden ist hier das, was Solidarität stiftet* (und die ist am Briefanfang wichtig): zwischen Christus, Apostel und Gemeinde.

V. 8–10: Paulus läßt sich als den Erretteten sehen. An der Rettung des Apostels aus Lebensgefahr hat sich Gott als der erwiesen, der Tote auferweckt. Hier kann nur Gott am Werke sein (was den Apostel ausweist).

1,12–2,11 Apologie des Apostels

1,12–14: Der Apostel hat ein *gutes Gewissen* (erstmalig; sonst ist das Gewissen immer verurteilend gewesen) und Heiligkeit Gottes. Er rückt also erheblich weit in die Nähe Gottes.

1,15–2,3a Der unterlassene Besuch. V. 15–22 Zurückweisung der Vorwürfe. Paulus war nicht in Korinth, sondern hat seine Reisepläne geändert. Er war aber nicht leichtfertig; er sagt nicht zu gleicher Zeit *Ja und Nein;* nur durch Umstände kann das Ja zu einem Nein werden. – Dafür gibt er eine theologische Begründung: **Christus ist das Ja,** der die Verheißungen als zuverlässig erwiesen hat; die Gemeinde erkennt das durch das Amen (= Ja) an. Weil beide in dem Ja Christi begründet sind, haben beide daran teil: ein von Paulus gesprochenes Ja muß von der Gemeinde als wahres Ja verstanden werden. – *V. 23–2,3a:* Paulus ist nicht gekommen, um nicht noch einmal – wie bei dem ersten Besuch nach dem I Kor – Aufruhr gegen sich zu erleben.

2,3b–2,11 Der Tränenbrief als Ersatz des Besuches: Wenn die Gemeinde den, der Paulus (und damit auch sie) beleidigt hatte, bestraft hat, dann muß nun Verzeihung walten. Wo keine Bereitschaft zur Verzeihung ist, findet Satan Eingang.

V. 6: Eine Minderheit der Gemeinde ist offenbar noch in Opposition. Wenn aber die Gemeinde den Fall erledigt hat, dann ist er es auch für Paulus. Die Verzeihung der Gemeinde geht voran.

2,12–13: Beginn des Reiseberichtes, der in 7,5 fortgesetzt wird. Nach antiker Manier werden statt eines Reiseberichtes Reflexionen zwischengeschaltet; an deren Ende ist der Reisende dann an seinem Bestimmungsort angekommen.

2,14–7,4: Die enge Verquickung von Apostelamt und Botschaft

1. *2,14–16* Die Hoheit des Apostelamtes wird dargestellt anhand der Bilder vom **Triumphzug** und vom **Wohlgeruch:** Gott führt den wandernden Missionar allzeit überall öffentlich herum (Anknüpfung an die vorangehende Reisenotiz! – „In Christus“ geschieht das. Beachte die Universalitätsaussagen. Christus Sieger und Paulus Zeuge des Sieges). – Und: Gott verbreitet den Duft seiner Erkenntnis durch den Apostel. Der Apostel ist also das von Christus, was zu den Menschen dringt; *er gehört daher in das Heilsgeschehen notwendig hinein.* – Angesichts dieser Hoheit des Apostels fragt V. 16b: „Wer hat dazu die Befähigung?“. Darauf dann die Antwort der Gegner:
2. **2,17–4,6 Der Dienst des Neuen Bundes**

   Die Gegner haben Empfehlungsbriefe von den Gemeinden. Paulus hat keine. Er kann nur darauf hinweisen, daß seine apostolische Wirksamkeit selbstevident ist (Gebrauch des Verbs „offenbaren“ in II Kor!). *Die Gemeinde legitimiert ihn selbst – durch ihre Existenz* (3,2): Sie ist der Brief Christi. Christus ist der Autor dieses Briefes; er schrieb ihn durch den Apostel dem Apostel auf das Herz. So sind Empfehlungsbriefe überflüssig. Ebenso verhält es sich mit der neuen

Wirklichkeit des Geistes überhaupt (K. 3). Sie ist nicht auf den Erweis durch *schriftliche Zeugnisse* angewiesen. Das bedeutet „freie Zuversicht" (griech: parrhesia) (V. 12) und Freiheit vom Buchstaben (V. 17). Paulus illustriert diesen Charakterzug des apostolischen Dienstes am Verhältnis *Alter Bund/Neuer Bund:* Der Neue Bund bleibt nicht draußen, dem Menschen fremd gegenüber stehen, sondern ist *im Herzen, und nur deshalb kann er erfüllt* werden – und dieses kommt zustande durch das Pneuma. Es geht daher hier nicht um das AT als Schrift, auch nicht um Glauben oder Werke des Gesetzes, sondern um die *entfremdete Ordnung des Buchstabens.* – **Verhüllung** kennzeichnet diese Ordnung des Buchstabens: Israel konnte nicht sehen – weder das leuchtende Antlitz des Mose noch das Vergangensein des Alten Bundes (bei der Lektüre der Schrift). Freiheit von dieser Ordnung der Verhüllung gibt es dagegen, wo das Pneuma ist. – So ist in den Empfehlungsbriefen der Gegner der *Buchstabe Verhüllung der Minderwertigkeit.* Erst der Verzicht auf Briefe ermöglicht ein klares Urteil der Menschen. – Paulus hat hier die Erfahrung des Pneuma ausgeweitet auf das Verhältnis zum Alten Bund. *Vor und außer Christus gibt es kein Pneuma für Paulus.*

Leitworte: „geeignet" (3,16b; 4,5.6); „empfehlen" 3,1; 4,2; Brief: 3,2f. Parallel sind 2,17 die Gottes Wort verhökern und 3,1 Leute, die Empfehlungsbriefe verwenden.

a) *2,17–3,3:* Im Gegensatz zu dem Empfehlungsbrief der Gegner ist für Paulus die Gemeinde selbst der Empfehlungsbrief. Gegensatz Tinte/Stein und Herz.

b) *3,4–13* Typologie Alter Bund/Neuer Bund (damals/jetzt)
Es entsprechen sich:

Neuer Bund	Geist	macht lebendig	Dienst des Geistes	der Gerechtigkeit	Herrlichkeit
Alter Bund	Buchstabe	tötet	Dienst des Todes	der Verurteilung	vergänglicher Glanz

Zwei Schlüsse vom Geringeren auf das Größere zeigen die größere und unvergängliche Herrlichkeit des Neuen Bundes. *Mose hat nicht sein Gesicht verhüllt, damit Israel die Herrlichkeit nicht sah, sondern damit es nicht die Vergänglichkeit des Glanzes wahrnahm.* Ziel V. 12: Der Hoffnung entspricht freie Zuversicht (vgl. V. 17).

c) *3,14–17* Vergleich mit dem jetzigen Judentum. Was Mose für sich gemacht hatte (die Decke), *übertrug sich auf sein Produkt,* die Schrift. Wie Israel Mose nicht sehen konnte, so auch die Schrift nicht, und zwar hinsichtlich der Außerkraftsetzung der Heilsordnung des Alten Bundes. Nur das Pneuma bringt Freiheit (V. 17), d.h. nur wenn man sich zum Herrn bekehrt, wird die Decke weggenommen.

d) *3,18:* Ausweitung auf alle Christen: Umgestaltung durch das Sehen des Bildes (4,4) selbst.

e) *4,1–6:* Anwendung auf den Apostolat: Wenn Schriftlichkeit Verhülltheit bedeutet und Verhülltheit Minderwertigkeit, dann steht das Evangelium auf der Gegenseite (Offenbarheit der Wahrheit vor allen Menschen). – *Verhüllt* ist das Evangelium nur für die, die verlorengehen und verstockt sind „vom Gott dieser Welt". Das Evangelium dagegen ist Licht, bezogen auf die Herrlichkeit des Christus, des Bildes Gottes. (Beachte: Leitwort Herrlichkeit wie in K. 3).

4,7–5,21 Tod und Auferweckung

4,7–15 Daß der Apostel immer wieder aus Gefahren errettet wird, besagt etwas für seine Botschaft und für sein Verhältnis zur Gemeinde. – Gattung: *Nachgeahmtes Danklied des einzelnen. V. 7–11* sind Entfaltung von 1,9f. – Der Apostel wird immer wieder um Haaresbreite gerettet. Darin zeigt sich Auferstehungsmacht und am Ende Jesus selbst. So ist auch der Apostel in seinem persönlichen leiblichen Geschick **Demonstrationsobjekt Gottes.** Der Missionar zeigt am eigenen Leibe, wer hinter ihm steht. Sein Errettetwerden ist Offenbarungshandeln und Selbsterweis Gottes (schon in 1,9 wurde die Rettung deshalb so gedeutet) – alles ein Kriterium für die Legitimität des Apostels. – *V. 12–15:* Dieser Ansatz wird in das Verhältnis Apostel/Gemeinde einbezogen; das ganze Leiden und Errettetwerden zeigt die enge *Zusammengehörigkeit von Gemeinde und Apostel:* 1. sie gehören zusammen wie Tod und Leben (V. 12: der Tod ist auf seiten des Apostels, weil er leiden muß, das Leben auf seiten der Gemeinde), 2. sie haben denselben *„Geist des Glaubens"*, und aus dem Glauben wird die Funktion des Apostels selbst abgeleitet: „weil ich geglaubt habe, rede ich" (13), 3. sie haben eine **gemeinsame Auferweckung,** 4. Ziel ist die Verherrlichung Gottes, zu der der Dank der Gemeinde beiträgt.

4,16–5,11 Der Abschnitt knüpft mit dem Thema „Auferstehung" (obwohl das Wort hier nicht vorkommt) an 4,14 an. Doch es geht hier um einen neuen Weg, den Korinthern die paulinische Haltung zum Apostolat zu verdeutlichen: Nach dem abschließenden Satz 5,11 will Paulus zeigen: **Ich lebe im Angesicht der Hoffnung auf Zukunft und das Gericht.** Ich weiß, daß ich vor Gott, dem künftigen Richter, offenbar bin. Menschen kann ich nur zu überreden versuchen (ohne daß sie endgültig über mein Inneres, über meine Lauterkeit und meine Motive Bescheid wüßten), Gott aber weiß. Paulus will sagen: Wenn ihr meine Zukunftshoffnung versteht, wißt ihr etwas über meine Absichten. So handelt es sich der Gattung nach um eine *Apologie,* in der die Motive des Handelns offengelegt werden. Vgl. die Verben „nicht müde werden" (V. 16), „zuversichtlich sein" (5,6), „wünschen", „sehnen", „stöhnen", „wandeln", „Ehre darin setzen, ihm zu gefallen".

4,16–18: Der Unsichtbarkeit der Zukunft zum Trotz wird Paulus nicht müde. Die Trübsal ist nur kurz.

5,1–5: Die apokalyptische Hoffnung (stöhnen, sehnen, wollen).

Ziel: *Mit einem neuen Leib* (wenn der alte vergeht), *der vom Himmel her kommt, überkleidet werden und nicht nackt* (d.h. ohne Leib) *dastehen,* „damit das Sterbliche vom Leben verschlungen werde" (vgl. V. 12f.). Gott hat schon das **Pneuma als Angeld** dazu gegeben.

5,6–10 *Die Konsequenzen für das Verhalten:* zuversichtlich sein, Ehre darin setzen, ihm zu gefallen, denn das zu künftige Geschick betrifft den **Leib** (daher die Bilder vom **Auskleiden** und **Überkleiden** in 5,4).

5,11: Menschen kann man nur überreden, Gott kennt einen besser. Paulus hofft, daß auch das Gewissen (als Gerichtshof) der Korinther ihn so kennt wie Gott.

5,12–21 Bedeutung des Todes Jesu für den apostolischen Dienst

Hier macht Paulus wiederum, wie ab 4,12, allgemeinere christliche Traditionen seinem besonderen Anliegen dienstbar:

5,12–17: **Das rechte Sich-Rühmen** muß sich am *Tod Jesu* orientieren: Weil er für alle gestorben ist, sind alle von sich selbst weggestorben und leben also nicht mehr für sich selbst und von sich selbst her, sondern für ihn. Daher darf man sich nicht für sich selbst rühmen. Folge V. 16: keinen, auch *Christus nicht, mehr nach dem Fleische kennen* (das bezieht sich nicht auf den historischen Jesus, sondern auf die Bewertung nach äußerlich sichtbaren Machterweisen, bzw. nach deren Fehlen bei der Kreuzigung).

V. 17: Neue Schöpfung (= nicht mehr auf sich selbst bezogen sein). – Die traditionellen Sühneaussagen V. 14b.15 bedeuten im Kontext nichts im Sinne von „Sühne"; es geht nur um die Art des Sich-Rühmens und seine Grundlage.

5,18–21: *Dienst der Versöhnung.* Es geht um die universale Versöhnung und um etwas so Gewaltiges wie V. 21: Gott hat Jesus für uns zur Sünde gemacht, damit wir Gerechtigkeit Gottes werden durch ihn (Tauschgeschäft). Die Bedeutung des **Mittlers** Jesus setzt sich fort in der Bedeutung des Apostels, der für Christus gesandt ist und die Versöhnungsbotschaft anbietet:

6,1–13 **Konsequenzen aus der hohen Botschaft des Apostels für Apostel und Gemeinde.** Paulus bleibt nicht bei Erörterungen über den Apostolat stehen, sondern setzt in Paränese um:

V. 1–2: an die Gemeinde: *Jetzt die Gnade Gottes annehmen!* D.h. auch: auf Paulus hören. Verbindung zu 5,20: „Mitarbeitend ..."

V. 3–10: Darstellung des Apostolats als *Peristasenkatalog* („arm und doch viele reich machend, nichts habend und doch alles besitzend")

V. 11–13: Das Aufeinander-Eingehen von Apostel und Gemeinde soll sich entsprechen.

6,14–7,1: Die Gemeinde soll sich ihrer **Identität** bewußt sein, die auf deutlicher Trennung von den Nicht-Glaubenden (Götzen, Gesetzlosigkeit, Finsternis, Beliar) beruht (V. 14–16). Denn die Gemeinde ist *Gottes Tempel,* er ist ihr Vater, sie die Kinder. *Daraus: Forderung nach Reinheit und Heiligkeit.* – Verbindung mit dem Kontext: 5,21 war die Überleitung zur **Paränese** in K. 6 (damit hebt sich dieses Kap. im ganzen ab), dieser Vers zeigt bereits „dualistische" Struktur (Gerechtigkeit/Sünde) wie unser Stück. Wie in 5,20b/21; 6,1/2 so sind auch in 6,14–16a/16b–18 paränetische Aussagen mit systematischen verbunden (Sühnetod, Rettung, Identität der Gemeinde). 6,13/18 Vater/Kinder.

7,2–4 *Persönlich gehaltener Schluß:* Bekenntnis der Schuldfreiheit; Stück unseres Herzens; „nur noch zusammen sterben und leben".

7,5–16 Titus. Der Tränenbrief führte zu einem guten Ende.

7,5: Fortsetzung des Reiseberichts aus 2,13. – Titus brachte positive Nachrichten über Korinth. Der „Tränenbrief" hat die Gemeinde zwar betrübt, aber zur Umkehr gebracht. Darüber freut sich der Apostel. Die Gemeinde hat so gezeigt, daß sie in der Sache schuldlos ist, und ihr Eifer ist so an den Tag gekommen (V. 11–12). Der Stolz des Apostels auf die Gemeinde hat sich in deren herzlichem Empfang für Titus bewahrheitet. Er kann sich auf sie verlassen. (= die Versöhnung mit der Gemeinde).

8–9 **Fragen der Kollekte**

8 *1–5* Die Gemeinden Makedoniens werden als *Vorbild* dargestellt (Reichtum an Güte – haben sich selbst gegeben).

6–7a Titus soll die Kollekte auch in Korinth zum Abschluß bringen. Mahnung zur Beteiligung

7b–9 Motivation: Ihr seid *reich* (Glaube, Wort, Liebe). – Durch Hinweis auf Makedonier

Liebe als echt erproben. – *Christus ist um euretwillen arm geworden, obwohl er reich war, um euch durch seine Armut reich zu machen (V. 9).*

10f. Schon vor Jahresfrist Begonnenes muß nun zu Ende geführt werden.

12–15 Es geht *nur um Ausgleich,* nicht daß ihr in Bedrängnis kommt.

16–24 Mit Titus zusammen sendet Paulus noch zwei Gemeindeapostel, um von dem Verdacht der Veruntreuung frei zu sein.

23f.: Empfehlung und Bitte um gute Aufnahme.

9 1–5a Paulus sagt, er *rühme die Gemeinde* schon vor den Makedoniern. Er schickt „die Brüder" (Bezug auf 8,16–24), damit er bei seinem Kommen nicht enttäuscht wird.

5b–7: Das Maß des Gebens: 1. nicht aus Geiz, sondern als Segensgabe (wie Saat, so die Ernte). Leitwort: Segen. 2. Nicht mißmutig, sondern aus Freude. *„Den fröhlichen Geber ..."*.

8–15: Gott ist der letzte Urheber der Gaben, und zu Gott kehrt dann der Dank zurück.

Leitwort ab V. 11: Danksagung, Gott preisen, Fürbitte.

10–13	Der Apostel muß sich selbst rühmen, weil Gegner ihm Schwäche vorgeworfen haben. Man könnte diesen Kapiteln auch die Überschrift geben „Über das Sich-Rühmen, über Schwäche und Stärke".

10 **Über den Vorwurf, daß Paulus zwar in den Briefen große Reden führt, in seinem persönlichen Auftreten aber schwach und ungeschickt sei** (V. 1.2.10, vgl. 11,21).

a) 1–6 *Warnung:* Paulus hofft nicht, wenn er kommt, seine Waffen und seine Strafgewalt zeigen zu müssen im Kampf für die Erkenntnis Gottes. – Vorwurf nach V. 2–4: Paulus wandelt „nach dem Fleisch", d.h. *schwächlich.* Paulus dagegen: Meine Waffen sind *mächtig,* jeden Ungehorsam zu strafen. Es wird also umgekehrt sein: Der Brief ist sanft (10,1: „Ermahne euch in Sanftheit ..."), das Kommen machtvoll. – Leitworte: Waffen, zu Felde ziehen, Feldzug, Bollwerke, zerstören, Gedanken.

b) 7–18 Der Brief ist *kein leeres Sich-Rühmen,* sondern so wie die Briefe sind, wird er auch wirklich kommen und den Eindruck der Zwiespältigkeit widerlegen: Dem Anspruch apostolischer Kraft entspricht die Realität:
   - Paulus gehört auch zu Christus (wenn das jemand von sich sagen sollte)
   - der Herr gab ihm **Vollmacht,** deren er sich ohne sich zu schämen rühmen kann (Vollmacht zum Aufbauen allerdings)
   - Paulus will nicht mit Briefen nur schrecken und es so tun wie Leute in Korinth, die sich selbst empfehlen.
   - der **Maßstab** des Paulus ist vielmehr er selbst, sein Auftrag von Gott, die Gemeinde in Korinth zu missionieren (und wenn der Glaube wächst, noch mehr zu tun). Das ist geschehen. Paulus braucht sich also *nicht fremder Arbeit zu rühmen.* V. 17f.: Allgemeine Regel: Wer sich rühmt, soll sich im Herrn rühmen und vom Herrn empfohlen sein.

11,1–12,10 Die paulinische Narrenrede

Die gegnerischen Aktivitäten zwingen Paulus zum Selbstruhm, zum Nennen seiner persönlichen Vorzüge und seiner Leistung, damit die Gemeinde sieht, was er für sie ist. Christlich gesehen ist dieses Sich-Rühmen Torheit, weil es Angebenwollen nach menschlichen Gesichtspunkten ist.

K. 11 ist in zwei Blöcke zu gliedern, deren jeder mit allgemeinen Erwägungen über die Torheit des Sich-Rühmens beginnt:

11,1–15 Gegen die Überapostel und über den Unterhaltsverzicht.

1 Die Gemeinde soll die Torheit des Sich-Rühmens ertragen – sie tut es schon (V. 4: andere Lehrer erträgt sie gut, vgl. V. 19)

a) **Bild vom Brautvater:** Paulus bewahrt seine Gemeinde, die er Christus verlobt hat, heilig, um sie ihm zuzuführen. Doch jetzt: Gegner haben sie abgebracht *(Vergleich: Eva/Schlange).* Sie lehren einen anderen Jesus, anderes Pneuma und andere Heilsbotschaft (Evangelium). Sie sind **„Überapostel"**. V. 5f.: Paulus rühmt sich: Er steht in nichts hinter ihnen zurück und hat alle Erkenntnis der Gemeinde offenbart. Vorwurf V. 6: Er sei ein Stümper in der Rede.

b) Die Gegner haben seinen Verzicht auf Unterhalt durch die Gemeinde für sich ausgenützt (etwa: Paulus gebe damit zu, kein Apostel zu sein; vgl. I Kor 9). Dagegen:
   - theologische Deutung: er hat sich *erniedrigt,* damit die Gemeinde erhöht wird (V. 7) (Gattung V. 7–12: Apologie).
   - in Wahrheit ist dieses ein Ruhm, der in Achaia nicht verstummen soll (V. 10)
   - Paulus wird auch weiterhin so verfahren, um *keine Angriffspunkte zu* bieten (V. 12).
   - was ihm fehlte, haben die Brüder aus Makedonien gegeben.
   - Beurteilung der Gegner: *Falschapostel, Satan als Engel des Lichts* (V. 13–15) (Gattung: Invektive). Ihr Ende entspricht ihren Taten (V. 15).

11,16–21 Gegenstände des Sich-Rühmens I

16–21: Mein Rühmen ist zwar verrückt und nicht dem Herrn gemäß, aber so klug wie ihr seid, nehmt ihr ja Verrückte gern bei euch auf. Falsche Toleranz der Korinther: Sie ertragen Knechtung und Ausbeutung durch andere, wozu Paulus leider zu *schwach* war (vgl. Vorwurf der Schwäche in 10,2–4.10).

Leitworte: Torheit/Klugheit, sich rühmen, sich erheben, aushalten, aufnehmen.

22–33 Wessen sich Paulus rühmen kann:

a) *Apostolizität:* Wie die Gegner ist er: Hebräer, Israelit, Same Abrahams, Diener Christi (Gattung: Synkrisis, Vergleichung mit dem Gegner). Diener Christi ist Paulus noch mehr als die Gegner: Wegen seiner Leiden:

b) *Peristasenkatalog* V. 23–29.32f. (Gefangenschaften, 5 x die 40 weniger einen, Andrang, „wer ist *schwach,* und ich wäre nicht auch schwach"?) V. 32f.: Verfolgung durch Aretas in Damaskus. V. 30: Was ihn selbst betrifft, so kann sich Paulus seiner **Schwachheiten rühmen.** Gerade sie machen ihn zum *Diener Christi.*

12,1–10 Gegenstände des Sich-Rühmens II

1–6 Paulus rühmt sich seiner **Entrückung in das Paradies** „vor 14 Jahren" (er hörte dort unaussprechliche Worte) (Beachte: Zurückhaltung und Einfachheit in der objektiv distanzierten Er-Form).

7–9 Schwachheit als Korrektiv gegen die Erhebung: der Pfahl im Fleisch, der Engel Satans, der ihn schlagen soll. „Gnade genügt":

Kraft in der *Schwachheit* vollendet. V. 10: „Wenn ich schwach bin dann bin ich stark".

Indem sich Paulus einerseits wiederholt seiner Schwachheit rühmt *(Peristasenkatalog* in K. 11 und 12,7–10), andererseits der ihm zuteil gewordenen Offenbarung (12,1–6), rühmt Paulus sich gerade nicht positiv seiner eigenen Qualitäten. Die Zuordnung von *Niedrigkeit* auf der Seite des Menschen und geschenkhafter *Offenbarung* entspricht der Abfolge in I Kor 1f.

12,11–13 **Persönliche Bemerkungen zum Verhältnis Apostel-Gemeinde** (Anrede in der 2. P. Pl.): Sie hat ihn zum verrückten Sich-Rühmen gezwungen. Er hätte von ihr empfohlen werden müssen. In der Gemeinde wurden die **Zeichen des Apostels** vollbracht (*1. Geduld, 2. Machttaten*). Die Gemeinde steht den übrigen Gemeinden nur darin nach, daß Paulus kein Geld von ihr haben wollte. Das wird auch so bleiben (Eltern sollen für Kinder Schatze sammeln, nicht umgekehrt). „Soll ich wirklich, je mehr ich euch liebe, um so weniger Liebe finden?"

V. 19f.: Es geht nicht um Selbstverteidigung des Apostels, sondern um *Auferbauung* der Gemeinde: Er will sie nur nicht wieder so zerstritten (V. 20: Lasterkatalog) vorfinden und nicht wieder gedemütigt werden vor Gott.

13 **Das dritte Kommen des Apostels:**

- es ist das dritte Zeugnis für ihn (nach Dtn 19,15)
- keine Schonung. Sondern, wenn der Beweis gesucht wird, daß Christus in ihm redet: er ist nicht *schwach,* sondern *stark.*
- Christologische Begründung: *Jesus, gekreuzigt in Schwäche, lebt aus der Kraft Gottes. So* auch der Apostel „in ihm".

5–9: Es kommt dem Apostel nur auf die Gemeinde an, da will er selbst gerne als untauglich dastehen. Die Gemeinde soll daher sich selbst auf ihre Echtheit prüfen. Leitwort V. 5–7: Echt(heit). V. 9: Wir freuen uns, wenn wir *schwach* sind, ihr dagegen *stark* seid.

10: Paulus schreibt vorher, um die Vollmacht nicht streng gebrauchen zu müssen (vgl. 10,4.8.10). Am Ende dieses Abschnittes kehrt Paulus daher zum Anfang in K. 10 zurück.

D. Textsorten

1. *Apologie:* Selbstverteidigung. AT: Am 7,14f.; NT: I Kor 9,2–12; II Kor 1,12–2,11; auch 5,1–11; I Thess 2,1–12.
2. *Peristasenkatalog.* Aufzählung von Leiden und Gefahren, die der Apostel von Berufs wegen durchstehen muß: II Kor 6,4–10; 11,23–30.32f.; I Kor 4,10–13. Anders jedoch II Kor 4,7–10 (Hier geht es ja um Errettung aus Gefahren).
3. *Invektive:* Scharfe Verurteilung der Gegner II Kor 11,13–15.
4. *Bekenntnisreihe:* Als Reihe (Aufzählung) gestaltetes Bekenntnis der Unschuld: Dtn 26,13b.14; (Qumran: I QS 10,17ff.); II Kor 7,2.

E. Themen

1. *Bund* (AT: § 6, E 4): II Kor 3,6.14 (Alter Bund/Neuer Bund). Vom Neuen Bund ist sonst nur noch in zwei Zusammenhängen die Rede: in der lukanisch-paulinischen Abendmahlstradition (Lk 22,20; I Kor 11,25) und in Hebr 8f. (Mittler des Neuen Bundes). Von zwei Bundesschlüssen ist aber in Gal 4,24 die Rede (Kontext: Hagar/SaraVergleich).
2. *Versöhnung:* Das Wort Versöhnung begegnet nur in einem relativ fest umgrenzten Wortfeld an wenigen Stellen des NT im Bereich paulinischer Theologie II Kor 5,18–20; Röm 5,10f.; Kol 1,20–22; Eph 2,16; Röm 11,15. – „Sühne" dagegen: Röm 3,25; Hebr 2,17; 9,5.

§ 58 Der Galaterbrief (Gal)

A. Außerhalb des Briefes werden galatische Gemeinden in Act 18,23 (Jünger) und I Kor 16,1 (Kollekte) erwähnt. Nach Angaben des Gal selber hat Paulus die Gemeinde gegründet (1,8ff.; 3,2) und wohl noch einmal nach der Gründung besucht (4,13; 5,7. – Das war wohl der Besuch Act 18,23). Bei der ersten Mission ist Paulus offenbar krank gewesen (4,13f.). – Inzwischen sind Gegner in die Gemeinde eingedrungen. Sie sind der Anlaß für die Abfassung des Briefes. Der Brief behandelt zentral die Frage nach der Heilsnotwendigkeit des jüdischen Gesetzes. Denn die Gegner verkünden ein „anderes Evangelium", das in Wahrheit keines ist (1,6–9), sie wollen unter dem Gesetz sein und durch das Gesetz gerechtfertigt werden (4,21; 5,4). Sie fordern die Beschneidung (5,2; 6,12f.) und die Beobachtung von Festzeiten (4,10).

B. Grobgliederung

1,1–9	Präskript und statt der captatio benevolentiae: Tadel und Verfluchung	
1,10–2,14	Evangelium und Apostolat des Paulus stammen von Gott und nicht von Menschen und sind von den Jerusalemer Aposteln ausdrücklich anerkannt worden. *Historisch-biographische Argumentation.* Bekehrung des Paulus, Apostelkonvent, Antiochenischer Zwischenfall.	
2,15–21	Freiheit vom Gesetz durch Teilhabe am gekreuzigten Jesus	
3,1–29	Verheißung – Gesetz – Christus	
4,1–7	Aus Versklavten sind Söhne und Erben geworden.	
4,8–11	Daher: Warnung vor Rückfall	
4,12–20	Persönlicher Appell	
4,21–31	Die Kinder der Verheißung sind frei vom Gesetz.	
5–6	*Paränesen*	
	5,1–12	Bewährung der Freiheit in der Liebe
	5,13–25	Freiheit vom Gesetz und Wandel im Geist
	5,26–6,10	Einzelmahnungen für das Miteinander
6,11–16	Eigenhändiger Zusatz des Paulus (Innerweltliche Vorteile oder die neuen Wertmaßstäbe)	
6,17f.	Schlußbitte und Segenswunsch	

C. Inhalt

1,1–5 Präskript. Besonderheiten: 1. Zusatz hinter dem Namen Paulus, Apostel: „**nicht von Menschen** und nicht durch einen *Menschen*, sondern durch Jesus Christus und *Gott* ..., der ihn erweckt aus Toten". Der Gegensatz zu den *„Menschen"* auch in V. 10–12, dort auch der Gegenbegriff: *„Offenbarung"*. Auch die Nennung der Auferweckung hat etwas mit dem Apostolat des Paulus zu tun.

– 2. Jesu Tod für die Sünden, um uns *aus diesem bösen Äon* zu retten: Gegensatz zur Welt wie in 6,14f.

1,6–9 Statt der captatio benevolentiae: **Tadel und Verfluchung.**
Die Situation: Die Gemeinde – in Gnade berufen (wie der Apostel V. 15) ist aufgrund von Verwirrern so schnell vom Evangelium abgewichen (6–7). Wiederholte Verfluchung **(„anathema")** dessen, der der Gemeinde ein anderes Evangelium bringt – selbst wenn es ein Engel Gottes wäre.

1,10–2,14	Evangelium und Apostolat des Paulus stammen von Gott und sind von den Jerusalemer Aposteln ausdrücklich anerkannt worden. Paulus muß beides nennen: Seine Berufung durch Offenbarung und nicht durch Menschen, aber auch die Billigung seines Heidenevangeliums durch die Jerusalemer. Die Offenbarung hätte angesichts seiner Gegner nicht ausgereicht, aber auch nicht die Jerusalemer allein, da man hätte fragen können, warum denn sein Evangelium nicht das ihre wäre.

1,10–12 **Die These:** Paulus soll *Gott gefallen* und *Menschen überzeugen* – und nicht umgekehrt (Gegensatz *Gott/Mensch* wie in V. 1). Menschen (den Wünschen der Irregeführten) kann er nicht gefallen wollen, weil sein Evangelium nicht von Menschen (Aposteln) ist, sondern *durch Offenbarung* empfangen. Leitworte: Mensch/Gott.

1,13–2,14 Historisch–biographische Argumentation.

a) *V. 13–17* Der *Kontrast* zwischen der Zeit vor der Bekehrung und der gnadenhaften Bekehrung weist auf nicht-menschliche Verursachung. *Leitbegriffe* in V. 13f.: über alle Maßen, mehr als viele, Eifer in besonderem Maße in Verfolgung und jüdischen Sitten. *V. 15–16:* in Kontrast dazu die Bekehrung: Auserwählung vom Mutterleib an – Berufung durch Gnade – Offenbarung des Sohnes Gottes – Verkündigung unter Heiden (Kontrast zu V. 13f.; vgl. 2,2). – Dem Charakter dieser göttlichen und nach dem Vorhergegangenen gänzlich unerwarteten Berufung entsprechend wendet sich Paulus nicht zuerst an Fleisch und Blut, sondern nach Arabien und Damaskus (Zeit: 31/31–35 n. Chr.). – Die folgenden Stationen sind durch „Dann" abgeteilt:

b) V. *18–20* Nach drei Jahren *Besuch bei Kephas in Jerusalem.* Außer Kephas trifft Paulus keinen Apostel (es sei denn, man rechne Jakobus, den Herrenbruder, dazu). – Entspricht Act 9,26–29(?).

c) *V. 21–24 Nach Syrien und Kilikien von (Tarsus? und) Antiochien aus: Act 9,30; 11,25f.; 13f.?; 15,23.41).* Die Gemeinden in Judäa kannten Paulus zwar nicht persönlich, freuten sich aber, daß der einstige Verfolger nun den *Glauben* verkündigte (Stichwort Glauben hier wichtig) und loben Gott dafür *(Anerkennung von Judenchristen!)*

d) *2,1–10* Bericht über das Apostelkonzil (Zeit: etwa Anfang 48 n. Chr.?), vgl. Act 15,1–35. – Gegen Act 15,2 gehen Paulus, Barnabas und Titus nach Jerusalem *„aufgrund einer Offenbarung"* (vgl. 2,12: nicht-menschliche Verursachung von

Paulus betont). – *Der Gemeinde und den Geltenden legt Paulus sein Evangelium vor.* Ohne diese Anerkennung wäre seine Heidenmission umsonst gewesen; die Anerkennung durch Judenchristen war für Paulus konstitutiv (2,2b). Noch nicht einmal Titus (unbeschnittener Heide) wurde zur Beschneidung gezwungen: Paulus stellt Titus als Testfall dar. Falschbrüder bedrohten die Freiheit, doch Paulus wich nicht.

2,6–10 Vereinbarung mit den Geltenden:

1. Sie erkennen die *Gnade,* die Gott ihm gab.
2. Sie geben Paulus und Barnabas *die Rechte* als Zeichen der Gemeinschaft.
3. Jakobus, Petrus und Johannes gehen zur **Beschneidung,** Paulus zu den **Heiden. –** Gemeint vielleicht weder ethnische noch geographische Einteilung, sondern Stellung zum Gesetz als Kriterium: Wo Beschneidung und Ritualgesetz Kriterium für das Zusammenleben waren (= Schlagwort „Beschneidung"), oder wo dieses nicht der Fall war (paulinischer Gemeindetyp). Das Aposteldekret (Act 15) könnte dann für die Heidenchristen in der erstgenannten Gruppe aufgestellt worden sein.
4. **Kollekte** für die Armen in Jerusalem.

e) *2,11–14* Der antiochenische Zwischenfall und seine Vorgeschichte. Hergang: 1. Petrus nahm an *gemeinsamen Mahlzeiten* mit Heidenchristen des paulinischen Typs in Antiochien teil. Das entsprach zwar dem paulinischen Typ des Zusammenlebens, nicht aber der für Petrus geltenden Vereinbarung nach 2,9: Für strenge Judenchristen nicht tragbar. 2. *Abgesandte des Jakobus* kommen: Gemeinsames Leben war auf dem Konzil nicht vereinbart. 3. Alle Judenchristen leisteten Folge, *auch Barnabas.* Nur für Paulus waren alle Barrieren des Zusammenlebens aufgehoben. 4. Paulus macht Petrus Vorhaltungen: Wie kannst du (wenn die Einheit der Gemeinde bewahrt werden soll) Heiden zwingen, jüdischen Sitten gemäß zu leben? – *Dieser letzte Satz, die Frage an Petrus in 2,14, ist zugleich die Überleitung und Überschrift für die folgende Argumentation.*

2,15–21 Freiheit vom Gesetz durch Teilhabe am gekreuzigten Jesus.

Argumentation: 1. Bei der Rechtfertigung durch Glauben ohne Werke des Gesetzes werden nicht auch die Juden noch zu *Sündern,* wie es die Heiden sind. Dann wären sie beide nicht gerechtfertigt, sondern nur das jüdische Gesetz wäre aufgehoben. Leute, die das Gesetz einführen wollen, meinen offenbar, durch die zunächst hergestellte Gemeinsamkeit (Verzicht auf das Gesetz auch für Juden) sei nichts weiter als gemeinsames Sündersein hergestellt. Nun müsse schleunigst das Gesetz (wieder) eingeführt werden, und zwar *für alle* (zeitweilige Gesetzesaufhebung als Proselytenvorbereitung). Nun ist aber nicht das gemeinsame Sündersein („Heidentum"), sondern die *gemeinsame Gerechtigkeit* Resultat des Glaubens an Jesus gewesen.

2. Wer als Jude das Gesetz *erst außer Kraft setzt und es dann wieder in Kraft setzt,* gibt offen zu, daß er – durch die zwischenzeitliche Aufhebung des Gesetzes – dieses *übertreten* hat (zum Sünder im Sinne des Heiden ist er zwar nicht geworden, aber zum Übertreter). –

3. Die Gemeinschaft mit Christus bedeutet: Paulus ist *mit ihm gekreuzigt.* Er ist

so radikal vom Gesetz getrennt („dem Gesetz gestorben"). Denn er steht auf der Seite des vom Gesetz Verfluchten (deshalb ist er „durch das Gesetz" gestorben V. 19) und damit außerhalb des Gesetzes *(oder:* er ist durch Jesus Christus gerecht und bedarf als Gerechter keines Gesetzes mehr). *Er lebt jetzt von Christus her.*

3,1–29 Verheißung – Gesetz – Christus

3,1–14: Nicht das Gesetz, sondern der Tod des Christus brachte den Segen der Verheißung.

3,1f.: Proömium: „O ihr unsinnigen Galater" statt der captatio benevolentiae. Nennung der wichtigen Stichworte *Werke des Gesetzes/ Glaube* und *Kreuzigung des Christus* (vgl. dann V. 13).

3,3–5: *Narratio* (strittiger Tatverlauf:) Weg der Gemeinde *vom Geist zum Fleisch,* Erinnerung an die ihr geschenkten Gaben.

3,6–12: *Argumentatio* (im Präsens, argumentiert wird auf anderer Ebene) V. 6–9: **Abraham** als historisches Beispiel: Er wurde aus Glauben gerechtfertigt. Also sind die seine Söhne, die mit der Größe Glauben verbunden sind. Damit stimmt überein, daß nach der Schrift in Abraham „alle (Heiden)völker" **gesegnet** werden sollen.

V. 10–12: Das Gesetz dagegen führt nicht zum Segen, sondern mit ziemlicher Sicherheit zum **Fluch,** weil man es nicht ganz *tun* kann. Auf dem Weg des Gesetzes ist nur dem Täter das Leben verheißen.

3,13–14: *Peroratio:* Christus hat uns vom Fluch des Gesetzes losgekauft, indem er sich stellvertretend am Kreuz verfluchen ließ. So war er außerhalb des Gesetzes und seines Anspruchs. Der Weg wurde so frei, daß der **Segen** der Verheißung aus Glauben auf die *Heiden* übergehen konnte. Diese Verheißung wird hier als das Gut des Geistes dargestellt. –

3,15–18 Die Verheißung galt nur dem einen Samen Abrahams, welcher Christus ist – und das 430 Jahre später gegebene Gesetz konnte diese testamentarische Aussage auch nicht mehr ändern. So ist die Erlangung des Erbes *nicht an die Bedingung des Gesetzes* gebunden, sondern als Gnade geschenkt.

V. 15 Bild vom Testament: Ein rechtskräftig gewordenes Testament kann niemand mehr ungültig machen oder mit Zusatz versehen. Zu dem zeitlich sekundären Datum des Gesetzes (V. 17) kommt hinzu:

3,19–25 Das Gesetz gilt nur für die Zwischenzeit.

19f.: Das Gesetz hat nicht direkt etwas mit Gott zu tun. Darauf weist schon die Existenz des *Mittlers* Mose: Als der eine Mittler war er zwischen den vielen Engeln und Israel notwendig. Bei den Verheißungen dagegen ging es nur um Gott und Abraham, ohne Mittler.

21–25: Aus dem Gesetz kam nicht nur keine Gerechtigkeit, weil es nicht lebendig machen konnte, es sorgte vielmehr dafür, daß alle *unter der Sünde festgehalten wurden, hielt alle in Haft.* Da die Verheißung keinem Sünder gegeben wird, hielt das Gesetz so den Weg zur Erlangung der Verheißung durch Glauben frei.

- es hatte die Aufgabe, die *Sünde* offenbar zu machen und zu verfluchen

- es sollte die Menschen unter der Sünde in Gewahrsam halten wie der *Aufsehersklave* die heranwachsenden Knaben (V. *24: „unser Zuchtmeister auf Christus")*

3,26–29 Wie kommen die Vielen zur Teilhabe an dem einen Träger der Verheißung? – Durch den Glauben sind alle „Söhne Gottes", weil sie „in Christus" sind: Sie haben ihn **angezogen** und sind mit ihm eins geworden (so können alle der eine Same Abrahams sein). Dabei sind *alle Unterschiede aufgehoben,* auch die zwischen Juden und Griechen.

4,1–7 Aus Versklavten sind Söhne und Erben geworden, also Freie. Das Bild: Aus 3,24 die Vorstellung von Sklaven als Aufsehern. Die unmündigen Söhne unter ihrer Aufsicht sind wie Sklaven. Erst als erwachsene Söhne sind sie frei.

- die Sklaverei bestand in der Unterwerfung unter die Elemente der Welt (vgl. 4,9).
- die Unmündigen werden in diesem Bild nur durch *Loskauf frei* (V. 5).
- Beweis für die Sohnschaft der Christen ist der **Abba-Ruf.** Denn „Papa" rufen nur Söhne. Söhne aber sind frei. Da es sich um einen Ruf des Geistes handelt, ist dieses geistvermittelte Sohnschaft und Freiheit vom Gesetz.

4,8–11 Daher: Warnung vor einem Rückfall in die Sklaverei. Paulus will hier durch den Begriff **„Elemente"** deutlich machen: Eine Hinwendung zum Judentum ist gleichbedeutend mit einem Rückfall ins Heidentum. Beides läßt sich unter dem Oberbegriff „Versklavung unter die Elemente" kennzeichnen: Denn das jüdische Bewahren von Tagen, Monaten, Zeiten und Jahren ist eine Unterwerfung unter Gestirne (ähnlich wie sich Heiden Götzen unterwarfen). – Paulus hätte sich dann vergeblich gemüht.

4,12–20 Persönlicher Appell, der sich auf die *anfängliche Zusammengehörigkeit* von Apostel und Gemeinde bezieht.

- Werdet so wie ich, denn ich bin ja auch wie ihr (V. 12)
- Erinnerung an die herzliche Aufnahme bei Gründung der Gemeinde (trotz Krankheit wurde er nicht verachtet, sondern aufgenommen wie ein Engel Gottes, wie Jesus). Wo ist der Ruf, mit dem ihr (mich oder euch?) selig gepriesen habt? Ihr hättet eure Augen für mich gegeben.
- 17 *Invektive* gegen Gegner: Sie wollen euch isolieren, um euch dann leichter für sich zu gewinnen
- V. 18–20: *Paulus und seine Kinder:* „ein 2. Mal Geburtswehen, bis Christus in euch Gestalt gewinnt".

4,21–31 Die Kinder der Verheißung sind frei vom Gesetz – im Gegensatz zum irdischen Jerusalem (dem bestehenden Judenvolk). – Allegorie über die beiden *Bundesschlüsse.* Auf der einen Seite steht: **Hagar** als Sklavin, ihr entspricht der Sinai, weil sie dient (Gesetzesdienst), und das jetzige irdische Jerusalem. Ihr Sohn wurde nach dem Fleisch, d.h. auf normalem Wege geboren: Das Bild für die Juden und ihren Gesetzesdienst. – Auf der anderen Seite steht **Sara,** die Freie. Ihr entspricht demnach das himmlische Jerusalem, und ihr Sohn wurde ja auch aufgrund besonderen Eingreifens Gottes „dem Geiste nach" geboren: Das Bild für die gesetzesfreien Christen. Isaak aber gelten die *Verheißungen.*

Also sind die Erben der Verheißung zugleich die vom Gesetz Freien. Auch die Verfolgung (einst Ismael/Isaak) ist ein Hinweis.

5–6 Paränesen

Die Freiheit der Gemeinde vom Gesetz besteht auch deshalb, weil sie aufgrund des Besitzes des Pneumas das Gesetz durch das Liebesgebot erfüllt und so gerecht ist. Die Gerechten aber bedürfen keines Gesetzes. Paulus zeigt, wie diese höhere Gesetzeserfüllung aussieht: Es handelt sich vor allem um Regeln des mitmenschlichen Miteinanders. Für die gesetzesfreudigen Galater ergibt sich dabei eine erstaunliche Feststellung: Erst in der Freiheit vom Gesetz ist dessen Erfüllung möglich. Denn die Gesetzeserfüllung liegt nicht mehr bei der unzulänglichen Kraft des Menschen, sondern das Pneuma wirkt sie in ihm.

5,1–12: Das *Bleiben im Stand der Freiheit* bedeutet durch Liebe ins Werk gesetzten Glauben. So bewährt sich die Freiheit doppelt: dadurch, daß man nicht in die Sklaverei zurückfällt, und in Liebe.

V. 1–6: Leitwort „Christus": Sich-Beschneiden-Lassen widerspricht dem Werk Christi (Christus nützt ihm nicht, er ist von Christus geschieden). Während man als Beschnittener *das ganze Gesetz erfüllen muß*, gilt in Christus Glaube, sein Wirksamwerden in der Liebe und die Hoffnung auf Gerechtigkeit. Das ist alles *im Pneuma-Besitz begründet*. Beschnittensein oder nicht spielt dabei keine Rolle.

V. 7–12: Persönliche Mahnrede: Gegner sind wie *Sauerteig*. – Von Paulus stammt die Beschneidungsforderung sicher nicht, sonst würde er nicht verfolgt und hätte das Ärgernis des Kreuzes beseitigt.

5,13–24: Der zur Freiheit Berufene steht im Kampf zwischen Fleisch und Geist. Das Ziel der Befreiung ist nicht, dem Fleisch ein Einfallstor zu bieten, sondern eine *neue Gebundenheit durch Liebe*. Während vorher von der **Sklaverei des Gesetzes** die Rede war, geht es nun darum, einander **in der Liebe Sklavendienst zu leisten.**

- mit der Liebe aber ist das Gesetz erfüllt (V. 14).
- wer aus der Kraft des Pneumas dessen Früchte bringt, der ist nicht unter dem Gesetz, und gegen den richtet sich das Gesetz nicht.

V. 15: Gegen konkrete Verletzungen des Liebesgebotes im Miteinander (einander beißen und auffressen).

V. 17: Streit des Geistes gegen das Fleisch

V. 19–21 Lasterkatalog „Werke des Fleisches". – V. 22f. Tugendkatalog Früchte des Geistes. V. 24: Die Christen haben das Fleisch gekreuzigt.

5,25–6,10 Mahnrede mit konkreten Einzelanweisungen, die im kommunikativen Plural beginnt und endet: „das Gesetz Christi".

Überschrift: Wenn wir im Geiste leben, wollen wir auch im Geiste wandeln (V. 25)

Katalog von Untugenden als Mahnrede, verbunden durch das Stichwort „Einander" (V. 26; 6,2).

6,1–3 Mahnungen für den Fall, daß jemand bei einem Vergehen ertappt wird (1. als Pneumatiker zurechtweisen im Pneuma der Sanftheit, 2. achten, daß man nicht selbst versucht wird, 3. „einer trage des anderen Last, so werdet ihr **das Gesetz Christi** erfüllen", 4. Nicht etwas zu sein wähnen, ohne es zu sein). *6,4–5* Die rechte Einschätzung seines Werkes aber soll jeder selbst vornehmen, und nicht die anderen (Ergänzung und Korrektiv zu V. 1–3; Leitworte: bei sich selbst, nicht bei dem anderen, eigene Last). 6,5 steht im Gegensatz zu 6,2a (einander tragen – selber tragen müssen).

6,6 Im Gegensatz zum Verhalten bei der gegenseitigen Belehrung (V. 1–5) (jeder die eigene Last tragen) soll man den Lehrer, der das Wort unterrichtet, an allen Gütern teilhaben lassen.

6,7–10 Abschluß der Rede mit Hinweisen auf das Gericht (Saat/Ernte: Gutes tun „solange wir Zeit haben", besonders den Glaubensgenossen)

6,11–16 Eigenhändiger Zusatz des Paulus: Innerweltliche Vorteile oder die neuen Wertmaßstäbe?

1. Die euch beschneiden wollen, erstreben *innerweltliche Vorteile* (der Verfolgung entgehen, Ruhm vor Menschen, euch beschnitten zu haben). Es geht ihnen nicht um Gesetzeserfüllung.
2. Paulus *rühmt sich nur des Kreuzes,* und das heißt: Umkehrung der Wertmaßstäbe. So gilt weder Beschneidung etwas noch Unbeschnittenheit, sondern es ist *neue Schöpfung.* – Wer sich daran hält, dem gilt Frieden und Erbarmen – auch dem Israel – Gottes (vermutlich: die gesetzestreuen Judenchristen).
   V. 12–16 sind antithetisch parallel zu 1,6–9: vgl. Anklage und Beschreibung der Gegner, Evangelium als Maßstab und die Entsprechung von Fluch über die Gegner und Segen über die Christen.
   17 Paulus bittet, ihm keine weiteren Mühen zu machen, da er die Male Christi an seinem Leib trägt. 18 Segenswunsch.

D. Textsorten

1. *Autobiographie:* Gal 1,13–2,14; Phil 1,12–26; Act 22,3–21; 26,4–23; I Tim 1,13 (alle Texte von oder über Paulus). AT: Nehemia–Denkschrift.
2. *Beispiel,* positives: Gal 3,6 (Abraham); I Tim 6,13 (Jesus); Jak 2,21–23 (Abraham); 5,11 (Geduld des Hiob); II Kor 8,1–5 (Opferwilligkeit), ebenso Mk 12,41–44 (Witwe). – Anders I Kor 9,24–27 (Läufer im Stadion). AT: Ez 14,14.20.
3. *Ich-Bericht:* vgl. Autobiographie und Apologie (§ 57, D 1)
4. *Tugend- und Lasterkatalog:* Gal 5,19–21 (Lasterkatalog; Werke des Fleisches); 5,22–23 (Tugendkatalog; Früchte des Geistes); Mk 7,21f. par (Lasterkatalog); I Kor 6,9f. (Lasterkatalog, Erben des Reiches Gottes wie ähnlich Gal 5,21; Eph 5,5); I Petr 4,3 (heidn. Laster), vgl. Röm 1,29–31.
5. *Scheltrede:* Vorhalten der Vergehen und damit Begründung des Gerichts (auch: Anklagerede). Im Gegensatz dazu steht die Gerichtsparänese/Drohrede, in der die Strafe selbst angekündigt wird. Öfter ist beides miteinander verbunden. – Scheltrede: Act 7,51–53; Gal 4,8–10; Jak 4,13–17; 5,1–6. S. auch Invektive (§ 57, D 3).

E. Themen

1. *Abraham im NT:* Röm 4,17–25 (Christen als Abrahams Kinder; Abrahams Glaube ist wie der der Christen); Gal 3,6–29 (Christus als Abrahams Same. Über ihn

werden die Verheißungen ohne Gesetz erfüllt). – Nach Lk werden mit Jesus die Verheißungen an Abraham erfüllt, und er rettet alle Abrahamskinder: Lk 1,55.73; 13,16 (Blutflüssige); 19,9 (Zachäus); Act 3,25f. (Verheißungen durch Umkehr realisiert). – Heiden als neue Kinder Abrahams: Mt 3,9; Lk 3,8, vgl. Lk 13,28f. – In Joh 8,33–58 wird Christologie auf dem Hintergrund jüdischer Abrahamtradition entfaltet („ehe Abraham ward, bin ich" V. 58). Nach Hebr 7 war Levi in Abrahams Lenden, als dieser von Melchisedech gesegnet wurde. Damit ist grundsätzlich ein überlegenes Priestertum begründet, nach dessen Ordnung auch Jesus aufzufassen ist. Abrahams Glaube ist auch *Vorbild* in Hebr 11,8.17 und in Jak 2,21.23 (Glaube/Werk). – AT: § 5, E 3.

2. *Freude:* Dtn 12,7; Gal 5,22 (Frucht des Geistes: Freude); Joh 16,20–24 (Freude/Trauer); Hebr 12,2 (Kreuz/Freude); II Kor 1,24 (Mitarbeiter eurer Freude).
3. *„In Christus":* Röm 6,11 (Leben in Gott); 8,1 (keine Verurteilung); Gal 2,4 (Freiheit); 3,28 (alle eins). – *Reziproke Immanenzformeln* im JohEv („ich bin in ihm, er ist in mir"), z.B. 14,10.20; 17,21.

F. Besonderheiten

1. Von der *Berufung des Paulus* ist im NT an folgenden Stellen die Rede: Gal 1,15f.; I Kor 15,8–11; Phil 3,4–8; I Kor 9,1f.; vgl. II Kor 11,22; Röm 11,1; 15,15–21; – Act 9,1–19a; 22,2–21; 26,9–20.

§ 59 Der Epheserbrief (Eph)

A. Da in 1,1 die Adresse „in Ephesus" in den besten und ältesten Hss. fehlt, ist der Brief kaum ursprünglich nach Ephesus gerichtet gewesen. – Die Adressaten waren wohl Heiden (vgl. 2,1.11f.14f.; 3,1). – Inhaltliche Nähe besteht vor allem zu Kol. Dabei sind aber auch typische Unterschiede trotz ähnlicher Metaphorik zu ermitteln (vgl. z.B. „Geheimnis" in Kol 1,26f.: das eschatologische Heil in Christus; in Eph 3,3ff.: Aufnahme der Heiden). Unterschiede zu Paulus: z.B. in der Auffassung der Ehe (I Kor 7: Zugeständnis und notwendiges Übel; Eph 5,25ff.: Abbild des Verhältnisses Christus/Kirche) oder in dem, was „Fundament der Kirche" ist (I Kor 3,11: Christus selbst; Eph 2,20: Apostel und Propheten).
Ziel des Briefes: *Betonung der Einheit der Kirche und Erinnerung der Heidenchristen daran, daß die Kirche ihren Ursprung im Judentum hat.* In nachapostolischer Zeit wird *Theologie vom Ausgangspunkt „Kirche" her betrieben.* Von der „Kirche" her wird sowohl die *Christologie* (Christus ist das Haupt seines Leibes, der Kirche) wie auch die *Mahnrede* (z.B. die Bedeutung des Verhältnisses Christus/Kirche für das Verhältnis Mann/Frau oder die Bedeutung der Einheit der Kirche aus Juden und Heiden für die Bewahrung der Einheit) bestimmt. „Kirche" ist das eschatologische Wunderwerk Gottes, denn hier ist die traditionelle eschatologische Erwartung erfüllt, daß „die Zwei zu Einem geworden" sind. Die Identitätsdarstellung der Gemeinde ist der Ausgangspunkt.

B. Grobgliederung

1–3	Systematische Ausführungen über die Identität der Gemeinde
1,1–14	Die *Absender:* Erwählte seit Ewigkeit Die *Empfänger:* Neubekehrte
1,15–23	Christus Haupt und Fülle
2,1–10	Der Weg von der Sünde zum Miterhöhtsein
2,11–22	Der Weg vom Getrenntsein zur Einheit (Zwei werden zu Einem; Versöhnung; Gemeinde als Tempel)
3,1–21	Die Kirche als Trägerin des Geheimnisses
4–6	Paränesen
4,1–16	Wachstum des Leibes durch Verwirklichung der Einheit (Liebe, Lehrautoritäten, Christologie)
4,17–6,17	Homilie für die Gemeinde der Bekehrten
4,17–24	Einleitung: Nicht wie die Heiden
4,25–5,20	Mundsünden und Eigentumsdelikte gegen Lobpreis und Barmherzigkeit
5,21–6,9	Haustafeln (5,25–33: Ehe)
6,10–17	Schluß der Homilie: Aufforderung zur Rüstung
6,18–20	Anhang zum Schluß: Gebet
6,21f.	Empfehlung des Tychikos

1–3	Systematische Ausführungen über die Identität der Gemeinde. Es geht um die Kirche der Erwählten und Gerufenen. Einst und Jetzt werden immer wieder gegenübergestellt. Das vordem Getrennte ist nun vereint. Weil die Kirche Christi Leib ist, kann die Macht Gottes vom Haupt auf die Glieder übergehen: Sie werden mitaufgeweckt. Weil Gott in ihnen ist, ist die Kirche ein himmlischer Bau und Tempel, sind die Christen „im Himmel".

1,3–12 Die Absender: Erwählte seit Ewigkeit.

Die Absender beschreiben ihre Erwählung, Begnadung und Bestimmung „in Christus".

Vier gleichartige Blöcke, jeder mit einer Aussage, daß etwas „in Christus", „gemäß Gottes Willen/Handeln", von Gott „vorher" und zu einem bestimmten Ziel (griech: eis...) gemacht sei:

3–4b: gesegnet mit Heiligem Geist – in Christus erwählt

4b–7: geliebt und begnadigt durch Jesu Blut (Sohnschaft und Versöhnung).

8–10: Das Geheimnis von Gottes Willen wurde mitgeteilt, daß alles in Christus seine Hauptsache fände.

11–12: Die Zukunft: Wir werden Erben sein.

1,13–14: Die Empfänger: Neubekehrte

Im Gegensatz zu V. 3–12 wird die Identität der Adressaten durch *Bekehrungsterminologie* beschrieben: Hören des Evangeliums, Glauben, Versiegeltwerden, den Geist als Angeld empfangen, Erben-Sein (wie auch die Absender).

1,15–23 Christus – Haupt und Fülle

Das Fürbittgebet zielt darauf, die Gemeinde möge erkennen, was Berufung, Erbe und Größe der Macht Gottes sind (V. 18f.). Die Macht, mit der Gott Jesus auferweckt und über alle Gewalten gesetzt hat, wirkt sich auch an der Gemeinde aus: Jesus ist Haupt der Gemeinde. Von seiner Fülle her wird sie erfüllt (Begriff „pleroma" in 1,23):

Christus	*Kirche*
Haupt	Leib
Fülle	wird erfüllt

Gottes Machterweis in Jesu Erhöhung wird in diesem Bild für die Kirche angewendet, auf sie ausgeweitet:

2,1–10 Der Weg von der Sünde zum Miterhöhtsein

Darstellung eines Weges: Vom Totsein in Sünden bis zum neuen Wandel in guten Werken. Stichwort: „Wandeln" (V. 2/10).

Zwischen beiden Stadien hat Gott die *Toten* (in der Sünde) mit Christus auferweckt: **Die Gemeinde ist mit dem Erhöhten schon im Himmel** (wie 1,3). Dieses wird als Gottes Gnade und Erbarmen gedeutet. Daher kann in V. 9 (wie ähnlich im Zusammenhang der Bekehrung in 2 Tim 1,9; Tit 3,3–5 und Röm 4) von Rechtfertigung „nicht aufgrund von Werken" die Rede sein. Die neuen guten Werke sind von Gott vorbereitet, man braucht nur in ihnen zu „wandeln".

2,11–22 Der Weg vom Getrenntsein zur Einheit

Wiederum, wie in 2,1–10, Darstellung eines Weges: Vom Heidentum und vom Getrenntsein hin zur Einheit mit denen, die als Juden nahe waren, so daß die Heiden jetzt Mitgenossen der Heiligen als neuer Tempel Gottes werden.

11–13 Einst Heiden und von Israel und Verheißungen getrennt, seid ihr jetzt durch Jesu Blut nahe gekommen.

14–18 *Versöhnung:* **An der Vereinigung von Juden und Heiden zu dem einen Leib der Kirche** hat Gott sein eschatologisches Handeln wahrgemacht: er hat die „zwei zu einem" gemacht. Christus hat durch seinen Tod die **Trennmauer** zwischen Juden und Heiden, das **Gesetz,** beseitigt. Er hat dabei, und dieses wird mit Hilfe des Wortfeldes der Versöhnungstradition dargestellt, Feindschaft beseitigt, Versöhnung und einen Zugang zu Gott geschaffen.

19–22 *Gemeinde als Tempel:* Als Mitgenossen der Heiligen sind jetzt die früheren Heiden mit ihnen **Gottes Tempel.** Denn sie sind vom Geist erfüllt. Apostel und Propheten sind das Fundament, Christus ist der Eckstein dieses Tempels.

3,1–21 Die Kirche als Trägerin des Geheimnisses

Daß Jesus der Christus ist, ist ein Geheimnis. Als solches war es lange verborgen. Erst jetzt wurde es enthüllt **(Revelationsschema).** Träger dieses Geheimnisses sind: 1. Paulus, 2. Heilige Apostel und Propheten, 3. die „Kirche" (speziell in der Gegenwart des Verf., dem nachapostolischen Zeitalter). Wenn das Geheimnis verkündet wird, kommen die Heiden in die Gemeinschaft des Leibes.

Die Kirche verkündet dieses Geheimnis nach 3,10 auch Mächten und Gewalten, denn ihnen vor allem mangelt Weisheit (Bar 3; I Kor 2,6–8), bzw. sie wären die eigentlichen Adressaten.

Die systematischen Äußerungen über die Kirche werden in 3,17–19 durch folgende Gedanken abgeschlossen:

a) Man soll die Dimensionen (Höhe, Tiefe...) der Kirche erfassen wie die eines *himmlischen Baus* (vgl. Apk 21; dazu das Bild vom Tempel in Eph 2,19–22, die himmlische Existenz der Gemeinde nach Eph 1,3; 2,6).
b) Die bloße Erkenntnis des Geheimnisses wird durch die Liebe (Christi, vgl. 5,2) noch übertroffen.

4–6 Paränesen

4,1–16 *Wachstum des Leibes durch Verwirklichung der Einheit.*

Die systematischen Aussagen von 2,11–22 und K. 3 werden in 4,1–16 paränetisch umgesetzt. In 4,1–6 geht es um das *Bewahren* der Einheit, in 7–16 um das *Erreichen* der Einheit des Glaubens (vgl. V. 3 mit V. 13)

1–6 *Bewahrung der Einheit* durch Demut, Sanftmut, Langmut, welche als „einander aushalten in Liebe" zusammengefaßt werden. Motivation: 1. das Berufensein (V. 1.4), 2. die Einheit ist vorgegeben: ein Herr, ein Glaube, eine Taufe, ein Gott (umfunktionierter Akklamationsstil).

7–16 Es besteht eine Spannung zwischen den Gaben, die je den *einzelnen* gegeben sind (V. 7.11.16), und der Einheit, die nur auf dem Weg über diese *Verschiedenheit zu* erreichen ist (V. 13).

- die verschiedenen Gnadengaben sind *Gaben des Erhöhten* (Midrasch zu Ps 68,19 in V. 8–10. Christus ist ja auch zuvor als Gesandter herabgestiegen, vgl. Joh 3,13).
- diese Gaben des Erhöhten äußern sich nicht in allgemeiner charismatischer Vielfalt, sondern in verschiedenen **Ämtern** (Apostel, Propheten [vgl. 3,5!], Evangelisten, Hirten, Lehrer).
- das Ziel dieser vielfältigen Ämter ist die Ermahnung der Heiligen zur *Erbauung des Leibes:* 1. Einheit (daher das Stichwort „Liebe" V. 15, das mit V. 2 verbindet) als *dynamischer Prozeß* (V. 13.15), 2. Gefeitsein gegen das Umhergetriebenwerden durch Irrlehren.

4,17–6,17 Homilie für die Gemeinde. – Am Anfang und am Ende ist diese Homilie durch allgemeinere, stark traditionelle und sehr einprägsame Mahnungen gekennzeichnet: 4,17–24 verwendet Elemente der *Bekehrungspredigt:* Die Gemeinde soll nicht mehr wie die Heiden wandeln und sich von ihnen durch ihr Verhalten absetzen; 6,10–17 stellt das Bild des kampfbereiten *Kriegers* vor Augen.

4,17–24 Einleitung der Homilie: a) nicht mehr wie die Heiden wandeln (ohne Erkenntnis, Verstockung, „ausgeschlossen" [wie 2,12!], Habsucht und Unreinheit) b) Zwischenphase: Christus lernen, hören, Belehrtwerden (V. 20f.). *Wahrheit:* wie V. 15 so V. 21 und 24. c) **Ablegen des Alten** (Wandel, Mensch, Begierden), Anlegen des Neuen (erneuert im Geist, Anziehen des neuen Menschen).

4,25–5,5 Mundsünden und das Verhältnis zum Eigentum

4,25–32 Die eigenartige Verbindung von Mundsünden (wozu auch Zorn gehört) und Verhältnis zum Eigentum ist in der Tradition begründet, wonach es dabei immer um ein *Betrüben oder eine Schädigung des (Heiligen) Geistes* ging (V. 27 und 28 sind außerdem durch das Stichwort Geben, V. 28 und 29 durch „das Nötige" verbunden). Überdies ist die Blasphemie als letzte hier genannte Mundsünde typisch *heidnisches* Vergehen, während die Anteilgabe (Schluß V. 32) typisch *jüdisch-christlich* ist.

5,1–5 Allgemeine Motivation (V. 4 nennt nochmals Mundsünden): 1. *Nachahmung Gottes:* wie geliebte Kinder, deshalb in Liebe (wie auch Christus uns liebte...) 2. Statt der heidnischen (hier exemplarisch genannten) Kardinallaster Unzucht, Unreinheit (dazu gehören Mundsünden!), Habsucht (Eigentumsdelikt) jetzt: *Danksagung* (als Gegenteil von Mundsünde). – V. 3 und 5: Lasterkataloge.

5,6–20: Das Thema *Mundsünden* wird hier fortgesetzt: Die betrügerischen Irrlehrer haben *leere Worte,* die Gemeinde dagegen ist gekennzeichnet durch *Psalmen und Hymnen.* Beide unterscheiden sich also in ihrer „Rede".

6–14: Nicht Teilhaber derer werden, die mit *leeren Worten* betrügen. Denen werden die Werke der *Finsternis* zugeordnet.

Leitworte: Licht/Finsternis (V. 8f. 12–14), verborgen/offenbaren/entlarven (V. 11–14). In dem sicher traditionellen hymnischen *Weckruf 5,14* soll der Schläfer den Weg von der Finsternis des Schlafes zu Christus, dem Licht, gehen. Motivation: Einst-Jetzt-Schema V. 8, Sentenz V. 14.

15–20: Die Gemeinde soll vielmehr prüfen, was Gottes Wille ist (wie V. 10), mit Heiligem Geist erfüllt sein und in *Psalmen, Hymnen und pneumatischen Gesängen* dem Herrn immer danksagen. – Das entspricht bereits 5,4 Leitworte: weise, verständig. Motivation: V. 16 „kaufet die Zeit aus" (eschatologisch).

Die Paränese von K. 4 und 5 ist daher so zu schematisieren	
Heiden und Irrlehrer	*Gemeinde*
Mundsünden	Danksagung
Eigentumsdelikte	Anteilgeben, Erbarmen
leere Worte	Psalmen, Hymnen, pneumatische Gesänge, Danksagung

5,21–6,9 Haustafeln

bezogen auf Frauen/Männer, Kinder/Väter, Sklaven/Herren. Begonnen wird jeweils mit dem soziologisch unterlegenen Teil. Zu beachten ist die durchgehende Beiderseitigkeit (Reziprozität) von Verpflichtungen.

5,21 „einander untertan" *Überschrift* (vgl. Gal 5,13), als Stichwort nicht bei Kindern und Sklaven (die müssen gehorchen).

5,22–33: Verhältnis der Eheleute zueinander.

22–24: Unterordnung der Frau unter den Mann (aus V. 21 zu ergänzen „in Furcht", vgl. V. 33). Es besteht jeweils das Verhältnis zwischen Haupt und Leib zwischen

Mann	Christus
Frau	Kirche

25–32: Der Mann soll seine Frau *lieben als seinen Leib* (V. 28) d.h. *wie sich selbst* (V. 33). Damit ist das Verhältnis zwischen Mann und Frau ein Spezialfall des Gebotes der Nächstenliebe („lieben wie sich selbst").

a) V. 25–27 *Was heißt „lieben"?* Vorbild: Selbsthingabe Christi. Ziel: Heiligkeit und Reinheit (Leitworte in V. 26f.). Das Bild der Ehe zwischen Christus und Kirche wird vermieden.
b) V. 28–30: *Was heißt „wie sich selbst"* bzw. *„wie seinen Leib" lieben?* Sentenz V. 29: Niemand haßt sein eigenes Fleisch. – Daß die Frau Leib des Mannes ist (und er Haupt), war der Gemeinde offenbar neu. Der Verf. begründet dieses Verhältnis Mann Frau von der der Gemeinde geläufigeren Realität Christus/Kirche her. Das *Urbild* für die Ehe ist das Verhältnis von Haupt und Gliedern des Leibes in der Kirche. Leitworte V. 28–31: Leib/Fleisch, lieben/hassen.
c) V. 31–32: *Begründung in der Schrift:* Gen 2,24 ist auf Christus und die Kirche zu beziehen (denn die Schrift redet von Christus). Die Ehe ist der Nachvollzug dieses Glaubensgeheimnisses der Schrift (und nicht umgekehrt, wie wir heute denken würden), der Nachvollzug der sie begründenden Liebe Christi zur Kirche.

33: Zusammenfassung. Auch hier liegt, wie oben, der Ton auf dem Verhalten des Mannes.

6,1–4 Kinder (4. Dekaloggebot)/Eltern

6,5–9 Sklaven/Herren. Für beide: Motivation mit dem künftigen Gericht, das nach *Werken* geht und bei dem es *kein Ansehen der Person* (Sklave/Freier) gibt.

6,11–17 Schluß der Homilie: Aufforderung zur Rüstung *Leitworte:* Kraft, Stärke, stark sein, stehen, widerstehen, Böses, Waffenrüstung (und Teile der Ausrüstung). 1. *Ursprung* der Kraft ist der Herr (10). 2. Der *Gegner* ist der Teufel, nicht Fleisch und Blut, sondern die Mächte und Gewalten, die Geister der Bosheit (11f.). 3. *Zeitpunkt:* der Böse Tag. 4. *Anlegen der Einzelteile* der Waffenrüstung in Verbindung mit Tugendkatalog (14–17).

Form: Wiederholte Aufforderung (vgl. die Aufforderung zum Anlegen der Rüstung in V. 11.13.14). –

6,18–20 Anhang zum Schluß: Die Aufforderung zum Rüsten wird realisiert in ständigem Wachen und Beten, und zwar für die Heiligen und für Paulus, damit ihm Freimut gegeben wird.

6,21f. Empfehlung des Tychikos

6,23f. Segenswunsch

D. Textsorten

1. *Revelationsschema:* Das einst lange (seit Ewigkeit) verborgene Geheimnis ist jetzt offenbar gemacht worden, und zwar einem (oder mehreren) auserwählten Empfänger(n): Röm 16,25f.; I Kor 2,6–10; Eph 3,3–7; Kol 1,25–27; I Petr 1,20 – aber auch in Mt 13,35 (auf Gleichnisse bezogen).

E. Themen

1. *Präexistenz:* Aussagen über die Präexistenz der Weisheit (Prov 8,22–31; Sir 24,3–10, vgl. Joh 1,1f.) wurden auf Jesus Christus übertragen, um so die Einzigkeit und Ausschließlichkeit dieses Mittlers zu betonen: Röm 8,29–30; II Kor 8,9; Eph 1,3–14; Phil 2,6–11; Kol 1,15–20; Hebr 1,3. Bisweilen verbunden mit Aussagen über die vorgängige Erwähltheit der zugehörigen Gemeinde.
2. *Leib Christi:* Nach Eph 1,23; 4,12 ist die universale Kirche der Leib Christi. Entscheidend ist, daß Christus das Haupt dieses Leibes ist: die enge Zusammengehörigkeit mit ihm, das Wachsen von ihm her und sein Vorrang werden betont (4,16). – Bei Paulus dagegen wird Christus nie „Haupt des Leibes" genannt. Das Bild vom Leib begegnet bei ihm nur in Röm 12; I Kor 12, jeweils im Zusammenhang der Diskussion über die verschiedenen Gaben und die dennoch gegebene Einheit. Die eher bildliche Verwendung wird aus Röm 12,5 deutlich: „ihr seid ein Leib *in* Christus". „Leib Christi" bei Paulus nur I Kor 12,27.
3. Waffen des Christen: (AT: Jes 59,17; Sap Sal 5,17–20) Röm 6,13; 13,12; II Kor 6,7; 10,4; Eph 6,11.13–17. – Jeweils katalogartige, allegorisch gedeutete Reihe der Ausrüstungsteile.

F. Besonderheiten

„Christus unser Friede" (2,14–18): Zwischen Juden und Heiden ist Einheit hergestellt, weil die Mauer des Gesetzes beseitigt ist.

§ 60 Der Philipperbrief (Phil)

A. Die Gemeinde in Philippi war die erste paulinische Missionsgründung auf europäischem Boden. Weitere Nachrichten finden sich in Act 16,11–40 und I Thess 2,2 (Verfolgung). In 1,27–30 werden äußere Gegner genannt, während nach 3,2–4,1 die Gemeinde durch Irrlehren von innen her bedroht ist. Diese Irrlehrer sind offenbar Judaisten: Sie verkündigen die Beschneidung, und Paulus ist durch sie zu Äußerungen über das Gesetz und die Vorzüge Israels veranlaßt (3,2.3ff.). Wegen des Bruches 3,1/2 und der unvermittelten Wiederaufnahme von 3,1 in 4,4 sowie wegen der plötzlichen Rede von großer Gefährdung der Gemeinde wird das Stück 3,2–4,3 von sehr vielen Forschern für das Fragment eines anderen Philipperbriefes gehalten. Dasselbe gilt auch von dem sog. Dankesbillet in 4,10–20. Allen Teilen ist jedoch gemeinsam die starke Betonung der Vorbildhaftigkeit des Paulus und der „Freude" .

B. Grobgliederung

1,1–11	Zuversicht und Fürbitte
1,12–26	Das Geschick des Apostels und die Förderung der Botschaft
1,27–2,18	Mahnungen für die Gemeinde: Einigkeit, Leiden für das Evangelium, Sich-Unterordnen, Gehorsam (in diesem Kontext der sog. Philipperhymnus 2,6–11)
2,19–3,1	Empfehlung des Timotheus und des Epaphroditus
3,2–4,1	Warnung vor Irrlehrern
4,2–9	Mahnungen für die Gemeinde mit eschatologischen Verheißungen
4,10–20	Paulus dankt für die finanzielle Unterstützung durch die Gemeinde, die Epaphroditus überbracht hat
4,21–23	Grüße und Schluß

C. Inhalt

1,1–2 Präskript. Besonderheit: „mit den Episkopen und Diakonen".

1,3–11 *Proömium.* Danksagung V. 3–8 (in V. 8 Zeugenanrufung Gottes). Die Gemeinde steht in enger *Verbundenheit* mit der Verkündigung des Evangeliums durch den Apostel („Gemeinschaft" V. 5.7). Auch in der Gefangenschaft besteht enge Verbundenheit (V. 7f.: Herz, V. 9.16: Liebe). Paulus vertraut, daß der, der begonnen hat, es auch bis zum Tag Jesu Christi ausführen wird. Der *„Tag Christi"* und die eschatologische Perspektive auch in V. 10. Angesichts dessen soll die Gemeinde ein Urteil für das gewinnen, auf das es ankommt.

1,12–26 **Das Geschick des Apostels und die Förderung der Botschaft.**

a) *Die gegenwärtige Freude des Apostels* (12–18a, vgl. 18a). Es ist bekannt geworden, daß Paulus wegen seines Christseins im Gefängnis liegt. Die Bruder predigen daraufhin furchtloser, einige allerdings jetzt in Rivalität zu Paulus. Doch entscheidend ist, daß Christus überhaupt verkündigt wird. – Leitwort *„Evangelium"* V. 12.16. Der (erhoffte und tatsächliche) Fortschritt der Botschaft wird durch „überreich" beschrieben in 1,9.14.26.

b) *Die zukünftige Freude des Apostels* (18b–26, vgl. 18b): Paulus wird nicht zuschanden werden, sondern an seinem Leib wird Christus verherrlicht werden. Sei es im Leben, sei es im Tod. *„Denn für mich ist das Leben Christus und das Sterben Gewinn"*. (V. 21). Im Tod wäre der Apostel *„mit Christus"* (V. 23), für die Gemeinde ist es aber notwendiger, daß er am Leben bleibt (vgl. die zahlreichen Bezugnahmen auf die Angeredeten in V. 24–26).

1,27–2,18 Mahnungen für die Gemeinde

a) *Einigkeit und Leiden* (V. 27–30). Einigkeit im Glauben an das Evangelium ist für die Gegner Zeichen, daß sie verloren sind, für die Gemeinde Zeichen der Rettung. Dieses zu bewahren ist offenbar mit *Leiden* verbunden; der Apostel ist Vorbild. Stichwort: „für Christus leiden" – nicht nur an ihn glauben.

b) 2,1–18 **Verwirklichung der Einheit: Liebe, von sich gering Denken und Gehorsam.** Dieses hat einen christologischen Grund.
In 2,1f. greift Paulus die in 1,3–10 dargestellte Verbundenheit wieder auf.: Liebe, Gemeinschaft. Mitempfinden, Freude. – Leitworte in 2,1–5: dasselbe denken, das Eine denken, dieses denken.

V. 6–11 Christushymnus (beschriebener Weg: in der Gestalt Gottes – Gestalt des Knechtes – sich gering gemacht – Gehorsam – Verleihung des Namens – Akklamation). – Verbindung mit dem Kontext: Gehorsam 2,8 und 2,12 (sachlich bis 2,15); 2,3 gering von sich denken, 2,8 hat sich gering gemacht. –

> Daß sich Jesus gering gemacht hat und gehorsam war bis zum Tod am Kreuz, führte zu seiner Erhebung in die Nähe Gottes. Nach V. 12–18 ist dieses Vorbild dafür, wie sich die Gemeinde die Rettung erwerben soll (nach 1,27f. war Einheit Zeichen der Rettung, schon nach 1,28–30 durch Leiden zu erwerben, nach 2,12 durch Gehorsam). Daß es nicht nur um ein moralisches Vorbild Jesu geht, zeigt 2,13: Gott bewirkt das Wollen und das Wirken. Daher ist das Heil auch „mit Furcht und Zittern" zu wirken (12), weil hier Eingreifen Gottes ist.

2,14–18: Gehorsam von Kindern ohne Murren – im Kontrast zur bösen Generation wie „Lichter der Welt".

Persönliche Motivation: Ruhm für Paulus am Gerichtstag (vgl. 1,6.10) – er hat nicht vergeblich gearbeitet – gemeinsame Freude.

2,19–3,1 Paulus kündigt an, sein Mitarbeiter Timotheus werde die Gemeinde bald besuchen. Empfehlung für ihn V. 20–22. – Überbringer des Briefes wird Epaphroditus sein. Er war todkrank. Die Gemeinde wird ihn jetzt wiedersehen; V. 29–30 Empfehlung.
Verbindung im Kontext: 2,15/22 (gehorsames Kind).
3,1: *Der Ansatz zur Schlußmahnung* „Im übrigen ... freuet euch ..." wird unterbrochen und erst in 4,4 wiederaufgenommen.

3,2–4,1 **Warnung vor Irrlehrern.** Der Apostel zeigt an seinem eigenen Leben, daß Jesus Christus über die Privilegien des Judentums hinausführt.

2–3: Antithese: *Irrlehrer: Verschneidung* und Vertrauen auf das *Fleisch* (d.h. auf innerweltliche Kriterien). „Hunde". Dagegen:

Paulus und Gemeinde: „Wir sind die *Beschneidung,* weil wir *im Geist* Gottes den Dienst verrichten".

4–11: *Paulus als Muster.* Paulus könnte sich auch des Fleisches rühmen. Die Vorzüge eines Juden edler Abstammung und guter Erziehung (aus dem Stamm Benjamin, Pharisäer, die Kirche verfolgend, nach der gesetzlichen Gerechtigkeit untadelig) hat er im Übermaß. Doch er hat alles für Verlust und Dreck gehalten, um Christus zu gewinnen.

So ist er *gerade als Judenchrist* Vorbild dafür, daß jüdische Erwählungskriterien angesichts der christlichen verblassen.

– An die Stelle der **Gerechtigkeit aus dem Gesetz** trat die aus dem Glauben, die von Gott ist. Ihre Besonderheit ist **Teilhabe** an Tod und Auferstehung Jesu.

12–16: Nähere Angaben darüber, wie Paulus als Vorbild verstanden werden will: Vorbild – aber noch nicht vollendet. Aber er vergißt, was hinter ihm liegt (Judentum, Fleisch), und streckt sich entgegen dem, was vor ihm liegt. Diese Nichtvollendung sollen wir als „Vollkommene" bedenken. Was die Gemeinde anders beurteilt, wird Gott ihr als wahr oder falsch offenbaren. Doch am schon Erreichten ist festzuhalten (d.h. wohl: die wahre Beschneidung, Dienst im Geist).

Leitworte V. 12–13: „Ergreifen", V. 12 Opposition vollendet/nachjagen.

17–21: Paulus nennt sich nochmals als Vorbild (Verbindung V. 16–18: „wandeln")

- Eigenart und vor allem die **Zukunft der Gegner** sind dem entgegengesetzt, was die Gemeinde erwartet (Leitwort: Herrlichkeit V. 19.21); das Ende wird nach dem sein, an dem man sich ausrichtet:
- *Gegner:* Feinde des Kreuzes, denken Irdisches, ihr Ende: Verderben, ihr Gott der Bauch.
- *Gemeinde:* Bürgerrecht im Himmel, von dort erwartet sie den Retter; Zukunft als Verwandlung des Leibes der Niedrigkeit in Herrlichkeit. Hier finden sich theologische Auffassungen, die sonst bei Paulus fehlen: Der Retter Jesus Christus wird die Erlösung selbst durch *Umwandlung der Leiber* bewirken (also keine „Auferweckung"). Er hat nämlich die *Kraft,* sich das All zu unterwerfen.

4,1 So also – nach Hinweisen auf den **Apostel selbst (4–16)** und auf die **Eigenart ihrer Zukunftserwartung (17–21)** – soll die Gemeinde „stehen im Herrn".

4,2–9 Mahnungen an die Gemeinde. In 4,8f. laufen diese wieder aus in die Aufforderung, den Apostel zum Vorbild zu nehmen

2–3 Die früheren Mitstreiterinnen Euodia und Syntyche werden zur Eintracht ermahnt („Dasselbe denken" wie 2,2). Syzygos soll sich ihrer annehmen.

4–9 Mahnungen mit eschatologischen Verheißungen

Freude – Freundlichkeit gegen alle – keine Sorgen, sondern beten – „Tugendkatalog" in V. 8 – *Apostel als Vorbild in V. 9.* – Verbindung V. 5/6: „bekanntwerden". – Motivation: Der Herr ist nahe, Friede (V. 7: „Und der Friede Gottes, der höher ist...").
4,10–20: Paulus dankt für die finanzielle Unterstützung durch die Gemeinde, die Epaphroditus überbracht hatte.
V. 18: Die Kollekte ist Wohlgeruch, Opfer, das Gott mit Freude und Wohlgefallen ansieht.
4,22–23 Grüße und Segenswunsch

D. Textsorten

1. *Christushymnen:* Phil 2,6–11; Kol 1,15–20; I Tim 3,16; I Petr 3,18–22; Hebr 1,1–3. – Wichtige Themen dieser Hymnen: Präexistenz und Schöpfungsmittlerschaft, „Inkarnation", Leiden und Tod, Auferstehung und Erhöhung, Unterwerfung der Mächte.
2. Fürbitte für die Angeredeten: Phil 1,9; Eph 3,14ff.; Kol 1,3; 4,12; II Thess 1,11f.

F. Eschatologische Vorstellungen in Phil:

1. Nach 1,23 wird Paulus nach seinem Tod sogleich mit Christus sein (so wird sonst das Märtyrergeschick aufgefaßt).
2. 3,20f.: Bürgerrecht der Christen im Himmel (vgl. Hebr 13,14), Leib der Niedrigkeit jetzt. Bei der Parusie kommt der Erhöhte vom Himmel her und verwandelt den Leib (er ist der Handelnde!).

§ 61 Der Kolosserbrief (Kol)

A. Das bekannteste Mitglied der Gemeinde von Kolossai ist Philemon, der dort eine Hausgemeinde hatte (Phlm 2). – Als Gründer der Gemeinde wird der Paulusschüler *Epaphras* in Kol 1,7; 4,12f. genannt; zur Zeit der Abfassung des Briefes war er bei Paulus (1,8f.). Offenbar teilte er freiwillig mit ihm die Gefangenschaft. – Die Gemeinde bestand wohl zumeist aus Heidenchristen (2,13, vgl. 1,21.27). – Der Anlaß des Briefes sind eingedrungene *Irrlehren.* Sie werden als „Philosophie" bezeichnet, haben aber im übrigen Elemente, die wir im frühen Merkaba-Judentum wiederfinden, d.h. außer den typisch jüdischen Merkmalen wie Beschneidung, Festen, Neumonden und Sabbaten auch Enthaltung von Speisen und Askese, besonders aber einen ausgeprägten Engelglauben (2,18). Eine Vision galt als Initiation (2,18). Gegenüber diesem Engelglauben wird Christus als Haupt aller Mächte und Gewalten dargestellt.
Der wichtigste Gegensatz zum paulinischen Denken etwa des Röm liegt in der Verschiedenheit von Kol 2,12; 3,1 (schon mitauferweckt) gegen Röm 6,5 (Auferstehung erst zukünftig).

B. Grobgliederung

1,3–11	Proömium. Ziel des Briefes: Erkenntnis und Wachsen in der Erkenntnis
1,12–29	Grundlegung einer Theologie für die Gemeinde in Kolossai: Christus – Schöpfer und Versöhner (15–20) die Gemeinde – Versöhnte (21–23) der Apostel Paulus – für die Heiden (24–29)
2,1–3,4	Irrlehrer
3,5–4,6	Paränesen: Bekehrungspredigt (Ablegen/Anziehen) Haustafeln Abschließende Mahnungen

C. Inhalt

1,1–2 Präskript

1,3–8 Als *Danksagung* eingeleitet: Die Gemeinde hat gehört und erkannt, das Evangelium hat Frucht gebracht und ist gewachsen. Epaphras, Diakonos Christi, brachte das Evangelium.
V. 4f.: Glaube, Liebe, Hoffnung.

1,9–11 Als *Bittgebet* stilisiert: Paulus bittet um Vollendung eben dieser Dinge, von denen er gehört hat (Fruchtbringen: V. 6/10, Erkenntnis V. 6/9f.). Besonders betont ist durch Wiederholungen: *Erkenntnis* (Weisheit, pneumatisches Verstehen, Fruchtbringen und Wachsen in der Erkenntnis). Ziel: Geduld und Langmut (offenbar gegen Angriffe der Irrlehrer).

1,12–29 Grundlegung einer Theologie für die Gemeinde in Kolossai

Einleitung als Danksagung: Gott hat uns aus Finsternis zum Licht überstellt. Weil das Licht das Reich des *Sohnes* ist, hat der Verf. hier den Übergang gewonnen zu den folgenden christologischen Aussagen; V. 14 bezieht sich wie V. 13 noch auf die Gemeinde.

I. **Christus – Schöpfer und Versöhner (1,15–20).** Die Kirche ist damit versöhnte Welt Gottes.

a) **Schöpfung:** Der Sohn ist Bild Gottes; alles ist durch ihn und seinetwegen erschaffen – *auch die Herrschaften und Mächte.* So ist er vor allem. So ist er auch das Haupt des Leibes, der Kirche. Weil alles über ihn läuft, ist er auch in der Kirche der Erste und vor allen – und niemand anders. (Es ist nicht zu erweisen, daß hier zunächst an einen kosmischen Christus als Haupt des Alls, seines Leibes, gedacht war). Leitworte: Erschaffen, Schöpfung.

b) **Versöhnung:** Seit der *Auferstehung* ist er auch in einer weiteren Hinsicht der Erste: Erstgeborener aus den Toten. Denn Gott ließ in ihm die Fülle wohnen, und er hat **alles auf ihn hin versöhnt,** *Frieden* zu schaffen durch sein Blut. Leitworte: alles, „in ihm", Erster.

II. **Die Gemeinde – Versöhnte (1,21–23)**

In seinem Leib durch seinen Tod hat er die *einst Fremden* jetzt versöhnt (Leib wie V. 18, Versöhnen wie V. 20). Ziel: Sie heilig vor sich zu stellen. Hier ist das Einst-

Jetzt-Schema auf die Gemeinde angewandt. Die Versöhnung des Alls (V. 20) ist konkretisiert in der Versöhnung der Angeredeten. Diese Versöhnung gilt, wenn die Gemeinde beim Glauben *bleibt* und *nicht abweicht* von der mit dem Evangelium verbundenen Hoffnung. Der Schluß von V. 23 bildet die Überleitung zum folgenden Abschnitt:

III. **Der Apostel Paulus – für die Heiden (1,24–29)**

Auffällige Entsprechungen zum Dienst Christi für die Gemeinde:

a) V. 24: Er *füllt das Maß der Christusleiden auf,* indem er mit seinem eigenen Leib leidet für den Leib des Christus, die Kirche: Er leidet, um den Völkern als Apostel das Heil zukommen zu lassen.

b) die Menschen sind *„vor Gott"* zu stellen: V. 22/28.

c) Christus wie der Apostel sind auf alle Schöpfung bezogen (vgl. „alles" in 15–20 und 23.28)

Revelationsschema: Botschaft des Apostels ist das verborgene Geheimnis, das erst jetzt offenbart wurde – den Heiligen. Inhalt: die universale Bedeutung des Christus unter den Heiden (V. 27).

So ist der Dienst des Paulus zu verstehen (V. 29).

2,1–3,4 Irrlehrer

2,1–5: Realisierung von 1,25–29 für die Gemeinde in Kolossai

(Verbindung: Ringen 1,29/2,1; Geheimnis Gottes 1,27/2,2 (Christus als sein Inhalt), Weisheit 1,28/2,3). Zugleich Aufnahme von 1,6.9.11 (Erkenntnis, Weisheit). *Paulus sieht es als seine Aufgabe an, der Gemeinde Christus, das Geheimnis Gottes, und damit alle Weisheit und verborgene Erkenntnis mitzuteilen,* „damit niemand euch überliste mit trügerischer Rede".

2,6–8: Mahnung und Warnung: Christus, wie ihr ihn angenommen habt, ist nicht Weltweisheit und menschliche Überlieferung.

2,9–15: Die Heilsbedeutung Christi für die Gemeinde (Er-Ihr-Aussage)

- in ihm wohnt die *Fülle Gottes,* und ihr seid durch ihn erfüllt,
- er ist das *Haupt jeder Macht* und Gewalt,
- in ihm seid ihr *beschnitten* mit einer nicht-menschlichen Beschneidung (Taufe) und habt den Fleischesleib abgelegt.
- *mitbegraben und mitauferweckt von Gott,* Vergebung der Sünden und Auslöschung des Schuldscheins, der ans Kreuz geheftet wurde.
- so sind die Mächte öffentlich blamiert worden. –

2,16–3,4: Folgerungen gegenüber der Irrlehre: Deren Regeln über Speise und Trank, Feste, Neumonde und Sabbate, Demut und Dienst vor Engeln, Initialvisionen, Verbote zu berühren und zu essen, Verordnungen über Kasteiungen und leibliche Zucht – all dieses ist nur *Schatten dessen, was kommt.* Christus ist die wahre Gestalt, allein er ist das Haupt. Und mit Christus ist die Gemeinde den Weltelementen gestorben. Es gehört alles in den *Bereich des Fleisches,* während die Christen *als Mitauferweckte das suchen sollen, was oben ist,* wo Christus zur Rechten Gottes ist. 3,3f.: Das neue Leben ist jetzt verborgen/wird dann erscheinen. Sichtbar aber schon in der Ethik:

3,5–4,6 Paränesen

3,5–3,17 Bekehrungspredigt (Ablegen/Anziehen)

3,1–4 stellt sowohl die Voraussetzung für die Absage an die Menschensatzungen der Irrlehre dar als auch für eine christliche Ethik. Denn hier wird das *umgesetzt,* was nach

2,20; 3,1 (schon gestorben, schon auferweckt) bereits geschehen ist. Deshalb zieht V. 5 die Folgerung: „So tötet denn...".

Die Predigt ist streng nach dem *Gegensatz von Einst und Jetzt gestaltet:*

Zum Einst gehörig:

- *die Glieder,* die noch der Erde angehören: Lasterkatalog V. 5 (Unzucht-Götzendienst). Sie sollen jetzt getötet werden.
- das *Strafgericht* über die Söhne des Ungehorsams
- *Mundsünden* (Zorn-Lüge). Sie sollen jetzt abgelegt werden
- der *alte Mensch* mit seinen Werken. Er ist ausgezogen.
- die *Unterschiede* zwischen Griechen und Juden, Beschnittenen und Unbeschnittenen, Barbaren, Skythen, Knechten, Freien.
  Sie gelten jetzt nicht mehr, sondern „alles und in allem Christus".

Zum Jetzt gehörig:

- der *neue Mensch* nach dem Bild des Schöpfers. Er ist angezogen worden.
- Christus ist *alles und in allem.*
- *als von Gott geliebte Heilige sollen sie anziehen:* Erbarmen, Güte, Demut, Geduld (Tugendkatalog V. 12). Ausführung in V. 13–15: Verzeihung (wie der Herr euch), Liebe (Band der Vollendung); Friede (ein Leib).
  Verhalten in der Rede (Gegensatz zu heidnischen Mundsünden): Dank, Wort Christi, Lehre, Zurechtweisung, Psalmen, Hymnen, pneumatische Gesänge (16)

Schluß und Zusammenfassung 3,17: Alles, was ihr tut: im Namen des Herrn Jesus, dankend Gott durch ihn (das entspricht der unaufgebbaren Zentralposition Jesu nach dem systematischen Teil in K. 1f.).

3,18–4,1 Haustafeln (paarweise und reziprok, christlich durch wiederholten Bezug auf den „Herrn")

Frauen: sich unterordnen; *Männer:* lieben

Kinder: gehorchen; *Eltern:* nicht erzürnen

Sklaven: gehorchen in der Einfalt des Herzens; *Herren:* Sklaven gerecht und gleich behandeln.

4,2–6: Abschließende Mahnungen

Beharrlichkeit im Gebet – auch für den Apostel, daß Gott ihm die Tür des Wortes öffne, das Geheimnis des Christus zu reden

Verhalten gegen Außenstehende V. 5f.: Zeit auskaufen – das Wort mit Salz gewürzt

4,7–18: Paulus schickt den Brief durch Tychikus und Onesimus. Persönliche Grüße – V. 16: Der Brief soll *auch in Laodizea vorgelesen werden.*

D. Textsorten

1. *Haustafeln:* Listen mit sozialethischen Weisungen: Kol 3,18–4,1; Eph 5,22–6,9; I Petr 2,13–3,7 (2,18–3,12). In diesen Texten werden die Stände *als Glieder der Gesellschaft* angesprochen. – Gruppen *in der Gemeinde* dagegen: I Tim 2,(1f.)8–15; 6,1f.; Tit 2,1–10. – Zu den echten Haustafeln vgl. auch noch Röm 13,1–7.
2. *Warnung vor Irrlehrern:* Phil 3,2–4; Kol 2,8–23; I Joh 3,7. Vgl. auch Mk 13,6.21f. par.

E. Themen

1. *Aufhebung aller sozialen und ethnischen Unterschiede durch die Taufe und vor dem Gericht:* Kol 3,10f. (mit: Barbare/Skythe); Gal 3,27f. (mit: Mann/Frau); I Kor 12,13f. (mit: Jude/Grieche); I Kor 7,19 (Beschnittenheit/Unbeschnittenheit). – Vgl. auch Röm 1,16; 2,9f.; 10,12 (alle: Griechen/Juden).

§ 62 Der Erste Thessalonicherbrief (I Thess)

A. Thessalonike war eine paulinische Gemeindegründung. Auch Act 17,1–9 berichtet davon. Nach dem Weggang des Paulus war es dort zur Verfolgung der Gemeinde durch heidnische Landsleute gekommen (2,14). Paulus hatte wiederholt versucht, die Gemeinde zu besuchen, aber es ließ sich nicht verwirklichen. So sandte er Timotheus aus Athen dorthin (2,17–3,5). Timotheus brachte gute Nachrichten, auf die Paulus in 3,6–10 eingeht. Möglicherweise hatte auch Timotheus mündlich die Anfrage aus der Gemeinde mitgebracht, auf die Paulus in 4,13–18 eingeht: Einige Gemeindemitglieder waren gestorben, und es herrschte nun Unsicherheit darüber, ob diese die Parusie erleben könnten (denn nur die „messianische Generation" erlebt das Kommen des Messias nach verbreiteter jüdischer Tradition). Paulus muß aus diesem Anlaß – vermutlich erstmalig – von der Auferstehung der Christen sprechen. Offenbar kam dieses in seiner grundlegenden Missionspredigt noch nicht vor. – In 5,27 mahnt Paulus, den Brief allen in der Gemeinde vorzulesen.

B. Grobgliederung

1. Teil: Proömium 1,2–3,13
Wiedereinschärfung des Bekenntnisses 1,2–10
Apologie des Paulus 2,1–12
Trost über Verfolgung 2,13–16
Sendung und Bericht des Timotheus 2,17–3,10
Fürbitte 3,11–13

2. Teil: Paränese 4,1–5,22
Die Heiligung der Gemeinde 4,1–12
Die verstorbenen Christen bei der Parusie 4,13–18
Die Vorbereitung auf die Parusie 5,1–11
Anweisungen über das Gemeindeleben 5,12–22
Briefschluß 5,23–28

C. Inhalt

1,1 Präskript

1,2–3,13 Proömium

I Thess besteht nur aus *Proömium und Paränese.* Das Proömium endet in 3,11–13 mit einer Fürbitte.

In K. 1 und 2 wechseln *Ich- und Ihr-Stücke* miteinander ab (Ich-Stücke: 1,4f.; 2,1–12; Ihr-Stücke: 1,6–10; 2,13–16).

1,2–10 *Darstellung des guten Verhältnisses zwischen Apostel und Gemeinde.* Ziel: Wiedereinschärfung der *grundlegenden Elemente der Bekehrung in V. 9f.:* Bekehrung von den Götzen zum lebendigen Gott, Auferweckung Jesu als Voraussetzung für das eschatologische Wiederkommen (= Elemente der Missionspredigt für Heiden wie in Act 14,15; 17,30f.; Hebr 6,1f.). Der Tod Jesu fehlt. Wo die Gemeinde *gelobt* wird (V. 3.6.7–8) und wo das sogar andere bestätigen, handelt es sich um captatio benevolentiae (das Lob verpflichtet auch). Sicher aber haben die Sätze eine verpflichtende Funktion, in denen Paulus sein *eigenes erfolgreiches Wirken* erwähnt (V. 4f., andere Gemeinden als Zeugen: V. 9) oder wo er die Beziehung Apostel/Gemeinde als *Nachahmung* beschreibt (V. 6). Er will sagen: Es war ja allerlei geschehen, nicht nur das Wort des Evangeliums, sondern auch Kraft und Geist. Das alles verpflichtet. Ziel dieser Aussagen ist die Erinnerung an die Bekehrung V. 9f.

V. 3: Vorstufe für die *triadische Formel* über Glaube, Hoffnung, Liebe, vgl. Apk 2,2. Sinn der Wortfolge hier: Rechtfertigung durch Erprobung und Bewährung des Glaubens.

2,1–12 „Apologie" des Paulus. Es liegt eine captatio a nostra persona vor, der Versuch, das Einverständnis des Hörers zu gewinnen durch Darstellung der eigenen Person. Beachte die häufige Erinnerung an das, was die Gemeinde *schon weiß* und wofür Gott Zeuge ist (1,5; 2,1.2.5.9.10.11): Paulus versichert sich so des objektiven Wissens seiner Zuhörer um Vergangenes. Dieses wird dadurch zum *Zeugnis für ihn.*

1. *positiv:* Nicht Menschen, sondern Gott gefallen (3–6), Liebe und Hingabe (V. 7f.), Lauterkeit (V. 3–6.8a.10), Mutter/Kinder (V. 7), Vater/Kinder (V. 11).
2. *negative Abgrenzung* gegen andere Lehrer: Irreführung, Unlauterkeit, List (V. 3), Schmeichelei, Habsucht (V. 5), Ehrsucht (V. 6).

V. 9: Paulus hat selbst gearbeitet, um niemandem beschwerlich zu fallen (gegen den Vorwurf, er sei kein Apostel vgl. II Kor?).

Paulus ist zu dieser „Apologie" offenbar genötigt durch die im folgenden Abschnitt geschilderte *Verfolgungssituation* der Gemeinde. Sie brachte die Gefahr, daß die Gemeinde *an ihrem Lehrer,* dem sie den Grund zum Verfolgtwerden verdankte, *irre wurde.*

2,1–12 führt über die Ich-Passagen in K. 1 hinaus, weil hier im Unterschied zu dort nicht von der Gemeindegründung, sondern vom *Selbstverständnis des Apostels* die Rede ist. So ergibt sich ein Bezug zur Verfolgung.

2,13–16 Tröstung über Verfolgung in der Form der Danksagung. Trostfunktion: 1. So wie ihr von euren Landsleuten verfolgt wurdet, ist es auch den Gemeinden in Judäa von den *Juden* her ergangen. Die aber haben dadurch nur das Maß ihrer Sünden vollgemacht **(Tradition vom gewaltsamen Geschick der Propheten).** Aber: der Zorn ist über sie gekommen zum Ende hin. Das gilt als Drohung auch den Verfolgern der Gemeinde von Thessalonike! 2. *Leitwort ist „Gott"* (V. 13 2x.14.15, auch der Zorn V. 16 ist Gottes Zorn.) Die Gemeinde *steht auf der Seite Gottes:* es war nicht Menschen- sondern Gotteswort, das sie empfing. Wer sie daher verfolgt, „gefällt Gott nicht und ist allen Menschen feind" (V. 15).

2,17–3,10 Sendung und Bericht des Timotheus

Trotz großer Sehnsucht und Wertschätzung (2,17; 3,1) wurde Paulus vom Satan daran gehindert, die Gemeinde zu besuchen. So sandte er Timotheus von Athen aus zu ihr hin, und Timotheus berichtete ihm Positives. Auch dieser Abschnitt steht ganz im Zeichen der *Bewältigung der Verfolgung* (wie 2,1–16): Die Sendung des Timotheus geschah, weil Paulus über den **Glauben** der Gemeinde (Leitwort in V. 2.5.6, hier mit Liebe) angesichts ihrer **Bedrängnis** (Leitwort in 3f. und 7) und der damit verbundenen **Versuchung** durch den Satan in Sorge war. *Wieder muß Paulus an seine frühere Verkündigung erinnern* (3,4): „Wir werden in Bedrängnis geraten", um der Gemeinde zu sagen, daß das, was sie traf, ja nicht ganz überraschend war. Aber so wie Timotheus die Gemeinde stärken sollte in ihrer Bedrängnis, so hat nun die Gemeinde Paulus in seiner Bedrängnis getröstet, indem sie standhielt (V 7f.). So sind beide in Trübsal und füreinander Trost.

3,11–13: Was formal als *Fürbitte* und als Schluß des Proömiums gestaltet ist, stellt in Wirklichkeit den *Übergang zur Paränese* dar (von V. 10 her). Die Stichworte *„Heiligkeit"* (für 4,1–12) und *Kommen des Herrn mit seinen Heiligen* (für 4,13–18) weisen auf das Kommende hin.

4,1–12 Die **Heiligung** der Gemeinde.

Während die Verfolger Gott nicht wohlgefallen (2,15), soll die Gemeinde dieses. Nach 4,2 sind die folgenden Mahnungen nur eine Erinnerung an das, was „durch den Herrn Jesus" bereits vom Apostel gegeben wurde.

a) 3–8: **Heiligung.** Das Stichwort Heiligung erlaubt es Paulus, *Berufung und Handeln, Rechtfertigung und Ethik als einen einzigen Vorgang zu* beschreiben: So wie Gott den heiligen Geist in die Christen gelegt hat (4,8) und zur Heiligung berufen hat (4,7), so besteht sein Wille eben in der Heiligung der Gemeinde. Diese ist hier exemplarisch – in traditionell jüdischer Weise – als *Abgrenzung vom Heidentum* (4,5) durch Vermeidung der „Begierde" dargestellt,
   – Begierde aber äußert sich zweifach: als Unzucht (V. 3f.) und als Habgier (Übervorteilen im Geschäft) (V. 6).

b) 9–12: Bruderliebe und *Mahnung gegen Faulheit* (mit den Händen arbeiten), denn sonst ist man zu sehr auf die Brüder angewiesen.

4,13–18 Trostrede über die verstorbenen Christen bei der Parusie.

Zur Situation vgl. oben unter A. – Die Rahmung in V. 13.18 zeigt, daß es nicht um Belehrung geht, sondern um Nicht-Trauern/Trösten. Die Lebenden werden keinen Vorteil haben, denn die *Parusie* wird wie folgt verlaufen:

Stimme des *Erzengels*

Trompete Gottes

der Herr *steigt herab* (auf einer Wolke)

Auferstehung der Toten in Christus (d.h. der Christen)

Gemeinsame *Entrückung* der soeben Auferstandenen mit den auf der Erde befindlichen Lebenden in die Luft (auf einer Wolke)

dem Herrn *entgegen* (im Stil einer antiken Hypantesis wie Joh 12,13)

Sein *mit* dem Herrn: Gott führt so die Entschlafenen (zusammen mit den Lebenden) mit Jesus heran (V. 14). Gott ist Subjekt.

So gilt: Der Herr Jesus *kommt mit allen seinen Heiligen* (Lebenden und auferweckten Toten) (vgl. 3,13; Didache 16,7)

Ob dann das Gericht sein wird, ist nicht erkennbar.

5,1–11 Die Vorbereitung auf die Parusie

Der Tag des Herrn kommt unerwartet (gegen die Leute, die von „Frieden und Sicherheit" reden); Bilder vom Dieb in der Nacht und vom Schmerz, der die Schwangere plötzlich überfällt (1–3). (Zum Tag Jahwes: § 36, E 1).

Die sonst übliche *Wachsamkeitsmahnung* wird durch V. 4 und V. 8 uminterpretiert: „Ihr seid nicht in Finsternis, so daß der Tag des Herrn euch wie ein Dieb überrascht". Zu „Nacht" V. 2 wird also der Gegensatz „Licht/Finsternis" gebildet. Das hat folgende Konsequenz: 1. die Gemeinde gehört zu den Kindern des Lichts und steht damit im Gegensatz zu den anderen, den Kindern der Finsternis (V. 5f.) (die *Gruppe* kommt in den Blick), 2. *Wachsein und Nüchternsein wird durch Glaube, Liebe und Hoffnung interpretiert* in V. 8. – 3. Jesus ist für uns gestorben. Dadurch ist die Möglichkeit gegeben, „mit ihm" zu leben, „ob wir nun wachen oder schlafen", d.h. die Wachsamkeitsparänese (wach und nüchtern gegen schlafend und berauscht V. 7) ist *soteriologisch und ethisch aufgefangen worden.*

11 Schluß wie in 4,18: Einander trösten und erbauen.

5,12–22 Anweisungen über das Gemeindeleben

I. Über das *Ermahnen* und das Verhalten bei Delikten (11–15)
- die Vorsteher und Zurechtweiser achten und lieben
- Frieden untereinander
- Verhalten bei Vergehen: Zurechtweisen, Ermahnen, Aushalten, Langmut. Nicht Böses mit Bösem vergelten, sondern immer Gutes.

II. *Religiöses Verhalten:* Freude, Gebet, Danksagung, „löscht den Geist nicht aus", mißachtet nicht die Prophetien.

III. Sammelmahnung zum Schluß: alles prüfen, Gutes behalten, sich des Bösen enthalten.

V. 23f.: Segenswunsch, V. 25: Bitte um Gebet, V. 26: Gruß

V. 27: *Der Brief soll allen Brüdern vorgelesen werden.*

V. 28: Segenswunsch.

E. Themen

1. *Heiligung:* AT Lev 17–26 (Heiligkeitsgesetz). – NT: Röm 6,19.22; I Thess 4,3–7 (Gabe und Aufgabe); I Joh 3,3.
2. *Naherwartung:* Hab 2,3; Ez 7,1–13; 12,21–25; Zeph 1,14–18; Mk 9,1; 13,30.37; Mt 10,23; 1 Kor 7,29–31; I Thess 4,17; I Kor 15,51; Röm 13,11–14; Phil 4,5; Hebr 10,35–39; Jak 5,8; Apk 3,11;22,20; II Thess 2,2 (abgewiesen).
3. *Zorn:* Mt 3,7; Lk 3,7 (kommender Zorn); Röm 1,18 (offenbart vom Himmel); 4,15 (Gesetz wirkt Zorn); I Thess 1,10 (Jesus rettet vor dem Zorn); Apk 6,16 (Zorn des Lammes).
4. *Nachahmen:* Phil 3,17; 4,9; I Thess 1,6; 2,14; I Kor 4,16; 11,1; II Thess 3,7.
5. *Ämter:* In I Thess 5,12 werden nur Leute genannt, „die sich um euch mühen, euch vorstehen und euch zurechtweisen"; Phil 1,1 nennt Episkopen und Diakone; in I Kor 12,28 bietet Paulus eine feste Abfolge (Rangfolge?) von Aposteln, Propheten und Lehrern. – In Eph 4,11 sind in der Reihe: Apostel

– Propheten – Evangelisten – Hirten – Lehrer, die alle insgesamt Gaben des Erhöhten sind, die Apostel und Propheten wohl bereits Größen der Vergangenheit. Die Pastoralbriefe kennen die Ämter des Episkopos, des Diakonen, der Ältesten und wohl auch der Witwen.

§ 63 Der Zweite Thessalonicherbrief (II Thess)

A. Dieser Brief behandelt die Irrlehre, der *Tag des Herrn* stehe unmittelbar bevor und die damit vielleicht zusammenhängende *Arbeitsscheu* in der Gemeinde. Die Irrlehrer berufen sich auf Offenbarungen und mündliche oder briefliche Äußerungen des Paulus. Es kann sein, daß der Verfasser durch diesen Brief den Ersten Brief an die Thessalonicher ersetzen wollte, dessen Eschatologie ihm jedenfalls korrekturbedürftig erschien. – Nach 1,7 befindet sich die Gemeinde in aktueller *Verfolgungssituation.*

B. Grobgliederung

1,1–12	Präskript und Proömium: Das Gericht wird verschieden ausgehen für Verfolger und Verfolgte, Ungläubige und Gläubige
I. Lehrhafter Teil	
2,1–12	Der Tag des Herrn steht nicht unmittelbar bevor. Erst muß der Aufhalter und dann der Sohn des Verderbens kommen.
II. Paränetischer Teil	
2,13–17	Überlieferungen festhalten
3,1–5	Über die Bewahrung vor dem Bösen
3,6–12	Gegen Leute, die nicht arbeiten
3,13–15	Verfahren mit Ungehorsamen
3,16–18	Gebetswunsch, Grüße, Segensgruß

C. Inhalt

1,1–12 Präskript und Proömium

Danksagung: für die Fülle von Glaube und Liebe. Paulus rühmt sich in den Gemeinden ihrer Geduld und ihres Glaubens in Verfolgung und Drangsal. D.h.: *Die Gemeinde ist verfolgt.*

5–7 Bedeutung dieser Drangsal angesichts der kommenden Offenbarung des Herrn Jesus: a) Ihr werdet *die Basileia erhalten, für die ihr jetzt so leiden müßt.* Ruhe für die Bedrängten. b) Eure Bedränger werden bedrängt werden.

8–10 Das Gericht geht auch über alle, die Gott nicht kennen, d.h. *nicht dem Evangelium gehorchen.* Dagegen wird der Herr, wenn er kommt, verherrlicht werden in seinen Heiligen und bewundert von denen, die *an ihn geglaubt,* weil das apostolische Zeugnis geglaubt wurde.

Fürbitte: würdig zu sein des Rufes, Freude am Guten und Verherrlichung des Herrn „durch euch, und ihr durch ihn“ (reziprok. vgl. V. 10: verherrlicht in seinen Heiligen).

I. Lehrhafter Teil

2,1–12 Der Tag des Herrn steht nicht unmittelbar bevor. Erst muß der „Aufhalter" und dann der Sohn des Verderbens kommen.

2,1–3a: Nicht von der Vernunft abbringen oder täuschen lassen! Weder durch Prophetengeist noch durch Wort oder Brief „wie von uns" (der Verf. kennt also Pseudepigraphität), als ob der Tag des Herrn schon da sei.

2,3–12 Die Endereignisse werden vielmehr so verlaufen:

1. Nähere Zukunft:

a) das Geheimnis der Bosheit ist schon wirksam, d.h. das Böse wirkt, aber noch verhüllt. Die Verhüllung dauert bis zur Offenbarung des Sohnes des Verderbens. Verhüllt ist das Böse wohl aber auch schon im Aufhalter wirksam (= ein oder mehrere prophetische oder politische Vorläufer des Antichrist).

b) *das (der), welches(r) aufhält* (griech.: katechon)

2. Mittlere Zukunft:

a) Vernichtung des Aufhalters

b) *Offenbarung* des Sohnes des Verderbens, des Gesetzlosen; jetzt ist sein Kairos. A. In der Kraft Satans Krafttat, Zeichen, Lügenwunder und Betrug für die, die verlorengehen, weil sie die Botschaft nicht annahmen. Der Verderber ist von Gott geschickt: sie sollen der Lüge glauben. B. Der Sohn des Verderbens ist jedem Gott entgegengesetzt und erhebt sich über ihn. Er *setzt sich in den Tempel Gottes* und behauptet Gott zu sein.

3. Der Tag des Herrn:

a) Jesus vernichtet den Gesetzlosen mit dem Hauch seines Mundes.

b) Gericht über alle, die der Wahrheit nicht geglaubt haben.

II. Paränetischer Teil

2,13–17 *Überlieferungen festhalten.* Form: Dank-Mahnung-Fürbitte. Dank (für Auserwählung: „Als erste zum Heil" und Berufung durch das Evangelium „zum Erwerb der Herrlichkeit", woraus sich die Mahnung ergibt), Mahnung (was durch Wort und Brief überliefert ist, festhalten), Fürbitte (Tröste die Herzen und stärke sie).

3,1–5 *Über die Bewahrung vor dem Bösen: Gebet der Gemeinde für den Apostel* (Rettung vor *bösen* Menschen), dann: „Treu (anschließend an V. 2 Treue) ist aber der Herr, der euch bewahren wird vom *Bösen"*, was darin besteht, daß die Gemeinde das Verkündigte tut. Dann: *Gebet des Apostels für die Gemeinde* (V. 5 Liebe Gottes, Geduld Christi).

3,6–12 **Gegen Leute, die nicht arbeiten.** Durch V. 6 „im Namen des Herrn Jesus Christus" als erste Mahnung eingeleitet. Ausweitung der Mahnung von *I Thess 4,11*. Leitwort: „unordentlich sein" (V. 6.7.11) = „nicht arbeiten" *(V. 11). Vorbild des Paulus dagegen:* Er hat Tag und Nacht gearbeitet, um die Gemeinde nicht zu belasten, obwohl er die Berechtigung dazu gehabt hätte. V. 10 erinnert wieder (wie I Thess 3,4) an die mündliche Verkündigung des Apostels: „Wenn jemand nicht arbeiten will, soll er auch nicht essen".

3,13–15 Verfahren mit Ungehorsamen. Mit dem soll man nicht verkehren (vgl. I Kor 5,11), der nicht auf das Wort hört, damit er beschämt wird. Doch nur zurechtweisen, nicht wie einen Feind behandeln.

3,16–18 Gebetswunsch, Grüße, Segensgruß.

§ 64 Die Pastoralbriefe: Der Erste Brief an Timotheus (I Tim), der Zweite Brief an Timotheus (II Tim), der Brief an Titus (Tit).

A. Die Pastoralbriefe tragen ihren Namen, weil sie keine Privatbriefe sind, sondern Anweisungen über die Führung des Hirtenamtes. Folgende Elemente kennzeichnen diese Briefe im ganzen:

1. Spuren der *paulinischen Rechtfertigungslehre:*
   Tit 3,4–7 (nicht aus Werken in Gerechtigkeit, sondern nach Erbarmen, gerechtgemacht durch seine Gnade)
   II Tim 1,9f. (berufen nicht nach Werken, sondern nach Vorsatz und Gnade).
   Zur Frage der „Werke" vgl. II Tim 4,7f.14f.; Tit 1,16.
2. *Traditionsdenken und Berufung auf apostolische Tradition* als die „gesunde Lehre", vor allem im Gegensatz zu Irrlehrern. Es geht dabei freilich nicht um das Absolutsetzen der eigenen Tradition, sondern um die Frage nach der Kontinuität des Evangeliums. Überhaupt sollte man weniger die „frühkatholischen" Elemente dieser Briefe beklagen und als „bürgerlich" gegen Paulus absetzen als vielmehr das hier zugrundeliegende hermeneutische Problem beachten und daran die Lösung messen.
   I Tim 6,20 (Bewahren des anvertrauten Gutes, sich fernhalten von leeren Reden der sogenannten „Erkenntnis")
   II Tim 2.2 (Und was du von mir gehört hast, vertraue zuverlässigen Menschen an)
   I Tim 1,9f. (Lasterkatalog im Gegensatz zur „gesunden Lehre").
3. *Ämter:*
   Bischof (z.B. I Tim 3,1–7; Tit 1,7–9)
   Presbyter (z.B. I Tim 5,17–19; Tit 1,5f.) und die Gesamtheit der Presbyter als *Presbyterium* (I Tim 4,14).
   Diakon (nur in I Tim 3,8–13)
   Witwe (nur in I Tim, 5,3–16)
   – Statt der Vielfalt der Charismen gibt es hier nur das eine *Charisma*, das durch *Handauflegung* dem Amtsträger vermittelt wird (I Tim 4,14; II Tim 1,6).
4. An der Stelle, die bei Paulus der *Glaube* einnimmt, steht hier die *„Frömmigkeit"* (griech: eusebeia).
5. *Christologie:*
   Jesus ist aus dem Samen Davids II Tim 2,8
   Bekenntnis vor *Pontius Pilatus* I Tim 6,13
   Mittler und Sühnetod: I Tim 2,4–6; Tit 2,13–15
   Hymnusartiger Abriß der Christologie in Phasen: I Tim 3,16
   Tod und Auferstehung: II Tim 1,10 (der den Tod entmachtete, das Leben aber und die Unsterblichkeit aufleuchten ließ durch das Evangelium)
   Richter der Lebenden und Toten: II Tim 4,1
   Eschatologie: II Tim 2,11–13 (mitsterben/mitleben, aushalten/mitregieren)
   Beistand für Apostel: II Tim 4,17f.
6. Elemente synoptischer Tradition:
   II Tim 2,22–25: Mt 5
   Christologie vgl. auch I Tim 1,15 mit Lk 19,10; 2,5f. mit Mk 10,45.
   Tit 1,10–16: Antipharisäische Polemik (Mt 15.23)
   Berufsgleichnisse (Form!): II Tim 2,4–6; Lk 9,62; Joh 7,4

7. *Irrlehrer:* „Antithesen der sogenannten Gnosis", Gesetzeslehrer, Leute „aus der Beschneidung" kehren die Häuser um, schmutzigen Gewinnes wegen, jüdische Mythen und Menschengebote, Genealogien, Gesetzesstreitereien, hindern zu heiraten, Enthaltung von Speisen, „Auferstehung sei schon geschehen", Frauen als Missionsobjekte.
8. Verbindung von Haustafeln mit Kirchenordnungen.

A. Der Erste Timotheusbrief

Grobgliederung

1	Kampf gegen die Irrlehrer mit Paulus als Vorbild
2–5	Das Bild des Hauses (K. 2) weitet sich zum Bild der Gemeinde als Haus (K. 3–5)
2	Ruhige Ordnung, nach außen und im Haus
3–5	Das Haus der Gemeinde
6	Der Zusammenhang zwischen rechter Lehre und rechtem Tun, zwischen Irrlehre und Laster (Reichtum)

Inhalt

1 Kampf gegen die Irrlehrer mit Paulus als Vorbild

1,1–2 Präskript

1,3–11 Gegen die sogenannten *Gesetzeslehrer*, die sich an Fabeln und Genealogien halten.

- Ein Kontrast besteht zwischen dem positiven Ziel der apostolischen Lehre *(Liebe aus Glauben*, V. 5) und den Menschen, für die das *Gesetz* gilt (Lasterkatalog V. 9f.). Denn für die Gerechten besteht kein Gesetz.
- Gegensatz *Glaube* (4f.) und *Gesetz* (Leitwort V. 7–9)
- V. 11 kehrt zur Ich-Aussage in V. 3 zurück (alles wird auf die Autorität und das Evangelium des Apostels zurückgeführt)

1,12–17 *Danksagung des Paulus im Ich-Stil* („nachgeahmtes Danklied"). Obwohl Paulus zuvor Sünder war, wurde er aus Erbarmen zum Dienst eingesetzt und ist zum *Vorbild* für alle Glaubenden geworden. Glaube und Liebe (als Lehre: V. 5) sind an ihm verwirklicht (V. 14).

- Zentrum der Argumentation ist V. 15 (Getreu ist das Wort: *Christus kam in die Welt, Sünder zu retten).*
- *Leitworte: Glauben, Treue, Unglauben; Ausdrücke für Erbarmen und Gnade; Paulus als der „erste" (V. 15f.).*

Ziel: Paulus ist das Muster für verwirklichte christliche Heilsbotschaft. Diese wird so nicht abstrakt, sondern personal dargestellt. Dieses gilt besonders gegenüber den Irrlehrern: Paulus ist ein bekehrter Lästerer (V. 13) – auch sie lästern jetzt (V. 20). Paulus selbst ist also das wirksamste Gegengift gegen die Gesetzeslehrer, auch weil er in sich selbst die Umkehr verkörpert, die sie vollziehen sollen.

1,18–20 Diese Weisungen (V. 3–17; Leitwort Weisung in V. 3.5.18) vertraut Paulus Timotheus an für den guten Kampf. Nun können die *Irrlehrer mit Namen genannt* werden: Hymenaios und Alexander. Paulus hat sie dem Satan übergeben, damit sie gezüchtigt werden (vgl. I Kor 5,5)

2 Ruhige Ordnung für alle Menschen und im christlichen Haus

Der Verf. verwendet das traditionelle *Ständeschema* Obrigkeit (Könige), Männer, Frauen (Rangfolge!) und gestaltet es so, daß die beiden ersten Abschnitte durch das Thema „Gebet" zusammengehalten werden. Einschneidender aber ist, daß er den ersten Abschnitt zu einem Stück über die *universale Verantwortung der Christen* gemacht hat, den über die Frauen und Männer aber auf das *christliche Haus* vornehmlich in religiöser Hinsicht beschränkt hat. So entstanden zwei Blöcke:

1–7 („Ich ermahne nun ..."): Wahrnehmung der *universalen* Verantwortung der Christen für alle – durch **Gebet für die Obrigkeit.** Ziel: Ruhe nach außen (V. 2: Stilles und *ruhiges* Leben).

Leitwort: „alle". Motivation: christologisch (wie in 1,15) „alle Menschen retten", „Mittler der Menschen", „Lösegeld für alle" und paulinisch: Apostel der Völker (universal!).

8–15 („Ich will nun ...") 1. **Gebet** der Männer – ohne Zorn und Wortstreit (auch eine Art von Ruhe), 2. Frauen: Schmuck nicht weltlich, sondern Frömmigkeit und gute Werke; Lernen *in Ruhe* und Unterwerfung, Lehren nicht, auch sich nicht über den Mann erheben, sondern *in Ruhe* sein. Ziel: Ruhe im Haus.

Motivation: Adam zuerst geschaffen, dann Eva; Adam wurde nicht (von der Schlange) betrogen, die Frau aber.

Alternativbeschäftigung für die Frau: Rettung durch Kindergebären (V. 15), „wenn sie bleiben in Glaube und Liebe" (vgl. 1,5.19: Verbindung zu K. 1).

3,1–6,2 Während in K. 2 die „natürlichen" Stände behandelt wurden, geht es jetzt um die „kirchlichen" Stände (Stichwort in 3,15: *„Haus Gottes"* – Gemeinde des lebendigen Gottes, auch in 3,5 werden Kirche und Haus verglichen). Vgl. 3,12.

3,1–7 *Bischofsspiegel* (Katalog der Eigenschaften in V. 26, davon 5f. spezieller: kein Neugetaufter, gutes Zeugnis von den Außenstehenden). Kriterium ist auch besonders: Wie er dem eigenen Haus vorsteht (wie wird er sich sonst um die Gemeinde Gottes kümmern?).

3,8–13 *Diakonenspiegel:* Wie die Bischöfe so sollen auch sie nur eine Frau haben. Auch von ihren Frauen werden bestimmte Eigenschaften verlangt.

3,14 Zusammenfassende Überschrift und Überleitung („Haus Gottes"): Timotheus wird wieder direkt angeredet:

3,14–4,16: Ein guter Diakon soll auch Timotheus sein, speziell gegenüber den Irrlehrern. Auch er ist *„Vorbild"* (4,12). Damit hat er hier dieselbe personale Vorbildfunktion angesichts der Regeln in 3,1–13, die Paulus in 1,12–17 innegehabt hatte. Was Paulus ihm in 3,15 über das Wandeln im Haus Gottes sagt, gilt in Wahrheit allen Episkopen und Diakonen der Gegenwart des Verf.

a) 3,16–4,5 **Das christologische Bekenntnis der Gemeinde (3,16)** wird der Irrlehre (4,15) entgegengesetzt.

3,16: Beachte Fleisch/Geist wie Röm 1,3f. und: Zwischen Auferstehung (Rechtfertigung durch den Geist) und Aufnahme in den Himmel ist der Bericht über Erscheinung vor den Boten und universale Mission eingeschoben. Das entspricht den Aussendungsberichten Mk 16,15–19 und Lk 24,44–50, in denen von der Mission vor der Aufnahme in den Himmel die Rede ist.

4,15: *Irrlehrer* verhindern zu heiraten und gebieten Enthaltung von Speisen. *Dagegen:* alles Geschaffene ist gut, nichts ist verwerflich, was man mit Dank zu sich nimmt: durch Wort und Gebet wird alles rein.

b) 4,6–16 *Timotheus als Lehrer und Vorbild*

6–11: Rahmung durch Anweisungen zum Lehren. Es geht um Worte des Glaubens gegenüber Altweiberfabeln. Vergleich der Frömmigkeit mit der körperlichen Übung (Frömmigkeit noch weit überlegen an Nutzen für alles).

12–16: *Timotheus als Vorbild.*

Tugendkatalog V. 12. – Aufgaben: Lesung, Mahnwort, Unterweisung. – Erinnerung an die „Einsetzung" durch Prophetenwort und Handauflegung (vgl. unter E 2). – Schluß V. 16: Verheißung: „Du rettest dich selbst und deine Hörer".

5,1–6,2 Während die Bischöfe und Diakone wie auch Timotheus selbst von Paulus direkt ihre Weisungen empfingen, geht es nun um Gruppen, gegenüber denen Timotheus (als Typos) *selbst Autorität hat* (alte und junge Männer und Frauen und Witwen) in 5,1–3.19–21. Ab 5,4 geht es jedoch wieder um Anweisungen des Paulus über Witwen, junge Frauen, Älteste und Sklaven (hier ist aus der Reihe der kirchlichen Funktionen am Ende wieder eine Ständereihe geworden).

5,1–3 Timotheus wird ermahnt, alte und junge Männer und Frauen sowie Witwen nicht zu schelten, sondern wie nahe Verwandte zu ermahnen.

5,4–16 **Witwen.** Das Stichwort Witwen aus V. 3 wird aufgegriffen. Durch die Kriterien, die im folgenden angegeben werden (mindestens 60 Jahre alt, nur mit einem Mann verheiratet, durch Lebenshaltung und karitative Dienste hervorgetreten, durch die Gemeinde unterhalten, förmlich in den Stand aufgenommen (V. 9a) und wirklich hilflos, vereinsamt und auf sich gestellt) *soll der Stand hier eingegrenzt und zahlenmäßig unter Kontrolle gehalten werden.*

– aus 5,5 *(Hoffnung auf Gott gesetzt und betet unaufhörlich)* geht hervor, daß die Witwe eine quasi-amtliche Funktion hat (Fortleben eines Stückes Armenfrömmigkeit, vgl. E 1).

- V. 10: Katalog der sozialen Tugenden
- V. 11–15: *Jüngere Witwen* sollen wieder heiraten, Kinder zur Welt bringen und ihren Haushalt führen.
- V. 4.16: Wenn die Witwe noch Familie hat, soll diese sie versorgen.

5,17–25 **Älteste.** Die Ältesten, besonders geehrte Gemeindeglieder, leben auf Kosten der Gemeinde. Die ein Gemeindeamt verwalten und sich gut bewähren, erhalten doppeltes Honorar (Begründung: Dreschender Ochse... und: Wer arbeitet, ist seines Lohnes wert).

19–21 *Verhalten bei Beschuldigungen und Delikten* (hier geht es wieder, wie in 1–3 um die Vollmacht des Timotheus gegenüber dieser Gruppe): Regel der 2–3 Zeugen; wirkliche Vergehen vor allen aufdecken.

5,21–24 *Abschluß der Rede* (ab 2,1) mit feierlicher Einleitung („Ich beschwöre dich aber..."), speziell auf das Verhalten des Timotheus als kirchliche Autorität bezogen: 1. Sich hüten vor Vorurteil und Vorlieben und niemandem voreilig die Hände auflegen. 2. (auf Timotheus persönlich bezogen:) Sich nicht in unbekannte Sünden verstricken lassen, sich rein halten. Bei Krankheit ist auch Weingenuß gestattet.

Schlußmotivation: Alle offenkundigen und alle verborgenen Sünden und Taten, alles wird im Gericht offenbar werden.

Anhang: 6,1–2 Sklaven: Die Herren ehren, damit nicht Gott und die christliche Lehre von den Außenstehenden gelästert wird (vgl. Röm 1,24), christlichen Herren als Brüdern um so lieber dienen.

6,3–21	Der Zusammenhang zwischen rechter Lehre und rechtem Tun, zwischen Irrlehre und Laster, erläutert am Beispiel des Reichtums.

1. *Aus Irrlehre folgen Laster.* Lasterkatalog in V. 4f. Insbesondere Leute, die meinen, mit der Frömmigkeit lasse sich ein *Geschäft* machen. (Das letztere ist Überleitung zum Folgenden:)
2. Die Position der Gemeinde: Frömmigkeit und Selbstbescheidung.
   Nahrung und Kleidung zu haben, ist genug. (V. 6–8)
3. Über den *Reichtum* und Worte für die Reichen (V. 9–19)
   a) Die reich sein wollen: Begierden, *Geldgier* als Wurzel aller Übel. Abirren vom Glauben.
   b) Kontrast: Du aber, Gottesmann, flieh dies alles, Tugendkatalog V. 11. Kämpfe den Kampf des Glaubens. *Vorbild Jesus Christus,* der das gute Bekenntnis vor Pontius Pilatus abgelegt hat. Eschatologische Perspektive V. 14–16. Timotheus als Typos.
   c) *Worte für die Reichen:* Nichts vom Reichtum erhoffen, sondern von Gott, abgeben und mitteilen und dadurch ein Guthaben ansammeln, um das ewige Leben zu gewinnen.
4. Schluß entsprechend Punkt 1: Bewahre den Schatz – wende dich ab von den *Streitlehren* (Antithesen) der sogenannten Erkenntnis (Manche sind schon vom Glauben deswegen abgekommen).

6,21b: Segensgruß.

E. Themen

1. *Witwen:* In der Hochschätzung der Witwen im frühen Christentum lebt ein Stück Armenfrömmigkeit fort, vgl. Lk 2,37 (Hanna. Fasten); 18,3–5; Mk 12,42f. (Scherflein); Act 9,41 (die Heiligen und Witwen); I Tim 5,3–16 (offizieller Stand der Witwen).
2. *Ordination:* Ähnliche Elemente in Lk 6,12f.; Act 13,1–3; 14,23; 6,6; 8,14–17; I Tim 4,14; II Kor 8,19. Häufiger genannt: die Vermittler der Ordination („Ordinatoren"), Gebet und Fasten, Handauflegung, Name des Ordinanden, Heiliger Geist/Gnadengabe, Aussendung.

II. Der Zweite Timotheusbrief

Die persönliche Beziehung Paulus/Timotheus steht hier stark im Vordergrund, daher finden sich hier mehr persönliche Notizen, Ich-Stil und Du-Anreden sind häufig, besonders kennzeichnend sind Ich-Du-Sätze. Durch diese enge Bindung an die Person des Paulus soll die Integrität der Lehre bewahrt werden („testamentarische Elemente").

Grobgliederung

1,1–5	Präskript und Proömium (Glaube)
1,6–12	Aufforderung zum Leiden
1,13–18	Aufforderung zum Bewahren
2,1–3,17	Mahnrede über den Umgang mit Irrlehrern
	Einleitung: Weitergeben der Botschaft und Mitleiden
	Der praktische Umgang mit Häretikern
	Die Häresie muß kommen. Gegenmittel: Paulus, Tradition, Schrift
4,1–8	Testamentarische Schlußmahnung
4,9–21	Autobiographischer Bericht und Grüße

Gleicher Aufbau in 3,1–13 und 4,1–8: (Imperativ), Gegner, „du aber", Paulus, Ausweitung auf alle.

Inhalt

1,1–5 *Präskript und Proömium:* In der Form der *Danksagung* wird die Hoffnung formuliert, daß der Glaube von Mutter und Großmutter auch in Timotheus sei (Adel verpflichtet).

1,6–12 *Aufforderung zum Leiden.*

Erinnerung an das *Charisma* (das durch Handauflegung in Timotheus ist): Es ist kein *Geist* der Furchtsamkeit, so daß man sich des Zeugnisses schämen müßte (und des Paulus). Mitleiden mit dem Evangelium, für das auch Paulus leidet.

Im Kontrast zu den Leidensaussagen wird in V. 9f. die Herrlichkeit des Evangeliums dargestellt: Verbindung von **Revelationsschema** mit Aussagen über **Rechtfertigung** aus Gnade und einer Tradition über die **Epiphanie** des Erlösers (Tod vernichtet, Leben durch das Evangelium)

V. 12b leitet über zum Folgenden: Gott ist mächtig, den Paulus anvertrauten *Schatz* (Evangelium) zu bewahren.

1,13–18 *Aufforderung zum Bewahren.*

Die Kraft des empfangenen Geistes (vgl. V. 6f.) befähigt auch, den Schatz zu bewahren, den Timotheus von Paulus empfangen hat.

negatives Beispiel: in Asien haben sich alle abgewandt

positives Beispiel: Onesiphoros hat sich der Ketten des Paulus nicht geschämt und ihn in Rom aufgesucht.

2,1–3,17 **Mahnrede über den Umgang mit Irrlehrern**

Einleitung: Aufforderung zum Weitergeben der Botschaft an Menschen, *die auch selbst andere lehren können* und Wiederholung der Aufforderung zum Leiden.

Das **Mit-leiden** als Soldat Christi wird in V. 4–6 durch drei *Gleichnisse* begründet (Soldat, Wettläufer, Bauer) und zweifach *christologisch* gestützt: in V. 8 durch Hinweis auf die Hoheit Christi **(auferweckt, Davidide)** (Kontrast: dafür leidet Paulus wie ein Übeltäter) und in V. 11–13 *(mitsterben/mitleben; mitdulden/mitregieren; ihn verleugnen/er uns; die Treue brechen/seine Treue bleibt bestehen* – Pointe auf dem Schlußglied: Weil der Herr von uns verschieden reagiert, ist das auch ein Grund, ihm zu trauen. Festigkeit als Grund zum Glauben: Nicht alles Tun Gottes wird von der menschlichen Schwachheit diktiert).

2,14–26 *Über den praktischen Umgang mit Häretikern*

Ziel ist nach V. 25 die **Wiedergewinnung** (Umkehr zur Wahrheit).

Tendenz der Mahnungen: **Kein Argumentieren** (V. 14 Wortstreitereien, V. 23 Diskussionen, V. 24 nicht streiten), sondern Wiederholung der wahren Lehre, Distanzierung von der Falschlehre und kompromißlose Verwerfung, „Gerade heraus die Wahrheit verkünden" (V. 15).

- 17–21: Kennzeichnung der Irrlehre. Hymenäus und Philetus sagen, die *Auferstehung sei schon geschehen.* In V. 19 wird das nicht widerlegt, es heißt nur in zwei Schriftzitaten, der Herr kenne die Seinen und jeder, der den Namen des Herrn anruft, solle vom Unrecht ablassen. V. 20f. *Gleichnis von den edlen und unedlen Gefäßen:* Wer sich rein hält, gehört zu den edlen. –
- V. 22 wessen Gesellschaft zu suchen; V. 23 daß Wortgefechte zu meiden
- V. 24 „Ein *Knecht des Herrn* aber soll nicht streiten. sondern gütig sein ... in Sanftmut" (vgl. Sanftmut im MtEv).

3,1–17 Die Häresie muß kommen, aber es gibt Gegenmittel

1–9 Die Häresie wird in den größeren Zusammenhang von Zukunft („in den letzten Tagen ...") und Vergangenheit (V. 8 Beispiel: Jannes und Jambres) eingereiht *(testamentarische Vorhersage von Häresien).*

- der Lasterkatalog V. 2–4 geht in V. 5–7 über in eine Kennzeichnung der Irrlehrer (Heuchler, schleichen sich in die Häuser zu den leicht überzeugbaren Frauen ein)
- V. 8f.: *Beispiel Jannes und Jambres. So* wird auch ihre Torheit offenkundig werden
  V. 10f.: „Du aber ...": Paulus als Vorbild: Tugendkatalog V. 10, Verfolgung V. 11. Der Herr hat ihn aus allem gerettet.
  V. 12f. Ausweitung auf alle: Verfolgung gilt für alle; die Verführung wird immer schlimmer werden (apokalyptisches Schema).
  V. 14–17 Gegenmittel gegen die Verführung: Festhalten an der Lehre und an der Heiligen Schrift.

4,1–8 **Testamentarische Schlußmahnung**

Nach der einleitenden Mahnung zur Verkündigung des Wortes Aufbau wie 3,1–13: V. 3f. Vorhersage der eschatologischen Häresie, V. 5 „Du aber", V. 6–8a *Paulus* als Vorbild (den guten Kampf gekämpft ...), V. 8b *Ausweitung* auf alle: Kranz der Gerechtigkeit für alle, die sein Wiedererscheinen lieben.

4,9–21 Persönliche Bemerkungen über die Situation des Paulus. *Autobiographischer Bericht* V. 10–16 (Über Personen und ihr Verhältnis zu Paulus; Warnung vor Alexander dem Schmied) V. 17f. (der Herr hat mir geholfen und wird mir helfen). V. 19–21 Ergänzung und Grüße. V. 22 Segensgruß.

Textsorte: Biographische Notizen: II Tim 4,6–8.16–18; 3,10–13 (V. 11 weist auf Act 13f. hin); 1,18; 4,13.19–21; Tit 3,12f.; I Tim 1,3.13.

III. Der Titusbrief (Tit)

Grobgliederung

1,1–4	Proömium (Revelationsschema)
I. Lehrer und Irrlehrer	
1,5–9	Über die Ältesten
1,10–16	Über die jüdischen Irrlehrer
II. Das Verhalten in den bürgerlichen Ordnungen	
2,1–15	Mahnungen für die verschiedenen Stände
3,1–7	Das Verhalten gegenüber der Obrigkeit und allen Menschen
III. Schlußmahnungen	
3,8–11	Über die nützliche Lehre und die unnütze Auseinandersetzung mit Irrlehrern
3,12–15	Persönliche Anweisungen und Grüße

Inhalt

1,1–4 Präskript und Proömium. Der Absender stellt sich mit Hilfe des *Revelationsschemas* (verheißen vor ewigen Zeiten – offenbar in der Verkündigung, mit der Paulus betraut wurde) als der vor, von dem die Adressaten Glaube und alle Erkenntnis haben. Es geht um nichts Geringeres als um die Hoffnung auf das *ewige Leben!*

I. Lehrer und Irrlehrer

1,5–9 Über die **Ältesten.** Anordnungen in Katalogform.

- häuslich unbescholten, um ein guter Hausverwalter Gottes sein zu können (Haus als Bild für die Gemeinde)
- Klimax in V. 9: Eigenschaften als Lehrer (an das verlässige Wort halten, um die Widersacher widerlegen zu können = Überleitung zu V. 10–16)

1,10–16 Über die **jüdischen Irrlehrer**

- Es gibt viele Verführer, besonders „aus der Beschneidung".
- Vorwurf.: Gewinnsucht; jüdische Fabeln und Satzungen. Dagegen: *Den Reinen ist alles rein.* Nur den Ungläubigen ist alles unrein, da ihr Gewissen es ist.
- Kontrast zu den Ältesten: Unbotmäßigkeit V. 6/V. 10; Gewinnsucht: V. 7b/V. 11. Lehrer wie sie: V. 9/V. 11.
- *2,1 gibt die Überleitung* an: „Du aber ...": Titus steht im Gegensatz zu den Irrlehrern. Er ist der rechte Lehrer, nicht sie.

II. Das Verhalten in den bürgerlichen Ordnungen

2,1–15 Mahnungen für die verschiedenen Stände (an die Alters- und Geschlechtsgruppen und Sklaven)

V. 2–6 Tugendkataloge für die *älteren Männer, die älteren Frauen* („nicht vielem Trunk ergeben"), die *jungen Frauen* (männerlieb-kinderlieb; dem Mann sich unterordnend, „damit das Wort Gottes nicht gelästert wird") und die *jungen Männer* (besonnen).

V. 7–8 Titus *selbst soll Vorbild sein.*

V. 9–10 Mahnungen an die *Sklaven* („nicht widersprechen"), damit sie der Lehre zur Zierde gereichen.

2,11–14	*Zusammenfassende Motivation:* Streng zeitlich gegliedert: I. *Epiphanie* der Gnade hatte das Ziel, uns zu erziehen, den weltlichen Begierden abzusagen. II. Erwartung der zukünftigen *Epiphanie* der Herrlichkeit. III. Jesus gab sich für uns, um uns von der Gesetzlosigkeit zu erlösen und sich ein eigenes Volk zu reinigen, als einen Eiferer in guten Werken.

V. 15 Auftrag zur Verkündigung.

3,1–7 Das Verhalten gegenüber der Obrigkeit und allen Menschen

1–2 Katalogähnliche Mahnungen (Tendenz: Unterordnung, Sanftmut, nicht streitsüchtig, „bereit zu jedem guten Werk")

3–7	Zusammenfassende Motivation (wie in 2,11–14, auch hier im Wir-Stil). Einst-Jetzt-Schema mit Lasterkatalog. Ähnlich wie 2,11: Epiphanie der Güte und Menschenfreundlichkeit Gottes. Hier aber Verbindung mit der Rechtfertigungslehre (Bad der Wiedergeburt. Rechtfertigung am Menschen durch Erneuerung des Heiligen Geistes vollzogen). Ziel: Erben sein und Hoffnung.

III. Schlußmahnungen

3,8–11 Über die *nützliche* Lehre und die *unnütze* Auseinandersetzung mit Irrlehrern.

V. 8: Wenn die Glaubenden sich in guten Werken hervortun, so ist das *nützlich* für die Menschen.

V. 9–11: Auseinandersetzungen über Genealogien und das Gesetz sind *nutzlos.* Sich zurückziehen nach der 2. Ermahnung (solche machen sich zu ihren eigenen Richtern).

3,12–15 Persönliche Anweisungen und Grüße

V. 14 gute Werke – Frucht.

Themen

1. *Rücksicht auf die Reaktion der Außenstehenden als Motiv christlicher Mahnrede:* (Vorgeschichte: Jes 52,5; Test Napht 8; Test Levi 14; Röm 2,24) Mt 5,16; Joh 13,35; 17,21.23; I Tim 6,1; Tit 2,5.10; Jak 2,7; I Petr 2,12; II Petr 2,2.
2. *Älteste* (christliche): Act 11,30; 15,2–16,4; I Tim 5,17–19; Tit 1,5 (in jeder Stadt); Jak 5,14 (Krankensalbung); III Joh 1; Apk 5,8 (24 Älteste).
3. Eigentumsvolk: Ex 19,5f.; Dtn 7,6; 26,18f.; Jes 43,21. – NT: Act 20,28; Tit 2,14; Apk 5,9.

§ 65 Der Philemonbrief (Phlm)

A. Der Sklave *Onesimus* ist seinem Herrn entlaufen und hat ihn dabei wohl auch noch weiter geschädigt (V. 18). Paulus gewährte ihm Asyl. Er bekehrte ihn, und Onesimus half Paulus in seiner Gefangenschaft und bei der Mission. Paulus respektiert aber die Rechtslage und benutzt die Gelegenheit der Reise des *Tychikus* nach Kolossai, ihm den Onesimus als Reisebegleiter mitzugeben. Der Brief soll Onesimus vor der sonst üblichen harten Strafe schützen, vielmehr soll Philemon ihn *als Bruder* „nach dem Fleisch" (d.h.: freilassen) und im Herrn aufnehmen. Am liebsten möchte Paulus ihn als Gehilfen zurückhaben. Doch er läßt Philemon alle Freiheit. Der Brief ist an die Hausgemeinde des Philemon gerichtet, obwohl ab V. 4 nur noch er selbst angeredet wird. Paulus bringt auch seine *apostolische Autorität* ins Spiel, ohne jedoch darauf zu insistieren (V. 8).

B und C Gliederung und Inhalt

1–3	Präskript
4–7	Proömium: Danksagung (Glaube des Philemon und seine Liebe zu den Brüdern)
8–21	*Bitte um freundliche Aufnahme des entlaufenen Sklaven Onesimus*
22	Ankündigung des Besuches
23–25	Grüße und Schlußgruß

§ 66 Der Erste Petrusbrief (I Petr)

A. *Adressaten:* Gemeinden in Kleinasien. „In der Diaspora“ entspricht dem Selbstverständnis als „Fremdlinge“ und „Beisassen“.
Abfassungsort: 5,13 Babylon (Rom).
Theologische Themen:

> Die Gemeinde ist in der Minorität. Von außen her wird sie – vor allem mit Worten – angegriffen und geringgeschätzt, weil man sie als fremd empfindet. Durch vorbildliches Verhalten soll dieses abgestellt werden und sollen die Außenstehenden vielmehr gewonnen werden. – Große Bedeutung des Leidens: Leiden *als* Gerechte; Freude im Leiden; Leiden-Herrlichkeit. *Christologie:* Christus als Eckstein; Zitierung von Jes 53; Höllenfahrt Christi. Drei christologische Kerntexte 1,18–21; 2,21–25; 3,18–22.

B. Grobgliederung

1,3–9	Trostrede über die Bewährung des Glaubens
1,10–2,12	Die Identität der Gemeinde
2,13–3,7	Das vorbildliche Verhalten der Christen in den natürlichen Ordnungen soll den Heiden den Grund zum Schimpfen nehmen und sie bekehren
3,8–4,6	Wie Christen auf Schmähungen und Einschüchterungen durch Heiden reagieren sollen
4,7–19	Mahnungen für das Verhalten innerhalb der Gemeinde
5,1–11	Mahnungen an Führer und Geführte in der Gemeinde

C. Inhalt

I. **1,3–9 Trostrede über die Bewährung des Glaubens**
In 4 Blöcken ist Hoffnung oder Glaube jeweils auf die Bewährung im Verhalten bezogen und auf das Endziel hin dargestellt (V. 3–4.5.6–7.8–9). Die Rahmung bilden Aussagen über Hoffnung, vgl. V. 3–4.13.21.
Leitwörter: Glaube, Hoffnung, Rettung, Herrlichkeit, Bewährung, Prüfung, betrüben/jubeln. –

II. 1,10–2,12 Die besondere **Identität der Gemeinde** wird in eindrücklichen Bildern dargestellt.
Die Konsequenz („Relevanz“) soll Abkehr von den „Begierden“ der Heiden sein (V. 14; 2,11) und ein die Außenstehenden gewinnendes Verhalten. – Auf jede bildhafte Aussage folgt eine recht allgemeine Aussage zum Handeln:

1. 1,10–12: Die (vorbildliche) **Abfolge von Leiden und Herrlichkeit** des Christos ist ein Geheimnis, das die *Propheten vorherverkündigten* und das

die *Engel* zu erfassen begehren. So ist die Gemeinde ausgezeichnet (Revelationsschema).

2. *Offenbarung* Jesu Christi.
3. *Heiligkeit* Gottes und der Gemeinde.
4. Gott als *Vater* und als *Richter* nach Werken.
5. Loskauf nicht mit *Silber und Gold,* sondern durch das *Blut* des reinen *Lammes.* Auferweckung Jesu (= CHRISTOLOGISCHER TEXT I 1,18–21).
6. Vergänglicher *Same* – Unvergänglichkeit.
7. Neugeborene *Kinder.*

8. 2,4–10 Anhand der Metapher von *Christus als dem Eckstein* wird zweierlei erklärt: Die soteriologische Beziehung der Christen zu Christus (lebendige Steine, geistlicher Tempel) und die soziologische Scheidung von Glaubenden und Ungläubigen (Christus als Stein des Anstoßes). „Eckstein"– Testimonium wie in Röm 9,25–33. *Leitworte:* kultisch geprägte Begriffe wie „hinzutreten", „geistlicher Tempel", „hl. Priestertum", „geistliches, angenommenes Opfer", „durch Christus"; Verkünden der Taten Gottes. – Die Stelle war Ausgangspunkt für die Diskussion über das allg. Priestertum der Glaubenden.

III. 2,13–3,7 Das vorbildliche **Verhalten der Christen in den natürlichen Ordnungen** (Gattung: Haustafel) soll den Heiden den Grund zum Schimpfen nehmen und sie bekehren.

1. 2,13–17 (inhaltliche Parallele Röm 13,1–7; Tit 3,1): Unterordnung unter *staatliche Autorität* – aus Freiheit (V. 16). Anders als in Röm 13 fehlen hier die Steuern.
2. 2,18–25: Die *Sklaven* sollen unschuldig Unrecht leiden wie Jesus:

Erstes Zitat von Jes 53 im frühen Christentum; Auslegung moralisch: keine Widerrede. Der Sühnetod befreit von Sünden, damit man der Gerechtigkeit leben kann. Erinnerung an das Umgekehrtsein zum Hirten und Aufseher der Seelen. = CHRISTOLOGISCHER TEXT II 2,21–25.

3. 3,1–6 *Frauen* sollen sich unterordnen. Äußerer/innerer Schmuck. Sara als Vorbild („Kinder Saras").
4. *Männer* sollen die Frauen ehren, damit „ihr Beten nicht fruchtlos wird".

IV. 3,8–4,6 **Wie Christen auf Schmähungen und Einschüchterungen durch Heiden reagieren sollen:**

1. Nicht wiedervergelten (nicht Böses mit Bösem; Fluch-Segen). Betonung der Worte. (3,8–12.15)
2. Als *Gerechte leiden* unter den Angriffen der Heiden. Bereitschaft zum Zeugnisgeben (V. 15). Vorbild Jesus.
   3,18–22: CHRISTOLOGISCHER TEXT III: Nach seinem Tod hat Christus den Geistern der unbußfertigen Zeitgenossen Noahs (oder: den Gottessöhnen

nach Gen 6,2) gepredigt und sie so vor die Entscheidung gestellt (oder: seinen Sieg verkündet). Die *Sintflut* ist dann Vorbild des *Taufgeschehens:* Wasser vernichtet oder reinigt. Nur wenige wurden gerettet. So ist auch Jesu Predigt unter den Toten Vorbild der Heidenmission. – Sein *Leiden* ist Vorbild für jegliche Lösung vom Fleisch: Auch das Leiden der Christen ist Ende der Sünde, der heidnischen *„Begierden"*. Aber gerade das Nicht-Mitmachen *befremdet* die Heiden.

V. 4,7–19 Mahnungen für das Verhalten innerhalb der Gemeinde, eschatologisch motiviert.

1. *V. 7–11:* Das Ende ist nahe: Liebe, *Dienen,* jeder *nach seinem Charisma;* zur Verherrlichung Gottes. –
2. *V. 12–19:* Ihr sollt die Prüfung nicht als fremd empfinden: Das *Leiden* der Gerechten jetzt ist der Anfang des Gerichts beim *Hause Gottes* (vgl. die Beschreibung der Gemeinde als geistliches Haus in 2,5!). Ist diese Prüfung vorüber, dann sind Herrlichkeit, Freude und Jubel bereitet.

VI. Kap. 5 Mahnungen an Führer und Geführte in der Gemeinde

1–4 Petrus mahnt als Mitältester, die Ältesten sollen ihre Herde als Vorbilder weiden.

5a Die Jüngeren sollen sich unterordnen.

5b–11 Demut *(Niedrigkeit)* gegenüber allen: *Gott erhöht* dann.

– Der *Teufel* hingegen sucht, wen er verschlingen könne. – *Gott* aber hat die, die jetzt leiden, zur Herrlichkeit berufen.

E.1. *Typologie:* Vorbereitung im AT durch Entsprechungsmotive wie Bund/Neuer Bund, Landnahme Neue Landnahme, Exodus aus Ägypten/Exodus aus Babel, Mose/Neuer Mose, David/Neuer David. – Im NT: Röm 5,12–21 (Adam/Christus), in früherem Stadium bei Paulus: I Kor 15,21.45; I Kor 10,1–13 (Wüstenzug/Gemeinde in Korinth); Gal 4,21–31 (Sara/Hagar im Verhältnis zum himmlischen und irdischen Jerusalem); I Petr 3,19–21 (Noah/Christus, für Arche und Taufe); Hebr 8,1–10,18 (Alter und Neuer Bund). – In den Evangelien vor allem im Zusammenhang mit Wundergeschichten: vgl. II Reg 4,42–44 mit Mk 6,35–43; 8,3–9 (Elisa); Mk 4,35–41 mit dem Propheten Jona (wird überboten); Mk 5,21–43 mit Elia und Elisa (I Reg 17,17–24; II Reg 4,18–37). Auch Mose und Elia bei der Verklärung Mk 9 haben typologischen Charakter. Es soll gezeigt werden, in welche Kategorie Jesus als Überbietender hineingehört. Vgl. auch die Jüngerberufung Mk 1,16–20 mit I Reg 19,19–21 (Elia) (dazu auch Lk 9,61f.).

§ 67 Der Zweite Petrusbrief (II Petr)

A. Dieser Brief hat weithin die literarische Form eines *Testaments.* Denn in der Testamentenliteratur ist die Vorhersage von Abfall und Irrlehrern in der Endzeit üblich. Darum geht es auch dem Verfasser von II Petr. Die Irrlehrer seiner Zeit *leugneten die Parusie.* Um ihnen begegnen zu können, bedient er sich besonderer Mittel:

1. Er benutzt die *Autorität des Petrus,* und zwar insbesondere gegen *mißdeutende Paulusauslegung* (3,15f.). Aber er wendet sich auch ganz allgemein gegen Auslegung der Schrift, die nicht mit dem Apostelzeugnis identisch ist (1,20f.). Denn Petrus ist ja Augenzeuge der *Verklärung* des Herrn gewesen (1,16–18), und Jesus hat ihm seinen Märtyrertod geweissagt (vgl. Joh 21,18f. mit II Petr 1,14).
2. Der Verf. *benutzt den Judasbrief,* insbesondere in K. 2, aber auch an anderen Stellen. Aus diesem Brief entnimmt er vor allem Material zur Ketzerbestreitung, das er charakteristisch abwandelt. So ergänzt er zu den „Spöttern" von Jud 18: „und sagen: ‚Wo bleibt denn nun seine versprochene Ankunft?'".
   Ob die Irrlehrer, wie häufig aufgrund von K. 2 angenommen wird, als Libertinisten zu bezeichnen sind, ist angesichts der Traditionalität des Materials sehr fraglich.

B. Grobgliederung

1,3–11	Die Gemeinde muß dem ewigen Reich entgegenwachsen
1,12–21	Daß Petrus Offenbarung empfangen hat (Verklärung), verbietet eigene, nicht geistgewirkte Schriftauslegung
2,1–22	Vorhersage der Irrlehrer: Sie trifft das Gericht
3	Die Leugnung der Parusie Darstellung der Gegner. Gegenargumente Konsequenzen für das Verhalten
3,15–18	Schlußmahnungen: Gegen Irrlehre, für Erkenntnis

C. Inhalt

1,*1–2 Präskript.* Besonderheiten: An die gerichtet, die *denselben Glauben haben wie die Apostel* (Orthodoxie!); V. 2: „Erkenntnis"

1,3–11 **Die Gemeinde muß dem ewigen Reich entgegenwachsen.**

Nach dem Ruf (V. 3.10) und den Gaben (V. 3f.) des Anfangs muß die Gemeinde nun Frucht bringen, dem Ziel entgegen. Grundlage ist die *Erkenntnis* (V. 2.3.5.6.8). Ziel aber ist die **Teilhabe an der göttlichen Natur** (V. 4) gegenüber der Vergänglichkeit der Welt. Bis jetzt sind Erkenntnis und Verheißungen geschenkt.

V. 5–9: Eine *Kettenreihe* zeigt den Weg vom Glauben zur Liebe. So bleibt die Erkenntnis nicht fruchtlos. Andernfalls vergißt man die schon geschehene Reinigung von Sünden.

1,12–21 *Daß Petrus Offenbarung empfangen hat, verbietet eigene, nicht geistgewirkte Schriftauslegung*

12–15 Typische Eröffnung *testamentarischer Rede:* Der Apostel wird bald sterben und will, daß man sich später seiner Rede erinnert (Jesus selbst hat ihm seinen Tod angekündigt; vgl. Joh 21,18f.)

16–18 **Begründung der Autorität des Verfassers:** Die christliche Botschaft bestand darin, die Kraft und die Ankunft (griech.: parusia) des Herrn Jesus Christus zu verkünden (nichts spricht übrigens dafür, daß dieses hier die Wiederkunft meint). Das waren nicht ausgeklügelte Mythen, sondern Petrus war

Augenzeuge der Verklärung: Er sah die Herrlichkeit und hörte die Stimme (wie Mt 17,5, doch ohne „den sollt ihr hören"). Indem in V. 18 betont wird „wir hörten", ist sichergestellt, daß das Zeugnis der Apostel himmlischen Ursprungs ist.

19–21 Ziel: Warnung vor der „eigenen" Auslegung der Schriftprophetie. Aufgrund von V. 16–18 sind die Apostel *Garanten der teilweise schon geschehenen Erfüllung der atl. Prophetie* (vgl. Ps 2,7 in V. 17).

Das prophetische Wort hat so größere Zuverlässigkeit gewonnen. Dieses durch die Apostel in seiner Zuverlässigkeit gestärkte Wort ist **„Licht am finsteren Ort"** (d.h. in der Welt), bis der **Morgenstern,** d.h. der wiederkommende Christus, die Herzen der Menschen erleuchtet (bis zur eschatologischen allgemeinen Erkenntnis). –

2,1–22 **Vorhersage der Irrlehrer:** Sie trifft das Gericht.

1–3 *Kennzeichnung der Irrlehrer* (den Herrn verleugnen, Ausschweifungen, Habgier). Fortsetzung in V. 10b.

3b–10a *Gericht über die Irrlehrer;* nur die Gerechten errettet (Beispiele: selbst Engel bestraft; Sintflut – nur *Noah* gerettet; Sodom und Gomorrha – nur *Lot* gerettet): So rettet der Herr Fromme aus der Versuchung, bewahrt aber Ungerechte auf für den Tag des Gerichtes.

10–22 Umfassende Kennzeichnung der Irrlehrer: Sie verachten *„Herrschermacht"* (der Engel?) und lästern *Herrlichkeiten* (der Engel) (wo doch die Engel ihrerseits das nicht tun und kein lästerndes Urteil gegen sie beim Herrn vorbringen). Sie lästern aber, wovon sie keine Kenntnis haben. Schwelgerei, Begierde, Habgier. Bild Bileams. – Sie **ködern die kürzlich erst Bekehrten und verheißen Freiheit.** Dabei sind sie selbst gerade den Befleckungen der Welt entronnen – und sie werden nun wieder darin verstrickt: So wird der spätere Zustand schlimmer als der frühere (Mt 12,45). Wiederumkehr zum Abgelegten als scheinbarer Fortschritt: *Hund/Auswurf, Schwein/Kot.*

3,1–14 **Die Leugnung der Parusie.** „Apologie der Zukunftshoffnung gegen ihre Leugner".

1–4 Darstellung der Gegner: „Am Ende der Tage werden Leute mit Spott kommen ...": *„Wo ist die Verheißung seiner Parusie?* Denn seit die Väter entschlafen sind, bleibt alles wie von Anfang der Schöpfung an."

5–10:	4 Gegenargumente: 1. Es gab schon einen Weltuntergang und eine Weltneuschöpfung: Sintflut. 2. Gott hat ein anderes Zeitmaß: Tausend Jahre wie ein Tag. 3. Die Verzögerung ist keine, sondern nur Langmut Gottes. 4. Der Tag des Herrn kommt wie ein Dieb.

11–14 *Konsequenzen für das Verhalten der Christen:* Heiliger Wandel und Frömmigkeit, Beschleunigung der Parusie.

3,15–18 *Schlußmahnungen:* Gegen Irrlehre – für Erkenntnis. Die Geduld des Herrn ist eure Rettung, wie auch **Paulus** schrieb. Aber seine Briefe sind mißverständlich. So hütet euch vor Irrtum und Verführung und wachset in Gnade und Erkenntnis.

D. Formen

1. *Kettenreihe:* II Petr 1,5–7; Röm 5,3–5; 8,30; 10,13–15; I Kor 11,29–32 (ohne V. 30); Jak 1,2–4.15; 4,2f.

E. Themen

1. *Parusiebeschleunigung* (durch menschliches Tun): II Petr 3,11–13; Act 3,19f.
2. Parusieverzögerung: AT Hab 2,3; Lk 12,45f. par; Mt 25,5; ausdrücklich nur II Petr 3,8–10; ferner: Act 1,7 gegen Mk 9,1.

§ 68 Der Erste Johannesbrief (I Joh)

A. Obwohl der Verf. öfter sagt „das schreibe ich euch", ist I Joh kein Brief. Der briefliche Rahmen fehlt. Am besten kennzeichnet man den Brief als *weisheitlichen Gelegenheitstraktat* (vgl. nur die Anrede „Kinder/Geliebte"). Die wichtigsten Themen sind: Festigung der Christen durch Hinweis auf das, was *„schon"* für sie geschehen ist („das wahre Licht scheint schon") und Abwehr der Irrlehrer (2,18–27; 4,1–6), die leugnen, daß Jesus der Christus und Sohn Gottes sei. Demgegenüber wird die Gemeinde auf das verwiesen, was sie „von Anfang an" (Uminterpretation des „im Anfang" von Joh 1,1) weiß: das christologische Bekenntnis und das Liebesgebot. Diese Tradition wird besonders in dem Sinne entfaltet, daß Erkenntnis Gottes und Halten der Gebote eng zusammengehören: Es gibt keinen Weg zu Gott, der nicht über das Verhältnis zum Bruder führte.
Auch die Irrlehrer halten sich für Christen (2,19), sie werden vom Verfasser mit Antichrist und Pseudopropheten identifiziert und haben Erfolg (4,1.5f.). Der Streit geht möglicherweise um die im JohEv vorliegende Tradition selbst. Jedenfalls ist I Joh selbst stark durch die Sprache und Gedankenwelt des JohEv geprägt (z.B. „bleiben in" und Liebesgebot). Doch zeigen sich auch typische Unterschiede, so im Gebrauch des Wortes „Stunde" (im JohEv christologisch, in I Joh eschatologisch), darin, daß der Sühnegedanke im JohEv nur ansatzweise begegnet, in I Joh dagegen öfter. Der Satz „Keiner hat Gott je gesehen" wird in Joh 1,18 zum Erweis der Besonderheit der Lehre Jesu verwendet, in I Joh 4,20 dagegen ist er ein Argument dafür, daß man den Bruder lieben soll, den man sieht. Im ganzen kann man sagen: Im JohEv werden die Grundlagen der Christologie geklärt, in I Joh dagegen geht es primär um die Gemeinde (Bekenntnis und Liebesgebot).

B. Grobgliederung

1,1–4	Proömium: Legitimation des Absenders (Zeuge/Gemeinschaft)
1,5–2,17	Kriterien für die Gewißheit: Der Kampf ist schon entschieden
2,18–3,10	Eschatologische Perspektiven
3,11–3,24	Bruderliebe
4,1–5,12	Bekenntnis und Bruderliebe gehören zusammen
5,13–21	Anhang: Unvergebbare Sünden

C. Inhalt

Proömium: *Legitimation des Absenders als Zeuge:* Ziel ist die *Gemeinschaft* mit den Zeugen des Anfangs und – dadurch vermittelt – mit Gott. Stichworte: **Zeugenschaft – Botschaft – Gemeinschaft.**

Im Anklang an den *Prolog des JohEv* stellt der Verf. sich vor als einer, der zu den ursprünglichen Zeugen gehört. Das, was von Anfang an war, ist Jesus als der Christus, ist der ewige Gott als Gegenstand sinnlicher Wahrnehmung („das wir *beschaut* haben und unsere Hände *betastet* haben"), also der Mensch Jesus Christus (dieses gilt gegen die Häretiker, vgl. 4,2!). Er ist das Wort des Lebens. Und in der Gemeinschaft, die durch das Hören auf die Zeugen entsteht, steht die Gemeinschaft mit Gott selbst auf dem Spiel.

1,5–2,17 **Kriterien für die Gewißheit: Der Kampf ist schon entschieden.** Die Gemeinde ist schon anders. Damit Ungewißheit und Zweifel besiegt werden, wird sie auf das gewiesen, was alles schon ist.

a) *Gemeinschaft mit Gott und Leben aus der Finsternis.* Gott ist Licht. Das schließt Lebensführung in der Finsternis aus. Aber Gott ist der Täter, der die Glaubenden in sein Tun hineinzieht. V. 6: „die Wahrheit tun". 1,5–7a

b) *Vergebung der Sünden.* Es war notwendig, von der Sünde rein zu werden. Das geschah durch Jesu Blut. Denn wer Gemeinschaft mit Gott haben will (und mit den Zeugen des Anfangs), muß seine Sünden bekennen, dann wird ihm vergeben. Dieses bedeutet auch jetzt Trost für die Christen: *Das Christsein wird nicht an den Verfehlungen gemessen, sondern an den Taten, in denen die Christen das Gebot erfüllen.* Liebende leben aus der Vergebung. – Die Reinigung von Sünden ist zugleich Einweisung in das Miteinander der Gemeinde. Daher heißt es: „Wenn jemand sündigt, haben wir Beistand". (1,7–2,2)

c) *„Das wahre Licht scheint schon".* Kriterien dafür, daß es Gott ist, den man erkannt hat. Was ist Kennzeichen dafür, daß das Erkannthaben wirklich Erkenntnis Gottes ist? Antwort: *Halten der Gebote,* das ist nicht Bedingung, sondern Kennzeichen der Gotteserkenntnis. (2,3–11)
Die Gebote, das ist **das eine alte und neue Gebot der Bruderliebe.** Weil die Gemeinde schon besteht, scheint das Licht schon. V. 11: Bildworte von der Finsternis.

d) *Was alles schon ist:* Die Sünden sind schon vergeben, die Welt ist schon besiegt (2,12–14). Hier wird das ergänzt, was zuvor schon über die *Gewißheit* der Sündenvergebung und der schon realisierten Liebe gesagt wurde. Konsequenz des Indikativs:

e) *Die Welt nicht lieben* (2,15–17): Die Christen sollen sich nicht mit Sünde und Zweifel beschäftigen (2,1f.12–14), sondern mit Bruderliebe (2,3–11) und Abwendung von der Welt (2,15–17; beidemale „lieben"). 2,15 ist wichtiger Imperativ.

2,18–3,10: Eschatologische Perspektiven

2,18–27: *Irrlehrer.* Leugnung und Bewahrung des Bekenntnisses in der letzten Stunde. – Ausführungen über die Gegner wechseln immer mit direkten Anreden an die Leser. Weil die Gegner Antichristen sind, ist die letzte Stunde da;

sie gehörten nie wirklich zur Gemeinde; sie sagen: Jesus ist nicht der Christus. Sie leugnen also die Beziehung Vater/Sohn. Man leugnet aber immer beide zugleich. – Für die *Gemeinde* aber gilt:

- Sie kennt die Wahrheit, und deshalb braucht sie keiner zu belehren (captatio und zugleich Verweis auf Tradition).
- Sie hat das **Salböl** (V. 20–27) (Christus, der Heilige als Geber des Geistes).
- Gott ist nur im Bekenntnis zu haben („Was ihr von Anfang an gehört habt"). 2,27 ist wichtiger Imperativ.

2,28–3,10: *Sichtbarkeit und Sehen im Christentum. Es geht um das, was gegenwärtig* (Jesus ist als der Wegnehmer der Sünden erschienen 3,5, und man sieht ihn 3,6; 3,10 Kinder Gottes/des Teufels) *und was zukünftig sichtbar sein wird* (2,28: Er wird offenbar werden; 3,2: Es ist nicht erschienen, wie wir sein werden – wir werden ihn sehen, wie er ist).

a) 2,28–3,3: *Hoffnung und Gericht.* (Stichwortverbindung zu 2,27: Bleiben). Woran kann man die Christen als Kinder Gottes erkennen? Sie **entsprechen Jesus** in der Gerechtigkeit, darauf gründet sich ihre Hoffnung: Sie werden Freimut vor dem Thron des Gerichtes haben. Und auch dann, in Zukunft werden sie ihm ähnlich sein: Sie werden sehen, wie er ist. Denn man wird dem ähnlich, den man schaut. Sie heiligen sich, um sich auf diese Konnaturalität vorzubereiten. Also: Hoffnung als Weg zum Ähnlicherwerden.

b) 3,4–3,10: *Nicht-Sündigen. Sichtbar* war und ist: Jesus ist erschienen, um die Sünden wegzunehmen – und: Kinder des Teufels sind daran *erkennbar,* daß sie den Bruder nicht lieben. Die Hoffnung gründet sich darin, daß die Sünde schon fortgeschafft ist. Unterscheidendes Erkennungszeichen zwischen Kindern Gottes und Kindern Satans ist: Bruderliebe.

3,11–24: Bruderliebe.

3,11–17: **Anti-Typologie Kain/Christus:** Vom Leben zum Tod bringen als Mörder, vom Tod zum Leben bringen, indem man sein Leben hingibt. Zentraler Verbindungssatz: 3,14. – Was Jesus getan hat, wird in V. 16bf. *auf die Bruderliebe angewandt* (Wer Lebensunterhalt hat und den Bruder notleiden sieht ...)

V. 11 Überschrift: Die Gemeinde selbst verdankt der Bruderliebe ihre Existenz („Gebot von Anfang an"). – V. 12f.: *Kain/Abel = Welt/Gemeinde* (Wie Abels gerechte Werke die Tat Kains provozierten ...). V. 14: Die Gemeinde hat das Leben aus der Bruderliebe. Bruderliebe als Merkmal des Lebens (Haß = Tod).

3,18–24: Gegenüber dem **anklagenden Gewissen** ist der Besitz des Geistes ein sicheres Kriterium (= Überwindung von Zweifeln wie in 1,5–2,17). Das Gewissen verurteilt uns immer wieder, da wir das Kriterium immer wieder verfehlen. Das anklagende Gewissen kann man aber *beschwichtigen mit dem Blick auf den größeren Gott.* Wenn es so beschwichtigt ist, haben wir jetzt schon Freimut gegenüber Gott (und erhalten alle Bitten erfüllt).

Leitworte: Herz in V. 19–21 knüpft an das Innere von V. 17 an; Freimut V. 21: 2,28; „lieben". V. 23: Verweis auf das Bekenntnis zu Jesus weist auf den folgenden Briefteil

4,1–5,12. Beachte: Nur ein Gebot – mit doppelter Entfaltung in Glaube und Liebe. Das Stichwort „Geist" in 3,24 leitet über zu 4,1–3.6.

4,1–5,12 Bekenntnis und Bruderliebe gehören zusammen.

I. *Bekenntnis:* **Prüfung der Geister** am Bekenntnis (4,1–6). In dem ganzen Abschnitt 4–5 wird immer wieder das Bekenntnis der Gemeinde genannt ([3,23]; 4,2.15; 5,1.5). Mit dem Stichwort Geist wird an 3,24 angeknüpft. *Durch das christologische Bekenntnis kann man den Geist der Wahrheit und des Irrtums unterscheiden.*

Aber die Gemeinde hat den Antichrist schon besiegt, weil der, der in ihr ist (Gott, Geist nach 3,24) größer ist als der in der Welt. Beachte: Hier ist Bekenntnis Kriterium!

4,4: Das Sein aus Gott haben sie durch den Geist bekommen, der sie das Bekenntnis sprechen ließ.

II. Liebe (4,7–21): Die Abfolge von 4,1–6 und 4,7–16 zeigt als solche die Zuordnung von Bekenntnis und Liebe auf.

a) 7–11 **Gott ist Liebe.** Vorgängige Aktivität Gottes – Liebe ist Hineintreten in dieses zuvorkommende Tun Gottes: Er sandte seinen Sohn, und zwar als Sühne für die Sünden.

Beachte: Als Reaktion wird nicht erwartet, daß wir Gott lieben, sondern: Die Liebe Gottes ist auf unsere Liebe zueinander aus und enthält sie schon.

V. 8: *Gott ist Liebe.* – Seine Liebe ist erkennbar an der Sendung des Sohnes.

b) 12–16: Gott hat niemand **gesehen,** aber ... es gibt doch Weisen der Verbindung mit ihm:

1. Es gibt keine am *Bruder* vorbeigehende Beziehung zu Gott. Die Liebe Gottes sucht sich ihre Wirklichkeit auf Erden in der Liebe der Menschen untereinander.
2. Er hat uns von seinem *Geist* gegeben.
3. **Gesehen** hat man den Sohn, und er wird bezeugt im Bekenntnis. Parallel sind Sehen/Bezeugen, Erkennen/Glauben.

c) 17–18: Der Liebende hat Freimut und *keine Furcht.* Er ist darin schon zur Vollendung gelangt. Das ist Ähnlichkeit mit Jesus (vgl. 2,29; 3,2).

d) 19–21 Zusammenfassender Schluß:

1. Gott hat uns zuerst geliebt
2. Man kann nicht Gott lieben und den Bruder hassen
3. *Bruder, den man sieht/Gott, den man nicht sieht:* Wirkliche Liebe gibt es nur in bezug auf das konkret sichtbare Gegenüber. Liebe zu Gott gibt es nur in menschlicher Solidarität und nicht außerhalb.
4. V. 21: Das eine Gebot: Gott und der Bruder.

III. **Glaube** (5,1–12). Der Glaube ist Sieg über die Welt.

1–4 Wer glaubt, ist aus Gott geboren. (Er liebt seinen Erzeuger). Aber die Liebe zu Gott ist nicht isoliert von den Brüdern, weil Gott in eine Bruderschaft hineingesetzt hat.

- So ist das Halten der Gebote (= Liebe) eine natürliche *Konsequenz* dessen, daß man aus Gott geboren ist: Denn man ist nicht allein aus Gott geboren.

- Zugleich ist das Aus-Gott-Geborensein die *Kraft,* die Gebote zu halten: Die Gebote sind nicht schwer (zugleich eine Aufforderung, sie zu halten!), denn das aus Gott Geborene besiegt die Welt.

5–12 *Abschließende Zeugnisse dafür, daß Jesus Sohn Gottes ist.*

Das ewige Leben steht auf dem Spiel.

1. (Taufe in) *Wasser und Blut.*
   Durch beides wird er als Sohn Gottes erwiesen (durch den Tod wegen der darin sichtbaren Liebe Gottes; es ist wohl nicht notwendig, hier auf antidoketische Spitzen zu schließen).
2. Bezeugung durch das *Pneuma* – also nicht durch Menschen, sondern durch Gott selbst. Und der Geist ist es ja auch, der das Bekenntnis lehrt: I Joh 2,27; 4,2.

Diese drei Zeugen sind eins: Dtn 19,15 (Zeugenregel).

10–12: Weil Glaube Geistbesitz bedeutet, hat der, der den Geist hat, auch das **Zeugnis in sich selbst!** Das aber bedeutet ewiges Leben.

5,13 Älterer Schluß: Ziel des Briefes: Glaube und ewiges Leben.

5,14–21: *Anhang: Unvergebbare Sünde.*

Der Freimut, den wir haben dürfen, besteht zwar darin, daß das Gebet erhört wird (wie 3,22), aber das gilt nur für Sünden, die nicht zum Tode sind. Für die Sünde zum Tode kann man nicht bitten (nach dem Tenor des vorangehenden Textes und nach V. 18–20 ist diese Sünde die Leugnung dessen, daß Jesus der Christus ist, vgl. Mk 3,28f., das Vergehen gegen das geistgewirkte Bekenntnis). Der „Anhang" hat demnach nahezu die Funktion einer abschließenden Verfluchung, jedenfalls einer Bekräftigung mit Sanktionen (wie I Kor 16,22). V. 21: Alternative: *Götzendienst.*

E. Themen

1. *Antichrist:* Das Wort nur in I Joh 2,18.22; 4,3 und II Joh 7. „Pseudochristusse": Mk 13,22; Mt 24,24. – Die Sache auch in II Thess 2,1–12; Apk 13.16. Ursprung in der frühen Apokalyptik: Dan 7.8.11.
2. *Lügenprophet:* Im frühen Christentum bei der Frage um die Legitimität pneumatischen Anspruchs verwendet: Mk 13,22; Act 13,6 (Barjesus); Mt 7,15 (Wölfe in Schafskleidern); I Joh 4,1 (Irrlehrer).
3. *Offenbarwerden:* Erscheinen Jesu Christi *in der Welt:* I Tim 3,16; I Petr 1,20; I Joh 3,5.8. – Offenbarwerden Jesu *bei der Parusie:* I Petr 5,4; I Joh 2,28. – Offenbarwerden *der Gläubigen bei der Parusie:* Röm 8,19; II Kor 5,10; I Petr 5,4; I Joh 3,2.
4. *Reinigung von Sünden:* Lev 16,2–19; I Joh 1,7; Hebr 9,14 (jeweils durch Jesu Blut).

F. Besonderheiten

In I Joh wird die Bekenntnisformel zum ersten Mal als Unterscheidungskriterium von Häretikern verwendet (z.B. 4,2).

§ 69 Der Zweite und der Dritte Johannesbrief (II und III Joh)

Im Unterschied zu I Joh handelt es sich um wirkliche Briefe. Absender beider ist ein „Presbyter".

II Joh: Die Gemeinde wird von der Gemeinde, aus der der Verfasser kommt, als „Herrin" angeschrieben (Polisbezeichnung), „mit allen, die die Wahrheit erkannt haben". Nach V. 7 sind die Irrlehrer, die bekämpft werden, dieselben wie in I Joh *(Jesus Christus im Fleische gekommen).* Diese Verführer und Antichristen sind „fortgeschritten von der Lehre Christi". Neu ist die Anordnung, sie *nicht zu grüßen und nicht ins Haus aufzunehmen.*

> Also ein Gemeindebrief, der vor Irrlehrern warnt und das Liebesgebot als das Gebot von Anfang an nochmals einschärft.

III Joh: Privatbrief (der Presbyter schreibt an Gaius). Der Gattung nach ein *„Empfehlungsbrief":* V. 5–8: Die Brüder, die Gaius schon einmal gastlich aufgenommen hat, soll er mit materiellen Mitteln stützen. – In der Gemeinde aber regiert **Diotrephes,** der den „Ältesten" nicht anerkennt, seinen Einfluß zu unterbinden versucht und die Aufnahme der Missionare verbietet. – Ist Diotrephes der rechtgläubige Bischof und der Presbyter der Häretiker?

Form:
Empfehlungsbrief: In III Joh als Gattung erhalten, vgl. auch II Kor 8f.; Röm 16,1 und II Kor 3,1; Act 18,27. Ferner: Act 9,2; 22,5.

§ 70 Der Hebräerbrief (Hebr)

A. Der Hebr hat kein briefliches Präskript, wohl aber einen regulären Briefschluß am Ende der Mahnrede im 2. Teil, die ja ebenfalls der Gliederung von Briefen entspricht. Aus 13,24 („die von Italien grüßen") kann man nicht schließen, daß der Brief in Italien geschrieben worden ist, eher daß er nach Italien gerichtet wurde. – Die konkrete Situation, in die der Brief gerichtet ist, ist die *typische der 2. und 3. christlichen Generation:* Die Leser sind im Hören stumpf geworden, der Gottesdienstbesuch läßt nach, früher dagegen sind sie *verfolgt* worden (10,32–34), und vielleicht steht eine neue Verfolgung bevor („noch nicht bis aufs Blut widerstanden" 12,4). Der Brief bezeichnet sich selbst als **Mahnrede** (13,22).
Das entscheidende Anliegen des Hebr ist christologisch: Durch seinen Tod hat sich Jesus *als der Hohepriester* seinen Weg zum himmlischen Heiligtum gebahnt und mit seinem Blut ein für allemal Sühne vollzogen. So ist er der „Vorläufer" der Christen. Auch die Gläubigen dürfen nun zum himmlischen Heiligtum hinzutreten. Solange sie noch auf Erden sind, schauen sie zu ihrem Hohenpriester auf. Sie sind hier noch **wanderndes Gottesvolk** auf Erden, ihre Heimat aber und ihr Bürgerrecht ist im Himmel.
Gemeinsam mit Paulus ist die Annahme der Präexistenz Jesu, seine Gottessohnschaft, der Sühnetod als Heilsereignis (nur in Hebr freilich über kurze Formeln hinaus wirklich entfaltet), der *Neue Bund* und die Bedeutung des Glaubens. Die Auferstehung Jesu spielt bis auf eine einzige Stelle (13,20) keine Rolle. Das atl. Gesetz ist als Kult- und Heilsordnung verstanden. Es ist nur **Schatten** des neuen und himmlischen Priesterdienstes (8,5; 10,1).

B. Grobgliederung

In 1,4–2,4 und 3 wird die gleiche Denkform verwendet: Die Erhabenheit Christi über die Figuren des Alten Bundes bedeutet für die Gemeinde *um so größere Sorgfalt* beim Hören auf das Heilsangebot – denn schon bei den atl. Figuren wurde der Ungehorsam schwer bestraft; ebenso: 10,29; 12,25.

1–6	Einleitungsteil
1–2	Jesus – höher als die Engel: höhere Verantwortlichkeit
2	Gemeinschaft der Gemeinde mit Christus
3–4,13	Jesus – höher als Mose: das Volk der Mosezeit ist Warnung und Verheißung, denn das Eingehen in die Ruhe steht noch aus
4,14–5,10	Jesus ist geeignet, Hoherpriester zu sein
5,11–6,20	Direkte Vorbereitung des folgenden Hauptteils durch direkte Anrede der Leser
7–10,18	Hauptteil: Christus der Hohepriester des Neuen Bundes
7	Erhabener als das jüdische Priestertum (Melchisedek)
8	Dienst des Neuen Bundes am himmlischen Heiligtum
9	Vergleich des alten und des neuen Opfers
10,1–18	Sündenvergebung nur durch das eine und einzige Opfer
10,19–13,25	Die Konsequenzen
10,19–39	Glaube, Hoffnung, Liebe und Geduld
11	Glaube
12,1–11	Christliche Anwendung von K. 11
12,12–29	Einzelmahnungen
13	Mahnsprüche und Warnung vor fremden Lehrern (jüdisches Opfermahl)

C. Inhalt

Der Eindruck von Unübersichtlichkeit und vielen Wiederholungen in K. 1–6 wird dadurch hervorgerufen, daß die *systematischen* Abschnitte häufig durch *paränetische* Stücke unterbrochen werden, die z.T. wiederholen oder vorwegnehmen. Diese werden im folgenden durch PARÄNESE gekennzeichnet. Kennzeichen ist häufig die 1. Person Plural.

1,1–2,4 **Der Sohn ist höher als die Engel.** Daraus ergibt sich höhere Verantwortlichkeit beim Hören.

- während Gott früher nur durch die *Propheten* geredet hat, hat er jetzt durch seinen Sohn gesprochen: Schöpfungsmittler – Erlöser von Sünden – zur Rechten sitzend (Erhöhungschristologie) V. 1–3
- als Sohn ist er von den Engeln verschieden und *über sie erhaben.* Das wird aus atl. Texten bewiesen, die vom Sohn reden (Ps 2) und/oder in denen Engel (dem Sohn) dienen. Die Engel sind gemacht und sind nur Diener, dienstbare Geister; der Thron des Sohnes dagegen ist ewig, er ist gesalbt vor seinen Genossen, und von keinem Engel gilt Ps 110,1 (Setz dich ...) (V. 4–14).

- PARÄNESE 2,1–4: Wenn schon die Übertretung der Engelsbotschaft bestraft wurde, um wieviel weniger werden wir bei dem erhabenen Mittler Christus dem Gericht entgehen, wenn wir das Heil verachten. Noch dazu hat Gott durch Wunder und Geistesgaben bestätigt. Der Wir-Stil in V. 1 und 3 (vgl. 1,1f.) zeigt, daß es um die paränetische Konsequenz aus K. 1 geht.

2,5–18: **In enger Gemeinschaft mit der Gemeinde ist Christus deren Hoherpriester.**

2,5: *These:* Nicht Engeln hat er die künftige Welt unterworfen (Verbindung zu K. 1: Engel).

2,6–8a: *Beweis mit Ps 8. Der Mensch,* der ein wenig unter die Engel erniedrigt, dann aber mit Herrlichkeit gekrönt wird und dem dann alles unterworfen ist, ist zunächst Jesus.

2,8b: Doch „alles" ist ihm noch nicht „unterworfen": *Der Zielpunkt des Geschehens liegt in der Zukunft, und darauf kommt alles an:*

2,10 Der Begriff *„Mensch"* in Ps 8 umfaßt nämlich den einen und die vielen, es besteht eine Solidarität zwischen dem einen Offenbarer und den vielen Söhnen. Ziel ist deren Erlösung. Dann erst wird Ps 8 „erfüllt" sein (vgl. 10,13f.!). *Sie sind seine Brüder, er der Anführer ihres Heils* (V. 10).

Jesus mußte Mensch sein wie wir, um Hoherpriester für uns sein zu können. Und die Abfolge von Leiden und Herrlichkeit wird gerade für den „Menschen" nach Ps 8 aus der Schrift erkannt.

Leitworte V. 9–11: Leiden/Tod, V. 14–18: Gemeinschaft haben, teilhaben, gleichwerden. Nach 2,16 sind die Adressaten des Heilswerkes *Same Abrahams.*

3,1–4,13 Jesus – höher als Mose. Seine Treue ist vergleichbar, seine Herrlichkeit ist höher. – Verbindendes Stichwort zu 2,17: „treu" in 3,2.5.

a) Jesus hat teil an der Herrlichkeit des Schöpfers. Er ist daher über Mose erhaben wie der Bauherr über das Gebäude.
b) Mose ist – wie das AT sagt – Diener. Jesus ist Sohn.
c) Der Sohn steht über dem Haus – das Haus des Christus sind „wir" (3,1–6). Doch wir müssen an dieser Position festhalten:

Paränetische Anwendung von V. 1–6: PARÄNESE 3,7–3,19:

I. Warnungen

a) 3,7–11 Ps 95: *„Heute, wenn ihr seine Stimme hört ..."*
b) 3,12–19 *Midraschartige Auslegung von Ps 95,* besonders des „heute" und der „Verhärtung". Mahnung, aufeinander zu achten. Die Wüstengeneration konnte deswegen nicht in das Land eingehen. – *Leitworte:* Unglaube, Ungehorsam, Sünde, Abfall.
   Ziel: Wir haben nur dann an Christus Anteil gewonnen, wenn wir den Stand, den wir am Anfang gewonnen haben, *bis zum Ende bewahren.* So realisiert sich die Mahnung 3,1 (Festhalten).

II. Verheißungen

a) 4,1–10: *Der Eingang in die Ruhe,* d.h. in das Land, steht als Verheißung noch aus. Wir sind also in gleicher Lage wie die Wüstengeneration; dazu ist auch Glaube nötig, und jetzt ist die Zeit des Glaubens.
   Daß die Ruhe noch aussteht, kann man beweisen: Einerseits hat Gott die Ruhe schon am 7. Schöpfungstag erschaffen, andererseits hat er Ps 95 das Eingehen in die Ruhe verweigert. Also steht es noch aus, daß jemand hineingeht. Da die Wüstengeneration nicht hineingegangen ist, gilt das „heute" von Ps 95 der Gemeinde der Gegenwart.
   Leitworte 4,1–10 (vgl. Kontrast zu den Leitworten von 3,12–19:) Glaube, Unglaube.

III. Gerichtsdrohung: Der Unglaube der Wüstengeneration ist aber warnendes Vorbild. So wollen wir eifrig sein, in die Ruhe einzugehen ... Gottes Wort ist schärfer als ein zweischneidiges Schwert (Gericht). PARÄNESE 4,11–13.

4,14–5,10	Da Jesus trotz aller Überlegenheit Mensch ist und da er von Gott berufen ist, erfüllt er wesentliche Voraussetzungen zum Hohenpriester.

PARÄNESE 4,14–16 *Konsequenz aus K. 1–4 : Festhalten* am Bekenntnis (wie 3,1) – mit Freimut zum Thron der Gnade hinzutreten (4,14–16). Korrektiv zur Darstellung der Hoheit, die Jesus über die Engel und Mose erhebt: 4,15 *Er kann unsere Schwäche miterleiden* und hat die gleichen Versuchungen erfahren (wie 2,17f.), nur ohne Sünde (vgl. auch 5,1f.). In der 1. P. Pl.: Jesus ist durch die Himmel gegangen – wir treten hinzu zum Thron der Gnade.

5,1–4 Welche *Maßstäbe* gelten für einen Hohenpriester?

a) Er wird *für Menschen* aufgestellt und muß Verständnis für Irrende aufbringen, da er auch selbst schwach ist.
b) Wenn er von Gott berufen ist, *nimmt* er sich nicht die Ehre (Hinweis auf Aaron).

5,5–10: Beides trifft für Christus zu (chiastische Umkehrung der Attribute):

a) Nach Ps 2,7; 110,4 hat *Gott* ihn als Sohn und Hohenpriester *angesprochen.*
b) *Teilhabe an der Schwachheit: Jesus hat mit lautem Schreien und mit Tränen Bitten und Gebete vor Gott gebracht (liegt eine Erzählung wie Mk 14,32ff. zugrunde?).* – Obwohl er Sohn war, hat er in der Schule des Leidens *gehorchen gelernt.*
c) So wurde er „vollendet" Ursache des Heiles und Priester nach der Ordnung des Melchisedek.

5,11–6,20 Direkte **Vorbereitung des folgenden Hauptteils** durch PARÄNESE. – Es geht um die Voraussetzungen in der Gemeinde für die Aufnahme der neuen Lehre. Die Leser werden direkt angeredet und auf die folgende Lehrdarbietung vorbereitet.

5,11–6,3: Gattung: *Leserschelte:* Die Lehre wird als Erkenntnis für Fortgeschrittene dargestellt (und so angepriesen). Genaugenommen hat die Gemeinde die Lehre noch nicht verdient, sondern bedarf eher einer Wiederholung der Anfangsgründe (vgl. auch I Kor 3,1–3): Gegensatz von Fortschreiten und Rückgang. – Die Grundlehre ist nach 6,1 gewesen: Abkehr von toten Werken, Umkehr zum Glauben an Gott, Taufe, Handauflegen, Auferstehung und Gericht.

6,4–8: Eine nochmalige Konversion zum Christentum ist auch unmöglich. *Wer einmal abgefallen ist, kann nicht wieder umkehren („den Sohn Gottes abermals kreuzigen").* 6,7f.: Bildwort von der fruchtbaren und der unfruchtbaren Erde.
(Ansatzpunkt für die Diskussion über die „Zweite Buße" *poenitentia secunda).* Gattung: Drohrede.

6,9–20: Gattung: captatio benevolentiae, übergehend in Verheißungsrede: Mit der Gemeinde steht es sicher anders. Ihre Liebe und Diakonie sind bekannt, jeder einzelne soll so sein und die Hoffnung bis ans Ende festhalten. Das wird betont (V. 11.19).

- dazu braucht man *Geduld.* Vorbild: *Abraham.*
- Aber Gottes *Verheißungen* sind sicher (Leitwort V. 12–17: Verheißung): *Eid und Wort Gottes* sind zwei unumstößliche Mittel.

- Unsere Hoffnung ist wie ein *Anker,* der bis in das Allerheiligste hinter den Vorhang reicht, denn Christus als Vorläufer ist vorangegangen, Hoherpriester nach der Ordnung des Melchisedek. (Hiermit ist das Stichwort für K. 7 gegeben.)

6,13–20: Midrasch über die Gewißheit der Verheißung.

7,1–10,19 Hauptteil: Christus der Hohepriester des Neuen Bundes

7 Abgrenzung vom alten jüdischen Priestertum: Jesus ist ewiger Hoherpriester nach der Ordnung des Melchisedek.

7,1–3 *Wer ist Melchisedek?*

a) das sieht man aus seinem *Namen:* König der Gerechtigkeit, König des Friedens (königlich-messianische Funktion).

b) da *Vater und Mutter* nirgends genannt werden, ist er ewig, und auf ihn trifft Ps 110,4 zu (Priester auf ewig) (himmlische Wesenheit).

7,4–10 **Aus der Begegnung Abraham–Melchisedek (Gen 14,18–20) wird die Erhabenheit des Melchisedek-Priestertums über das levitische Priestertum hergeleitet.**

a) 4–7: Melchisedek ist über Abraham erhaben. Das wird aus der *Gabe des Zehnten* und aus dem *Segen* erschlossen: Die Söhne Levis nehmen Zehnten von ihren Brüdern, obwohl sie doch gleicher Abstammung sind. Abraham aber leistete Melchisedek den *Zehnten* und wurde von ihm gesegnet. Beides weist darauf hin, daß Melchisedek Abraham überlegen ist. In V. 5 wird die Verbindung von levit. Priestertum und *Gesetz* vorbereitet, die ab V. 11 wichtig wird.

b) 8–10: Überlegenheit des Melchisedek über das levitische Priestertum: Sie sind sterblich – er lebt ewig (8); *in Abraham sind sie bereits mitverzehntet, da sie in seinen Lenden darin waren.*

7,11–28 Argumente für den **Wechsel des Priestertums** und der gesetzlichen Kultordnung (Wechsel des Priestertums und Wechsel des „Gesetzes" gehören zusammen)

- daß überhaupt von der Ordnung des Melchisedek die Rede ist, zeigt, daß die *Ordnung des Aaron* keine Vollendung brachte (11f.)
- Jesus stammt *aus Juda* – das weist auf ein nicht-gesetzliches Priestertum (13f.)
- Melchisedek ist Priester nicht nach dem *Gebot der leiblichen Herkunft,* sondern nach der Kraft ewigen Lebens (Ps 110,4 ewig)
- diesem fleischlichen Charakter des Gesetzes entspricht seine Schwäche und Nutzlosigkeit: Levitische Priester werden – im Unterschied zu Melchisedek – *ohne Eidschwur eingesetzt* (Ps 110). Das weist auf einen besseren Bund (V. 22). Die Leviten *bleiben nicht* – wegen des Todes – Jesus aber hat unvergängliches Priestertum; weil er immer lebt, kann er bei Gott eintreten. – Ein heiliger Hoherpriester war nötig, erhaben über die Himmel, der *nicht erst für die eigenen Sünden* opfern muß. Jesus hat es ein für allemal getan.

Das Gesetz hat also *schwache Menschen* aufgestellt, der Eidschwur aber den *Sohn,* der in Ewigkeit vollendet ist.

8 **Dienst des Neuen Bundes am himmlischen Heiligtum.**

1–5 Dienst am himmlischen Heiligtum: Der Erhöhte ist der Priester des himmlischen Zeltes. – Weil Jesus zur Rechten Gottes sitzt (1,3), gilt sein Priestertum *dem wahren, himmlischen Heiligtum.* Der Priesterdienst *auf Erden* dagegen gilt nur dem menschlichen *Abbild und Schatten* dieses himmlischen Urbildes. Mose wurde dieses Urbild gezeigt (Ex 25,40).

Leitworte: Himmel – Erde, Gott – Mensch, Abbild/Schatten – Urbild.

6–13 Neuer Bund. Dem erhabeneren Priesterdienst entspricht, daß Jesus Mittler des besseren Bundes ist, der auf besseren Verheißungen beruht. Wäre der erste Bund ohne Fehler gewesen, würde in Jer 31 kein Neuer Bund erwähnt (12: nur da ist von Sündenvergebung die Rede).

9 Vergleich des alten und des neuen Opfers

In der bestehenden Kultordnung gibt es immer noch den *Wechsel* zwischen dem ersten und dem zweiten Zelt, in das der Hohepriester einmal pro Jahr eintritt: Er muß *jedes Jahr* hinein, und auch für die *eigenen Verschuldungen* opfern, und auch der *Wechsel* zwischen den beiden Zelten zeigt Unvollkommenheit an (ebenso wie die *Wiederholung).* – Jetzt aber ist die **typenhafte, aber unvollkommene atl. Einmaligkeit** des hohenpriesterlichen Tuns ersetzt durch den vollkommeneren Dienst; durch das Alte wurde nur das *Fleisch,* nicht das *Gewissen* gereinigt.

- Christus aber ging **ein für allemal** in das himmlische Heiligtum mit seinem *eigenen* Blut: Reinigung des Gewissens.
- Leitworte V. 12–14: Blut und Reinigung.
- *Tod am Kreuz und Erhöhung werden also als die eine große Versöhnung zusammengefaßt.*

15–28: Christus ist aber nicht nur Priester und Opfer, sondern auch **Mittler des Neuen Bundes.** Der Neue Bund mußte mit Jesu **Tod** abgeschlossen werden, aber er hatte auch endgültigen Charakter.

- *Erklärung, warum der Tod Jesu notwendig war:* Jedes Testament setzt den Tod des Erblassers voraus (hier diatheke Bund/Testament!). Auch im Alten *Bund* wurde *Blut* versprengt (durch Mose, auf das Zelt auch!). Und Reinigung und Vergebung gibt es *überhaupt nur durch Blut* (9,22). *Leitworte* in 9,19–23: Blut versprengen, reinigen.
- Das *himmlische* Heiligtum aber muß durch *bessere* Opfer gereinigt werden: Deshalb ist Christus in den Himmel *selbst* eingegangen, nicht in das irdische Heiligtum, nicht oftmals, sondern ein für allemal.
- Dieses Ein-für-allemal hat eschatologisch-endgültigen Charakter: Es geschah am Ende der Welt, die Sünde abzusetzen. *Beim 2. Mal aber wird Jesus ohne (das Thema) Sünde erscheinen* – zum Heil für die, die ihn erwarten (eschatologische Tradition verarbeitet! Vgl. V. 15: „ewiges Erbe").

10,1–18 **Sündenvergebung nur durch das eine und einzige Opfer**

Leitwort: *Sünde.*

1–3: Das Gesetz kann nicht vollenden – darauf weist schon, daß man immer wieder opfert

4–10: Midrasch zu Ps 40: Die Ablehnung von Opfern in diesem Psalm bezieht sich auf das Blut von Böcken und Stieren. Das Erfüllen des *Willens* bezieht sich aber darauf, daß Jesus durch Darbringung seines Leibes *Gottes Willen, uns zu heiligen erfüllt hat.*

11–14: Tägliches, häufiges Opfer kann Sünden nicht wegnehmen, wohl aber das eine Opfer dessen, der sich dann zur Rechten Gottes setzte und wartet, bis die Feinde ihm zu Füßen gelegt werden. Dieses bedeutet Vollendung der Geheiligten (vgl. dazu besonders: 2,8b!). 15–18 Aus Jer 31,33f. (Neuer Bund) geht hervor daß es kein weiteres Opfer geben kann, denn Gott *wird die Sünden verzeihen.*

Leitmotiv: Auch der Gegensatz Vielheit/Einheit.

10,19–13,17: Die Konsequenzen für die Gemeinde (PARÄNESE)

10,19–39 Glaube, Hoffnung, Liebe und Geduld

a) Da wir freien Zugang haben, wollen wir hinzutreten *(Glaube,* Herzen rein von schlechtem Gewissen)

b) Festhalten am Bekenntnis der *Hoffnung* (Gott ist treu)

c) aufeinander achtgeben *(Liebe* und gute Werke)
Versammlungen nicht verlassen, sondern sich gegenseitig ermahnen
Motivation: Es gibt kein weiteres Opfer, wenn wir sündigen (vgl. schon 6,4–8): Das ist also die „praktisch-moralische" Konsequenz aus der Lehre von der *Einmaligkeit des Opfers* Christi! Wenn man schon nach dem Gesetz des Mose aufgrund der Aussage von 2 oder 3 Zeugen getötet werden konnte, wievielmehr jetzt, da man sich verfehlt gegenüber den drei Zeugen Sohn Gottes, Blut des Bundes und Geist.

d) *Geduld* (32–39): *Anamnesis:* Erinnert euch an das, was ihr an Leiden für euer Christsein schon geduldig ertragen habt (das Mahnwort deckt den Anspruch auf, der in der Vergangenheit liegt): Zum Schauspiel geworden. Gefangenschaft, Raub des Besitzes.

35–39 *Starke Betonung des zukünftigen Lohnes.*

- Aber *Geduld* ist notwendig, um die Verheißung zu erlangen. Begründung: *Naherwartung* (Hab 2),
- *die 2. Hälfte des Zitates Hab 2 leitet über zum Thema Glauben in K. 11*

11 **Glaube.** Was Glaube ist, kann man an den Gestalten des Alten Bundes sehen. Die Schrift stellt ihnen ein gutes Zeugnis aus (V. 2.39). Doch die Erfüllung der Verheißung haben sie nicht erlangt. Nur von ferne grüßten sie die himmlische Stadt. Erfüllung der Verheißung ist erst möglich, seitdem es die christliche Gemeinde gibt. Erst jetzt ist Gottes Volk vollzählig und kann vollendet werden. (zum AT vgl. § 26, E 2.)

11,1f.: *Definition des Glaubens* („die Wirklichkeitsgrundlage für das, worauf man hofft, der Nachweis von Dingen, die man nicht sehen kann"). Stichwort „Zeugnis" V. 2 und 39 (Rahmen). – *Allmähliche Steigerung des Gegensatzes zu Gegenspielern bzw. der Welt* in der Beispielreihe (Paradigmenkatalog) ab V. 4:

Erzväter (Abel, Henoch, Noah, Abraham, Sara, Opferung Isaaks, Isaak, Jakob, Joseph) *V. 13–16: Einlage:* Die Väter erlangten die Verheißungen nicht. Daß sie sich zur *Fremdlingschaft* bekannten, zeugt davon, daß sie noch ein Vaterland *suchten.* Hätten sie ihr irdisches Vaterland mit diesem Wort benannt, so hätten sie ja zurückkehren können. Wegen des himmlischen Vaterlandes, zu dem sie sich bekannten, nennt Gott sich ihr Gott („Gott Abrahams, Isaaks ...").

Mosezeit 23–31: Das Festhalten am verborgenen Gott und an der unsichtbaren Zukunft führte zum Widerspruch gegen die feindlichen Mächte (Mose-Pharao; Israel-Ägypten; Passah-Würgengel; Rahab-Ungehorsame). 11,26: Den reichen Schätzen der Ägypter zog Mose die *Schmach Christi* vor, denn er blickte auf deren Lohn.

Weitere summarisch genannte Beispiele 32–40: Der Gegensatz Glaube/Unglaube ist verschärft: Bereitschaft zur Hingabe des Lebens. „Wo sie schwach waren, wurden sie gestärkt". Freilassung abgelehnt, um „bessere Auferstehung" zu erlangen, *„sie, deren die Welt nicht wert war"* (V. 38).

12,1–11 **Christliche Anwendung von K. 11.**

1–3 Jesustradition: Jesus selbst ist das wichtigste und entscheidende Beispiel. „Wir wollen die Sünde ablegen ... und das vor uns liegende Stück der *Rennbahn* zu Ende laufen *im Aufblick zu Jesus, der diesen Lauf des Glaubens anführt und bereits ans Ziel gelangt ist"* (um der vor ihm liegenden Freude willen die Kreuzigung erduldet).

4–11 Schriftzeugnis (Züchtigung): Sohnschaft und Züchtigung gehören in der Erziehung Gottes zusammen (Zeichen der Liebe; wenn schon bei fleischlichen Vätern – wieviel mehr beim Vater der Geister; irdische Väter züchtigen nach Gutdünken, Gott aber zur Anteilhabe an der Heiligkeit; im Augenblick Trauer – später aber Gerechtigkeit).

12,12–29 Einzelmahnungen. Beseitigt Ermattung und Kraftlosigkeit *(Bildwort* von den erschlafften Armen, wankenden Knien und lahmen Füßen). Friede, Heiligung. Ansteckende Wirkung der Sünde im Keim ersticken *(Bildwort:* Giftwurzel/Leibschmerzen).

Gegen Hurerei und Unreinheit (Leitworte: Frieden, Heiligkeit; zur Verknüpfung: I Thess 4,4.7).

Motivation 16b–24:

- auch *Esau* hatte keine Möglichkeit zur Umkehr, nachdem er einmal gefehlt hatte (Verkauf des Erstgeburtsrechtes)
- Ihr seid *nicht zur Theophanie am Sinai* hinzugetreten (= Abschreckung und Abgrenzung des Menschen von Gott, Heiligkeit) – *sondern zum Sion* (= eschatologische Vollendung, Herrlichkeit, Gemeinde der Erstgeborenen, Mittler des Neuen Bundes)

25–29 Folgerung: Angesichts des größeren Geschehens jetzt besteht auch gesteigerte Verantwortung. Sinai: auf Erden – Berg erbebte

Sion: vom Himmel her – Himmel und Erde erschüttert.

Apokalyptische Katastrophe als Folge der Gottesrede vom Sion her: Durch sie wird das Heil verwirklicht. Verwandlung (statt Gericht) – *dann ein unerschütterliches Königreich.*

13 Mahnsprüche und Warnung vor fremden Lehren

1–6 Einzelmahnungen (Bruderliebe und Gastfreundschaft; Gefangene und Notleidende; Ehe und Ehebett; Habgier/Genügsamkeit)

7–17 Lehrer – Irrlehren

7f.: der *Lehrer* gedenken, ihren Glauben nachahmen. Ihre Lehre und ihr Glaube: Jesus Christus gestern und heute derselbe und so auch in Ewigkeit (13,8).

9–14: Warnung vor fremden Lehren: Kein religiöser Nutzen durch bestimmte Speisen (jüdische Opfermahlzeiten).

Von der Mahlgemeinschaft des Neuen Bundes (Altar = christliche Sündenvergebung – vom Abendmahl ist hier nicht die Rede) sind die ausgeschlossen, die vom Zelt (jüdische Opfermahlzeiten) her leben (Opposition *Altar/Zelt).*

Begründung V. 11–14 (Leitwort **„außerhalb des Lagers"**, d.h. das Judentum verlassend):

a) Tiere, deren Blut der Hohepriester verwendete, wurden außerhalb des Lagers verbrannt.
b) So auch Christus: Er litt außerhalb des Lagers, um durch sein Blut das Volk zu heiligen.
c) *Die Gemeinde soll außerhalb des Lagers gehen* (zur neuen Opferstätte), *um die Schmach Christi zu tragen* (die zukünftige Stadt ist das eigentliche Ziel).
d) Das Opfer der Christen besteht vielmehr demgegenüber in Lob und Almosen.
   Wiederholte Mahnung, auf die Lehrer zu hören

Praktische Bedeutung der Lehre vom Hohenpriester für die Gemeinde nach K. 12 und 13:

1. Wegen der Einmaligkeit des Opfers ist eine zweite Umkehr nach dem Abfall unmöglich.
2. Wegen der Teilhabe an dieser Sündenvergebung kann es keine Teilhabe an jüdischen Opfermahlzeiten geben (Trennung vom Judentum; wie Christus ist die Gemeinde außerhalb des Lagers).

13,18–21 Bitte um Fürbitte – Gebetswunsch.

D. Textsorten

1. *Anamnesis:* Ein Mahnwort deckt den Anspruch auf, der in der Vergangenheit liegt: Hebr 10,32; II Tim 1,6; I Thess 1,3–9; 2,1.
2. *Definition:* Hebr 11,1; Röm 14,23 („alles, was man nicht aus Glauben heraus tut, ist Sünde").
3. *Kultregel:* AT z.B. Lev 5,11–13; Hebr 9,22; 10,4.
4. *Paradigmenreihe:* Hebr 11; Jak 2,14–25 (Abraham/Rahab); Jud 5–7.11; Sir 16,5–10; Vorstufen im AT: Ez 16.20.23; (4 Makk 16,16–23).

E. Themen

1. *Hoherpriester:* AT: Lev 16 (Versöhnungstag „Karfreitag des Alten Bundes"); 21,10–15 (Trauerverbot, Ehe); Sach 3,1–9 (der Hohepriester Josua); 4,1–14. – Gegner Jesu in den synoptischen Evangelien: Mk 15,1–3. Im Hebräerbrief.: K. 2.5.7–10.

§ 71 Der Jakobusbrief (Jak)

A. Aus Luthers Vorrede zum Jakobusbrief (1522) rührt die Meinung, der Brief sei eine lose Spruchsammlung, da der Verfasser „eins so unordentlich ins andere" werfe. Jedoch läßt der Brief schon rein äußerlich bestimmte thematische Schwerpunkte erkennen. Diese sind:
Reichtum 1,9–11; 2,1–7; 5,1–6
Bewährung des Glaubens, insbesondere Glaube und Werke 1,3.6; 2,1–26; 5,15.
Der Glaube bewährt sich vor allem in *Großmütigkeit* und *Geduld.* Das Kriterium der Begegnung mit dem kommenden Reich ist so die tatkräftige, Solidarität bewahrende, Frucht bringende Bewährung des Glaubens. Das Ziel der Handlungen wird dabei nicht christologisch motiviert, sondern als Bewahrung der Gemeinschaft, d.h. *ekklesiologisch.*
Das Thema, das dem Brief jedoch den stärksten inneren Zusammenhalt gibt, ist alles, *was mit Reden und Sprechen Gottes und des Menschen* zusammenhängt. Jak ist daher in hohem Maße eine Einweisung in das christliche Sprachverhalten – bezogen auf das Gegenüber Gottes und das Miteinander in der Gemeinde.
Mit der Verfasserangabe „Jakobus" wird wohl der Herrenbruder Jakobus gemeint sein (nicht der 42 von Herodes Agrippa hingerichtete Zebedaide). Die Adressaten „zwölf Stämme in der Zerstreuung" bezeichnen wohl die Christen überhaupt.

B. Grobgliederung

1,2–12	Versuchung und Bewährung des Glaubens Bittgebet und Sich-Rühmen
1,13–27	Hörer – Täter. Dem Reden Gottes muß das Tun des Menschen entsprechen
2,1–13	Der Glaube und die Wertmaßstäbe der Gemeinde
2,14–26	Glaube und Werke
3,1–12	Sprachverhalten in den zwischenmenschlichen Beziehungen
3,13–4,5	Außen – Innen, am Beispiel von Frieden und Streit
4,6–4,17	Demut – Verleumdung – Sich-Rühmen
5,1–6	besonders betroffen: die Reichen (Anklage)
5,7–20	Sprachverhalten gegenüber dem Bruder in der Gemeinde

C. Inhalt

1,1 Präskript. Besonderheiten: Jakobus als „Diener Gottes"; Adressat: 12 Stämme in der Zerstreuung. Gruß: „Freude" verbindet mit V. 2.

1,2–12 **Versuchung und Bewährung des Glaubens.** Rahmung durch V. 2f. und V. 12 mit abschließendem Makarismus. Der Rahmen gibt das Thema an: Versuchung, Bewährung, Geduld – vor allem: Glaube (Leitwort in V. 3.6) und der Lohn dafür. *Zweierlei sprachliches Verhalten zeigt, worum es geht:*

3–8 Beten – im Glauben, ohne Zweifel. Denn wenn einem etwas fehlt (Verbindungswort V. 4/5), soll man z.B. um Weisheit beten (welche der Vollkommenheit entspricht, die der Geduld zugeordnet ist).

9–11: Sich-Rühmen (der Niedrige seiner Höhe, der Reiche seiner Niedrigkeit). – Verbindung mit 3–8 auch durch das Motiv der *Vergänglichkeit,* das anhand von Bildworten dargestellt ist (Meereswoge, Blume).

1,13–27 *Hörer-Täter. Dem Reden Gottes muß das Tun des Menschen entsprechen.* 13–18 Zwei konträre Genesen: Die Begierde *empfängt* und *gebiert* die Sünde (die Begierde ist es, die versucht – Leitwort V. 12/13) – und: Gott hat uns *gezeugt* durch das *Wort der Wahrheit,* als Erstlinge seiner Schöpfung.

Damit ist das Stichwort *„Wort"* gefallen.

19f. Die Abfolge *Hören-Reden* und *Hören-Zorn* ist verdächtig.

21–25 Die Abfolge *Wort-Hören-Sanftmut-Tun* wird empfohlen: Nicht *Hörer,* sondern *Täter* des Wortes. – Gegensatz vom zweierlei Anschauen: Den Spiegel anschauen und danach vergessen, wie man aussah – Einblick in das *vollkommene Gesetz der Freiheit* (d.h. das frei macht) gewinnen und dabei beharren (V. 23–25). Selig durch das Tun.

26f. Nicht böse *reden* (Zunge nicht im Zaume), sondern *Rechtes tun* (Witwen und Waisen; sich von der Welt rein halten).

> Das Reden des Menschen steht als Gefahr dem Reden Gottes gegenüber. Dem Reden Gottes muß vielmehr das Tun des Menschen entsprechen. Das Wort Gottes ist noch mit dem Gesetz identisch.

1,27 leitet über zu K. 2: *Sozialverhalten* in der Gemeinde. Zu Witwe und Waise fehlt – um das Schema voll zu machen – noch der Arme:

2,1–13 Der Glaube und die Wertmaßstäbe der Gemeinde

Das Stichwort Glaube in 2,1 wird ab V. 14 entfaltet. Auch hier geht es um *Reden* (V. 3.7) und *Tun* (V. 12: So redet und handelt).

1–7 Die *Wertung der Armen und Reichen* in der Gemeinde ist Gott entgegen und beraubt der Freiheit. Glaube und Rücksicht auf Personen sind unvereinbar, denn Gottes *Erwählungshandeln* hat die gültigen Sozialnormen verändert. Wer Rücksicht auf Personen nimmt, macht sich zum *Richter* (4; im Falle des Mannes mit goldenen Ringen und des anderen mit dem schmutzigen Kleid), und die Reichen schleppen die Armen vor die *Gerichte.* – Doch das *Gericht* wird erbarmungslos sein (V. 13).

- *Wertmaßstäbe:* Richten der Menschen/Richten Gottes. – Reichtum vor Gott: Glauben und Halten des ganzen Gesetzes.
  8–13 *Gesetz und Gericht* (Leitwort V. 9–13: tun, Gesetz)
- das Gesetz wird durch Nächstenliebe erfüllt, nicht durch Bevorzugung von Personen.
- das Gesetz ist Maßstab des Gerichtes (nicht die Reichen oder die Gerichte, vor die sie schleppen)
- *wer auch nur ein Gebot übertritt* (auch wenn er andere hält), *ist zum Übertreter geworden* (gegen Sozialvergehen gerichtet).
- V. 13: *abschließende Motivation. Gericht.* Nur Erbarmen triumphiert über das Gericht.

2,14–26 Glaube und Werke

14–17 Reden ohne Tun ist wie Glaube ohne Werke.

Verbindung zum Kontext durch „Glaube“ in 2,1 und K. 1; zu 2,1–13 vor allem in der theologischen Grundausrichtung: *Aufweisbarkeit im mitmenschlichen Bereich wird zum Kriterium religiöser Wirklichkeit* (wie dann auch 3,9–12).

Glaube, der nicht in Taten wirksam ist, ist tot.

- *Beispiel:* Dem Bedürftigen **nur sagen:** Geh hin in Frieden, ihm aber nicht geben, was er braucht.

18–26 Zwei Einwände: Glaube und Werke als trennbare, individuelle „Gaben“ (Charismen) – und: Inhalt des Glaubens ist doch nur, daß es einen einzigen Gott gibt. – Dagegen: Ohne Werke kann man den Glauben gar nicht *aufweisen*, er entzieht sich jeder Greifbarkeit – und: auch die *Dämonen* erkennen an, daß es den nur einen Gott gibt, aber da sie böse sind und keine guten Werke haben, *zittern* sie.

Im Beispiel V. 21–24 **(Abraham)** kommt neu das Stichwort „gerecht werden“ hinzu (ebenso im 2. Beispiel von der **Rahab** V. 24f.). Abrahams Glaube wurde erst bei der Opferung Isaaks erfüllt:

- Gen 15,6 wurde demnach so aufgefaßt, daß *„er glaubte“* der eine Akt Abrahams war, *„wurde angerechnet“* aber ein zweiter Akt Gottes, der in Gen 15,6 schon proleptisch genannt wurde, sich aber erst mit der Opferung Isaaks „erfüllt“ hat, denn hier erst wurde er (nach jüd. Tradition) „Freund Gottes“ genannt. – *Rahab:* vorausgesetzt ist „durch Glaube und Gastfreundschaft“.

V. 26 drastisches *Schlußgleichnis* nimmt das Stichwort „tot“ aus V. 17 auf (Leib ohne Geist tot).

3,1–12 **Sprachverhalten in den zwischenmenschlichen Beziehungen**

„Laßt nicht zu viele von euch Lehrer werden“ (V. 1). Wegen des strengeren Gerichtes. Vollkommen ist, wer in der **Rede** ohne Fehl bleibt.

1–8 Über die *Zunge,* die Schwierigkeit sie zu bändigen und die Größe ihrer Wirkung. 2–5a Die Zunge ist zwar klein, aber wer sie *bändigt,* hält den ganzen Körper im Zaum (Beispiel: Zaum-Pferd und Steuerruder-Schiff). 5b–6 Wie ein *Funke* den Wald in Flammen setzt, so kann die Zunge den ganzen Leib beschmutzen und die ganze Welt in Flammen setzen (Welt = Kreislauf des Werdens). 7–8: Alle Arten von Tieren *gebändigt,* aber Zunge nicht.

9–12 Anwendung auf den Gegensatz von Glaube und Werk: *Nicht zugleich Gott preisen und den Menschen verfluchen,* der doch nach seinem Bild geschaffen ist (Gleichnisse von der Quelle, vom Feigenbaum, vom Weinstock und von der Salzquelle). – Verbindung zu 3,13–18: *Ambivalent wie die Zunge ist auch die Weisheit.*

3,13–4,5 Außen – Innen, am Beispiel von Frieden und Streit.

Die wahre Weisheit zeigt sich nach außen durch *Friedlichkeit* (3,13.17f.) – die wahre Ursache des *Streites* aber liegt innen im Herzen (3,14). – Die äußeren *Kämpfe* kommen aus den inneren *Begierden* (4,1f.) – und die äußeren *Streitigkeiten* lassen sich nicht beseitigen, wenn ihr nicht im Inneren wirklich wollt und darum bittet (4,2f.).

Leitworte: Sanftmut (Friedlichkeit) und Synonyma (Milde usw.), Streit, Hader und Synonyma, Weisheit (2 Sorten: von oben oder „psychisch“), Begierde, Lust.

Beziehung zum Thema „Reden“: 3,14 negativ: Sich der Weisheit *rühmen,* wenn sie nicht da ist; 4,2f. positiv: *Bitten.* Dieser Gegensatz von *Sich-Rühmen* und *Bitten* entspricht dem in K. 1 (3–8/9–11). – Beachte außerdem V. 13: Der Weise *zeigt Werke* in der Sanftmut der Weisheit. Das ist wie bei den *Werken,* die aus *dem Glauben gezeigt* werden in K. 2.

4,6–4,17 Demut-Verleumdung-Sich-Rühmen

a) *Demut* und *sich nicht über das Gesetz stellen:* Die traditionelle Aussage, daß Gott den Hochmütigen widersteht, den Demütigen Gnade gibt und sie erhebt (V. 6–10), wird darin aktuell, daß man sich nicht über das Gesetz stellt (denn dann ist man nicht sein Täter, sondern sein Richter). Das geschieht dann, wenn man *böse über den Bruder redet.* Als Menschen aber haben wir das Gesetz zu tun und nicht zu beurteilen (V. 11f.). – Zusammenhang zum Thema Reden: V. 11 über den Bruder/das Gesetz Böses sagen, bzw. verurteilen.

b) 13–17 Gegen das Daherreden in protzigem Selbstvertrauen („Böses Sich-Rühmen"). Nicht sagen: „Heute und morgen wollen wir in die Stadt fahren und ein Jahr dort bleiben, Handel treiben und Geld verdienen", sondern: „Wenn der Herr es will, werden wir am Leben sein" (Bild von der Rauchwolke; Rühmen und Vergänglichkeit wie in 1,9–11).
V. 17 Gegensatz Wissen/Tun wie in 3,13.

5,1–6 Anklage gegen die Reichen (sollen heulen und wehklagen über die Nöte, die ihnen bevorstehen – das Geschrei der Arbeiter dagegen ist zu Gottes Ohren gedrungen). Sie haben den Gerechten verurteilt und umgebracht.

5,7–20 Sprachverhalten gegenüber dem Bruder in der Gemeinde

7–11 Die *Geduld* (vgl. 1,3f.12) äußert sich darin, daß man *nicht* über den Bruder **stöhnt.** Das baldige Gericht wird sonst den, der jetzt stöhnt, richten. Vorbilder: der Bauer – die Propheten und Hiob. Motivation V. 8: *„die Ankunft des Herrn steht nahe bevor"*.

12 Nicht schwören, sondern euer Ja sei ein Ja, euer Nein ein Nein (vgl. Mt 5,34–37). Motivation: „damit ihr nicht unter das Gericht fallt" (vgl. ganz ähnlich V. 9).

Im folgenden werden speziell religiöse Sprachhandlungen genannt:

13–18 Beten

b) 13–15 Gebet und Ölsalbung über dem Kranken durch die Ältesten (mit Sündenvergebung).

b) 16 Einander die *Sünden bekennen* (Verbindungswort Sünde mit V. 15) – und füreinander beten, „damit ihr geheilt werdet" (Verbindung zu dem Kranken von V. 13–15).

c) V. 16b–17 Viel vermag das *Gebet des Gerechten,* Beispiel: Elia.
19f. Dem, der von der Wahrheit abirrt, zur Rückkehr verhelfen: das deckt Sünden zu!

D. Textsorte

1. Krankenregel: Lev 13; Jak 5,13–15. Als Sprichwort: Mk 2,17; Lk 4,23 (Arzt, heile dich selbst)

§ 72 Der Judasbrief (Jud)

Der Brief richtet sich gegen Irrlehrer und ist als ein *„antihäretisches Flugblatt" zu* bezeichnen. Die Gegner sind von außen eingedrungen und nehmen an den Liebesmählern der Gemeinde teil (V. 12). Ihre Lehre ist nur in Umrissen erkennbar: Sie leugnen Jesus als den Herrn (4), aber auch „die Herrschaft(sengel)" und die Herrlichkeit(sengel)" lästern sie (V. 8). Offenbar wollen sie nur Dinge im Bereich des Natürlichen anerkennen (V. 10). So haben sie Spaltungen in der Gemeinde hervorgerufen (V. 19). – Der Verf. unterstellt ihnen außerdem zügelloses Genußleben und Suche nach fremden Frauen, sie mißbrauchen die Gnade für ihre Lüste. Mittel für ihre Bekämpfung: Hinweis auf den überlieferten Glauben als Maßstab (V. 3.20), Androhung von Gerichtsstrafen.

Gliederung und Inhalt:

1f. Präskript: Judas, Bruder des Jakobus (Mk 6,3) – also *indirekt ein Bruder des Herrn.*

3–4 Die Situation: Aufruf zum Kampf für den einmal übergebenen Glauben. – Häretiker sind eingedrungen:
Mißbrauch der Gnade, Leugnung des Herrn

5–16 Kennzeichnungen der Gegner und Androhungen des Strafgerichtes wechseln ab
5–7 Erinnerung an Strafbeispiele: ungetreue Israeliten, gefallene Engel, Sodom und Gomorrha.
8 Beschmutzung des Leibes, Leugnung der Herrschaft und der Herrlichkeiten
9 Michael wagte es nicht, Lästerung zu bestrafen: „Der Herr strafe dich".
Vergleich mit Kain, Noah, Bileam
14f. Zitat aus dem Griechischen Henochbuch (Gerichtsdrohung)

17–23 Ermahnung an die Gemeinde:
1. Die Apostel haben euch gesagt: Irrlehrer werden kommen. Sie sind Psychiker, ohne Pneuma.
2. Die Gemeinde aber soll sich auf dem heiligen Glauben aufbauen und beten im Geist.
3. Barmherzig mit den Zweifelnden – barmherzig auch zu den anderen, aber „in Furcht": nicht an den Kleidern berühren, d.h. den engeren Kontakt meiden.

§ 73 Die Offenbarung des Johannes (Apk)

A. In 1,1.4.9; 22,8 nennt der Verfasser seinen Namen: Johannes (von Ephesus). Er hat seiner Apokalypse einen *brieflichen Rahmen* gegeben (Präskript in 1,4f., Schlußgruß in 22,21), und damit erscheint das Gesamtwerk als *Rundschreiben* an die sieben kleinasiatischen Gemeinden, an die in K. 2f. je einzelne Briefe gerichtet sind. In 1,1 sind jedoch die Knechte Gottes allgemein als Adressaten genannt.
Abgesehen von K. 2f. kommen die Angeredeten immer dann in diesem Buch vor, wenn von den *Heiligen* die Rede ist, in 18,24 und 11,18 zusammen mit den *„Propheten"*, zu denen sich der Verfasser wohl rechnet. Zumeist ist vom *„Blut"* dieser Heiligen die Rede, von ihrer Geduld in der Verfolgung, vom Kampf der Weltmächte gegen sie, von ihrem Gebet um Rache und schließlich von ihrem Lohn, der darin besteht, daß sie im *Tausendjährigen Reich* mit Christus werden regieren können (20,4–6). Über die Zerstörung Babylons jubeln die „Heiligen und die Apostel".
Die aktuelle Situation in den sieben Gemeinden ist freilich dadurch gekennzeichnet, daß die erste Liebe nachgelassen hat und daß Irrlehrer eingedrungen sind (Bileamiten, *Nikolaiten* [2,14f.] und die Prophetin Isebel, eine „Pseudoprophetin" 2,20). Hauptvorwurf ist das Essen von Götzenopferfleisch. Angegriffen werden auch Apokalyptiker, die, wie Johannes es ausdrückt, „die Tiefen Satans" erkennen

wollen (2,24; es handelt sich wohl um himmlische Geheimnisse). Nach 2,9 gibt es Lästerungen von Leuten, die behaupten Juden zu sein, in Wirklichkeit aber *Synagoge Satans* sind.
Ein besonderes Kennzeichen der Apk sind die zahlreichen „eingeschobenen" *Akklamationen und Hymnen* (z.B. 4,8.11; 19,6–8). Diese sind Teile der Ereignisse selbst und offenbaren in dem düsteren Geschehen Gottes Heilsplan, der ein positives Ende hat. Auch in diesen Texten findet die Gemeinde sich selbst wieder. Denn so werden nicht nur die Geschehnisse dargestellt, sondern mit ihnen auch die gültige Deutung (wie bei dem Chor in der antiken Tragödie).

B. Grobgliederung

Die eigentliche Apokalypse beginnt mit 6,1; alles übrige bis dahin ist vorbereitendes Geschehen. Die Gesamtfolge der Endereignisse wird dann – mehr oder weniger stark variiert – **in drei inhaltlich parallelen Blöcken,** also dreimal, referiert:

6,1–8,1 (als Phänomene, die das Öffnen der Siegel des Buches begleiten) in **8,2–14,20** (als vorläufige Darstellung) und in **15,1–20,5** als endgültige Darstellung. **Erst danach geht es um Ereignisse, die nur einmal berichtet werden** (Gog und Magog, Auferstehung und Gericht, neuer Himmel und neues Jerusalem).

Folgt man dem Plan des Verfassers, so ergibt sich folgende Gliederung:

Vision des Offenbarungs-vermittlers (Jesus)	**1**
Abschiedsparänesen vor der Himmelsreise **(„Sendschreiben")**	**2–3**

Himmelsreise und Eröffnung der **Thronvision.**	**4**

Durch K. 4 ist der gesamte folgende Inhalt des Buches als THRONVISION zu verstehen (4–22)

Das **Lamm öffnet das Buch** mit den 7 Siegeln Siegel 1–7 wohl als Inhalt der Außenseite des Buches gedacht. Erst ab 8,2 geht es um den Inhalt des Buches selbst. 7. Siegel = das Buch ist offen:	**5–7**
7-Posaunen-Vision 5., 6. und 7. Posaune = 1., 2. und 3. Wehe	**8–11**

Angriff der feindlichen Mächte
auf die Gemeinde **12–14**
Die Frau, der Drache und Michael
Das Tier aus dem Meer (Antichrist)
Das Tier aus der Erde (Prophet)
Gerichtsankündigung (Menschensohn)

Das **Gericht über die Weltmächte**
als 7 Schalen des Zornes: **15–18**
Der Fall **Babylons**

Die Endereignisse: **19–21**

1. Der **Messias** kommt und besiegt Antichrist, Pseudoprophet und Könige.
2. **1000jähriges Reich** und Fesselung Satans
3. Satan wird freigelassen.
   Gog und Magog
4. **Auferstehung** und Gericht
5. **Neuer Himmel,** neue Erde und die Einlaßbedingungen

Im Kontrast zu Babylon:
Das **neue Jerusalem** als
Braut des Lammes **21–22**

C. Inhalt

1,1–3 Vorwort, entspricht etwa 22,6–7
1,4f. Briefliches Präskript
1,1–6 Thema: Vermittlung der Offenbarung:
Gott-Christus-Knechte
Christus-Engel-Johannes
Johannes-Gemeinde
Darin 1,3: Seligpreisung für Vorleser, Hörer, Bewahrer, vgl. 22,7.
1,7f. Gerichtsankündigung am Anfang der Offenbarungsschrift: Kommen des Menschensohnes und Kommen Gottes (A und O) zum Gericht.

1,9–3,22 Vorbereitung auf die Thronvision

1,9–19 **Erscheinung des Offenbarungsmittlers** vor dem Beginn der Himmelsreise (sonst Engel, hier nach 1,1: Jesus Christus), er wird gesehen „wie ein Mensch". Besonderheit: Nur Jesus selbst ist Inhalt der Offenbarung. Keine Angaben über Beschreibung des Aussehens (V. 12–16) und Selbstvorstellung (V. 17f. „der Erste und der Letzte", tot/lebendig, Schlüssel des Todes) hinaus.

- der Inhalt der Selbstvorstellung V. 17f. kennzeichnet die Vision als die des **Auferstandenen,** der zugleich Macht über Leben und Tod auch der anderen hat.

- die Verse 12 (7 Leuchter), 16 (7 Sterne) und 20 (Geheimnis der Leuchter und Sterne) *verknüpfen* die Gestalt des Erschienenen mit den folgenden „Sendschreiben".
- der Schreibbefehl V. 19 bezieht sich nicht auf die ganze Apk, sondern auf die Christusvision und die Briefe. Die Briefe sind *Entfaltung dieser Vision* („was du gesehen hast"; vgl. sonst auch: Botschaft des Evangeliums als Entfaltung der initialen Christusvision: Gal 1,12 usw.)

2–3	Die „Sendschreiben" als Abschiedsparänesen vor der Himmelsreise. Der Herr spricht direkt. Die Briefe erscheinen als seine Diktate, die Autorität des Sehers verschwindet. Wie in den Evangelien redet Jesus selbst, aber wie in den Briefen werden Einzelsituationen der Gemeinden direkt benannt.

Die Sendschreiben haben einen gleichartigen *Aufbau*

1. **Botenformel** („Das spricht der ...", es folgt eine christologische Metapher, z.B. Stern, Leuchter als Rückgriff auf die Vision)
2. Hauptteil **„Ich weiß ..."** mit Anerkennung oder Tadel über die Gemeindesituation; Erinnerung an den Empfang des Evangeliums; Aufruf zur Umkehr; „Siehe ..." mit Unheilsankündigung oder Heilsverheißung; Hinweis auf das baldige Kommen des Herrn; was die Gemeinde „hat" und „bewahren soll", um die Verheißung zu erlangen.
3. **Weckruf** „Wer Ohren hat zu hören, der höre ...".
4. **Überwinderspruch** als Ziel der Paränese. Der Gemeinde wird das Bild des Sieges vor Augen gestellt.

   Besonderheiten der Gemeinden:
   Ephesus: War gegen Falschapostel und Nikolaiten.
   Smyrna: Gelästert von der Synagoge Satans. Drangsal droht.
   Pergamon: Märtyrer Antipas; Thron des Satans; Nikolaiten.
   Thyatira: Prophetin Isebel erlaubt Unzucht und Götzenopferfleisch.
   Sardes: Ist tot, Werke nicht vollwertig.
   Philadelphia: Synagoge des Satans bedroht sie.
   Laodizea: Weder kalt noch warm, falsche Sicherheit.

4 Himmelsreise und Eröffnung der Thronvision

Alles weitere Berichtete ist in diesem Rahmen zu verstehen. Formal wird die Verknüpfung durch das **versiegelte Buch** von 5,1 geleistet.
4,1–2a: Aufforderung zum Hinaufsteigen in den Himmel und Entrückung im Geist.
Im weiteren werden in K. 4 geschildert: Gottes Thron – die vier Wesen – der himmlische Gottesdienst. In V. 8 und V. 11 Akklamationen der vier Wesen bzw. der 24 Ältesten (3 x Heilig und „Würdig"-Ruf)

5–7 Das Lamm öffnet das Buch mit den 7 Siegeln

5 *Nur das Lamm ist würdig, das versiegelte Buch zu öffnen.*

1 Verknüpfung mit der Thronvision K. 4: Der Thronende hat ein Buch.

2–4 Die Suche nach dem, der *würdig* ist, die Siegel zu öffnen, wird breit dargestellt, um zu zeigen, daß nur das Lamm diese Qualifikation besitzt. So aber wird betont, daß diese Offenbarung nur durch Jesus zugänglich war (vgl. 1,1.5.7.12ff.).

5–14: Nähere Begründung: Das Lamm darf *aufgrund seines Todes* die Siegel öffnen. Denn es hat durch seinen Tod Menschen erworben, Empfänger für Gottes Geheimnisse und ein neues Volk bereitet (V. 9–10),

12–14 Akklamationen

6,1–8,1 Öffnen der 7 Siegel. Die Begleiterscheinungen bei der Öffnung der Siegel sind nicht der Inhalt des Buches. Typische Reihen apokalyptischer Schrecknisse sind auf die Siegel verteilt (und so mit dem Buch und dadurch mit dem Thron von K. 4 verbunden). Dabei Steigerung von Siegel zu Siegel (auch im Umfang der Schilderung).

6,1–8 Siegel 1–4: Die 4 apokalyptischen Reiter (Krieg, Aufruhr, Teuerung, Tod).

6,9–11 5. Siegel: Gebet um Rache, das ausgeht von den unter dem Altar liegenden Seelen der Märtyrer. Sie empfangen ein weißes Kleid, und ihnen wird Geduld empfohlen „bis ihre Zahl vollständig ist" (6,11).

6,12–17 Nach dem 6. Siegel verbergen sich alle Menschen und wünschen sich den Tod.

Kennzeichnend für das Stück 6,6–11,13 sind die *„begrenzten Strafaktionen" Gottes* mit dem Ziel, die Menschen zur Verehrung Gottes zu zwingen. Die nur teilweise Geschädigten oder die Nicht–Betroffenen sollen aufmerken. Stück um Stück wird den Menschen weggenommen, damit sie endlich reagieren (inhaltlich und auch der Funktion nach besteht große Ähnlichkeit zu den ägyptischen Plagen).

6,6 Teuerung des Getreides, Öl und Wein aber nicht; 6,8 Vollmacht über 1/4 der Erde; 8,7–12 Vollmacht jeweils über 1/3 der Erde, 9,4 Gewächse ausgespart; 9,5 nicht töten, nur quälen; 9,15.18: 1/3 wird getötet; 9,20f.: *Selbst daraufhin bekehrten sich die Menschen nicht von Götzen und Lastern.* Nach der Neubeauftragung in K. 10 bleiben zunächst auch die Strafwunder von 11,5 wirkungslos. Doch nach der Auferstehung der Zeugen und dem Erdbeben wird 11,13 die Bekehrung der Menschen der Stadt erwirkt.

Im Zuge der Siegelöffnung ist K. 7 ein retardierender Einschub.

7 Bewahrung und Zukunft der Auserwählten

2–8 Versiegelung der Auserwählten vor der großen Bedrängnis.

Auf der Erde. Das Siegel beschützt vor Abfall, Verführung und Schaden. **144000**: Die 12-Stämme-Konzeption formuliert die eschatologische Identität der Auserwählten.

9–17 Lobpreis derselben Auserwählten *im Himmel* vor dem Thron Gottes, nachdem sie der Drangsal entronnen sind.

Es handelt sich nicht um Juden und Heidenchristen, sondern beide Male um dieselbe Gruppe, nur *unter zwei verschiedenen zeitlichen Gesichtspunkten.* Das ist möglich *wegen der Verbindung von Thronvision und Geschichtsapokalypse, die in der Funktion des Lammes zum Ausdruck kommt:* Einerseits öffnet es die Siegel, andererseits werden die Gerechten mit ihm zusammen im Himmel sein. Doppelfunktion des Erhöhten.

7,15–17: Vorgriff auf K. 21.

8–11 Sieben-Posaunen-Vision

8,1: Öffnung des 7. Siegels. Das Buch ist offen. In 8,2–11,19 wird nun der Inhalt der sieben Posaunen dargestellt.

8,3–5	*Einleitende Rahmenszene für das Folgende* (Beginn am himmlischen Heiligtum wie die große Gerichtsfolge ab K. 15). Das Gebet der Heiligen steht im Zusammenhang mit den Strafen auf Erden, und das Gericht *wird mit der Glut vollzogen,* die aus dem Ort der Gegenwart Gottes stammt. So bestehen denn die Schrecknisse von 8,5 bis 9,1 regelmäßig darin, daß *Feuriges vom Himmel auf die Erde geworfen wird* (oder fällt, und auch der Schutz der Auserwählten in 7,16 (Sonne, Glut) ist so begreiflich). Indem Feuer vom Altar auf die Erde geworfen wird, ist wieder die Verbindung von Thronszene und Geschichte geleistet.

Feuer- und Gestirnsstrafen: 8,5.7.8.10.12; 9,1 vgl. 11,5!

8,6–12: 1.–4. Posaune.

8,13 Die drei letzten Posaunen werden als die drei Wehe durch den Adler, Gottes Repräsentanten, angekündigt. Ab jetzt werden nämlich nicht mehr nur Pflanzen, Gewässer und Gestirne betroffen, sondern die Menschen selbst.

9 1–21: *5. und 6. Posaune* (Heuschrecken und Engelheer. Das Engelheer tötet ein Drittel). Reaktion: 9,20f.: Die übriggebliebenen Menschen bekehrten sich nicht (Lasterkatalog).

Wie vor dem 7. Siegel, so gibt es auch vor der 7. Posaune einen *retardierenden Einschub,* der aber auch hier literarisch der Steigerung der Bedeutung der kommenden Ereignisse dient:

10 Ein **„anderer Engel"** wird sichtbar. Er schwört, *daß nun keine Zeit mehr ist* und daß das Geheimnis Gottes erfüllt wird, wie es Gott seinen Knechten, den Propheten verkündet hat (V. 6f.). Der Seher muß das geöffnete Buch essen, es schmeckt zuerst süß, dann bitter. Ziel: „von neuem weissagen" (V. 11). – Neben das Buch von 5,1 ist also ein neues Buch getreten: Die folgenden Ereignisse haben eine neue, bedrängendere Qualität.

11 Strafgericht über die Stadt und die darin versammelten Völker

1f.: Tempel, Altar und die im Tempel Anbetenden sollen gemessen werden; nicht aber der *Vorhof der Heiden;* er wird mit der Stadt den Heiden zur Verwüstung preisgegeben.

3–13 Auf die beiden **Zeugen** hört man nicht, sie werden vielmehr in Jerusalem vom Tier getötet. *Nach 3 1/2 Tagen werden sie auferweckt und steigen in den Himmel hinauf.* Das begleitende Erdbeben erst, das viele umbringt, führt die Menschen dazu, sich zu bekehren (11,13). Hymnen feiern das Ereignis (15–18).

Auftritt und Vollmacht der beiden Zeugen stehen in engem Zusammenhang mit K. 9 (vgl. etwa Feuer als Strafmittel und die Umwandlung von Wasser in Blut mit den vorhergenannten Plagen). Zur Abfolge von *Auferweckung und Entrückung*: I Thess 4,16f.: *Das dritte Wehe* ist mit der Posaune identisch, die in V. 15 bläst. Die Folge ist der Lobpreis V. 15–18 *(das Reich Gottes und seines Christus wird gefeiert).* Jetzt könnte das Ende folgen. Doch erst müssen noch die Weltmächte niedergeworfen werden, von denen sich das Tier schon in 11,7 gemeldet hatte.

12–14 Angriff der feindlichen Mächte auf die Gemeinde

12 Die Frau, der Drachen und Michael *(Satanssturz und Geburt des Messias)*

1–6 *Die Frau* (Zeichen am Himmel) *gebiert den Messias (V. 5); da der Drache ihn verschlingen will, flieht sie in die Wüste.* – D.h.: der Messias wird in der Gemeinde der Gerechten geboren; die Gemeinde flieht vor der Verfolgung, der Messias ist zu Gott entrückt (bis zu seinem Kommen). – Hier bricht das Bild ab; wenn man will, kann man eine Fortsetzung in K. 19,11ff. finden.

7–12 *Michael stürzt den Drachen auf die Erde* (Teufel und seine Engel nach V. 9). Damit ist auch der Ankläger der Christen gestürzt (10). –

11 Wie Michael ihn im Himmel besiegte, werden ihn die *Märtyrer* kraft des Blutes des Lammes besiegen (Aktualisierung für die Gemeinde).

13–18 Da der Drache nun auf die Erde gestürzt ist, kann er hier noch Unheil anrichten: *Er verfolgt die Frau,* die den Knaben geboren hatte; sie kann in die Wüste fliehen, aber er führt Krieg mit den übrigen ihrer Kinder. V. 18: Er stellt sich am Strand des Meeres auf (= Überleitung zu K. 13).

13 Die beiden Tiere

a) 1–10 *Das Tier aus dem Meer* (Antichrist). Die Menschen beten den Drachen an, weil er dem Tier Gewalt verliehen hat; es führt mit den Heiligen Krieg. Auch das Tier wird angebetet, und es führt Lästerreden (Römischer Staat?). Der *Weckruf V. 9* leitet die Paränese für die Heiligen in V. 10 ein: Gefangenschaft und Tötung durch das Schwert erfordern die Geduld der Heiligen.

b) 11–18 *Das Tier vom Land* (Prophet). Dieser „Prophet" des Antichrist vollbringt Zeichen „vor dem Tier" und verführt dadurch Menschen, ihn anzubeten. Er bewirkt, daß sogar das Bild redet. Daß das Bild lebt, macht es besonders gefährlich.
Viele Züge erklären sich aus Konkurrenz zum Lamm und zu den beiden Zeugen in K. 11, vgl. besonders: das Tier erhielt tödliche Wunde und wurde wieder lebendig (13,3.14/11,11f.), Vollmacht 42 Monate (13,5/11,2.3), Krieg mit den Heiligen (13,7/11,7), Stamm/Volk/Nation (13,7/11,9), Widersetzliche sterben sofort (13,15/11,5), Verführung/Bekehrung durch Zeichen (13,14; 11,6), Anbetung (13,4/11,13). –
16f. Wer kein Zugehörigkeitszeichen hat, ist vom Handel ausgeschlossen
18: Zahl des Tieres 666 oder 616 (Domitian?).

14 Im Kontrast zu den beiden Tieren von K. 13 und ihrem zahlreichen Anhang steht die Auszeichnung der Erwählten und die Ankündigung des kommenden Gerichtes über beide Gruppen der Menschheit.

1–5 Im Unterschied zum *Malzeichen* der Anhänger der Tiere tragen die Erwählten den *Namen des Lammes und seines Vaters auf der Stirn;*

- sie sind mit dem Lamm, weil sie seinen Namen tragen
- sie sind bevorzugt: Nur sie hören den Gesang der Ältesten
- Bedingungen und Voraussetzungen der Zugehörigkeit zu ihnen: Sie sind als Erstlinge „gekauft"; dem Lamm gefolgt, wohin es geht; haben keine Lüge.

6–20: Der zweifache Ausgang der Geschichte:

a) *Evangelium:* V. 6–7 („ewiges Evangelium: Fürchtet Gott und gebt ihm die Ehre"). 12 (Geduld jetzt). 13 (Selig die Toten, die im Herrn sterben ... ruhen"). 14–16 (Ernte der Guten, durch den Menschensohn und einen anderen Engel).

b) *Die Gegenseite:* V. 8 (Babylon ist gefallen. Vorverweis auf K. 17f.). 9–11 (Anbeter des Tieres: Zorn, keine Ruhe). 17–20 (Ernte der Bösen, Sichel, Trauben, 2 Engel, davon hat einer Vollmacht über das Feuer – zur Bestrafung).

Beachte besonders die parallele Darstellung des Gerichtes mit der Sichel in V. 14–16 und 17–20.

15–19 Das Gericht über die Weltmächte

15 Wie in 8,3–5 so findet sich auch hier ein „Vorspiel im Himmel" am Anfang der Ausführung des Gerichtes mit den sieben Schalen.

1 Exposition: 7 Engel mit 7 Plagen – in ihnen vollendet sich der Zorn Gottes 2–4 Die Sieger im Kampf gegen das Tier singen das *Lied des Mose:* Weil Gottes gerechte Taten offenbar werden, wird er von allen Völkern angebetet. Kernstück V. 4a: „Wer würde nicht fürchten und verherrlichen deinen Namen?"

5–8 Ursprung der Plagen *im himmlischen Feuer* (Schalen mit Zorn). Der Tempel füllt sich mit Rauch (von der Erde her?)

16 Eine Stimme gibt den Ausführungsbefehl, die 7 Schalen des Zornes auszugießen. – V. 5–7 Kommentar nach der 3. Schale: *Rächung des Blutes der Heiligen und Propheten.* Nach der 6. Schale: die Könige der Erde sammeln sich (von Geistern durch Zeichen verführt) am Ort **Harmagedon** zum Kampf am großen Tage Gottes.

Anwendung für die Leser V. 15: (zum Stichwort „Tag Gottes"): „Siehe, ich komme wie ein Dieb. Selig, der wachsam ist und seine Gewänder bewahrt ... ".

18–20 Überleitung zur Zerstörung Babylons:

17,1–19,10 Der Fall Babylons (Rom) und die Reaktion darauf.

17,1–6 *Die große Hure auf dem roten Tier*

Wie in 21,9f. (himml. Jerusalem) kommt einer der Schalenengel und sagt: *Siehe, ich zeige dir ... (beide Male:* Stadt als Frau). – V. 4–6 *Schilderung der Dirne Babylon* („trunken vom Blut der Heiligen"), Leitworte: Unzucht, Dirne, Lästerei, Greuel.

17,7–18 *Deutung des Tieres und der Hure.* V. 9: 7 Berge, auf denen das Weib sitzt, ermöglichen Identifikation der Hure mit *Rom.* V. 14 Ankündigung des Krieges gegen das Lamm, doch das Lamm wird sie besiegen.

18 *Der Fall Babylons.* 1–3 Anklage gegen Babylon, 4–8 Gerichtsrede über Babylon. 9–19 *Klagelied über Babylon:* die Könige, die Kaufleute (V. 12f. Warenliste!), die Schiffer. – Jeder Abschnitt endet mit einem Wehe am Schluß und dem Satz „in einer Stunde kam dein Gericht". *18,20 Kontrast dazu:* Freude bei den Heiligen, Aposteln und Propheten.

21–24 *Endgültiges Urteil über Babylon:* Als Zeichenhandlung wirft der Engel einen Mühlstein ins Meer. So wird es Babylon ergehen (Aufzählung von Dingen, die alle nicht mehr in ihr sein werden).

19 1–10: *Akklamationen und Hymnen aufgrund des Falls von Babylon.* Für die inhaltliche Aussage und die Gliederung entscheidend sind hier die „denn ..."-Sätze:

1–4 Das Gericht wird gefeiert, das Blut der Knechte ist gerächt.

5–8 Vorbereitung zur Hochzeit des Lammes („denn die Hochzeit des Lammes ist gekommen")

V. 8: Die Braut erhält ein Kleid von Byssuslinnen (die Werke der Heiligen)

V. 9f. Der Satz: **„Selig, die zum Hochzeitsmahl des Lammes gerufen sind"** wird durch den Schreibbefehl in V. 9a, den Kommentar in V. 9b (Dies sind die wahrhaftigen Worte Gottes) und durch V. 10 (der Engel will nicht selber angebetet werden, er weist auf die Anbetung Gottes und wird dadurch als Gottes Bote legitimiert) als die *zentrale Aussage im weiteren Kontext erkennbar.* Denn:

Nur die Darstellung der Endereignisse 19,11–21,8 unterbricht den *Kontrast zwischen den beiden Städten/Frauen:* Denn die **Hure Babylon,** die vernichtet wird (17–18), steht im Gegensatz zur **Braut des Lammes** (das neue Jerusalem). Die Entsprechung wurde schon an den Einleitungen 17,1; 21,9 aufgezeigt. Die Wende wird an der Abfolge von 19,1–4 und 5–8 deutlich. Die Byssusgewänder 19,8 stehen in Kontrast zu den Hurengewändern in 17,4.

19,11–21,8 Die Endereignisse

1. 19,11–21 Der Messias als Richter

   11–19 *„Vorzeichen" für den Ausgang des Gerichtes:* Der Messias wird nicht ausdrücklich so genannt, er hat aber *drei* umschreibende *Namen:* Logos Gottes, Treu und Wahr, König der Könige und Herr der Herren. Sein Aussehen und seine Begleitung werden beschrieben. V. 15: *Schwert aus seinem Mund,* er wird (Futur!) weiden mit eisernem Stab. V. 17–18: Einladung an die Vögel, das Fleisch der besiegten Machthaber zu verzehren.

   19: Alle versammeln sich zum Kampf gegen den Messias

   20f.: Erst hier wird die Ausführung berichtet. Von einem Kampf kann keine Rede sein: Die Leitwörter sind: ergriffen-geworfen-getötet-gesättigt (das Tier, der Pseudoprophet, die Könige der Erde und ihre Heere).
2. 20,1–6 **Tausendjähriges Reich.** Satan wird tausend Jahre gefesselt. Er soll während dieser Zeit die Völker nicht verführen. Denn es ist die *Messiaszeit:* Die Märtyrer erstehen auf und regieren tausend Jahre mit Christus. Hier und nicht mehr später hat Christus in den Endereignissen eine selbständige und positive Funktion. Diese Mitregentschaft ist den *Märtyrern* vorbehalten (als Ausgleich für ihr verkürztes Leben auf Erden); durch die Auferstehung sind sie *Priester Gottes* (V. 6; denn sie sind „vor Gott" in Jerusalem und zugleich im himmlischen Heiligtum). –
3. 20,7–9a Satan wird wieder freigelassen, um die Völker gegen Jerusalem zu *sammeln (Gog und Magog;* vgl. Ez 38,8).

   9b–10 Teufel, Tier und falscher Prophet werden vernichtet.
4. 20,11–15 *Gerichtsszene:* Thron, Bücher, Auferstehung, Gericht nach Werken, Vernichtung von Tod und Hades (im Feuersee; dorthin kommen auch alle, *die nicht im Buche des Lebens stehen).*

   Das Strafgericht vollzieht sich also in zwei Akten:
   - angesichts der heiligen Stadt V. 9f. (Feinde der Gerechten)
   - als allgemeines Gericht nach der Auferstehung V. 14f. (der Tod, sein Reich und alle, die nicht im Buch des Lebens).

   Strafe ist in beiden Fällen: Feuer(see).
5. 21,1–8 **Neuer Himmel und neue Erde.** Doppelteilige Gottesrede über Verheißung und Gericht.

   1–5: Der neue Himmel und die neue Erde: Das neue Jerusalem steigt wie eine Braut herab (V. 3: Gemeinschaft mit Gott, V. 4: Aufhören des Leidens). Ziel des Abschnittes ist das erste Wort, das Gott selbst in der Apk spricht, in V. 5: **„Siehe, alles mache ich neu"** (V. 5b bekräftigt diesen Satz wiederum). – Leitwort V. 1–5: neu.

6–8: Die Worte von V. 5 sind erfüllt. Selbstvorstellung Gottes: A und O. – V. 6b ist wohl als Werberuf zu verstehen, wie 22,17.

V. 7f.: **Verheißung** (Sieger) und **Gerichtsdrohung** (Lasterkatalog) geben die **Bedingungen** an. –

21,9–22,5 Das neue Jerusalem als Braut des Lammes (Kontrast zu Babylon). – Einleitung wie 17,1f. – V. 12–17: Beschreibung der vollkommenen Maße. V. 18–21 Edelsteine und Edelmetall.

18–26 umfangreiche Motivation für die Paränese in V. 27: Leitworte und Leitmotive in diesem Abschnitt sind alle auf Reinheit (V. 18), Glanz, Herrlichkeit, Licht, Heiligkeit (V. 22: kein Tempel) bezogen (daher auch die leuchtenden Steine): *Deshalb darf nichts Unreines eingehen und niemand, der Greuel und Lüge begeht,* vgl. auch 22,5.

22,1f.: Wasser des Lebens/Baum des Lebens. Zur Metaphorik Wasser – Baum – Blätter – Frucht vgl. auch Ps 1,3. –

22,4 Gottes Angesicht schauen – Name Gottes auf ihrer Stirn.

22,6–21 Buchschluß. Aussagen über das Buch im ganzen.

a) 6–9: Die Wahrheit des Buches wird man daran erkennen, daß *Gott bald kommt.* Daher: Selig, wer es bewahrt. Daß das Buch von Gott ist, kann man auch daran sehen, daß der Engel die Annahme der Proskynese verweigert: Sie gebührt Gott; er ist nur sein Bote – aber darauf kommt es ja an.

b) 10–15 *Paränetischer Exkurs* anläßlich des Topos der Versiegelung: Sie unterbleibt: Das Ende ist nahe. Die Trennung unter den Menschen ist schon deutlich sichtbar. Die Selbstvorstellung (A und O) legitimiert die *Seligpreisung* und die Aussage über die, die *draußen sind* (Lasterkatalog).

c) 16f. Der sich als Messias vorstellt (Wurzel Davids, Morgenstern), lädt ein (Werberuf), auf ihn – in diesem Buch – zu hören. V. 17 „Komm" dürfte demnach auf den Leser bezogen sein.

d) 18f. Drohung des Verfassers, die *Integrität des Buches* (als Zeichen, daß es sich um göttliche Offenbarung handelt) zu bewahren.

e) 20 Die Gemeinde betet nicht nur um sein Kommen – der Kommende kann hier in diesem Buch, weil es seine Offenbarung ist, selbst sagen: Ja, ich komme bald.
21 Briefschluß.

D. Textsorten

1. *Prosopographie:* Detaillierte Beschreibung des Aussehens: AT: Dan 2,31–33; 7,6–9; Ez 1,6–11; NT: Apk 15,6; 17,4–6; 19,12–16, vgl. auch Apk 12,1–4.
2. *Klagelied über die Zerstörung einer Stadt:* Ez 26,16–27,30 (über Tyrus); Apk 18,9–19.
3. *Überwindersprüche:* Schlußsätze der „Sendschreiben" in Apk 2f.: Apk 2,7.11.17.26; 3,5f.12f.21f. Sie sind eingeleitet mit der partizipialen Wendung „Der Siegende ...", worauf eine futurische Verbform in der 1. P. Sing. folgt (der Redende verheißt, dem Angesprochenen ein verheißenes Gut zu geben).
4. *Thronvision:* I Reg 22,19–22; Jes 6; Ez 1–3; Apk 4,2–11; 20,11–15; Act 7,56.

5. *Gematrie:* Die Buchstaben eines Namens werden als Zahlzeichen gewertet: Apk 13,18 (666).
6. *Apokalyptische Gattungen:* Geschichtsüberblicke in Futurform (Mk 13,5ff. par); Jenseitsschilderungen: Apk 21,10–22,5; Thronsaalvisionen: Apk 4; s. auch Hymnen und Gebete. AT: § 32, D 1.
7. Hymnen und Akklamationen in der Apk: 4,11; 5,9–10.12.13; 7,10.12; 11,15.17b–18; 12,10–12; 15,3–4; 19,1–2.5.6–8.

E. Themen

1. *Die Gemeinde als Braut:* II Kor 11,2; Eph 5,23.32; Apk 19,7; 21,2.9.
2. *Angelus interpres:* Deutung des visionären Geschehens durch Engel o.Ä.: Act 1,10f.; Apk 7,13f.

Teil II. Register

A) Textsorten und Textgruppen, Formen und Formeln
(Bibelstellenangaben nur in Auswahl)

Arbeitslied	Num 21,17f. (Brunnenlied) – (§ 8, D 5).
Aussage (spruch), weisheitlich	Prov 11,13.18; 18,3; Koh 1,15.18 – (§ 22, D 1); (§ 23, D 1).
Autobiographie	Nehemia-Denkschrift – Gal 1,13–2,14; I Tim 1,12–17 – (§ 17, D 3); Act 26,4–23 – (§ 58, D 1).
Beispiel, abschreckendes	Ex 32 und I Reg 12,25ff.; Ez 20 (Geschichte); I Kor 10,1–11; Hebr 3,7–19; 12,16f. – (§ 56, D 2).
Beispiel, positives	Ez 14,14.20; 28; Gal 3,6; Jak 2,21–23 (Abraham); 5,11 – (§ 58, D 2).
Beispielerzählung	Lk 10,29–37 – (§ 50, D 6).
Beispielhandlung als weisheitliche Lehrerzählung	Joh 13,1–17 – (§ 51, D 1).
Beispielreihe	s. Paradigmenreihe
Bekehrungsvision	Act 9,1–9 par – (§ 52, D 2).
Bekenntnisse, Bekenntnisformeln, bekenntnisartiges Traditionsgut	Num 20,15f.; Dtn 26,5–9; Jos 24,2b–13; Jon 1,9 – Act 8,37; Phil 2,6–11; Röm 1,3f.; 3,25; 4,25 – (§ 9, D 7) (dazu § 38, F 3; § 32, D 4).
Bekenntnisreihe	Dtn 26,13b.14; II Kor 7,2; vgl. auch Hi 31 (§ 57, D 3).
Belehrung über die zeitliche Situation des Hörers	Jes 13,6; 46,13; Mk 1,15; 13,30; Röm 13,12 – (§ 49, D 1).
Berufsregel	Prov 31,1–9 (König) – Mt 10,7–16 a; Lk 10,3–12 (Missionare) – (§ 22, D 9); (§ 48, D 2).
Berufungserzählungen	Ex 3 + 4 + 6 (Mose); Jdc 6 (Gideon); I Sam 9 + 10 (Saul); Jes 6; Jer 1; Ez 1–3–; vgl. Lk 1 (Elisabeth, Zacharias, Maria) – (§ 6, D 6).
Beschreibung der Ungerechten	Ps 37; Röm 1,21–32; II Petr 2,12ff. – (§ 55, D 1).
Beteuerungsformel	Gal 1,20; Röm 9,1.
Botenformel („so spricht ...")	(§ 25, VIIIa + 29, E 3).
Briefe	Jer 29; Esr 1; 4; 7 – (§ 29, D 4) + (§ 53).
Bußpsalmen (die 7 kirchlichen)	Ps 6; 32; 38; 51; 102; 130; 143 – (§ 21,4).
Captatio benevolentiae	Act 17,22; Röm 1,8; Phil 1,3–5 – (§ 52, D 3).
Christushymnus	Phil 2,6–11; Kol 1,15–20; I Tim 3,16; Hebr 1,3 – (§ 60, D 1).

Danklied des einzelnen	Ps 30; 32; 34. – vgl. Lk 2,28–32 – (§ 21, 3d).
Danklied des Volkes	Ps 124? 129? Apk 11,17f.? – (§ 21, 3e).
Definition	Röm 14,23; Hebr 11,1 – (§ 70, D 2).
Dekalog(e)	Ex 20; Dtn 5; Lev 18 + 19; Ex 34 – (§ 6, D 1).
Disputations- und Diskussionsworte	Am 3,3–6 + 8; Jes 40,12–31 (DtJes); Mal. – Streitgespräche in Mk 2; 10–12 – (§ 25, IX; 27, D 4; 45, D 1).
Doxologien	Am 4,13; 5,8; 9,5f.; in Dan 2–6 – (§ 32, D 4; 36, D 2) – (§ 21, B + C, 1b: im Psalter); Röm 16,25–27; Gal 1,5 – (§ 55, D 5).
Drohrede	s. Gerichtsparänese
Einsetzungsbericht	Mk 14,22–25 (Abendmahl); Mt 28,16–20 (Taufe); Joh 20,19–23 (Sündenvergebung) – (§ 49, D 4).
Einst-Jetzt-Schema	Röm 11,30; Gal 1,23; Eph 5,8 I Petr 2,10 – (§ 55, D 2).
Empfehlungsbrief	II Kor 3,1; III Joh (§ 69); vgl. II Reg 5,5f. (§ 29, D 4). –
Erkenntnisaussage/Erweiswort	Ez; DtJes – Joh 8,28; 10,38; 13,35; 14,20. – (§ 31, D 3).
Eschatologische Loblieder	Jes 42,10–13 (DtJes); Dan 2,20–23 (Dan); Lk 1,68–79; Apk 11,17f. – (§ 27, D 3; 32, D 4).
Etymologie	Gen 2,23; 3,20; 4,1; 11,9 – Mt 1,23; 16,18 – (§ 5, D 8).
Exilische Psalmen	Ps 44; 74; 79; 126; 137 – (§ 21,4).
Fabel	Jdc 9,8–15; II Reg 14,9 – (§ 12, D 3).
Fiktives Gespräch	Röm 9,19; Jak 2,18 (§ 55, D 6).
Fluchworte	Dtn 27,16–25; 28,16–19 – Mt 25,41; Gal 3,10.13 – (§ 9, D 5).
Formel des Wohlwollens	(§ 5, F 4)
Fremdvölkerworte	(§ 25, VIII + 36, D 4).
Fürbitte für die Angeredeten	Eph 6,18; Phil 1,9; Kol 1,3 – (§ 60, D 2).
Gebet(e)	Gen 32,10–13; II Sam 7,18–29; I Reg 8; Esr 9; Neh 9; Dan 9 – Act 7 – (§ 15, D 2; 17, D 4; im Dtn: 9, D 4); Mt 6,9–13; Lk 11,2–4 (Vaterunser); Röm 8,15 und Gal 4,6 und Mk 14,36

	(Abba); Act 4,24–30 (Gemeinde) – (§ 48, D 3).
Gebete unschuldig Angeklagter	Ps 7 und 35; auch 5; 17 (§ 21,4).
Gematrie	Apk 13,18 (§ 73, D 5); vgl. Ex 1,5. –
Genealogien	Gen 4; 5; 9; 10; I Chr 1–9 – Ruth 4 – Mt 1; Lk 3 – (§ 5, D 2).
Gerichtsdoxologie	Jos 7,7.19f.; II Chr 12,6; Thr 1,18; Doxologien bei Amos? – das DtrG insgesamt? (§ 11, D 5).
Gerichtsszenen	DtJes; auch Hos 4,1–3. – (§ 25, IX; 27, D 4).
Gerichtsworte (gegen einzelne, wie gegen das Volk)	Am 7,16f.; Hos 2,6f.; Am 3,9–11 – Lk 11,31f.; Mt 12,41f. – (§ 25, VIIIb).
Geschichtspsalmen	Ps 105; 106; 78 – vgl. Neh 9 – Act 7 – (§ 21,4).
Geschichtsschreibung	Ladeerzählung – Aufstiegs- und Thronnachfolgegeschichte Davids-Evangelien und Acta – (§ 14, D 1).
Geschichtsüberblicke	Ez 16; 20; 23 – Dan 2; 7; 10–12 – Act 7; 13,17ff. – (§ 31, D 1).
Gesetzescorpora	Bundesbuch – Deuteronomium – Heiligkeitsgesetz – (§ 6, D 2).
Gesetzespsalmen	Ps 1; 19b; 119 – (§ 21,4).
Gleichnis	II Sam 12,1 4 (Nathan); Jes 28,23–29; Mk 4; Mt 13; 20–22; Lk 15 – I Kor 9,7; – (§ 49, D 5).
Gottesknechtlieder	s. Reg. B
Hallelpsalmen	Ps 111–118 – Apk 19,1–3 – (§ 21,2 + 4).
Haustafel	Kol 3,18–4,1; Eph 5,22–6,9; I Petr 2,13–3,7 – (§ 61, D 1).
Heilsworte (Heilszusage, Heilsorakel, Heilsverheißung, Heilsschilderung)	Jes 43,1–4.5–7; 41,17–20; 11,6–9 – (§ 25, VIII c).
Heldensage	Jdc 3,14–26 – I Sam 11 – (§ 12, D 1).
Historischer Roman	Esther? (§ 18, D 1).
Hochzeitslieder	(§ 24, C); (auch Ps 45).
Hymnus	Ps 8; 33; 113 – 100; 148 – Kol 1,15f.; Apk 15,3f. – (§ 21,3f.); (vgl. § 20, D 1; 27, D 3).
Ich-Bericht	vgl. § 25, VI und s. Biographie und Apologie
Ich-bin-gekommen/gesandt-Worte	I Sam 16,5; Judith 11,16.19; Mk 2,17b; Mt 15,24; I Tim 1,15 – (§ 49, D 6).

Ich-bin-Bildworte	Joh 6,35 (Brot des Lebens); 8,12 (Licht der Welt); 10,7.9 (Tür zu den Schafen); 10,11 + 14 (guter Hirte); 11,25 (Auferstehung und Leben); 14,6 (Weg, Wahrheit und Leben); 15,1.5 (wahrer Weinstock) – Apk 1,8 (das A und das O) – (§ 51, D 2).
Ich-bin-Worte	Mt 24,5 (der Christus); Lk 1,19 (Gabriel); Act 9,5 par (Jesus, den du verfolgst) – (§ 52, D 5); und (§ 31, D 3 sowie § 27, F 1).
Invektive	II Kor 11,13–15 (§ 57, D 3); ähnliches im AT in den Auseinandersetzungen zwischen wahren und falschen Propheten –
Itinerare	Gen 12,5–9; Num 33 – (§ 8, D 6); Act 13,4–21,18 (Paulus) – (§ 52, D 4).
Jahwe-Königspsalmen	Ps 47; 93; 96–99 – Apk 11,15; 19,6–8 – (§ 21,4).
Katechetische Texte	Dtn 6,20–25; Jos 4 – (§ 9, D 8).
Kettenreihe	Röm 5,3–5; 10,13–15 – (§ 67, D 1); vgl. Am 3,3–6 + 8; Hos 2,23–25. –
Kindheitserzählungen	Mt 1–2; Lk 1,5–2,52 (Jesus und Johannes) – (§ 48, D 4; s. auch § 14, E 1).
Klagelieder des einzelnen	Ps 13; 22; 130; Thr 3 – (§ 21,3a) + (§ 30, D 1).
Klagelieder des Volkes	74; 80; Thr 5 – (§ 21,3c) + (§ 30, D 1).
Königsannalen	(§ 15, D 4).
Königspsalmen	Ps 2; 72; 110 – (§ 21,4).
Konfessionen Jeremias	Jer 11/12; 15; 17; 18; 20 – (§ 29, D 1).
Krankenregeln	Lev 13; Jak 5,13–15 – (§ 71, D 1).
Kultregel	Lev 5,11–13; Hebr 9,22; 10,4 – (§ 70, D 3).
Ladeerzählung	I Sam 4–6; II Sam 6 – (§ 14, D 1).
Lasterkatalog	I Kor 6,9f.; Gal 5,19–21; I Petr 4,3 – (§ 58, D 4).
Legenden	Gen 28,10ff.; 32,23ff. – (§ 5, D 3).
Lehrerzählung (weisheitliche, didaktische)	Josephsgesch., Jona, Rahmen des Hiobbuches; vgl. auch Dan 1 – (§ 22, D 10) (vgl. § 32, D 5; 38, D 3).
Lehrgespräch	Sach 7,1–6; Hag 2,10; Mk 12,28–34.35–37 – (§ 49, D 7).
Liebeslieder	Cant; auch Jes 5,1–7 – (§ 24 + 25, IX).

Listen (weisheitliche; Beamten-; Grenzpunkts-; Heimkehrer-; usw.)	Gen 1; Ps 104; Hi 38f. – Jos 13–21 – II Sam 8,15–18; I Reg 4,1–19 – Esr 2 – Act 13,1 – Mk 3 + Act 1: Zwölferlisten – Apk 18,12f.: Warenliste – (§ 5, D 1; 11, D 2; 17, D 1; 22, D 11).
Liturgien	Ps 15; 24; 118 – Jes 33; Jer 14 – Joel? Nah? Hab? – (§ 25, IX; 21,3g; 35, D 3; 41, D 1).
Lyrik, profane	(§ 5, D 7; 24, D 2; 8, D 5).
Märtyrerbericht	Mk 6,17–29; Act 6–7 (§ 49, D 8).
Mahnwort/Mahnspruch	Prov 1,10; 16,12 – Koh 4,17–5,8 – Am 5,4f. – Lk 4,23; Mt 5,39–42 – Lk 6,36; Mt 7,13f. – (§ 22, D 2; 25, IX; 23, D 1).
Makarismen	Prov 3,13ff.; 16,20 – Ps 1,1; 119,1f. – Jes 3,10 – Mt 5,2–20; Lk 6,20–23 – (§ 22, D 8).
Megilloth	Cant, Ruth, Thr, Koh, Est – (§ 13, D 1).
Midrasch	Röm 4; Gal 3,1–14; Röm 9,6–29 (alles Erzväter). – Vgl. § 28, F 1 – (§ 55, D 3).
Missionsrede	Act 2,14–39 und 3,12–26 (Juden); 14,15–17 und 17,22–31 (Heiden) – (§ 52, D 1).
Monographie, historische	Evangelien und Act – (§ 47).
Nachfolgesprüche	Mk 8,34; Lk 14,27 (§ 49, D 13); vgl. Num 14,24; 32,11f.; I Reg 19,20f. –
Novelle	Jona? Esther? Ruth, Josephsgeschichte? (§ 5, D 6).
Paradigmenreihe	Hebr 11,2ff. – (§ 70, D 4).
Peristasenkatalog	II Kor 6,4 10 (§ 57, D 2).
Pistisformeln	Röm 4,24; Kol 2,12 (Auferweckung); I Kor 15,3f. – (§ 56, D 4).
Prahllied	Gen 4,23f. und in Cant – (§ 5, D 7 und 24, C).
Predigten	Jer 11,1–14; 18,1–12 (§ 29, D 3).
Priamel	I Kor 13,1–3.8–13 – (§ 56, D 1).
Priesterda'at	Lev 6–7.11–15 – Hebr 5,1–4 – (§ 7, D 4).
Priesterthora	Hag 2,10–14; Lev 1–5; 10,10f.; Jes 1,10–17 – (§ 25, IX; 7, D 3).
Profane Lyrik	(s. Lyrik)
Prolog	Joh 1,1–18; Hebr 1,1–2 – (§ 51, D 5).
Proömium	Lk 1,1–4; Act 1,1–2 – (§ 50, D 3).

Segensworte	Dtn 28,3–6; Num 6,24–26; Gen 1,28; Gen 27,28ff. – Schlußsegen in den ntl. Briefen; Mk 6,41 – (§ 9, D 6).
Segenswunsch	Röm 15,13; Hebr 13,20f.; Phil 4,7 (Friede Gottes) – (§ 55, D 4).
Seherspruch (formel)	Num 23–24 – (§ 25, VIIIa; 8, D 4).
Selbstempfehlung	s. Apologie und Werberede
Selbstprädikation (hymnische) (Selbstpreis)	(der Gottheit): DtJes und Hi 38/39 – (§ 27, D 3) – vgl. Apk 1,8.17f.; 2,23; 21,6; 22,16. –
Selbstvorstellungsformel	(„Ich bin Jahwe“ o.ä.); vgl. auch „Ich-bin-Worte“: Joh 6,20; 18,5.6.8 – (§ 27, F 1; 31, D 3).
Siegeslied	Jdc 5; Ex 15,21; I Sam 18,7 – (§ 12, D 2).
Spottlied	Jes 47 – Num 21,27–30 – (§ 24, D 2; 25, IX).
Sprichwort	Prov 11,13.18; 14,11; 18,3; 22,14 – vgl. I Sam 24,14; Ez 16,44 – Mt 6,24; 7,7; 7,12 – Lk 4,23.24 – (§ 22, D 1).
Spruchgruppen	Prov 30,18–20; 26,13–16 – Mt 23; Lk 6,27–36.37–46; Jak 5,9–12 – (§ 22, D 4).
Stammeslisten	Gen 29–31; Num 1; 2; 26.
Stammessprüche	Gen 49 – Dtn 33 – (§ 5, D 5).
Streitgespräch	Mal 2,14–17; Mk 2,23–28; 7,1–13 – (§ 49, D 10).
Synchronismen	(§ 15, D 4) (s. auch „Annalen“) –
Thronszene	Mt 19,28; 25,31–46 (Gericht); Apk 20,11–13 – (§ 48, D 7).
Thronvision	I Reg 22,19–22; Jes 6; Ez 1–3; Apk 4,2ff. – (§ 73, D 4).
Tugendkatalog	s. Lasterkatalog
Überwindungsspruch	Apk 2,7 (Baum des Lebens); 2,11 (kein Leid); 2,17 (Manna und weißer Stein); 2,26 (Macht über Heiden); 3,5 (weiße Kleider, Buch des Lebens); 3,12 (Pfeiler im Tempel); 3,21 (Thron) – (§ 73, D 3).
Urkunden	Esr 4 + 7 – Act 15,23–29 – (§ 17, D 2).

vaticinia ex eventu	Gen 9,25ff.; 49; Dtn 33 – Num 23 + 24 (Sprüche darin) – Dan 2; 7; 10,1–11,39 – Mk 10,33ff. (Leidensweissagung) – (§ 8, E 1).
Vergleiche (in Weisheitssprüchen o.ä.)	„Besser ist ..., als ...“ – „Wieviel mehr“ – Prov 12,9; 15,16f. – Mk 9,42–48; Act 5,29 – Prov 11,21; 15,11 – Koh 4,6.9.13; 5,4 – allgemeine Gegenüberstellungen und Vergleiche: Mt 8,20 – Prov 11,10; 14,5 – (§ 22, D 3); einfache: Mt 10,16 (wie Schafe unter Wölfe); I Kor 3,10 (wie weiser Baumeister) – (§ 56, D 3).
Vertrauenspsalmen	Ps 23; 62; 131 – 46 – (§ 21,3b).
Visionsberichte und -zyklen	Am 7–9; Jes 6; Jer 1; Ez 1–3; Sach 1–6; I Reg 22; Dan 7–8.10–12 – (§ 25, VI; 32, D 6; 44, D 1); Mt 28,16–20; Lk 24 (Emmaus, Petrus, Jünger); Joh 20f.; I Kor 15,5–8 (Liste); Act 9; 22; 26 (Paulus) – (§ 48, D 8).
Völkersprüche (meist Gerichtsworte über Völker; s. auch Fremdvölkerworte)	Jes 13–23; Jer 46–51; Ez 25–32 + 35; Am 1,3–2,3 – (§ 25, VIIId; 25, XI: Zusätze darin; zu Jona: § 38, E 2; zu TrJes: § 28, E 4).
Volksklage	Jer 14; Joel; I Reg 21 – (§ 35, E 2); vgl. auch Klagelied des Volkes –
Wahrlich-Worte	Lk 12,44; 21,3; Mt 5,18 (Amen) – (§ 50, D 4).
Wanderlogien	Mk 4,25 (§ 49, D 14); vgl. Ez 18,2; Jer 31,29 und Sach 1,3; Mal 3,7. –
Warnung vor Irrlehrern	Phil 3,2–4; Kol 2,8–23; I Joh 3,7 – (§ 61, D 2).
Weckruf	Jes 28,23 (vor Gleichnis); Mk 4,9.23 (Gleichnisse); Apk 13,9 – (§ 49, D 11).
Weheruf	Jes 5,8–22; Am 5,18; 6,1 – Mt 23,13ff.; Lk 6,24–26 – (§ 25, IX; 36, D 1).
Weisheitliche Gattungen im NT	(§ 50, D 5).
Weisheitsbücher	(§ 22, D 6).
Weisheitspsalmen	Ps 37, 49; 73 – Hi 28 – Prov 1 + 8 – (§ 21,4).
Weisheitsreden	Prov 1–9; Hi 28 – vgl. Hi 38ff.; Joh 1 – (§ 22, D 5).
Werberede	Jes 55,1–5 (Gott als Wasserverkäu-

	fer); Prov 8,4–36; 9,4–6; Sir 51,13ff.; Mt 11,28–30 – (§ 48, D 9).
Worte vom Himmelreich (Eingehen oder Erben unter Bedingungen)	Mt 5,20 (Gerechtigkeit); 7,21; Joh 3,5; I Kor 6,9f.; 15,50 – (§ 51, D 3).
Wortereignisformel	(§ 25, VIIIa; 29, E 3).
Wunderberichte/ Wundererzählungen	Elia-Elisa; Ex 14; 15; 16; 17 – (§ 15, E 6); Mk 5,1–20 (Gerasa); Mt 14,22–33 (Seewandel und Petrus); Joh 11 (Lazarus); Act 20,9–12 (Eutychus); Seenotrettungswunder: Jona 1–2; Mk 4,35–41 par; Mk 6,45–52; Act 27; Befreiungswunder: Act 5,17–42 (Apostel); 12,1–19 (Petrus); 16,11–40 (Paulus und Silas) – (§ 49, D 12).
Zahlenspruch	Prov 6,16–19; 30,15–33; Am 1,3–2,6 – (§ 22, D 7).
Zeugenanrufung	I Thess 2,10; Phil 1,8;
Zeugenbericht	Joh 1,14; 3,11; 19,35; I Joh 1,1–4 – (§ 51, D 4).
Zionspsalmen	Ps 46; 48; 76; 84; 87 – (§ 21,4).
Zusätze (in Prophetenbüchern)	(§ 25, XI). – Bei Jes: (§ 26, F 1); bei Amos: (§ 36, F 1).
Zwei-Zeugen-Ruf	Jes 1,2; Dtn 31,28; 32,1; Mi 1,2; 6,2. –

B) Themen, Traditionen u.ä.

Abendmahl	Mk 14,22–25 par Mt 26 und I Kor 11,23–25 par Lk 22,15–20. Ferner: I Kor 10,16f. – (§ 48, E 3).
Abraham (außerhalb der Genesis) (vgl. auch „Erzväter“)	Stellenangaben für AT schwierig; dann: Lk 1,55.73 (Eid); Röm 4,1–16 und Jak 2,21–23 (Glaube/Werke); Gal 3,6–29 (Same); Hebr 7 (Levi in A.) – (§ 5, E 3) + (§ 58, E 1).
Älteste	Act 11,30; 15,2–16,4 (§ 64 III); im AT in unterschiedlichen Funktionen.
Ämter (NT)	(§ 62, E 5).
Angelus interpres	Act 1,10f.; Apk 7,13f. (§ 73, E 2); für das AT vgl. Ez 40,3ff.; Sach 1–6; Dan 7–12.
Antichrist	I Joh 2,18.22, 4,3; II Joh 7. – Plural: Mk 13,22 (Pseudochristoi) – (§ 68, E 1).
Apokryphen	(§§ 17 A; 18 A; 18, F 1; 21, C 6;

	30 A; 32 A; 32, F 1; 33,5; 45, F 2; auch § 3); auch zu II Chr 33.
Aramäische Texte im AT	(§ 17, F 1).
Auferweckung/Auferstehung	I Reg 17; II Reg 4 + 13 – Mk 5 – Lk 7 – Joh 11 // Jes 26,19; Ps 22,30ff.; Dan 12,2 // Auferstehung Jesu // Joh 5,29 (des Lebens oder des Gerichtes); Act 1,22 (Zeuge der A.); Röm 1,4; 6; I Kor 15,12–42; Apk 20,5f. („erste A.“) – (§ 32, E 1; § 49, E 3).
Aufhebung der sozialen Unterschiede	Gal 3,27f.; Kol 3,10f.; I Kor 7,19 (§ 61, E 1).
Auszug aus Ägypten	Ex 13/14 – Dekalogpräambeln – neuer Exodus: Ez 20; Dtjes – (§ 6, E 1).
Babel	Sach 5; Jes 13 + 14; Apk – (§ 44, F 3).
Bann (s. auch „Jahwekrieg“)	Dtn 7; Jos 6; 10; 11. – NT: Nur Gemeindeausschluß (Joh 16,2; I Kor 5,2.5) – (§ 9, E 4).
Beschneidung	Gen 17 Abraham; Ex 4 Blutbräutigam; Jos 5 Gilgal – Dtn 10; Jer 4 u.ö. in übertragener Bedeutung-Sitte auch für das NT (Lk 1 + 2: Joh. d. T. + Jesus); Phil 3,5 Paulus – nicht für Christen: Gal 2; 5; 6; vgl. Act; Kol 2: vgl. Taufe – (§ 5, E 4).
Bethel	Gen 28; Jdc 1,22ff.; I Sam 7,16; I Reg 12,26ff.; Am 7,10ff. – (§ 5, E 7).
Blut Christi	Mk 14,24 (Bundesblut); Röm 3,25 (Sühne); I Kor 10,16 (Gemeinschaft); Hebr 9,7–25 (Hoherpriester); Apk 7,14 (Blut des Lammes) – (§ 55, E 1).
Böses (kommt auch von Jahwe)	II Reg 6,33; Am 3,6; Jes 45,7; Röm 9,22 (§ 15, F 1).
Bücher (himmlische)	Ex 32,32 – Mal 3,16; Dan 7,10; Apk 20,12 – Dan 12,1; Lk 10,20 – (§ 6, F 3).
Bund/Bundeserneuerung/neuer Bund	Noah: Gen 9 – Abraham: Gen 15 + 17 – Sinai: Ex 24 + 34; vgl. Dtn 26,16–19 – Erneuerungen (?): Jos 24; II Reg 23; Neh 8 – neuer Bund: Jer 31,31–34 – Davidbund: II Sam 23,5 – (§ 6, E 4)

	– Für NT: Mk 14,24 (Blut des Bundes); Lk 22,20 (Neuer B.); II Kor 3,6.14 (Neuer B./Alter B.); Gal 4,24 (Zwei Bundesschlüsse); Hebr 8–9 (Mittler des Neuen Bundes) – (§ 57, E 1).
Buße	(s. Umkehr)
Charismen	Röm 12,6; I Kor 7,7; 12,4–31 (jeweils: verschiedene Ch.) – (§ 56, E 1).
David	I Sam 16 – I Reg 2; viele Bezugnahmen im AT – für NT nur Mk 2,25 par wichtig – (§ 14, D 1).
„um meines Knechtes David willen“	(Häufig vor allem in I + II Reg) – (§ 15, F 4).
Davidsohn	Wunderberichte Mt: „erbarme dich meiner/unser, Sohn Davids“; Einzug in Jerusalem Mt 21,9; Lk 1,32 (Thron Davids); Röm 1,3 (aus dem Samen Davids) – (§ 48, E 1).
Demut	als Substantiv selten im AT: (§ 42, F 1 mit Belegen).
Deuteronomistisches Geschichtswerk	(§ 10,5).
Dualismus	Joh 3,19 und Röm 13,12 (jeweils: Licht/Finsternis): Joh 8,23 und 18,36 „aus der Welt sein“; Hebr 11,38 (Welt war ihrer nicht wert) – (§ 51, E 1).
Edom (Worte gegen)	Jes 34; Jer 49; Ez 25 + 35; Ob; Am 1,11f. (§ 37, E 3).
Ehe	Im AT: (§ 24, E 1); im NT: (§ 49, E 9).
Leviratsehe	(§ 13, E 1).
Mischehe	(§ 17, E 1).
Eigentumsvolk	Ex 19,5; Dtn 7,6; Act 20,28 (§ 64 III).
Engel	Michael und Gabriel in Dan; der Deuteengel in Sach 1–6; der Mann in Ez 40–48; Mt 18,10 (Schutzengel); Gal 3,19 (Gesetz); Hebr 1,4–14 (Jesus höher) – (§ 52, E 1).
Engel Jahwes (der)	Gen 16; 21; 22; 31 – Ex 3; 23,20; 33 – Num 22 – Jdc 2,1ff.; 6; 13 – Lk 1 + 2,9 – Mt 1+2 – (§ 5, E 5).
Entrückung	Gen 5,21ff. Henoch – II Reg 2,11 Elia – I Thess 4,17 – (§ 5, E 10).

Erzväter (außerhalb der Genesis) (s. Abraham)	(§ 5, E 3; 34, E 9).
Eschatologie bei Paulus	I Kor 15,12–58; II Kor 4,13–5,10; I Thess 4,13–5,11; (II Thess 2,1–12) – (§ 54 I).
Exodus	(s. Auszug)
Falsche Propheten	Dtn 13; 18 – I Reg 13 + 22 – Mi 3 – Jer 23; 27–29; Ez 13 + 14 – Mt 7 – (§ 25, V).
Fasten	(§ 35, E 1).
Festkalender/Feste	Ex 23; 34; Dtn 16; Lev 23; Num 28/29 – Lev 16 – (§ 6, F 4).
Fleisch	Mk 14,38; Joh 1,14: „nach dem Fleisch" Rom 1,3: 4,1: II Kor 5,16. Werke des Fleisches: Gal 5,19 – (§ 54 II).
Freude	Dtn 12,7; II Kor 1,24 (Mitarbeiter); Gal 5,22 (Frucht des Geistes): Hebr 12,2 (Trauer/Freude) – (§ 58, E 2).
Fürbitte	Gen 18 + 20 (Abraham) – Ex 17: 32–34; Num 11; 14; 21 (Mose) – dann noch Amos, Jeremia, Samuel – Jesus, die Apostel, die Gemeinden, die Christen – (§ 6, E 9).
Furcht Jahwes	(§ 22, C + E 3e: in der Weisheitsliteratur; vgl. § 26, E 2 betr. „Glaube").
Geheimnis	Mk 4,11 und Mt 13,11 (Gleichnisse); Röm 11,25 (Israels Versöhnung); I Kor 14,2 (im Geist reden); Eph 5,32 (Ehe) – (§ 55, E 2).
Geist (Jahwes)	Jdc 3ff.; Joel 3: Jes 44,3; Num 11: 1 Sam 10 + 11 – Mi 3,8 – Jes 11,2 – Sach 4,6! – (§ 12, D 1; 28, E 1; 39, F 3) – Mk 1,8 und 10 (Taufe); Lk 1,35 (Empfängnis); Act 2 (Pfingsten); Röm 8 (Gesetz, wandeln nach dem G., Auferstehung); II Kor 5,5 (Angeld) – (§ 52, E 2).
Gelübde	Lev 27; Num 30 – Dtn 12,5f.; 23,22ff. – Gen 28 + 35 – (§ 7, E 2).
Gemeinde als Braut	II Kor 11,2; Eph 5,23.32 (§ 73 E 1); vgl. Hos 2,21f. und (F 2)
Gerechtigkeit Gottes/Jahwes	(§ 27, F 2; vgl. auch 12, E 6; 16, E 6) – Röm 1,17 (offenbart); 3,21 (Glaube);

Offenbarungsempfang	Jes 21,1–10; Hab 2,1–4; Hi 4,12–16; 33,15f. – (§ 41, E 1).
Offenbarwerden	I Tim 3,16; I Petr 5,4; Röm 8,19 (§ 68, E 3); für AT: Ex 6,3; Jes 40,5; 53,1; Ps 98,2; Dtn 29,28. –
Opfer	zu Lev 1–5 + 6–7.
Ordination	Act 13,1–3; I Tim 4,14 (§ 64 I).
Parallelismus membrorum	(§ 19,6).
Parusiebeschleunigung	Act 3,19f.; II Petr 3,11–13 (§ 67, E 1)
Parusieverzögerung	(§ 41, F 1). – Hab 2,2; Lk 12,45 par; Act 1,7 gegen Mk 9,1; II Petr 3,8 10 – (§ 67, E 2).
Passah (außerhalb der atl. Festkalender)	Ex 12 + 13; Jos 5; II Reg 23; Esr 6 – Mk 14,12 par (Abendmahl als Passahmahl) – Joh 18,28; 19,36 (Jesus stirbt zur Zeit der Schlachtung des P.-Lammes); I Kor 5,7 (Jesus als Passahlamm) – (§ 6, E 2).
Perserkönige	(§ 17, F 2).
Poesie (Merkmale der atl.)	(§ 19,6).
Politische Predigt der Propheten	Jesaja 5; 7; 20; 28 – Ez 26 + 29 – (§ 25, Xc).
Prädestination	Act 4,28; Röm 8,29f.; I Kor 2,7; Eph 1,5.11 (Gemeinde) – (§ 55, E 5). Vgl. auch zu Verstockung.
Präexistenz	Prov 8,22–31; Sir 24,3–10; Phil 2,6–11; Kol 1,15–20 – (§ 59, E 1).
Priester(tum) im AT	(§ 7, F 2).
Propheten: Eigenart, Hauptepochen, Verkündigung, Textsorten, Themen, wahre und falsche;	(§ 25).
außerhalb der Prophetenbücher (Prophetengruppen)	Bileam, Elia, Elisa, Nathan, Gad, Ahia, Micha ben Jimla, Samuel usw. (§ 15, E 5) – NT: ebenda.
In den Chronikbüchern	(§ 16, E 5).
„Propheten, meine Knechte“	(vor allem in den Reg-Büchern): (§ 15, F 5).
Prophetinnen	Mirjam, Debora, Hulda usw. – NT: Hanna, Töchter des Philippus – (§ 31, F 3).

Reich Gottes	Dan 2,44; 7,14.27; Mk 1,15 (nahe); Mt 5,3.10 (ihrer ist das R.); Mt 13 (Gleichnisse); Lk 17,20 (Beobachten); Erben: I Kor 6,9f.; – (§ 48, E 5).
Rein und unrein	Lev 11–15; Esr 9 + 10; Neh 13 – Hag 2 – Lk 2,22ff.; Act 10,28; 11,3; I Kor 7,10ff. – (§ 7, E 1).
Reinigung von Sünden	Lev 16,2–9; I Joh 1,7; Hebr 9,14 (§ 68, E 4).
Rest	I Reg 19; II Reg 19 – Am 5 – Mi – Jes – Jer – Zeph – Ez – DtJes – Hag – Sach – Joel – Esr – Neh – (§ 15, E 1); Jes; DtJes; Jer; Ez; Ob; Hag; Sach – Röm 9,27.29; 11,3f.
Reue Jahwes	Gen 6; I Sam 15 – Am 7; Jona 4; Joel 2 – öfter bei Jeremia – öfter auch verneint (Num 23; Röm 11) – (§ 38, E 3).
Rücksicht auf die Reaktion der Außenstehenden	Mt 5,16; I Petr 2,12 – (§ 64 III).
Sabbath	Gen 2,1–4a – Ex 20,8–11; Dtn 5,12–15 (Dekalog) – vgl. Ex 31 + 35 – Ex 16 (Wachteln und Manna) – Neh 13 – NT: Mk 2,23ff.; 3,1–6 par (Ährenraufen und Heilung) – Jesu Kreuzigung und der Sabbath (Joh 19,31; Mk 16,1 par) – Kol 2,16. – (§ 5, E 1).
Samaritaner/Samariter	II Reg 17 – Esr 4 – Joh 4; 8,48 – Lk 10,33ff. – Mt 10,5; aber Act 1,8; 8,5ff. – (§ 15, E 4; auch 17, E 1).
Satan	Sach 3 – Hi 1 + 2 (als Ankläger) – I Chr 21,1 (vgl. II Sam 24,1) – (§ 20, E 2).
Sch^{e}ma^{c} (jüd. Gebet)	Dtn 6,4–9; 11,13–21; Num 15,37–41 (§ 9, F 1).
Schöpfung/NeueSchöpfung(vgl. auch „Natürliche Theologie")	Gen 1 + 2 – Ps 8; 19A; 29; 104 – DtJes – Doxologien des Amosbuches – Prov 3 + 8 (s. auch „Schöpfungsmittler") – Hi 38ff.; Ps 74; 89; Jes 51,9f. – weitere Psalmen – neue Schöpfung: Jes 65 + 66 – Apk 21 – Schöpfung durchs Wort: Gen 1; Ps 33; II Kor 4,6; Hebr 11,3; Joh 1,3 –

	(§ 5, E 2; vgl. auch 38, F 3: Jon 1,9); (§ 27, E 3: DtJes).
Schöpfungsmittler	Joh 1,3.10; I Kor 8,6; Kol 1,16 – (§ 51, E 2).
Selbstmord	Jdc 9,54 – (§ 12, E 7).
Sinai/Horeb	im Dtn: (§ 9, F 2).
Sintflut (und Noah)	außerhalb der Genesis: Ez 14,14 – Jes 54,9 – Mt 24,37f.; Lk 17,26f. – I Petr 3,20; II Petr 2,5; 3,6; Hebr 11,7 – (§ 5, E 8).
Sodom (und Gomorra)	Gen 19 – Jes 1,7.9; 3,9; 13,19 – Jer 23,14; 50,40 – Am 4,11 u.ö. als Beispiele göttlichen Gerichtshandelns – auch Mt 10,15; Mk 6,11; Röm 9,29; II Petr 2,6 – (§ 5, E 13).
Sohnesverheißung	(an Abraham; außerdem:) Jdc 13 Simson; I Sam 1 (Samuel); Jes 7; II Reg 4; Lk 1 (Joh. und Jesus) – (§ 5, E 9).
Sohn Gottes	Im AT: König (Ps 2,7; II Sam 7,14) – Volk (Hos 11,1; Ex 4,22) – auch vgl. „Hofstaat" Jahwes – (§ 28, E 3) – Mk 1,1 (Überschrift); 1,11 (Taufe); 9,7 (Verklärung); 14,61f. (Verhör); 15,39 (Hauptmann); Lk 1,35 (Maria); Röm 1,3f. (Auferstehung); – (§ 49, E 7).
Sozialkritik der Propheten	Amos (Kap. 2; 3; 4; 5; 6; 8; 9) – Micha (Kap. 1; 2; 3; 6) – Jesaja (Kap. 1; 2; 3; 5; 10; 29) – (§ 36, E 2; 25, X).
Staatliche Obrigkeit	Jer 29,7; Mk 12, 13–17; Röm 13,1–7; I Petr 2,13–17; Apk 13 – (§ 55, E 6).
Stellvertretung	Tod in Mk 14,24; Röm 5,6–8; Taufe in I Kor 15,29; Beten in Mt 5,44 – (§ 55, E 7).
Sünde	Mk 2,5–10 und Lk 7,47–49 (Vergebung); Joh 1,29 (Lamm Gottes); Röm 5,12 (Adam); Gal 3,22 (Schrift) – (§ 50, E 1).
Tag Jahwes	Am 5; Jes 2; Zeph 1 + 2; Joel – Ez und Thr: 587/6! – I Thess 5; II Petr 3,10; Apk 6,17 – (§ 36, E 1).
Talionsformel	Ex 21,23–25 (§ 6, F 1).

Teil III. Arbeitsfragen (und Antworten) zur Bibelkunde

Fragen:

A. Zum Alten Testament

1. Die Einteilung des AT
   a) nach der hebräischen Bibel
   b) nach der Lutherbibel
2. Die Reihenfolge der zwölf kleinen Propheten
3. Genealogien
   a) in der Genesis
   b) sonstige wichtige Genealogien des AT
4. Stammeslisten im AT (mit Verteilung der Stämme auf die Frauen Jakobs)
5. Was ist „Listenweisheit“, und wo finden sich im AT Spuren von ihr?
6. Wo wird innerhalb des AT (abgesehen von Gen 1 + 2) von Schöpfung gesprochen?
7. Die Verheißungen an die Erzväter:
   a) Hauptinhalte
   b) wichtigste Texte
8. Wo und warum wird Jerusalem innerhalb der Bücher Gen bis II Sam erwähnt?
9. Isaak und Jakob außerhalb der Genesis
10. Wo finden sich Stammessprüche?
11. Jakob erhält den Namen Israel:
    a) wo wird dies erzählt?
    b) welche Umbenennungen kennt das AT sonst noch?
12. Welches sind die wichtigsten Fürbitter im AT und wo ist von ihnen die Rede?
13. Wie sieht ein typisches Fluchwort aus, wie ein Segenswort? – Welches sind die wichtigsten atl. Belege für beide Textsorten?
14. Wo gibt es Fabeln im AT? Was ist (grob skizziert) ihr Inhalt und Anlaß?
15. Wofür sind die Bileamgeschichten und Bileamsprüche wichtig? (wo stehen sie?)
16. Wichtige Texte zur Wertung des Sabbaths und zum Sabbathgebot
17. Wo finden sich (die) Dekaloge im AT?
18. Wo ist vom Noahbund, wo vom Abrahambund die Rede, und welche Bundeszeichen werden (wo?) mit diesen in Verbindung gebracht?
19. Wo finden sich Berufungserzählungen im AT? – Wo wird ein Einwand erhoben?
20. Nennen Sie zwei Bücher des AT, in denen größere Gruppen von Texten in aramäischer Sprache vorkommen.
21. Wo finden sich Briefe im AT?
22. Psalmen außerhalb des Psalters

23. Welche Texte des AT sind für Königskritik wichtig?
24. Welches sind die Königspsalmen?
25. Welches sind die Jahwe-Königspsalmen?
26. Die Megilloth und die Feste, denen sie jetzt zugeordnet sind
27. Nennen Sie einige Wundererzählungen des AT (Aufbauschema; Texte)
28. Wo finden sich Anekdoten im AT?
29. Welches sind die sog. „7 kirchlichen Bußpsalmen"?
30. Wo ist außerhalb der Prophetenbücher von Propheten die Rede?
31. Welche waren die wichtigsten Könige Judas, welche die Israels nach der Reichsteilung?
32. Wo finden sich Fremdvölkersprüche im AT?
33. In welche (vier) historischen Hauptgruppen lassen sich die atl. Schriftpropheten gliedern, und welche Propheten sind den jeweiligen Gruppen zuzuordnen?
34. Berichte über prophetische Zeichenhandlungen
35. Weherufe bei den Propheten
36. Gebete außerhalb des Psalters
37. Hauptbestandteile und wichtigste Beispiele für ein Klagelied eines einzelnen
38. Hauptbestandteile und wichtigste Beispiele für einen Hymnus
39. Zwei Klagelieder des Volkes
40. Drei Zionspsalmen
41. Schöpfungspsalmen
42. Satan im AT
43. Geschichtspsalmen
44. Wichtige Texte zum Thema „Kultkritik" bei den Propheten
45. Die wichtigsten sog. messianischen Verheißungen des AT
46. In welchen Kapiteln stehen die sog. Gottesknechtlieder?
47. In welchen Kapiteln stehen die sog. Konfessionen Jeremias?
48. Wichtige Texte zum Thema „Sozialkritik" bei den Propheten
49. Wo steht die Ladeerzählung?
50. Wo steht die Geschichte vom Aufstieg Davids?
51. Wo steht die Thronnachfolgegeschichte Davids?
52. Die Ladesprüche und sonstige für Geschick und Wertung der Lade wichtige atl. Texte
53. Die wichtigsten Opferarten nach Lev 1–7
54. Wichtige Texte zum Thema „Tag Jahwes"
55. Wichtige Texte zum Thema „Rest"
56. Visionsberichte im AT
57. Wo ist der Hofstaat Jahwes erwähnt?
58. Wo tritt ein Deuteengel auf?
59. Welche Texte und Textgruppen werden normalerweise der beginnenden Apokalyptik zugerechnet?
60. Wo wird von der „Völkerwallfahrt zum Zion" gesprochen?
61. Wo ist von „neuer Schöpfung" innerhalb des AT die Rede?

62. Heiligtumslegenden (Ätiologien) in der Genesis und im Richterbuch
63. Prophetengeschichten außerhalb der Prophetenbücher
64. Texte, die für die sog. „Zionstheologie“ wichtig sind
65. Die atl. Festkalender und die in ihnen genannten Hauptfeste
66. Auferweckungen und Hoffnung auf Auferstehung im AT
67. Die wichtigsten Gesetzescorpora des AT
68. Beispiele für „profane Lyrik“ innerhalb des AT
69. Die wichtigsten Rechtsgattungen des AT
70. Drei Beispiele für atl. vaticinia ex eventu
71. Wo wird die Kultuszentralisation gefordert, wo die Reform des Josia erzählt?
72. Wo wird der Auszug aus Ägypten (die Rettung am Meer) erzählt, wo vom „neuen Exodus“ gesprochen?
73. Wo steht das sog. Mirjamlied?
74. Wichtige Texte für die Themen „Jahwekrieg“ und „Bann“
75. Wichtige Texte zum Thema „Falsche Propheten“ im AT und Hauptkriterien ihrer Kennzeichnung
76. Wichtige Unterschiede in den Darstellungen Davids und Salomos in den Chronikbüchern gegenüber Sam und Reg
77. Die sechs „großen Richter“ und ihre Funktion
78. Drei für DtJes wichtige Textsorten (abgesehen von den sog. Gottesknechtliedern)
79. Fünf für die Kultusgeschichte Israels wichtige Heiligtümer (abgesehen von Jerusalem)
80. Wo steht das Gebot der Nächstenliebe im AT? Wo das der Gottesliebe?
81. Die wichtigsten Söhne Davids
82. Wichtige Textsorten des Proverbienbuches
83. Bei welchen Propheten finden sich Disputationsworte/Diskussionsworte?
84. Gesetzespsalmen
85. Weisheitspsalmen
86. Sog. katechetische Texte des AT („wenn dein Sohn dich fragt ...“)
87. „Liturgien“ innerhalb der Prophetie und im Psalter
88. Beispiele für echte und prophetisch pervertierte Priesterthora
89. In welchem Buch finden sich besonders häufig „weisheitliche Reflexionen“?
90. Wo finden sich göttliche Selbstprädikationen (hymnisch)?
91. Wo werden im AT Theophanien geschildert?
92. Wo wird der König als „Sohn Gottes“ bezeichnet, wo das Volk Israel?
93. Wo ist im AT vom „Menschensohn“ die Rede?
94. Wichtige Texte zum Thema „Glaube“ im AT
95. Wo ist (abgesehen vom Richterbuch) noch von sog. „charismatischen Wirkungen“ des Geistes Jahwes die Rede?
96. Für die Anthropologie des AT wesentliche Texte
97. Wo ist im AT vom „Heiligen Geist“ die Rede?
98. Wo steht im AT die Verheißung vom „Neuen Bund“?
99. Wo finden sich im AT längere Weisheitsreden bzw. Lieder auf die Weisheit?

100. David mußte 100 Vorhäute der Philister bringen, um Sauls Schwiegersohn werden zu können (I Sam 18,25) – wer hat David (unter anderem) 100 Rosinenkuchen gebracht, um ihn zu besänftigen?

B. Zum Neuen Testament

1. Wo wird Engelverehrung getadelt – wo wird die Kritik an Engeln als Irrlehre bezeichnet?
2. Nach welchen Texten ist das atl. Gesetz durch Engel gegeben?
3. Herrenworte im NT außerhalb der Evangelien?
4. Wo wird die paulinische Kollekte erwähnt?
5. Warum heißen die Katholischen Briefe so?
6. Wo heißt das Gesetz „Gesetz der Freiheit"?
7. Nach welchem Text geht es darum, den Sohn Gottes nicht nochmals zu kreuzigen?
8. Wo begegnet a) Verklärung, b) Gethsemane außerhalb der Evangelien in der Briefliteratur?
9. Reich-Gottes-Gleichnisse
10. Wo begegnet der Lieblingsjünger?
11. Was ist und wo begegnet die Goldene Regel?
12. Was ist und wo steht die Feldrede?
13. Die Ich-bin-Worte des Johannesevangeliums?
14. Das Verhältnis der Geschichtsdarstellung in Galaterbrief und Act (Apostelkonzil)
15. Biographische Stellen bei Paulus
16. Wir-Berichte der Act
17. Aposteldekret
18. Einheit der Kirche
19. Worte zur Einsetzung des Abendmahls
20. Das Gebot der Nächstenliebe
21. Verhältnis zur Obrigkeit
22. Taufe
23. Fasten
24. Naherwartung bei Paulus?
25. Parteien in Korinth
26. Paulus verzichtet auf Entgelt durch die Gemeinden.
27. In welchem Brief des Paulus fehlt die Danksagung im Beginn des Formulars?
28. Briefe, die nur aus erweiterter Danksagung, Fürbitte (Lobpreis) und Paränese bestehen?
29. Briefe ohne Präskript
30. Briefe mit rein griechischem Präskript
31. Briefe ohne Briefschluß
32. Wo wird Saulus zum ersten Mal Paulus genannt?
33. Krankenheilungen und Totenerweckungen in Act

34. Wer ist der Begleiter des Paulus auf der 2. Missionsreise, und warum ist es nicht Barnabas?
35. Arten von Reden Act?
36. In welchen Briefen werden keine Irrlehrer erwähnt?
37. In welchen Paulusbriefen finden sich keine ausdrücklichen Zitate aus dem AT?
38. Die den Synoptikern und Johannes gemeinsamen Wundergeschichten
39. Die Wundergeschichten im JohEv?
40. Gemeinsames Gut in allen Evangelien?
41. Sondergut und abweichende Reihenfolge in Lk 22–24
42. Leidensankündigungen bei den Synoptikern
43. Messiasbekenntnis des Petrus
44. Das Vaterunser
45. Sondergut des Mk
46. Große Reden Jesu nach Mt
47. Die sieben Worte Jesu am Kreuz
48. Titel und Hoheitsbezeichnungen Jesu
49. Um welchen Titel geht es
    a) beim Verhör vor dem Hohen Rat
    b) beim Verhör vor Pilatus (nach Joh)?
50. Historisch-politische Angaben in Lk 1–3
51. Was hat Mt in der Passionsgeschichte über die Fassung des Mk hinaus?
52. Personen, denen der Auferstandene erscheint (I Kor 15 und Evangelien)
53. Kleine und Große luk Einschaltung
54. Das Gleichnis von den bösen Weingärtnern
55. Die Sünde wider den Heiligen Geist
56. Die Bezeichnung Jesu als Lamm Gottes
57. Frauen im luk Sondergut
58. Jüngerberufungen in den Evangelien
59. Synoptische Apokalypsen
60. Kinder in den Evangelien
61. Gleichnisse des luk Sondergutes
62. Johannes der Täufer in den Evangelien
63. Wo ist von Verwandlung/Umwandlung statt oder neben zukünftiger Auferstehung die Rede?
64. Die „Heiligen" als Gemeindebezeichnung
65. Bischofsspiegel
66. Theios Aner
67. Wo ist die urchristliche Sonntagsfeier belegt?
68. Wo heißt das Liebesmahl der Christen „Agape"?
69. Simon der Magier
70. Das Ende des Judas
71. Wo ist die Kultordnung des AT als Schatten des Zukünftigen bezeichnet?
72. Wo ist von der Berufung des Paulus die Rede?

73. Wo ist die Meinung belegt, das Heil komme „von den Juden“?
74. Wo kommen Maria und Martha vor?
75. Was ist das Comma Iohanneum?
76. Gemeinsamkeiten von Röm und Gal
77. Gemeinsamkeiten von Eph und Kol
78. Gemeinsamkeiten von II Petr und Jud
79. Unterschiede der Paulusbriefe gegenüber den Pastoralbriefen
80. Johanneisches Gut in der Apk?
81. Bekenntnisse in den Briefen?
82. Geistesgaben nach I Kor 12
83. Zitate aus außerbiblischen Büchern des Judentums im NT
84. Zitate aus heidnischen Schriftstellern im NT
85. Adam im NT
86. David im NT
87. „Christliche“ Propheten
88. Jona im NT
89. Wiedergeburt
90. Präexistenz Christi
91. Stellen, die als Beleg für die Höllenfahrt Christi genannt werden
92. Wo gibt es im NT eine Auferstehung, die schon geschehen ist?
93. Streit um den Leichnam des Mose im NT
94. Tiere in der Apk
95. Verhältnis zum Staat in der Apk
96. Siegel und Versiegelung
97. Dämonen
98. Altar
99. Witz bei Paulus

Antworten zu den Arbeitsfragen

A. Zum Alten Testament

1. a) Thora – vordere und hintere Propheten – Schriften
   b) Geschichtsbücher – Lehrbücher – prophetische Bücher.
2. Hos, Joel, Am, Ob, Jon, Mi, Nah, Hab, Zeph, Hag, Sach, Mal (Rückfrage: welche dieser Propheten stehen in der LXX in anderer Reihenfolge?).
3. a) Gen 4,18ff. Kainiten und Sethiten // Gen 5 Adam bis Noah //
   Gen 9,18f. Söhne Noahs // Gen 10 Völkertafel //
   Gen 11.10ff. Sem bis Abram und das Geschlecht Tharahs //
   Gen 25: Abrahams Nachkommen von seiner zweiten Frau
   Ketura // Ismaels Nachkommen //
   Gen 36: Nachkommen Esaus und die Edomiter–
   b) Ruth 4,18–22 (von Ruth bis David) //
   I Chr 1–9 // Esr 2 + 7//
   (vgl. Mt 1 + Lk 3).

4. Gen 29 + 35 // Gen 49 + Dtn 33 // Num 1–2 + 26 //
Von Lea: Ruben, Simeon, Levi, Juda, Issaschar, Sebulon –
Von deren Magd Silpa: Gad und Asser –
Von Rahel: Joseph und Benjamin –
Von deren Magd Bilha: Dan und Naphtali.
5. Im alten vorderen Orient verbreitete Zusammenstellung aller damals bekannten Dinge dieser Welt, – Flüsse, Tiere, Pflanzen usw., zur Erfassung und Ordnung der Wirklichkeit. –
Im AT: vgl. Gen 1 – Ps 104 – Hi 38/39 (41).
6. a) in Psalmen (Hymnen), wie Ps 8, 19 A, 29, 104, auch 33 –
b) in manchen weisheitlichen Texten, wie Prov 3 + 8 (vgl. Hi 38f.) –
c) bei DtJes –
d) mythologisch angereichert in Gen 14,18–20; Ps 74 und 89; vgl. Jes 51,9f. –
e) in einer Reihe nachexilischer Psalmen, vgl. Ps 102, 115, 135, 136.
7. a) Sohn (nur an Abraham): Gen 15; 16; 17; 18; 21 –
b) Nachkommenschaft, Mehrung, großes Volk: Gen 12; 15; 17; 22; 26; 28
c) Segen für die Völker: Gen 12; 17; 22; 26; 28
d) Land: Gen 12; 15; 17; 26; 28
e) Mitsein Gottes: Gen 26; 28; 32 (nicht an Abraham).
8. Gen 14,18–20 (Melchisedek von Salem segnet Abram) – Stadt der Jebusiter (Jos 10; 12; 15; 18), die nicht erobert werden konnte (Jos 18; Jdc 1,21; anders: Jdc 1,8) – früherer Name Jebus (Jdc 19,10) – durch David erobert (II Sam 5) – David läßt die Lade nach dort verbringen (II Sam 6) und kauft die Tenne Arawnas (II Sam 24: späterer Tempelplatz?).
9. a) Zusammen mit Abraham in den Nennungen des „Gottes Abrahams, Isaaks und Jakobs“ – ebenso in den Rückgriffen auf die Verheißungen an die Väter oder in der Erwähnung des „Schwures“ Jahwes an sie
b) Jakob steht für „Israel“ in den Bileamgeschichten und Bileamsprüchen (Num 23 + 24), dann bei Jes und Mi (vgl. auch DtJes) –
c) auffallend ist die isolierte Nennung Isaaks in Am 7,9.16; Ps 105; I Chr 1 + 16.
10. Gen 49 – Dtn 33 – etwas auch in Jdc 5.
11. a) Gen 32 + 35 –
b) Abram/Abraham und Saraj/Sarah: Gen 17 // Gen 35: Ben-Oni – Benjamin // Jdc 6: Gideon/Jerubbaal // II Reg 23: Eljakim/Jojakim // II Reg 24: Mattanja/Zedekia // Dan 1: Daniel und seine 3 Freunde //.
12. Abraham (Gen 18 + 20) – Mose (Ex 17; 32; 33; 34; Num 11; 14; 21; Dtn 9) – Samuel (I Sam 7; 12) – Amos (Am 7) – Jeremia (Jer 7; 10; 14; 15; 18; 27).
13. „Verflucht ist (oder sei), wer...“ – „Gesegnet ist, wer...“ (bzw. auch „bist du...“: Dtn 27 und 28. – Gen 3; 4; 27; Num 6; 24; Gen 1,28.
14. Pflanzenfabeln in Jdc 9 und II Reg 14; beide in Kritik am Königtum bzw. an einem König; die Bäume wollen einen König – der Dornstrauch will die Tochter der Zeder zur Schwiegertochter.
15. Num 22–24 – Wichtig für: „Engel Jahwes“; Prophet außerhalb der Prophe-

tenbücher – Seherspruch – vaticinia ex eventu – messianische Verheißungen (Sprüche in Num 24) – Selbstverständnis Israels (Sprüche in Num 23) – Segen und Fluch – Reue Gottes verneint (23,19).

16. Gen 2,1–4 // Gebot in den Dekalogen // Ex 16; 31; 35 // Neh 13.
17. Ex 20 und Dtn 5 – ähnliche Reihungen in Lev 18 + 19; Ex 34 und 23; Anklänge in Hos 4,2; Jer 7,9?
18. Gen 9 mit Regenbogen; Gen 17 mit Beschneidung; zum Abrahambund vgl. neben Gen 17 auch Gen 15,7ff.
19. Ex 3 + 4: Mose – Jdc 6: Gideon – I Sam 9 + 10: Saul – Jer 1 – Jes 6 – Ez 1–3 – (auch Am 7,10ff.?) –
Einwand bei Mose, Gideon und Jeremia.
20. Esr und Dan. –
21. Jer 29 (Exulanten) + 32 (Kaufbrief) – Briefe als Urkunden in Esr 1; 4; 7 und Neh 6 – II Sam 11 Uriasbrief Davids – II Reg 20 an Hiskia – II Reg 10 Jehu nach Samaria – Dan 4 Traum und seine Deutung als Brief.
22. Ex 15 Mirjamlied und Moselied // Dtn 32 Moselied // I Sam 1 + 2 Gebet und Lob der Hanna // II Sam 1 Davids Klage über Saul und Jonathan // Jes 12 // Jes 38 Gebet des Hiskia // Jes 63,15 – 64,11 Volksklage // Jona 2 // Mi 7 // Nah 1 // Hab 3 // Threni // Konfessionen Jeremias // II Sam 22 = Ps 18 // I Chr 16: aus Ps 105,96,106 // Doxologien des Amosbuches //.
23. Jdc 8 + 9 – I Sam 8; 10,17ff.; 12 – II Sam 20 – Dtn 17 Königsgesetz – Königssprüche bei Jeremia (Jer 21–23) – viele Belege vor allem bei Hosea.
24. Enger gefaßt: Ps 2 – 72 – 110 – dann Ps 45 (Hochzeit eines Königs) – weiter gefaßt noch dazu Ps (18) – 20 + 21 – 89 – 101.
25. Ps 47 – 93 – 96–99 – vgl. Apk 19,6.
26. Cant: Passah // Ruth: Wochenfest // Threni: 9. Ab (Tempelzerstörung) // Koh: Laubhütten // Est: Purim.
27. Bei Auszug (Ex 13/14) und auf der Wüstenwanderung (Ex 15; 16; 17; Num 11: Wasser aus dem Felsen, Wachteln und Manna) –
Speisungswunder, Heilungen und Totenerweckungen bei Elia und Elisa (I Reg 17 + 18; II Reg 2; 4; 6). – Aufbau: Exposition (Personen, Ort usw.) – Schilderung der Notlage – Jahwes Eingreifen – doxologischer Schluß // Zu den Wundern des Elisa vgl. Mk 5; 6; 8 par.
28. In den Elia- und Elisageschichten (I Reg 17; 18; 19; II Reg 1 + 2), den Simson-Geschichten (Jdc 13–16), dazu Jdc 12 (Schibboleth); auch Ex 1,15–21 (die hebr. Hebammen).
29. Ps 6; 32; 38; 51; 102; 130; 143.
30. Bileam (Num 22–24); Samuel (I Sam 1–25); Gad (II Sam 24); Nathan (II Sam 7 + 12; I Reg 1); Micha ben Jimla (I Reg 22); Jona ben Amittai (II Reg 14); Elia (I Reg 17–19 + 21; II Reg 1 + 2); Elisa (I Reg 19; II Reg 2–9 + 13); Abraham nach Gen 20,7; Mose nach Hos 12,14; Dtn 18.
31. Juda: Rehabeam, Josaphat, Ahas, Hiskia, Josia, Jojakim, Zedekia – Israel: Jerobeam I., Omri, Ahab, Jehu, Jerobeam II.
32. Jes 13–23; Jer 46 51; Ez 25–32 + 35 – Am 1,3–2,3; Zeph 2,4–15.

33. Propheten des 8. Jh. v. Chr. (Am, Hos, Jes, Mi) –
Propheten des 7. Jh. v. Chr. (Nah, Hab, Zeph – Jer, Ob Ez z.T.) – Exilische Propheten (Ez z.T.; DtJes) –
Nachexilische Propheten (Hag; Sach 1–8; TrJes – Mal; Jona; Sach 9–11 + 12–14; wohl auch Joel – Dan).
34. I Reg 11 (Ahias Mantel) – Hos 1 + 3 (Ehe und Kinder) – Jes (7?), 8 + 20 (Jesajas Söhne, Jes geht nackt) –
vielfach dann bei Jer und Ez (Jer 13; 16; 19; 24; 27/28; 32. – Ez 3; 4 + 5; 12; 21; 24; auch 37,15ff.)
Sach 3; 6; 11 (Stein, Krone, Stäbe).
35. Am 5,18; 6,1. – Jes 5,8–22 + 10,5 – Hab 2,6–19. – Vgl. Lk 6 + Mt 23.
36. Gen 32,10–13 – II Sam 7,18 29 – Dtn 3,23–25; 9,25–29; 21,7f.; 26,5–9; I Reg 8; Esr 9; Neh 9; Dan 9.
37. Anrede, Klage (Notschilderung), Bekenntnis der Zuversicht, Bitte, Lobgelübde. – Ps 13; 22; 130; auch 6; 88; 102.
38. Aufgesang, Begründung, hymnisches Hauptstück, Wiederholung des Eingangslobes (Anfang zuweilen imperativisch; hymnischer Partizipialstil häufig). – Ps 8; 33; 100; 113; 148.
39. Ps 74 + 80; auch Jes 63,15–64,11; Ps 44.
40. Ps 46 + 48 (auch: 76; 84; 87).
41. Ps 8; 19A; 29; 104 (vgl. Am 4,13; 5,8; 9,6: Doxologien im Amosbuch).
42. Sach 3,1–7; Hi 1 + 2 als Ankläger (im Himmel); I Chr 21,1 als Eigenname, Organ des Zornes Jahwes (vgl. II Sam 24,1).
43. Ps 78; 105; 106 – vgl. Neh 9; Dan 9.
44. Am 4,4f.; 5,21–27 – Hos 6,6 – Mi 6,6 8 – Jes 1,10–17 – Jer 7.
45. Jes 9 + 11 (auch 7?) – Jer 23,5f. – Ez 34,23ff.; 37,24f. – Am 9,11–15 – Mi 5,1–5 – Hag 2,20 22 – Sach 9,9f.
46. Jes 42; 49; 50; 52/53.
47. Jer 11/12; 15; 17; 18; 20.
48. **Am** 2,6 13; 3,9–11; 4,1–3; 5,7–12; 6,12–14; 8,4–7 –
Mi 1,10–16; 2,1–10; 3,1–12; 6,9–16
Jes 1,10ff.; 2,7; 3,9.13ff.; 5,8ff.; 10,1f.; 29,21.
49. I Sam 4–6; II Sam 6.
50. I Sam 16 – II Sam 5.
51. II Sam 9–20; I Reg 1 + 2.
52. Ladesprüche: Num 10,35f. – Herstellung und Aussehen: Ex 25 + 26 + 37 – spielt eine Rolle in Jos 3; 4; 6; I Sam 4–6; II Sam 6; I Reg 8,1–9. – Auch in Ps 24 + 132? – Im Dtn: 10,1–5. – Auffällig: Jer 3,16 (im Gegensatz zu Apk 11,19).
53. Brandopfer, Speisopfer, Dankopfer (??), Sündopfer, Sühnopfer – Opfer als Gabe oder als communio.
54. Am 5,18–20 – Jes 2,6ff. – Jes 13 – Ez 7 – Joel 1–4 – Mal 3,23 – Zeph 1 + 2 – Tag Jahwes als Eroberung Jerusalems 587/6: Ez 13,5; 34,12; Thr 1,12; 2.22.
55. **I Reg** 19,17f.; II Reg 19,30f. – **Am** 5,15 –Jes 1,8f.; 4,2f.; 10,20ff.; Jer 42; **Jes**

46,3; **Mi** 2,12f.; 5,6f.; **Zeph** 2,7.9; 3,12f.; Joel 2,14; 3,5; **Hag** 1 + 2 – **Sach** 8 + 9; 13/14 – Esr 1; 3; 6; 9. – Neh 1 –
(NT nur Röm 9 + 11: Zitate aus AT).

56. Am 7–9; Jes 6; Jer 1; Ez 1–3; 8; 37; 40–48; Sach 1–6; Dan 7–8.10–12
57. I Reg 22 – Jes 6 – Hi 1 + 2 – auch Ps 82 und 29,1? –
Jes 40,1–8 + 42,1–4? Sach 14,5
Gen 6,1–4 – vgl. den Plural in Gen 1,26; 11,7.
58. Sach 1–6; Dan 7–12 – vgl. den „Mann" in Ez 40–48.
59. Jes 24–27; Sach 9–11.12–14; meist auch Joel; Zusätze in TrJes und auch in Jes 1–39 – volle Apokalypse: Daniel. – Vgl. auch Ez 38/39.
60. Jes 2,1–4 (= Mi 4,1–4); Jes 60; Hag 2,6–9; Sach 14,12–21 – (Kontrasttext: Joel 4,9–17) – zum Völkermahl Jes 25,6f.
61. Jes 65,17; 66,22 (vgl. Sach 14,6 11) – (Apk 21).
62. Gen 28,10ff. Bethel; Gen 18 Hebron; Gen 32,23ff. Pnuel; Jdc 6,11ff. Ophra.
63. Eliaerzählungen I Reg 17–19 + 21; II Reg 1 + 2 – Elisaerzählungen I Reg 19; II Reg 2–9 + 13 – Jesajaerzählungen Jes 36–39 = II Reg 18–20 – Samuelerzählungen I Sam 1–3.7.12.15 – Nathan und Gad II Sam 7; 12; 24 – ferner I Reg 13 + 14; 20; 22.
64. Zionspsalmen (46; 48; 84; 87) – Jesaja (Kap. 1; 6; 7 + 8; 28 31) –
Jes 60 – Sach 2; 8; 14 – Dtn 12 – Chronik –
Jes 40,9–11; 52,1–3.7–10.
65. Ex 23; Ex 34; Dtn 16; Lev 23; Num 28 + 29. –
Passah/Mazzot; Wochenfest; Laubhütten; Neujahr. – Versöhnungstag (Lev 16).
66. Erweckungen durch Elia und Elisa: I Reg 17; II Reg 4 + 13 (vgl. Mk 5; Lk 7; Joh 11) – Auferstehung: Jes 26,19; Dan 12,2; Ps 22,30ff.
67. Bundesbuch Ex 20,22 – 23,19 – Deuteronomium (Dtn 12–25 + 26 als Gesetze) – Heiligkeitsgesetz Lev 17–26.
68. Cant – (vgl. auch Jes 5,1–7!) – Arbeitslieder (Brunnenlied) in Ez 24 und Num 21 – Spottlieder in Num 21; Jes 23 und 47 – Prahllied Gen 4,23f. (Lamech).
69. Apodiktische Rechtssätze (Dekalog; Ex 22,17.21) – kasuistische Rechtssätze (mit Rechtsfall und Rechtsfolge): Ex 21,20f. –
Mischformen (Todesrecht: „Wer ..., der soll ...") mit partiz. oder relat. Näherbestimmung.
70. Bileamsprüche Num 23 + 24; Dan 10,1–11,39; Stammessprüche in Gen 49 + Dtn 33, soweit sie sich als Verheißungen geben –
71. Dtn 12 – II Reg 22/23.
72. Ex 13/14 (+ 15: in Liedern) – neuer Exodus: Ez 20,32–44 – DtJes: 41,17–20; 43,16–21; 48,20f.; 52,7–10.11f.
73. Ex 15,21.
74. Ex 14/15; 17 – Jos 2; 6; 7; 9–11 – Richterbuch –
Kriegsgesetze des Dtn: 20; auch in 21; 23; 25 –
Bann: I Sam 15 – Dtn 2,34; 3,5ff.; vor allem 7,1–5; 13,7ff.; Num 21; Jos 6; 10; 11; Jdc 21.

75. Texte: Dtn 13 + 18 // I Reg 13 + 22 //
Mi 3,5–8 // Jer 23; 27; 28 + 29 //
Ez 13 + 14//vgl. Mt 7,15ff. –
Kriterien: ihr Lebenswandel – hat Jahwe sie gesandt? – erfüllt sich ihr Wort? – sie verkünden nur Heil.
76. Tempel hat in Chr noch zentralere Bedeutung, und *David* bereitet seinen Bau bis in alle Einzelheiten vor – in Chr ist David stets König über ganz Israel, und ganz Israel ist stets handelnd und von Bedeutung – David hat nicht nur Helden, sondern auch Priester und Leviten – Die Affäre um Bathseba und Uria wird in Chr übergangen, ebenso die Palastintrigen um Davids Nachfolge in I Reg 1 + 2
Bei *Salomo* fehlt das Negative aus I Reg 11 (vgl. zu ihm aber auch das Fehlende aus I Reg 1 + 2).
77. Othniel – Ehud – Debora Barak // Gideon – Jephtah – Simson // charismatische Heerführer einzelner Stämme oder Stämmegruppen im Kampf gegen Feinde Israels von außen (Sicherung des Landbesitzes).
78. Heilsorakel – Heilsverheißungen – Disputationsworte – Gerichtsszenen – eschatologische Loblieder.
79. Bethel – Silo – Dan – Sichem – Beerscheba – Gilgal.
80. Lev 19,18 – Dtn 6,4f.
81. Amnon, Absalom, Adonia, Salomo.
82. Konstatierende, aussagende Sprichworte – Mahnworte – Zahlensprüche – Vergleiche („besser ist ... als ...") – Makarismen.
83. DtJes und Mal; vgl. aber auch Am 3,3–6 + 8.
84. Ps 1; 19B; 119.
85. Ps 37; 49; 73; auch 112; 127; 128; 133; 107,33–42.
86. Dtn 6 und 11; Ex 10; 12; 13; Jos 4.
87. Jes 33 – Jer 14 – Mi 7,8ff. – Joel? Hab? Nah? – Ps 15; 24 – Ps 132?
88. Lev 1–5; Hag 2,10–14; Lev 10,10f. – Am 4,4f.; Jes 1,10 17.
89. Kohelet
90. DtJes (z. B. 40,22–25; 41,4); Hi 38,9–11.23; 39,6 (vgl. Apk 1,8.17).
91. Ex 19; I Reg 19; Hi 38,1f.; Jdc 5,4f.; Dtn 33,2; Hab 3,2ff.; Nah 1,2ff; Jes 30,27–33.
92. II Sam 7,14; Ps 2,7; 80,18; 89,27f. – Ex 4,22; Hos 11,1; Jer 31,9.
93. Anrede an Ez; Dan 7 – vgl. Ps 8,5.
94. Gen 15,6 – Ex 14,31 – Jes 7,9; 28,16; 30,15 – Hab 2,4.
95. Num 11; I Sam 11; Jes 44,3; Joel 3,1–5 – Sach 4,6; Jes 11,2.
96. Gen 1,26ff.; Gen 2 + 3 – Ps 8; 16; 30; 39; 49; 88; 90.
97. Jes 63,10f.; Ps 51,13.
98. Jer 31,31–34.
99. Prov 1–9 (vor allem in 1 + 8); Hi 28; auch Hi 38ff.; vgl. Joh 1,1ff.
100. Abigail (nach I Sam 25,18; sie war Frau des Nabal, wird eine der Frauen Davids).

B. Zum Neuen Testament

1. Kritik an Engelverehrung: Act 7,42; Kol 2,18. Kritik an Engeln als Irrlehre: II Petr 2,10; Jud 8.
2. Act 7,38.53; Gal 3,19; Hebr 2,2.
3. Act 1,7f Ankündigung des Geistes als Stärkung
   Act 20,35 „Seliger ist Geben als Nehmen".
   I Kor 7,10 Ehescheidung
   I Kor 9,14 Entgelt für den Apostel
   I Kor 11,24–25 Abendmahl
   I Thess 4,15 Die Lebenden haben den Entschlafenen nichts voraus.
4. Gal 2,10; Röm 15,25–31; II Kor 8,1–4; 9,2.12; I Kor 16,1–4; – vgl auch Act 11,29.
5. Weil sie sich laut Präskript an die ganze Christenheit wenden.
6. Jak 1,25; 2,12, vgl. 2,8: „königliches Gesetz". – Gemeint ist das Gesetz, das frei macht.
7. Hebr 6,6
8. Verklärung: II Petr 1,17f.; Gethsemane: Hebr 5,7.
9. Mk 4 par Mt 13; 20,1–16 (Arbeiter im Weinberg); 21,33–43 (Weingärtner); 22,1–14 (Hochzeitsmahl); 25,1–13 (Kluge und törichte Jungfrauen); Lk 19,11–27 (Anvertraute Pfunde).
10. Joh 13,23 (Mahl); 19,26 (Kreuz); 20,2–10 (leeres Grab); 21,7 (Fischfang). 20f (nicht sterben) – auch 21,24? 18,15f?
11. Goldene Regel: Was man selbst nicht will, daß es einem angetan wird, soll man anderen nicht tun: Mt 7,12 (als Erfüllung von Gesetz und Propheten); Act 15,20.29 (westlicher Text).
12. Parallele zur Bergpredigt bei Lukas: Lk 6,20–49.
13. Ich bin das Brot des Lebens 6,35.48.51
    Kontext: Speisung
    Ich bin das Licht der Welt 8,12
    Kontext: Blindenheilung
    Ich bin die Tür 10,9
    Ich bin der gute Hirte 10,11
    Kontext: Bildrede vom guten Hirten
    Ich bin die Auferstehung und das Leben 11,25
    Kontext: Auferweckung des Lazarus
    Ich bin der Weg, die Wahrheit und das Leben 14,6
    Kontext: Abschiedsrede
    Ich bin der wahre Weinstock 15,1
    Kontext: Bildrede vom Weinstock.
14. Gal 2,1–10 und Act 15. Unterschiede:
    In Gal 2 wird die Gemeinde von Antiochien als Ausgangsort nicht erwähnt; nach Gal 2,2 ging Paulus nach Jerusalem „aufgrund einer Offenbarung", nach Act 15,2f. als bevollmächtigter Abgesandter der Gemeinde von Antiochien.

Act 15 spricht von den Aposteln und Ältesten in Jerusalem, Paulus dagegen von den Geltenden und von den Säulen; Paulus berichtet von keiner Auflage durch die Maßgebenden, Act 15 nennt das „Aposteldekret". Von den Reden des Petrus und Jakobus Act 15 ist in Gal 2 nichts zu sehen, umgekehrt fehlt in Act 15 die Vorlage des Evangeliums durch Paulus in Jerusalem, ferner alles, was mit Titus zusammenhängt. Von der Kollekte für die Armen ist in Act 15 nichts gesagt, der Apostel Johannes fehlt. Gal 2 sagt schließlich nichts über die Rückkehr nach Antiochien. Widerstände gegen die Einigung: Nach Gal 2,4 eingeschlichene Falschbrüder, nach Act 15,5 gläubig gewordene Pharisäer. Der antiochenische Zwischenfall fehlt in Act.

15. Gal 1,13–2,14; Phil 3,5 (Pharisäer); Röm 11,1 (Benjaminit); II Kor 11,22–33 (mit Peristasenkatalog); Röm 15,22–29 (Reisepläne).
16. Passagen im Paulusteil der Act. Sie sind nicht wie die übrigen in der 3., sondern in der 1. Person Plural erzählt: 16,10–17 (Reise von Troas nach Philippi); 20,5–15 (von Philippi nach Milet); 21,1–18 (von Milet nach Jerusalem); 27,1–28,16 (von Cäsarea nach Rom), vgl. auch noch den westlichen Text in 11,28. Liegt hier ein Itinerar zugrunde?
17. Act 15,20.29; 21,25 (vgl. 16,4) (Götzenopferfleisch, Unzucht, Ersticktes, Blut).
18. Joh 17; Eph 2,11–22 (aus Juden und Heiden); 4,1–6; I Kor 12 (ein Geist – viele Charismen); Phil 2,1–5; Röm 14f. (Starke und Schwache); Gal 3,28 (alle eins – Aufhebung der Unterschiede).
19. I Kor 11,23–26; Mk 14,22–25; Mt 26,26–29; Lk 22,15–20. Anders: Joh 13 (Fußwaschung).
20. Lev 19,18; Mt 5,43f. (mit Feindesliebe); Mk 12,28–34 par; Lk 10,27 (in Verbindung mit Samaritergleichnis); Joh 13,34; Röm 13,9; Gal 5,14; Jak 2,8; I Joh 3–4.
21. Röm 13,1–7; I Petr 2,13–17; I Tim 2,1f.; Tit 3,1–3; Zinsgroschen in Mk 12,13–17 par.
22. Taufe Jesu: Mk 1; Mt 3; Lk 3. – Taufe der Christen: Mt 28,16–20; Röm 6; I Kor 12,13 (Einheit); Eph 4,5 (Einheit); Kol 2,12 (mitbegraben, mitauferweckt); Tit 3,5 (Bad der Wiedergeburt).
23. Mt 4,2 (Versuchung Jesu); Mk 2,18–22 (Fastenfrage); 9,29 (Austreibung mit Gebet und Fasten); Act 13,2f. und 14,23 (Gebet und Fasten bei Amtseinsetzung).
24. I Thess 4,15; I Kor 7; Röm 13,11–14; I Kor 15,51.
25. Paulus, Kephas, Apollos, Christus (I Kor 1,12f.).
26. I Kor 9,1–23; II Kor 11,7–12; 12,14–18.
27. Gal
28. I Thess, Eph, Kol
29. Hebr, I Joh
30. Jak; Act 15,23; 23,26.
31. Jak; II Petr; I Joh; Jud
32. Act 13,9 (Sergius Paulus)

33. Act 3 (Lahmer). 5 (Schatten des Petrus). 9 (Gichtbrüchiger Äneas). 9 (Auferweckung der Tabea). 14 (Lahmer in Lystra). 16 (Sklavin mit dem Wahrsagegeist). 19 (Schweißtücher des Paulus). 20 (Erweckung des Eutychus). 28 (Vater des Publius in Malta)
34. Silas (vgl. Act 15,35–41), ab Lystra Timotheus. Barnabas trennt sich von Paulus nach dem Streit über Johannes Markus (15,37 40).
35. Missionsreden (eigenes Formular für Juden und Heiden); Apologien (Verteidigungsreden).
36. Röm; Jak; Hebr; III Joh
37. I Thess, Phil, Phlm
38. Wunderbare Speisung (Joh 6; Mk 6.8); Seewandel (Joh 6; Mk 6); Heilung des Sohnes des königlichen Beamten (Joh 4,46–53; Mt 8; Lk 7).
39. 1. Weinwunder in Kana 2,1–11
    2. Hauptmann von Kapernaum 4,43–54
    3. Krankenheilung in Bethesda 5,1–9
    4. Wunderbare Speisung 6,1–15
    5. Seewandel 6,16–21
    6. Blindenheilung 9,1–7
    7. Auferweckung des Lazarus 11,1–44
    (als letzte Steigerung)
40. Johannes der Täufer, Wunderbare Speisung, Petrusbekenntnis, Einzug in Jerusalem, Tempelreinigung, Passionstradition, Berichte über das leere Grab.
41. 1. Die Salbung fehlt (Analoges nur in K. 7), 2. Abendmahl in längere Tischrede eingebettet (Rangstreit, Zwei Schwerter), 3. Szene vor Herodes (23,6ff.), 4. Gespräch der Schächer (23,39–43).
42. Mk 8,31–33; 9,30–32; 10,32–34. Von den Parallelen besonders Lk 18,31–34.
43. Mk 8,27–29; Mt 16,13–16; Lk 9,18–20; Joh 6,66–71.
44. Mt 6,9–13; Lk 11,2–4
45. Mk 4,26–29 (Selbstwachsende Saat); 7,32–36 (Taubstummer); 8,22–26 (Blinder bei Bethsaida); 14,51f. (fliehender Jünger).
46. Mt 5–7 (Bergpredigt); 10 (Aussendungsrede); 13 (Gleichnisrede); 18 (Gemeinderegel); 23–25 (Gegen die Pharisäer, über Parusie und Endgericht).
47. Mk 15,34 (Ps 22,1) Eli, Eli, lama asabthani? (= Mt 27,46)
    Lk 23,34 Vater, vergib ihnen, denn...
    23,43 Amen, ich sage dir, heute wirst du mit mir ...
    23,46 Vater, ich befehle meinen Geist in deine Hände
    Joh 19,26f. Frau, siehe, dein Sohn... siehe deine Mutter
    19,28 Mich dürstet
    19,30 Es ist vollbracht
48. Messias, Sohn Gottes, Menschensohn, Kyrios, Sohn Davids, der Heilige Gottes, Rabbi, Lehrer, Erlöser (der Welt), der Sohn. – Bildliche Bezeichnungen: Lamm Gottes, Wurzel Davids, Morgenstern.
49. a) Sohn Gottes
    b) König der Juden

50. 1,5: Herodes, König von Judäa
2,1f.: Augustus und Kyrenius
3,1f.: 15. Jahr des Tiberius, Pontius Pilatus, Herodes, Philippus, Lysanias, Hannas und Kaiphas
51. Bei der Gefangennahme das Wort von den 12 Legionen Engeln (26,53) – das Ende des Judas (27,3–10) – Frau des Pilatus und Händewaschen des Pilatus (27,19.24) – Auferstehung vieler Toter (27,51–53) – die Grabeswächter (28,4) – die Legende vom Diebstahl (28,11–15) – die Erscheinung vor den Frauen (28,9f.) – der Missionsbefehl (28,16–20).
52. In I Kor 15: Kephas, den Zwölfen, 500 Brüder, Jakobus, allen Aposteln, Paulus (als Fehlgeburt).
Mk: Nur 16,9–20 (unechter Mk-Schluß: Maria Magdalena, zwei Jünger, Elf),
Mt: Maria Magdalena und die andere Maria am Grabe; die Jünger in Galiläa;
Lk: die beiden Emmaus-Jünger, 24,34 Simon, die Elf Jünger;
Joh: Maria Magdalena (Gärtner); die Jünger ohne und dann mit Thomas; Erscheinungen am See Tiberias (K.21): Petrus, Thomas, Nathanael, Söhne des Zebedäus, zwei ungenannte Jünger.
53. Kleine Einschaltung: 6,20–8,3. – Große Einschaltung: 9,51–18,14.
54. Mk 12; Mt 21; Lk 20.
55. Mk 3,28–30 (Bestreiten, daß jemand Gottes Geist hat, obwohl er ihn hat), vielleicht auch I Joh 5,16–17.
56. Joh 1,29; I Petr 1,19 (hier aber nur: unschuldiges Lamm); Apk 5.14.21 („das Lamm“).
57. Elisabeth und Maria (1–2); Hanna (2); die Sünderin (7); Nachfolgerinnen (8,1–3); Maria und Martha (10); (im Gleichnis vom verlorenen Groschen 15,8f.); bittende Witwe (18,1–8); Seligpreisung Mariens durch eine Frau (11,27f.); verkrümmte Frau (13,10–17 „Abrahams Tochter“); vgl. auch Act 16,11–22.
58. Mk 1 (Petrus, Andreas, Johannes, Jakobus); Mk 2 (Levi); 3 (Zwölf Apostel); Lk 5 (Petrus, Johannes, Jakobus); Joh 1 (Andreas, Petrus, Philippus, Nathanael).
59. Mk 13; Mt 24f.; Lk 21. Und: Lk 12,35–59; Lk 17,20–18,8.
60. Mk 5,39–43 (Tochter des Jairus); 9,36f. (Kind aufnehmen); 10,13–15 (Kinder gehören zur Gemeinde); Mt 11 und Lk 7: Gleichnis von den spielenden Kindern; Lk 7,35: Kinder der Weisheit.
61. 10,29–37 (Barmherziger Samaritaner); 12,13–21 (Törichter Reicher, typisch für die luk Konzeption: Freiheit vom Besitz); 12,35–39 (Wachsame Knechte); 12,47–48 (Knechtslohn); 14,28–32 (Hausbauen, Kriegführen); Lk 15,9–10 (Verlorene Drachme). 11–32 (Verlorener Sohn); 16,1–13 (Ungerechter Haushalter); 16,19–31 (Reicher Mann und armer Lazarus); 17,7–10 (Knechtslohn); 18,1–8 (Gottloser Richter). 9–14 (Pharisäer und Zöllner).
62. Mk 1 par; Mk 6 (Martyrium); Mk 6,14 und 8,28: Ist Jesus der (auferweckte) Täufer? Mk 11,30–32: Vollmacht des Johannes. – Mt 11,2–18 (Messiasfrage, Gesetz und Propheten bis zu Johannes par Lk 16,16). – Lk 1 (Geburtsgeschichte); 11,1 (Johannes lehrte seine Jünger beten); Joh 1–5. – Vgl. auch die Johannestaufe in Act 10,37; 18,25.

Jonabuch – Die evangelischen Geschichten vom Einzug in Jerusalem bis zur Himmelfahrt (Act 1). – Die Taufe Jesu am Jordan – die Gleichnisse Mk 4; Mt 13 und 18.